로마 공화정 중기의 호민관

공화 정치의 조정자

공화 정치의 조정자

김경현 지음

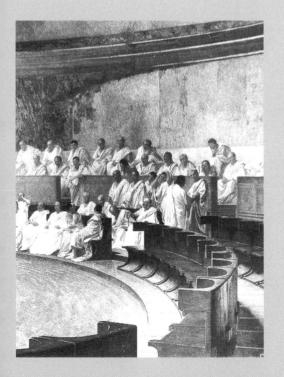

로 마
공화정
중기의
호민관

성균관대학교
출 판 부

서문

제3차 로마-마케도니아 전쟁(기원전 172~168년) 때 로마로 압송된 그리스의 역사가 폴리비오스(Polybios)는 조그만 도시국가인 로마가 단시간 내에 제국으로 발전한 원인을 탐구하였다. 그의 답은 콘술(consul), 원로원, 민회를 나타내는 왕정적 요소, 귀족정적 요소, 그리고 민주정적 요소가 혼합된 로마의 공화정체였다. 그에게 로마 공화정은 세 가지 요소가 단순하게 혼합된 정체가 아니라, 각각이 철저하게 분리되어 상호 견제하고 균형을 이루는 이상적인 정체였다. 하지만 그는 세 가지 요소가 어떻게 대응하고 협조하면서 균형을 이루는지를 분명하게 보여주진 못했다. 그것은 로마 공화정을 혼합정으로 이해한 키케로(Cicero)나 리비우스(Livius)도 마찬가지였다. 그들 모두에게 로마 공화정은 귀족정적인 성격이 강한 혼합정이었다. 지금도 로마 공화정이 과두정으로 인식되는 것은 어쩌면 당연하다.

하지만 영국의 로마사가 퍼거스 밀러(Fergus Millar)는 로마 공화정의 민주정 성격을 강조한 마키아벨리(Machiavelli)와 루소(Rousseau)의 주장에 근거하여 '로마 공화정은 민주정이다'라는 파격적인 주장을 하였다. 이후 로마 공화정체의 성격에 관한 논쟁이 한동안 뜨겁게 달아올랐다. 일찍이 장 보댕(Jean Bodin)이 말했던 것처럼 공화정이 균형 잡힌 혼합정이라는 주장은 실체가 아니라 신화일 수 있다. 그러나 이런 논쟁과 주장들이 사실 공화정에 대한 헌정적 분석에 기초했는지 의심스럽다. 따라서 이제는 공화정의 성격이 무엇인지가 아니라 공화정이 어떻게 작동했는지에 대해 질문할 때다.

이 책은 공화정의 세 가지 요소가 균형을 이루면서 작동하는 조정자의 역할을 서양 고대사에서는 유례를 찾아볼 수 없는 로마만의 독특한 정무관인 호민관이 담당했다고 주장한다. 그동안 호민관은 공화정의 성격이 무엇인가라는 논의와 연동하여 과두주의적 원로원의 도구 또는 평민의 대변자로 단순하게 평가되어 왔다. 하지만 사료에 등장하는 호민관들의 활동들은 위의 주장을 설명하지 못한다. 따라서 이 책은 로마의 정체가 가장 안정적으로 작동하였다고 하는 공화정 중기에 활동한 호민관들을 종합적으로 고찰함으로써, 우선 호민관에 관한 기존의 소극적이고 단선적인 평가에 문제가 있음을 부각하고자 한다. 그리고 더 나아가 호민관이 세 가지 요소 사이에서 특히 원로원과 인민 사이에서 조화와 균형을 유지하는 조정자의 역할을 담당했음을 규명

함으로써, 로마 공화정의 정치적·법적·헌정적 운용을 이해하고
자 한다.

이 책은 필자의 박사학위 논문과 그동안 학술지에 게재했던
글들의 내용을 수정하고 보완해서 책의 주제에 맞게 재구성하였
다. 급변하는 21세기에 로마 공화정체에 대한 논의는 낯설고 시
대착오적으로 보일 수 있지만, 근대 유럽과 미국에 나타났던 공
화국의 모델이 로마 공화정이었음은 부인할 수 없는 사실이다.
또 대한민국 정부의 형태에도 일정 부분 영향을 미쳤다고 해도
과언은 아니다. 게다가 현재 세계는 코로나-19(COVID-19)로 인
해 어두운 터널을 매우 힘들게 지나고 있다. 이럴 때일수록 가장
필요한 등불은 우리가 누군지 아는 것이다. 우리의 정체성을 간
결하게 압축한 것은 바로 대한민국 헌법 1장 1조 1항, 즉 "대한
민국은 민주공화국"이다. 하지만 민주공화국, 특히 공화국의 의
미는 모호하다. 이런 점에서 로마 공화정체에 관한 연구와 분석
이 고대사 연구의 지평을 확장할 뿐만 아니라 대한민국 미래의
바른 정치를 위한 인문학적 성찰의 기회를 제공할 수 있다.

이 책은 로마의 정치·제도사를 다루는 학술서적이지만, 공화
정 중기 호민관의 활동에 관한 폭넓은 이해를 위해 필요한 배경
지식과 다소 상세한 내용을, 가독성을 해친다는 우려를 알면서
도, 각주를 통해서 제시하였다. 서양 고대사 연구에서 가장 중요
한 사료는 1차 사료다. 하지만 각주에서 1차 사료의 저자와 저작
을 완전한 형태로 반복해서 제시하는 것을 지양하기 위해 사료
는 보통 영어권에서 사용되는 축약의 방법을 따라 표기하였다.

사료에 대한 자세한 내용은 일러두기와 서론에서 언급한 사료 부분을 참조하도록 하였다.

이 책은 기본적으로 런던대학교에서 받은 박사학위 논문, 『*Tribuni Plebis* and *Res Publica* in the Middle Republic』을 토대로 만들어졌다. 이 책에 관한 생각과 연구에 처음부터 끝까지 세심한 도움을 주신 지도교수 보리스 란코프(Boris Rankov)와 논문에 대한 날카로운 비판과 제언을 아낌없이 해주신 심사위원 마이클 크로포드(Michael Crawford) 교수와 팀 코넬(Tim Cornell) 교수에게 감사드리지 않을 수 없는 이유다. 또 친숙하면서도 낯선 로마의 공화정체라는 주제를 관심과 인내를 갖고 한 권의 책으로 완성해주신 성균관대학교출판부의 현상철 팀장님께도 감사드린다. 마지막으로 필자의 친구이자 영원한 동반자인 아내 함윤진과 가족들에게 이 책을 바친다.

김경현

목차

일러두기

1. 고유명사는 지명과 인명을 다른 원칙을 적용해서 표기하였다. 즉, 지명은 모두 라틴식 독음으로 표기하고(예: Sicilia는 시킬리아, Hispania는 히스파니아), 인명은 라틴명의 경우에는 라틴식으로 표기하고(예: Cicero는 키케로), 그리스명의 경우에는 그리스식으로 구분하여 표기했다(예: Polybios는 폴리비오스).

2. 본 책에서 사용한 사료의 출처는 대체로 옥스퍼드 고전학 사전(Oxford Classical Dictionary)의 용례를 따랐다. 축약 표기된 사료의 저자와 저작을 소개하면 다음과 같다.

- Aesop = Aesop, *Aesopica*
- App. *BCiv.* = Appianos, *Bella Civilia*
- App. *Hisp.* = Appianos, *Hispanica*
- App. *Pun.* = Appianos, *Punica*
- App. *Syr.* = Appianos, *Syriaca*

- Asc. *Corn*, = Asconius, *Pro Cornelio*
- August. *De civ. D.* = Augustinus, *De civitate Dei*
- Censorinus, *D.N.* = Censorinus, *De die natali*
- Cic. *Acad.* = Cicero, *Academicae Quaestiones*
- Cic. *Acad. Pr.* = Cicero, *Academica Priora*
- Cic. *Amic.* = Cicero, *De Amicitia*
- Cic. *Brut.* = Cicero, *Brutus*
- Cic. *Cael.* = Cicero, *Pro Caelio*
- Cic. *Cat.* = Cicero, *In Catilinam*
- Cic. *De Or.* = Cicero, *De Oratore*
- Cic. *Div.* = Cicero, *De Divinatione*
- Cic. *Dom.* = Cicero, *De Domo sua*
- Cic. *Fam.* = Cicero, *Epistulae ad Familiares*
- Cic. *Fin.* = Cicero, *De Finibus*
- Cic. *Inv.* Rhet. = Cicero, *De Inventione Rhetorica*
- Cic. *Leg.* = Cicero, *De Legibus*
- Cic. *Mur.* = Cicero, *Pro Murena*
- Cic. *Nat. D.* = Cicero, *De Natura Deorum*
- Cic. *Off.* = Cicero, *De Officiis*
- Cic. *Planc.* = Cicero, *Plancio*
- Cic. *Rep.* = Cicero, *De Republica*
- Cic. *Sen.* = Cicero, *De Senectute*
- Cic. *Sest.* = Cicero, *Pro Sestio*
- Cic. *Verr.* = Cicero, *In Verrem*
- *CIL* = *Corpus Inscriptionem Latinarum*
- *De Vir Ill.* = *De Viris Illustribus*
- Dio Cass. = Dio Cassius, Historia Romana
- Diod. = Diodorus Siculus, *Bibliotheca Historica*
- Dion. Hal. = Dionysius Halicarnassensis, *Antiquitates Romanae*
- Eutrop. = Eutropius, *Breviarium Historiae Romanae*
- Festus, Gloss. Lat. = W.M. Linsay's second edition of Festus in his Glossaria Latina, vol. iv.
- Flor. = Florus, *Epitomae de Tito Livio Bellorum Omnium Annorum DCC Libri II*
- Front. *Aq.* = Frontinus, *De Aquae Ductu Urbis Romae*
- Front. *Str.* = Frontinus, *Strategemata*
- Gai. *Inst.* = Gaius, *Institutiones*
- Gell. *NA* = Aulus Gellius, *Noctes Atticae*
- Inst. Iust. = Institutiones Iustiniani
- *ILS* = H. Dessau, *Inscriptiones Latinae Selectae*

- Laelius Felix = Laelius Felix, *Ad Q. Mucium*
- Liv. = Livius, *Ab Urbe Condita*
- Liv. *Per.* = Livius, *Periochae*
- Liv. *Per. Oxy.* = Livius, *Periochae* from Oxyrhynchus
- Lucil. = Lucilius
- Macrob. *Sat.* = Macrobius, *Saturnalia*
- Obsequ. = Iulius Obesquens
- Oros. = Orosius, *Historiae Adversus Paganos*
- Piso fr. = L. Calpurnius Piso Frugi's fragmentum
- Pliny *NH* = Plinius, *Naturalis Historia*
- Plaut. *Merc.* = Plautus, *Mercator*
- Plaut. *Mil.* = Plautus, *Miles Gloriosus*
- Plut. *Cat. Mai.* = Plutarchos, *Cato Minor*
- Plut. *Cat. Min.* = Plutarchos, *Cato Maior*
- Plut. *Cor.* = Plutarchos, *Coriolanus*
- Plut. *Fab.* = Plutacrhos, *Fabius Maximus*
- Plut. *Flam.* = Plutarchos, *Flamininus*
- Plut. *Marc.* = Plutarchos, *Marcellus*
- Plut. *Num.* = Plutarchos, *Numa*
- Plut. *C. Gracch.* = Plutarchos, *Gaius Gracchus*
- Plut. *Ti. Gracch.* = Plutarchos, *Tiberius Gracchus*
- Polyb. = Polybios, *Historiae*
- Quint. *Inst.* = Quintilianus, *Institutio oratoria*
- Sall. *H.* = Sallustius, *Historiae*
- Sall. *Iug.* = Sallustius, *Bellum Iugurthinum*
- Sall. or *Macri* = Sall. or *Oratio Macri*
- *Schol. Bob.* = *Scholia Bobiensia*
- Sen. *Helv.* = Seneca, *Ad Helviam*
- Suet. *Tib.* = Suetonius, *Tiberius*
- Tac. *Ann.* = Tacitus, *Annales*
- Tac. *Dial.* = Tacitus, *Dialogus de Oratoribus*
- Theop. = *Theophilus*
- Val. Max. = Valerius Maximus, *Facta et Dicta Memorabilia*
- Varro, *Ling.* = Varro, *De Lingua Latina*
- Varro, *Rust.* = Varro, *De Re Rustica*
- Vell. Pat. = Velleius Paterculus, *Historiae Romanae*
- Xen. *Mem.* = Xenophon, *Memorabilia*
- Zonar. = Zonaras, *Epitome Historiarum*

제1장 서론

지금, 호민관 연구가 왜 필요한가

제3차 로마-마케도니아 전쟁(기원전 172~168년) 당시 정치적 볼모로 로마에 끌려온 그리스 출신의 역사가 폴리비오스(Polybios)는 조그만 도시국가 로마가 세계적인 제국으로 성장한 이유에 의문을 품었다.[1] 그가 찾아낸 답은 콘술, 원로원, 민회를 나타내는 왕정적 요소, 귀족정적 요소, 그리고 민주정적 요소가 혼합된 로마의 공화정체였다. 그에게 로마 공화정은 세 가지 요소가 단순하게 혼합된 정체가 아니라, 각각이 철저하게 분리되어 상호 견제

1　로마와 마케도니아는 기원전 214~148년 동안 4차례에 걸쳐 전쟁을, 이른바 마케도니아 전쟁을 치렀다. 하지만 이 명칭은 로마 중심적이기 때문에, 이 책에서는 로마-마케도니아 전쟁이라 부르도록 하겠다.

폴리비오스

하고 균형을 이루는 이상적인 정체였다.[2] 하지만 그도 세 가지 요소가 서로 대응하고 협조하면서 균형을 이루는 방식을 분명하게 보여주지 못하였다. 이 책은 보통 호민관으로 번역하는 '트리부누스 플레비스(tribunus plebis)'가 세 가지 요소 사이에서 특히 원로원과 인민 사이에서 조화와 균형을 유지하는 조정자의 역할을 담당하였음을 규명하고자 한다. 사실 평민을 보호하는 관직을 의미하는 '호민관'이라는 번역은 그것의 역할을 선험적으로 제한한다. 하지만 공화정 중기의 호민관은 로마인 전체의 한 부분인 평민만을 대변하는 정무관이 아니었다. 또 '트리부누스'의 원래 뜻이 '지도자'임을 고려하면, '트리부누스 플레비스'는 '평민의 지도자'로 번역하는 것이 적절하겠지만, 그것 또한 혼란과 선입견을 줄 수 있기에, 이 책에서는 호민관이란 명칭을 계속 사용하겠다.

호민관은 다른 고대 도시국가들에서는 유례를 찾을 수 없는 로마만의 특별한 정무관이다.[3] 평민만의 이익을 대변하고 옹호

---

2 Polyb. 6.16.5. 사료에 관한 축약 표기는 옥스퍼드 고전학 사전(The Oxford Classical Dictionary)에 근거한다. 폴리비오스의 분석은 로마의 정치적 실체보다는 그리스의 정치철학에 기반을 두었다고 하지만, 그의 분석을 간과해서는 안 된다. 혼합정체에 관해서는 Frank W. Walbank, *A Historical Commentary on Polybius, vol. I* (Oxford, 1970); Andrew Lintott, "Democracy in the Middle Republic," *Zeitschrift der Savigny-Stiftung für Rechtsgeschichte*, Vol. 104(1987), pp. 34-52를 참조하시오.

3 키케로(Cic. *Rep.*, 2.58)는 호민관을 고전기 스파르타의 에포로스(ephoros)와 비교했지만, 그 둘 사이에서 어떤 공통점을 발견하긴 어렵다. Lukas Thommen, "Volkstribunat und Ephorat: überlegungen zum

하는 '혁명 지도자'로 선출되었던 호민관은 결국 로마의 공식 정
무관으로 발전하여 로마 정체의 한 부분으로서 중요한 역할을
담당하였다. 처음에 호민관의 권한은 귀족 정무관의 권력 남용
으로부터 평민 개개인을 보호하는 것에 국한되었다. 하지만 공
화정의 발전과 함께 호민관의 권한과 역할도 변화를 경험하였
다. 로마의 다른 정무관과 달리 권한이나 역할이 특정되지 않은
호민관은 입법·사법·행정 등 거의 전 영역에서 강력한 권한을 가
지게 되었다. 평민으로만 구성된 평민회(concilium plebis)를 소집하
고 주재하여 법을 제정하고 사법적 판단을 내리도록 유도하는
정무관이 호민관이다. 심지어 원로원과 콘술(consul) 등의 공적 활
동에 비토권을 행사함으로써, 정부의 운영을 중단시키기도 했
다. 로마 공화정의 500년 동안 가장 독특하고도 중요한 정무관
으로서 호민관은 로마 정체의 진화 및 작동과 밀착되어 있었음
이 분명하다.

　　로마 공화정에서 호민관이 차지하는 비중이나 역할에도 불
구하고, 그것에 관한 종합적이고 독립적인 연구는 20세기에 3
편 정도에 불과했다. 그것들이 다루고 있는 시기는 비록 다르지
만, 평가는 대체로 비슷하다. 호민관에 관한 독립적인 연구를 처
음으로 시도한 학자는 이탈리아의 역사학자 조반니 니콜리니
(Giovanni Niccolini)다. 공화정 후기의 호민관을 평민의 대변자로

'Aufsteherambt' in Rom und Sparta," *Göttinger Forum für Altertumswis-
senschaft*, Vol. 6(2003), pp. 19–38을 참조하시오.

보았던 그도 호민관을 이용하여 콘술(consul)에 대항하려는 원로원의 정치적 계산 때문에 호민관의 권한이 성장했다고 주장하였다.[4] 19세기 최고의 로마사가인 테오도르 몸젠(Theodor Mommsen)의 전통을 따라 법과 제도를 주로 다루었던 독일의 역사학자인 요켄 블라이켄(Jochen Bleicken)도 특히 공화정의 중기의 호민관을 정무관과 대립하는 원로원의 조력자로 평가하였다.[5] 그의 주장을 계승한 스위스의 역사가 루카스 톰멘(Lukas Thommen)은 호민관 개개인에 관한 연구를 통해 공화정 후기의 호민관도 원로원 엘리트의 이익을 강화하는 데 봉사하였다고 주장하였다.[6]

호민관에 관한 제한적 연구와 역할에 대한 과소평가는 우연이 아니다. 먼저 20세기 초 독일의 역사가 마티아스 겔쩌(Matthias Gelzer)와 프리드리히 뮌쩌(Friedrich Münzer)가 주도한 로마 정치사의 연구 경향과 관련이 있다. 즉 그들은 국가의 법과 정치제도보다는 정치를 장악하고 있는 개인들, 이른바 신귀족(nobilitas)에 관심을 가졌다.[7] 그들은 로마 공화정을, 신귀족이 보호제(clientela)와

---

4   Giovanni Niccolini, *I Fasti dei Tribuni della Plebe* (Milano, 1934) 로마 공화정의 최고 정무관인 콘술은 보통 집정관으로 번역된다. 하지만 나라의 정권을 잡는다는 의미의 집정은 로마 공화 정부에 대한 이해를 방해하기 때문에, 그대로 콘술이라 명명한다.

5   Jochen Bleicken, *Das Volkstribunat der klassischen Republik: Studien zu seiner Entwicklung zwischen 287 und 133 v. Chr.* (Munich, 1968)

6   Lukas Thommen, *Das Volkstribunat der späten römischen Republik* (Stuttgart, 1989)

7   신귀족은 콘술이나 그에 상응하는 정무관직을 역임한 조상이 있는 가문의 사람들을 지칭하는 개념이다. 신귀족에 관해서는 Matthias Gelzer,

정치적 파벌(factio)과 같은 정치·사회적 기제 등을 이용해 정치 과
정과 권력을 독점하는, 과두정으로 인식하였다.[8] 이는 많은 비판
을 받았지만, 여전히 널리 수용되고 있다.[9]

영국에서 시작된 비판은 신귀족의 정치적 배타성에 집중되었
다.[10] 먼저 피터 브런트(Peter A. Brunt)는, 제2차 로마-카르타고 전

Die Nobilität der römischen Republik (Leipzig & Berlin, 1912); 김경현, 「신
분 투쟁의 마지막 시기(기원전 366~287년)에 대한 고찰」, 『역사학연구』
제25집(2005), 257-266쪽을 참조하시오.

8 Matthias Gelzer, op. cit.; Friedrich Münzer, *Römische Adelsparteien
und Adelsfamilien* (Stuttgart, 1920). 보통 피호제로 번역되지만, 귀족의
지배를 설명하는 개념으로선 보호제란 번역이 더 적절하다. 그 제도에 대
한 논의는 Andrew Wallace-Hadrill (ed), *Patronage in Ancient Society*
(London, 1989)를 참조하시오.

9 학계에서 제기되는 새로운 연구 동향에 관해서는 金炅賢, 「로마공화
정 후기 정치사 연구의 동향-법(제도), 권력엘리트, 그리고 대중참여」,
『서양사론』 제42집(1994), 75-125쪽을 참조하시오. Cf. Leonhard A.
Burckhardt, op cit., pp. 77-99; Henrik Mouritsen, *Plebs and Politics in
the Late Roman Republic* (Cambridge, 2001)

10 마티아스 겔쩌의 제자들이 제시한 수정 견해에 관해서는 Ernst
Badian, *Foreign Clientelae 264-70 BC* (Oxford, 1958); Jochen Martin,
Die Popularen in der Geschichte der Späten Republik (Diss., Berlin, 1965);
Christian Meier, *Res Publica Amissa: eine Studie zur Verfassung und
Geschichte der späten römischen Republik* (Wiesbaden, 1966); Jochen
Bleicken, *Lex Publica: Gesetz und Recht in der römischen Republik* (Berlin,
1975); Karl-Joachim Hölkeskamp, *Die Entstehung der Nobilität: Stu-
dien zur sozialen und politischen Geschichte der römischen Republik im 4.
Jhdt. V. Chr.* (Stuttgart, 1987); Leonhard A. Burckhardt, "The Political
Elite of the Roman Republic: Comments on recent discussion of the
Concepts Nobilitas and Homo Novus," *Historia*, Vol. 39(1990), pp.

쟁(기원전 218~201년)부터 기원전 49년까지 선출된 콘술의 대략 20퍼센트 정도가 신인임을 강조하면서, 신귀족의 정치 지배를 너무 과장해서는 안 된다고 주장했다. "옛 가문들은 항상 빈곤 때문에 몰락하거나 사라졌으며, 그 자리는 신인들에 의해 채워졌다. 수 세대 동안 하위 정무관만 지냈던 가문 중에서 한 개 가문 이상이 거의 10년마다 콘술을 처음으로 역임했다."[11] 키스 홉킨스(Keith Hopkins)와 그래햄 버튼(Graham Burton)은 기원전 249~50년에 선출된 콘술의 직계 가족까지로 연구 범위를 확대했다. "공화정의 마지막 두 세기 동안, 로마의 정치 엘리트 집단으로의 진입과 퇴출은 계속 반복되었다. 그때 선출된 콘술의 대략 35퍼센트 정도는 이전 3세대 동안 콘술을 역임한 직계 가족이 ─즉, 콘술을 역임한 아버지, 삼촌, 조부 또는 증조부─ 없었다. 또 콘술의 대략 32퍼센트는 그의 아들을 콘술로 선출시키지 못했다. 선조의 정치적 성공이 후손의 그것을 항상 보장하진 못했다."[12]

77-99를 참조하시오.

11   Peter A. Brunt, "Amicitia in the late Roman Republic," in Robin Seager (ed), *The Crisis of the Roman Republic* (Cambridge & New York, 1969), pp. 1-20; *Social Conflicts in the Roman Republic* (London and New York, 1971), pp. 67-68; "Nobilitas and Novitas," *Journal of Roman Studies*, Vol. 72(1982), pp. 1-17; *The Fall of the Roman Republic* (Oxford, 1988) 로마 카르타고 사이의 전쟁은 보통 포에니 전쟁이라고 부르지만, 위에서 언급한 것과 마찬가지 이유로 로마-카르타고 전쟁이라 명명한다.

12   Keith Hopkins and Graham Burton, "Political Succession in the Late Republic, 249-50 BC," in Keith Hopkins, *Death and Renewal: Sociological Studies in Roman History* (Cambridge, 1983), p. 32.

위의 주장들을 계승한 퍼거스 밀러(Fergus Millar)는 로마 공화정은 과두정이 아닌 민주정에 더 가깝다는 파격적인 주장을 제기했다.[13] 현대 학자들은 오랫동안 평민을 로마정치에서 무력하고 수동적인 요소로만 간주했다. 물론 평민은 정치 지도자를 자신들의 계급에서가 아니라, 선거를 통해 정치 엘리트 중에서 배출했다. 또 그들은 자신들을 하나로 통합하는 혁신적 이데올로기를 가진 독자적인 정치적 집단을 형성하지 못했다. 하지만 퍼거스 밀러는 로마 평민이 국가의 중대사를 결정하는 정치기구, 즉 평민회에서 투표를 통해 자신들의 의견을 표출하였음에 주목했다. 특히 그는 정치 지도자가 평민을 설득하기 위해 계속 연설해야만 하는 상황을 강조했다. 그는 폴리비오스를 인용하여 다음과 같이 주장한다. "정무관 선출, 사형 구형, 법안의 승인 및 거부, 그리고 전쟁과 평화를 결정하는 권리는 바로 평민에게 있

---

13   Fergus Millar, "The Political Character of the Classical Roman Republic, 200-151 B.C.," *Journal of Roman Studies*, Vol. 74(1984), pp. 1-19; "Politics, Persuasion and the People before the Social War (150-90 B.C.)," *Journal of Roman Studies*, Vol. 76(1986), pp. 1-11; "Political Power in Mid-Republican Rome: Curia or Comitium?," *Journal of Roman Studies*, Vol. 79(1989), pp. 138-150; *The Crowd in Rome in the Late Republic* (Ann Arbor, 1998). 퍼거스 밀러의 가설에 대한 비판을 위해서는 Timothy P. Wiseman, "Democracy alla romana," *Journal of Roman Archaeology*, Vol. 12(1999), pp. 537-540; R. Brilliant, "Interactive rhetoric," *The Journal of Roman Archaeology*, Vol. 13(2000), pp. 443-445 를 참조하시오. cf. Claude Nicolet (tr. P.S. Falla), *The World of the Citizen in Republican Rome* (London, 1980), p. 397; John A. North "Democratic Politics in Republican Rome," *Past & Present*, Vol. 126(1990), p. 20.

다."[14]

　로마의 정치체제가 민주정인지 과두정인지를 논하려는 것이 이 책의 목적은 아니다. 하지만 로마 정체와 그것의 작동에 관한 전통적인 견해에 최근 변화가 나타나고 있음을 고려할 때, '신분투쟁(the Struggle of the Orders)'을 통해 선출되었는데도 불구하고 원로원의 정치적 도구로 평가받는 호민관을 재검토하는 것은 당위적이다.

　호민관 연구를 제한한 다른 이유는 호민관을 로마의 단순한 하급 정무관으로 간주하는 선입견과 관련이 있다. 물론 처음에 호민관은 혁명적인 평민의 지도자로서 귀족이 인정하지 않는 법적 영역 밖의 비공식적인 정무관이었다. 호민관 권한도 평민의 집단적인 맹세의 성격을 띠고 있는 신체불가침권(sacrosanctitas)에 기반을 두고 있었기 때문에,[15] 호민관은 전쟁에서 군대를 지휘하거나 법을 해석하고 집행할 수 있는 임페리움(imperium)을 보유하지 못했다. 또 고위 정무관들과 달리 정무관의 징표를 ― 예를

14　Polyb. 6.14.4-12.

15　Liv. 2.33.4. 호민관의 신체불가침권을 인정했다고 하는 신성법(lex sacrata)에 관해서는 Robert M. Ogilvie, *A Commentary on Livy, Books 1-5* (Oxford, 1965), pp. 313-314: Jochen Bleicken, *Lex Publica: Gesetz und Recht in der römischen Republik* (Berlin, 1975), p. 94; A. Drummond, "Rome in the Fifth Century II: The Citizen Community," in Frank W. Walbank *et al.* (eds), *Cambridge Ancient History VII. 2* (Cambridge, 1989), p. 213; Tim J. Cornell, *The Beginnings of Rome: Italy and Rome from the Bronze Age to the Punic Wars (c.1000-264 BC)* (London, 1995), pp. 259-260을 참조하시오.

들어, 대좌(sella curulis), 토가 프라이텍스타(toga praetexta), 파스케스(fasces) 등등 — 갖고 있지도 않았다.[16] 게다가 호민관직은 보통 공직의 순차적 순서, 이른바 '관직의 사다리(cursus honorum)' 밖에 있었기 때문에, 고위 정무관직을 원하는 정치가가 반드시 역임할 필요도 없었다.[17] 하지만 로마 공화정에서 선출된 정무관의 수는 매우 제한적이었다는, 그리고 임페리움을 가진 정무관은 대체로 전쟁터에 있었다는 사실들을 고려한다면, 호민관을 단순한 하급 정무관으로 간주해서는 안 된다. 게다가 로마에서는 상급 정무관이 직급이 낮은 정무관에게 명령을 내릴 권한을 갖고 있지 못했다. 호민관은 처음 선출된 이후 많은 권한을 점진적으로 획득하였으며, 기원전 287년의 호르텐시우스 법(lex Horetnsia)으로 인해 공화정의 공식 정무관으로 확실하게 자리매김하였다. 심지어 호민관은 귀족의 최고 협의체인 원로원 회의에 참석했을 뿐만 아니라 회의 자체를 소집하는 권한까지 보유하였다. 전직 호민관이 원로원 의원으로 선출되는 것을 허용하는 아티니우스 법

---

16 대좌는 임페리움을 보유한 정무관만이 앉을 수 있는 의자이며, 토가 프라이텍스타는 가장자리에 넓은 보라색 줄무늬가 있는 토가로 고위 정무관만이 입을 수 있었다. 물론 미성년 소년이나 일부 소녀, 그리고 특정 사제들도 입었다. 파스케스는 정무관의 수행원이 들고 다니는 일종의 나무막대 묶음으로 가운데 도끼가 끼워져 있어 정무관의 권위를 상징한다.

17 귀족에게 정치적 경력의 출발점은 분명 콰이스토르(quaestor)였다. Robert Develin, *Patterns in Office-Holding 366-49 B.C.* (Bruxelles, 1979), p. 28. 보통 재무관으로 번역되는 콰이스토르(quaestor)는 재정뿐만 아니라 콘술을 위해 다양한 업무를 담당하였기 때문에, 그대로 콰이스토르라 명명한다.

술라

(lex Atinia)과 호민관을 무력화하려는 술라(L. Cornelius Sulla)의 조처 등은 호민관의 위상을 잘 보여준다.[18]

호민관으로 선출된 자들의 집안 배경은 호민관이 로마에서 중요한 정무관이었다는 사실을 방증한다. 공화정 중기에 선출된 호민관 중에서 이름이 확인되고 있는 자는 대략 99명 정도다.[19] 그들이 신귀족 출신인지 아니면 신인(homo novus) 출신인지는 분명하지 않다.[20] 평민만이 호민관직에 입후보할 수 있고 매년 열 명의 호민관이 선출되었다는 사실들은 상대적으로 많은 수의 신인이 호민관으로 선출되게 하였을 것이다. 반면 이름이 확인되는 호민관의 약 40퍼센트는, 콘술, 프라이토르(praetor) 또는 원로원 의원을 배출한 적이 있는, 귀족 가문 출신이었다. 게다가 이들 중 절반 이상은, 콘술을 조상으로 둔, 명망가 출신이다. 호민관이 되려는 이유가 무엇이든 간에, 위의 사실은 호민관직이 이

---

18 아티니우스 법의 통과 시기에 관해서는 Ernst Badian, "*Tribuni Plebis and Res Publica*," in Jerzy Linderski (ed), *Imperium sine fine: T. Robert S. Broughton and the Roman Republic* (Stuttgart, 1996), pp. 202-206; Andrew Lintott, *The Constitution of the Roman Republic* (Oxford, 1999), p. 69를 참조하시오. 호민관에 대한 술라의 조치에 대해서는 김경현,「호민관 권한(Tribunicia Potestas) 부활의 배경에 관하여」,『서양고대사연구』제 3집 (1995), 41쪽을 참조하시오.

19 통계는 기원전 218~134년에 선출된 자로 이름이 확인되는 호민관들에 기반을 두고 있다. 이 제한적인 통계 수치가 호민관 전체를 대표하는 자료는 아니지만, 참조할 가치는 있다. cf. Ernst Badian, op cit., p. 189.

20 신인은 신귀족에 속하지 않는 가문의 구성원들과 가문 최초로 고위 정무관직을 오른 자들을 지칭한다. 신인에 대한 개략적인 설명을 위해서는 Leonhard A. Burckhardt, op. cit., pp. 77-99를 참조하시오.

미 공적 경력의 중요 단계로 인정되었으며, 다른 정무관들과 완전하게 동화되었음을 암시한다. 심지어 거론하고 있는 호민관의 1/3 이상은 이후 콘술 또는 프라이토르로 선출되었다.[21] 같은 기간에 선출된 평민 출신의 콘술 86명 중 18명은 호민관으로 선출되었던 이력을 가지고 있음이 분명하다. 사료의 특성상 평민 출신 콘술의 절반 이상이 프라이토르가 되기 전에 어떤 정치적 경력을 밟았는지 비록 정확하게 알 수 없지만, 호민관직을 역임한 콘술의 수는 훨씬 더 많았을 것이다. 호민관직은, 비록 '관직의 사다리'에 포함되어 있지 않더라도, 정치 경력에서 중요한 징검다리 역할을 하였음이 분명하다.

　호민관에 대한 종합적이고 체계적인 연구를 위해서는 호민관의 권한과 그것에 근거한 활동을 전방위로 재검토해야 한다. 그러나 이 책은 공화정의 전시기를 다루지는 않는다. 우선 관심을 공화정 중기에 국한하려 한다.[22] 그 이유는 그 시기에 활동한 호민관에 관한 연구가 상대적으로 제한적인 데 있다. 물론 21세기에 들어오면서 호민관들 간의 사회경제적 차이나 호민관 활

21　보통 법무관으로 번역되는 프라이토르(praetor)의 업무는 사법적 영역으로 한정되지 않았다. 따라서 프라이토르라고 명명한다.

22　이 책에서는 기원전 286년부터 티베리우스 그라쿠스의 농지법이 통과되기 직전까지, 즉 기원전 134년까지를 공화정 중기로 한다. 중기의 시작점을 기원전 366년을 앞당기는 주장에 관해서는 Karl-Joachim, "Conquest, Competition and Consensus: Roman Expansion in Italy and the Rise of the Nobilitas," *Historia*, Vol. 42(1993), pp. 12-39를 참조하시오.

동에 영향을 미치는 다양한 집단들에 관한 연구들이 등장하였다. 아마도 사회사 연구의 전통과 로마 공화정의 민주적 성격을 강조하는 학계의 동향과 무관하지 않을 것이다. 즉 일반 대중에 관한 관심의 증가가 호민관에 관한 연구를 촉발하였을 것이다. 하지만 그것들도 대체로 공화정 후기에 집중되었다.[23] 또 로마가 도시국가에서 지중해제국으로 발전했던 공화정 중기는 공화정 후기의 키케로를 위시해서 제정기에 활동했던 아피아노스(Appianos)와 플로루스(L. Annaeus Florus)와 같은 역사가들이 로마 공화정에서 가장 높게 평가하는 이상적인 시기로서, 로마의 정체가 큰 혼란 없이 가장 안정적으로 작동되었다고 할 수 있다. 따라서 공화정 중기 호민관에 관한 연구는 호민관뿐만 아니라 로마 정체의 운용 및 로마 공화정의 성격을 이해하는 데 도움이 될 것이다.

공화정 중기 호민관에 관해 종합적 연구를 시도한 현대 학자

23　공교롭게도 21세기에 들어오면서, 호민관에 관한 연구가 많이 등장하고 있다. Kai Sandberg, *Magistrates and Assemblies: A Study of Legislative Practice in Republican Rome* (Rome, 2001); Eric J. Kondratieff, *Popular Power in Action: Tribunes of the Plebs in the Later Republic* (Diss.: Philadelphia, 2003); Gareth C. Sampson, *A Reexamination of the office of Tribunate of the Plebs in the Roman Republic (494-23 BC)* (Diss.: Manchester, 2005); Amy Russell, "The Tribunate of the Plebs as a Magistracy of Crisis," in Valerij Gouschin and Peter J. Rhodes (eds), *Deformations and Crises of Ancient Civil Communities* (Stuttgart, 2015), pp. 127-139; Loonis Logghe, *The tribuni plebis and the end of the Roman Republic* (Diss.: Ghent, 2016)

는 위에서 언급한 요켄 블라이켄이 거의 유일하다.[24] 그의 견해는 크게 세 가지로 압축할 수 있다. 1) 호민관 권한은 유력 정치가의 개인적 이익 또는 원로원의 집단적 이익을 위해 사용되었다. 2) 호민관의 활동을 주도한 것은 호민관 자신이 아니라 원로원, 정무관, 그리고 특정의 정치 파벌이었다. 3) 몇몇 호민관의 대중적 활동은 거의 중요하지 않으며 원로원의 정책에 도전하는 것도 아니었다. 이를 요약하면, 귀족에 대항하는 '신분 투쟁'으로 탄생한 혁명적 성격의 호민관은 역설적이지만 원로원에 도전하는 세력을 제압하고 원로원의 지배를 더욱 강화하는 데 사용되었다는 것이다. 즉, 공화정 중기의 호민관은 평민의 진정한 대변인이라기보다는 원로원 지배를 강화하기 위한 정치적 도구였다.[25]

사실 위의 주장은 새로운 것이 아니다. 호민관을 로마 공화정 몰락의 주범으로 구조화했던 키케로(M. Tullius Cicero)가 단초를 제공했던 것 같다. 그는 공화정 후기의 로마를 국가적 위기에서 구

---

24   Jochen Bleicken, op cit., 1968. 그의 견해는 "Das römische Volkstribunat: Versuch einer Analyse seiner politischen Funktion in republikanischer Zeit", *Chiron*, Vol. 11(1981), pp. 87-108에 간략하게 요약되어 있다.

25   Hugh Last, "Tiberius Gracchus," in S.A. Cook *et al.*, *Cambridge Ancient History IX* (Cambridge, 1932), p. 26; Howard H. Scullard, *A History of the Roman World, 753-146 BC* (London, 1980), p. 330; Karl-Joachim Hölkeskamp, op cit., 1990, p. 452; Tim J. Cornell, op cit., 1995, pp. 333-340.

하기 위해 공화정 중기의 이상적인 혼합정, 실제로는 귀족정을 제시하였다. 여기서 키케로가 호민관에게 부여한 역할이 원로원의 조력자였다. 사실 기원전 294년의 콘술 포스투미우스 메겔루스(L. Postumius Megellus)는 호민관을 '귀족의 노예(mancipia nobilium)'라고 불렀다. 그러나 이는 호민관이 진짜 원로원의 도구였음을 의미하는 것이 아닌 자신의 개선식을 반대하는 호민관에 대한 '정치적 조롱'에 불과했다.[26] 리비우스(Titus Livius)도 분명하게 말하고 있듯이, 다른 일곱 명의 호민관은 개선식을 만장일치로 승인한 원로원에 반대하였다. 호민관이 평민의 대변자라는 고유 기능을 망각하고 상실했음을 직접적으로 언급한 사료는 없다. "호민관은 항상 인민의 바람에 주목하고, 그들이 정한 대로 행동했다"라는 폴리비오스의 언급이나 "평민에게 복종하는 것이 호민관의 가장 중요한 의무다"라는 플루타르코스(Plutarchos)의 언급이 진실을 항상 말하는 것은 아니더라도,[27] 사료에서 확인되는 공화정 중기 호민관의 활동들은 여전히 그들이 원래의 역할을 충실하게 이행하였음을 암시한다.[28] '신분 투쟁'과 호민관직의 설치 및 발전이 궤를 같이했으며, 호민관의 본래 역할은 정무

---

26   Liv. 10.37.11

27   Polyb. 6.15.5.

28   사실 영토적 팽창에 따른 식민정책과 농지 분배는 인민의 경제적 불만을 어느 정도 완화할 수 있었다. 하지만 기원전 232년, 194년, 193년, 189년, 172년, 138년 등의 사례들을 살펴볼 필요가 있다. Cf. Wilfried Nippel, *Public Order in Ancient Rome* (Cambridge, 1995), p. 10.

리비우스

관의 자의적인 행동으로부터 평민의 권리를 보호하고 대변하는 것이었음을 간과해서는 안 된다.[29]

그렇다고 이 책의 목적이 호민관은 평민의 진정한 대변자라는 폴리비오스의 주장을 재점화하려는 것은 아니다. 호민관의 정치적 역할과 성격을 단순하게 일반화해서는 안 된다. "호민관은 평민의 대변자이자 원로원의 도구라는 양가적 역할을 했다"라는 빌프리드 니펠(Wilfried Nippel)의 주장은 호민관의 역할을 획일화할 수 없는 고충을 잘 보여준다. 로마 정체의 필수 요소인 호민관은 다양한 정치적 목소리를 내는 독립적인 정무관이다. 키케로는 자신의 『법률론(De Legibus)』에서 호민관의 폐해를 토로하는 동생 퀸투스(Quintus)의 지적을 인정하면서도, 매년 선출되는 호민관의 수가 열 명임을 그리고 그들 각각은 온전하다는 사실을 상기시키고 있다.[30] 사실 호민관들이 의견대립으로 충돌한 경우는 많다. 기원전 195년의 호민관들은 보통 여성의 낭비를 제한하려는 사치법으로 알려진 오피우스 법(lex Oppia)의 폐지를 놓고 의견대립을 보였다.[31] 이런 의견의 충돌은 계속 나타났으며,[32] 심지어 티베리우스 그라쿠스(T. Sempronius Gracchus)는 동료

---

29   Plut. *Ti, Gracch.* 15.2.

30   Cic. *Leg.* 3.10.24.

31   Liv. 34.1.2-4; 34.2.6; 34.5.1.

32   Thomas R.S. Broughton, *The Magistrates of the Roman Republic, vol. I* (New York, 1951), p. 369; 398; 485. 호민관 사이의 이견들은 기원전 187년, 184년, 177년, 137년에도 나타난다.

호민관인 옥타비우스(Octavius)를 제명하였다.

　마찬가지로 원로원을 통일된 하나의 정치체로 간주하는 단선적 태도도 지양되어야 한다. 비록 원로원이 자체의 칙령, 즉 '원로원의 의결(senatus consultum)'을 통일된 형태로 반포하였지만, 원로원 의원 모두가 같은 의견이었던 것은 결코 아니다. 술라 이전까지, 총 300명으로 구성되었던 원로원은 로마에서 '개인별 투표' 원칙이 적용되었던 유일한 정치기구였다.[33] 원로원 의원 각각의 정치적 무게는 다르지만, 그들은 정치적 이념 또는 개인적 이해관계 아니면 자신들이 속해 있는 파벌의 이해관계 등에 따라 행동했을 것이다. 원로원을 통일된 하나의 정치체로 단순화하는 것은 다양한 정치적 견해를 가진 귀족이 모인 협의체인 원로원이 실제로 운용되는 방식, 즉 정치적 의사결정 과정의 이해를 방해한다. 퍼거스 밀러의 지적처럼, "원로원은 의회가 아니며, 대의제 정부의 전형으로 간주할 수 없다. 게다가 원로원은 법률을 제정할 수도 없다."[34]

　이 책은 공화정 중기 호민관이 공화정에서 담당했던 역할뿐 아니라 호민관이 정체의 세 가지 요소인 정무관, 원로원, 민회와 어떤 관계를 맺고 있는지를 분석하고 논하고자 한다. 자신들의 신체불가침권에서 기원한 강력한 권한인 비토권, 사법권, 입법권을 보유한 호민관은 국가와 관련된 거의 모든 분야에서 활

---

33 Rachel Feig Vishnia, *State, Society and Popular Leaders in Mid-Republican Rome 241-167 BC* (London and New York, 1996), p. 177.

34 Fergus Millar, op cit., 1998, p. 7.

발하게 활동하였다. 공화정 중기의 호민관은 평민만의 정무관이 아니었다. 실제로 정치적인 기소, 해외정책, 시민권, 공지의 분배, 재정, 종교·사회적 문제들을 위시한 광범위한 이슈들을 다루었다. 공화정 중기는 제2차 로마-카르타고 전쟁에서 승리한 로마가 서부 지중해 지역을 장악했을 뿐만 아니라 헬레니즘 세계로 팽창하는 시기였기 때문에, 호민관은 전쟁과 평화의 선언, 군 징집, 사령관의 개선식, 토지분배, 식민시 건설 등과 같은 문제들에 항상 연루되었다. 그렇다고 헌법과 법률이 호민관에게 특정의 권한과 역할을 부여한 것은 아니다. 사실 로마는 헌법과 법률에 해당하는 성문법을 갖고 있지 않았다. 하지만 혁명적 성격의 호민관이 로마의 공식적인 정무관으로 수용되는 역사가 그리고 호민관이 민회 및 원로원과 맺고 있는 밀접한 관계 등이 바로 호민관의 역할과 성격을 결정했음이 분명하다. 공화정 중기의 호민관은 공화정의 어느 한 요소의 이익만을 위해 활동하는 정무관이 결코 아니었다. 호민관은 완전하지 않은 정치적 기구들이, 즉 원로원, 평민회, 정무관이 서로 조화와 균형을 이루도록 하는, 즉 공화정의 순조로운 작동을 위한, 공화 정치의 조정자 역할을 떠안게 되었던 것 같다.

폴리비오스와 키케로가 찬양했던 그리고 근대 국가의 모델인 공화정의 혼합정체가 어떻게 작동하였는지를 그리고 공화정체에서 호민관이 어떤 역할을 담당하였는지를 고찰하는 이 책은 크게 다섯 부분으로 구성된다.

1. 공화정 초기의 호민관. 현재 남아 있는 문헌 사료의 특성상

공화정 초기 호민관의 역사를 재구성하는 것은 거의 불가능하다. 그럼에도 불구하고 공화정 중기 호민관의 활동과 그 의미를 이해하기 위해서는 공화정 초기의 호민관에 관해 언급하지 않을 수 없다. 그래서 이 장은 전해지는 문헌 사료에 대한 극단적인 비판이나 회의에서 벗어나 그것의 구체적이고 종합적인 분석을 통해서, 공화정 초기 호민관의 기원과 발전의 역사성에 관해 논하고자 한다. 즉 호민관이 선출되었던 배경과 호민관이 특히 입법의 영역에서 권한을 획득해가는 과정을 살펴본다. 그리고 마지막으로 고대 역사기술에 비록 거의 흔적을 남기지는 않았지만, 호민관을 로마 공화정의 공식 정무관으로 자리매김하는 데 중요한 촉매제의 역할을 한 호르텐시우스 법에 관해서 간략하게 언급한다.

2. 기원전 3세기 말의 세 개의 호민관 법. 보통 공화정 중기는 기원전 286년부터 134년까지의 시대를 지칭한다.[35] 하지만 기원전 286년부터 219년까지의 시기에 발생한 역사적 사건을 체계적으로 다루는 연대기적 서술은 남아 있지 않다. 로마에서 발생한 사건의 개요를 균형 있게 제공하는 리비우스의 『로마사(Ab Urbe Condita)』 제11-20권이 상실되었기 때문이다. 그럼에도 불구하고, 폴리비오스 및 다른 연대기 작가의 단편들은 몇몇 호민관의 활동을 재구성하도록 도와준다. 특별히 기원전 3세기 말 가

---

35 시기 구분에 관해서는 Peter A. Brunt, op cit., 1969, pp. 1-20; Andrew Lintott, op cit., 1987, pp. 34-52; 金炅賢, 앞의 글, 75-76쪽을 참조하시오.

이우스 플라미니우스(Gaius Flaminius)와 직간접적으로 관련이 있는 세 가지 호민관 법들이 있다. 비록 세 개에 불과하지만, 호민관에 대한 기존의 부정적인 평가와 다른 성격의 그 법들은 이후 호민관 활동의 방향과 성격을 암시하기 때문에 자세하게 살펴보도록 하겠다.

3. 호민관의 비토권. 정무관의 자의적인 행동이나 위협으로부터 자신을 보호하기 위해 도움(auxilium)을 요청한 평민을 위해서 호민관은 정무관의 행동에 제동을 걸고 결정을 무효로 만들 수 있는 비토권(ius intercessionis)을 필요로 했다. 물론 호민관이 처음부터 완전한 형태의 비토권을 보유한 것은 아니다. 하지만 기원전 449년 발레리우스−호라티우스 법(lex Valeria Horatia)이 호민관의 신체불가침권을 법적으로 재승인함으로써,[36] 호민관의 비토권은 행정상의 공적 행위를 거부할 수 있었던 것 같다. 게다가 귀족도 호민관에게 도움을 요청한 사실이 암시하듯이, 비토권은 공화정 중기쯤이면 호민관의 아주 중요한 권한으로 정착하였다. 그럼에도 불구하고 호민관의 비토권은 주로 원로원 또는 유력 정치가(또는 집단)의 정치적 이해관계를 위한 무기로만 평가되었다. 이 책은 호민관의 비토권에 관한 현대 학자들의 세 가지 가정을 중심으로 호민관의 활동을 검토함으로써, 호민관의 비토권이 로마 공화정체와 정치에서 담당하는 역할에 관해 논하려고 한다.

---

36 발레리우스-호라티우스 법의 신뢰성에 관해서는 Robert M. Ogilvie, op cit., p. 499; Tim J. Cornell, op cit., 1995, p. 277를 참조하시오.

4. 호민관의 사법권. 비토권을 효과적으로 사용하기 위해서 호민관은 임페리움을 보유한 정무관들의 강제권(ius coercitionis)을 필요로 했다.[37] 즉 호민관도 자신들이 금지한 것을 위반한 자를 체포하고, 벌금을 부과 또는 투옥하거나 사형선고를 내릴 수 있었다. 하지만 호민관의 강제권은 집단적인 맹세가 보장하는 평민 모임의 단순한 결정에 기초했다. 그럼에도 불구하고, '신분 투쟁' 말엽 호민관은 엄격한 법적 의미에서는 아니더라도 국가의 공식 정무관이 되었기 때문에, 로마의 정체를 위협하고 공적인 이해관계를 위험에 빠트리는 자들에 대해 공적 기소자의 기능을 수행할 수 있었다. 하지만 호민관의 사법권은 원로원이 강력한 정치적 개인의 등장을 막거나 정치적 유력자들이 정적을 제거하기 위해 사용한 정치적 무기로 인식되어왔다. 불행하게도 정치적 재판에 관한 사료는 매우 제한적이지만, 이 책은 호민관의 활동을 크게 네 가지 죄목에 따라 구분하여 고찰한다. 이는 호민관이 고유의 역할에 충실하면서도 로마 공화정의 국가적 이익을 수호하고 증진하기 위한 정무관으로서 자신들의 사법적 권한을 사용했음을 보여줄 것이다.

5. 호민관의 입법권. 호민관은 평민의 정무관으로서 평민으로만 구성된 평민회를 소집하고 주재하는 책임을 지고 있다. 평민회의 가장 중요한 기능은 입법이다. 호민관이 소집한 평민회에

---

37 유스 코에르키티오니스(ius coercitionis)는 보통 징계권으로 번역된다. 하지만 이 책에서는 처벌과 제재뿐만 아니라 그것에 이르는 사법적 과정 전반을 의미하기 위해 강제권으로 번역한다.

서 통과된 법안을 '평민의 의결(plebiscitum)'이라 한다. 그것은 처음에는 평민의 일방적인 결정으로 어떤 법적 효력을 갖고 있지 못하였다. 하지만 이런 한계는 평민회에서 결정된 사항이 전체 인민에게 구속력을 갖는다고 규정하는 발레리우스-호라티우스 법이 기원전 449년에 통과됨으로써, 극복되기 시작했다. 이후 기원전 339년의 푸블리리우스 법(lex Publilia)과 기원전 287년의 호르텐시우스 법을 통해서 평민의 일방적인 결정이, 즉 '평민의 의결'이 완전한 법적 효력을 가지게 됨으로써, 호민관은 입법에서 매우 중요한 위치를 점하게 되었다. 그럼에도 불구하고, 호민관은 신귀족의 아성인 원로원의 정책이나 이해관계를 유지하고 강화하기 위해 자신들의 입법권을 사용한 정치적 하수인 정도로만 이해되었다. 따라서 이 책은 공화정 중기에 통과되었던 호민관 법들을 직접 고찰함으로써, 입법의 주도권이 호민관이 아닌 원로원, 정무관, 그리고 스키피오 가문에 있었다는 현대 학자들의 주장이 다소 단선적이고 일방적임을 보여주고자 한다.

문헌 사료의 소개와 비판

서양 고대사 연구의 가장 큰 장애물은 신뢰할만한 1차 사료의 부족이다. 로마 공화정 중기의 상황도 다르지 않다.[38] 대체로 일

---

38 공화정 중기의 사료에 관한 개요는 Alan E. Astin, "Roman Govern-

부분만 단편적으로 전해질뿐이다. 그럼에도 불구하고 공화정 중기의 정치·군사적 역사를 재구성하는 데 도움이 될 사료가 꽤 광범위하게 존재한다. 사료는 보통 역사적 문헌 사료 또는 콘술 연대기(Consular Fasti), 대사제의 연대기(Annales of the Pontifex Maximus)와 같은 비역사적 문헌 사료, 그리고 고고학 자료로 구분할 수 있다. 그러나 역사가, 연대기 작가, 그리고 과거에 관해 왕성한 지적 호기심을 가진 호고가가 제공하는 역사적 문헌 사료가 대부분을 차지한다. 공화정 중기에 관한 역사적 문헌 사료는 세 가지로 구분할 수 있다.

첫 번째는 기원전 3세기 후반과 2세기에, 즉 로마가 지중해 세계의 절대 강자로 부상했을 뿐만 아니라 엄청난 문화적 변화를 경험했던 시기, 즉 공화정 중기에 살았던 작가들의 작품들이다. 이 시기에 활동한 작가가 많은 것은 아니지만, 로마 최초의 역사가는 보통 카르타고의 명장 한니발(Hannibal)과 동시대인인 파비우스 픽토르(Q. Fabius Pictor)라고 한다.[39] 역사를 기술할 때 모국

---

ment and Politics, 200-134 B.C.," in Frank W. Walbank *et al.* (eds), *Cambridge Ancient History VIII* (Cambridge, 1989), pp. 1-16; Michael H. Crawford, *The Roman Republic* (London, 1992), pp. 5-14; Gary Forsythe, "The Roman Historians of the Second Century B.C.," in Christer Bruun (ed), *The Roman Middle Republic: Politics, Religion, and Historiography c. 400-133 B.C.* (Rome, 2000), pp. 1-11을 참조하시오.

39 초기의 로마인은 그리스인과 마찬가지로 서사시를 통해 그들의 과거를 설명하려고 노력했다. 그나이우스 나이비우스(Gnaeus Naevius)는 제1차 로마-카르타고 전쟁에 관한『포에니 전쟁(Bellum Poenicum)』을 기술하였으며, 엔니우스(Q. Ennius)는 아이네아스(Aeneas)의 도주

어가 아닌 그리스어를 사용했다는 사실을 제외하고는, 그의 문체나 심지어 출판 시기에 관해서도 아는 바는 거의 없다.[40] 하지만 그는 로마의 도덕적 우위를 강조하고, 로마의 위대함을 나열하는 이른바 자국사(national history)의 창안자로서,[41] 그의 역사는 종종 편파적이고 애국주의적이다. 게다가 유력 가문의 일원이자 원로원 의원이기도 했던 파비우스 픽토르는 원로원 정치와 자신이 속한 파비우스(Fabius) 씨족을 찬양하는 경향이 강했다.[42] 이런 당파성에도 불구하고, 그는 헬레니즘 시대의 역사기술 방법을 로마에 소개함으로써 역사를 성직자의 손에서 해방하였을 뿐만 아니라,[43] 역사는 사용 가능한 모든 자료를 이용해야 하는 진지한 연구라는 전통을 수립하였다.[44] 그는 그리스를 모방하여 국

부터 로마-카르타고 전쟁 때까지를 다룬 『연대기(Annales)』를 6보격(hexameter)의 라틴 시로 기술하였다.

40　파비우스가 픽토르가 그리스어로 역사를 기술한 이유에 관해서는 Ernst Badian, "The Roman Annalists," in Thomas A. Dorey (ed), *Latin Historians* (London, 1966), pp. 2-4; Stephen Usher, *The Historians of Greece and Rome* (Exeter, 1969), pp. 131-132; Ronald Mellor, *The Roman Historians* (London and New York, 1999), p. 16을 참조하시오. 그의 역사가 출판된 시점에 관해서는 Bruce W. Frier, *Libri Annales Pontificum Maximorum: The Origins of the Annalistic Tradition* (Ann Arbor, 1979), pp. 236-246을 참조하시오.

41　Arnaldo Momigliano, *The Classical Foundations of Modern Historiography* (Berkeley *et al.*, 1990), pp. 80-108.

42　Andreas Alföldi, *Early Rome and the Latins* (Ann Arbor, 1965), pp. 164-175.

43　Michael H. Crawford, op cit., p. 5.

44　Dieter Timpe, "Fabius Pictor und die Anfänge der Römischen

가의 기원뿐만 아니라 당대의 사건들도 다루었다. 공화정 중기와 관련해서, 그의 역사는 후대 역사가들의 언급을 통해서만 단편으로 남아 있지만, 제1·2차 로마-카르타고 전쟁과 관련해서는 최고의 사료이다.[45]

파비우스 픽토르는 기원전 2세기의 역사가들에게 영향을 미쳤다. 로마의 역사는 계속 라틴어가 아닌 그리스어로 기술되었다. 카르타고의 장군 한니발의 포로였다가 아마도 자마(Zama) 전투가 끝난 후에 석방되었던 킨키우스 알리멘투스(L. Cincius Alimentus),[46] 기원전 151년에 콘술을 역임했던 포스투미우스 알비누스(A. Postumius Albinus),[47] 그리고 기원전 155년 아테네 사절로 파견된 그리스 철학자들을 통역했던 아킬리우스(C. Acilius)가 이에 해당한다.[48] 그들의 작품은 대부분 사라졌지만, 그것들 모두 초기 로마의 역사뿐만 아니라 동시대의 사건들을 다룬 것이 분명하다. 불행하게도, 아킬리우스의 몇 가지 설명들만―한니

Historiographie," *Aufstieg und Niedergang der römischen Welt* I. 2 (1972), pp. 941-948; Bruce W. Frier, op cit., pp. 234-284.

45   Andreas Alföldi, op cit., pp. 123-175; Dieter Timpe, op cit., pp. 928-969.

46   Liv. 21.38.3.

47   키케로(Cic. *Brut.* 81)가 찬사를 보낸 포스투미우스 알비누스는 자신이 그리스어를 부정확하게 사용한 것에 관해 변명하고 있다. (Gell. *NA* 11.8.2) 카토의 조롱에 관해서는 Gell. *NA* 11.8.4; Polyb. 39.1을 참조하시오.

48   Liv. *Per.* 53에 의하면, 아킬리우스의 역사는 기원전 142년에 출판되었다.

발의 병영으로 돌아가지 않으려고 속임수를 썼던 몇몇 포로의 이야기, 히스파니아에서 스키피오 형제가 패배한 후 패잔병들이 추대한 마르키우스(L. Marcius)가 거둔 승리, 시리아 왕국의 왕 안티오코스(Antiochos)에게 사절로 파견되었던 스키피오가 한니발과 나눴던 대화— 전해진다.[49]

그런 점에서 로마의 역사서술에 라틴어를 처음으로 사용한 역사가는 일명 노(老)카토로 불리는 포르키우스 카토(M. Porcius Cato)다. 보수주의자인 그는 로마 청년에게 애국심과 도덕심을 가르치기 위해 로마의 역사서인 『기원론(Origines)』을 편찬했다.[50] 그리스어로 기술된 역사서를 조롱한 그도, 책의 제목이 암시하는 것처럼, 그리스 역사서술의 영향으로부터 자유롭지는 않았다. 그는 사건의 무미건조하고 단순한 연대순 서술을 거부하고, 직접적인 연구를 통해서 지리, 경제, 민족학에 관한 많은 정보를 소개하였다.[51] 총 7권으로 구성된 『기원론』의 처음 3권은 제목이 암시하는 것처럼, 로마와 다른 이탈리아 도시국가들의 기원, 지리, 관습, 언어, 종교, 문화 등을 그리고 마지막 4권은 공화정 중기의 정치·군사적 상황을 다루었다. 특히 제4-5권은 제1차 로마

---

49 Cic. *Off*. 3.115; Liv. 25.39.11; 35.14.1.

50 카토는 다른 저작들도 남겼으나, 가정경제와 농지경영에 관한 『농업론(De agri cultura)』이 유일하게 온전한 형태로 남아 있다.

51 Gell. *NA* 2.28.6. 카토의 『기원론』에 관해서는 Stephen Usher, op cit., pp. 132-136; Alan E. Astin, *Cato the Censor* (Oxford, 1978), pp. 211-239; Ronald Mellor, op cit., pp. 17-19를 참조하시오.

－카르타고 전쟁부터 적어도 기원전 167년까지의 기간에 관한 것이었다. 반면 마지막 2권에서 카토는 자신이 죽기 직전인 기원전 149년까지의 자료들을 주제별로 배열하였으며, 자신의 연설을 직접 삽입하는 방법을 통해서 자신의 정치적 견해를 피력하기도 했다.[52]

카토의 영향 때문인지는 확실하지 않지만, 카시우스 헤미나(L. Cassius Hemina)도 4권으로 구성된 로마사를 라틴어로 기술하였다. 그는 비판 없이 과장된 문체만을 사용하는 단순한 편집자 정도로만 취급되었지만,[53] 사실 그에 관해 아는 바는 별로 없다.[54] 그의 연대기 서술도 로마의 기원부터 자신이 살고 있던 시기까지 이어진다. 그의 작품은 로마의 희극작가 테렌티우스(P.

---

52 투스쿨룸(Tusculum) 지역의 평민 가문 출신인 카토는 자신의 역사에서 정무관의 이름들을 언급하고 있지 않다. 하지만 자신의 정치·군사적 업적들을 기록함으로써, 로마에서 정치적 전기 기술의 전통을 수립하였다.

53 Ernst Badian, op cit., 1966, p. 1. cf. Elizabeth Rawson, "The First Latin Annalists," *Latomus*, Vol. 35(1976), pp. 689-717; Gary Forsythe, "Some Notes on the History of Cassius Hemina," *Phoenix*, Vol. 44(1990), pp. 326-344.

54 카시우스 헤미나의 삶에 관한 정보는 거의 없지만, 아마도 기원전 154년의 켄소르 카시우스 롱기누스(C. Cassius Longinus)의 친척인 것 같다. Elizabeth Rawson, op cit., p. 700. 카시우스 롱기누스의 정치적 입장에 관해서는 Howard H. Scullard, *Roman Politics 220-150 B.C.* (Oxford, 1973), pp. 195-196을 참조하시오. 보통 감찰관으로 번역되는 켄소르는 공공 도덕의 감찰 외에도 시민명부나 원로원 의원 명부 작성, 센서스 조사 등 많은 업무를 담당하였다. 그 때문에 이 책에서는 켄소르라는 명칭을 사용한다.

Terentius Afer)와 그라쿠스 형제 시대 사이에 서술된 것 같다. 그는 로마의 전쟁보다 호고적 정보에—예를 들면, 기원전 219년경 로마에 정착한 그리스 출신 의사 아르카가투스(Archagathus)의 의료행위와 성직자 법 등—관심이 더 많았던 것 같다.[55]

카토와 카시우스 헤미나처럼 라틴어로 역사를 서술했던 역사가들이 로마의 역사기술 전통을 수립하려 했다 하더라도, 그리스의 영향이 멈춘 것은 결코 아니다. 기원전 168년의 피드나(Pydna) 전투 이후 로마에 끌려온 그리스 메갈로폴리스(Megalopolis) 출신의 정치적 볼모인 폴리비오스는, 공화정 중기에 관해 가장 중요한 정보를 제공한 역사가 중의 한 명이다.[56] 처음에는 기원전 220년~168년의 짧은 기간 동안 로마를 지중해제국으로 팽창시킨 추동력이 무엇인지를 설명하려 했던 그는 시킬리아(현재의 시칠리아) 출신의 그리스 역사가 티마이우스(Timaeus)가 역사서술을 끝낸 시점인 기원전 264년부터 코린토스와 카르타고가 파괴된 기원전 146년까지로 서술 범위를 확대하였다.[57]

---

55   Tim J. Cornell and Edward Bispham (eds.), *The Fragments of the Roman Historians* (Oxford, 2013), pp. 261-264.
56   폴리비오스 그리고 그의 선임자들, 예를 들어 티마이우스(Timaeus)와 포시도니우스(Posidonius) 등에 관해서는 Stephen Usher, op cit., pp. 100-124; Frank W. Walbank, *Polybius* (Berkeley and Los Angeles, 1972); Micahel H. Crawford, op cit., pp. 6-7; Peter Derow, "Historical Explanation: Polybius and his Predecessors," in Simon Hornblower (ed), *Greek Historiography* (Oxford, 1994), pp. 73-90; Andrew Lintott, op cit., 1999, pp. 16-26을 참조하시오.
57   Polyb. 1.3.1-1.3.4.

로마의 귀족과 매우 친밀했던 폴리비오스의 역사는 귀족적·당파적 성격을 드러내지만,[58] 그는 로마 귀족의 에토스(ethos)를 완전히 이해하지 못했으며, 로마 공화정의 민주정적 요소도 너무 단순화하였다. 그 때문에 그가 로마의 정치적·헌정적 제도가 작동하는 방식을 완전하게 이해하고 있었는지 의심스럽다. 그렇지만 실용적이고 보편적인 역사를 추구했던 폴리비오스는 입수 가능한 모든 자료를 철저하게 이용하여 역사적 진실을 전달하려 한 것이 분명하다. 총 40권으로 구성된 그의 『역사』 중 많은 부분은 인용이나 발췌처럼 단편으로만 전해진다. 그러나 기원전 264년부터 기원전 216년까지, 로마와 헬레니즘 왕국들의 관계를 다루는 처음 5권은 거의 완전한 형태로 남아 있다. 제6권 또한 로마의 정치적·군사적 제도에 관해 많은 정보를 제공한다.

로마 공화정 중기에 관한 두 번째 사료는 그라쿠스 시대부터 공화정 마지막 세기까지 살았던 저술가들의 작품이다. 기원전 149년의 호민관으로서 수탈재산 반환법(일명 착취법, lex de pecuniis repetundis)을 통과시켰던 칼푸르니우스 피소(L. Calpurnius Piso Frugi)도, 역사를 기술했던 로마의 다른 정치가들처럼, 켄소르를 역임한 직후에 적어도 총 7권으로 구성된 『연대기(Annales)』를 저술했

---

58 예를 들어, 폴리비오스는 아이톨리아인에 대한 증오를 드러내며, 기원전 152년의 콘술 마르켈루스(M. Claudius Marcellus)가 켈티베리아(Celtiberia)인에게 보여 준 태도에 관해 부정적으로 평가했다. Polyb. 30.11; 35.3-4.

다.[59] 그것의 처음 3권은 왕정기부터 공화정 초까지를 다루었던 반면에, 마지막 4권은 공화정 중기에 속한 흥미로운 일화들을 단순하게 망라하였다.[60]

기원전 2세기경, 그리스의 영향이 증가하고 독자층이 확대하면서, 변화가 나타나기 시작했다.[61] 역사가 그나이우스 겔리우스(Gnaeus Gellius)는 로마의 역사를 연대순으로 기술하는 파비우스 픽토르의 전통을 고수하면서도, 자료들을 극적으로 설명하기 위해 수사적인 방법을 처음으로 도입하였다.[62] 로마의 기원부터 적어도 기원전 146년까지를 다루고 있는 그의 『연대기(Annales)』는 대략 100권 정도로 이전의 연대기와는 비교가 안 될 정도로 상당한 분량을 자랑하고 있지만, 안타깝게도 매우 제한적으로만 남아 있다.[63] 하지만 그의 단편 27은 공화정 중기의 오르키우스 법(lex Orchia), 판니우스 법(lex Fannia)과 같은 사치법에 관해 귀중한 정보를 제공한다.[64] 가이우스 그라쿠스와 동시대를

---

59 Elizabeth Rawson, op cit., pp. 702-713; Gary Forsythe, op cit., 2000, p. 8.

60 콘술 파피리우스 마소(C. Papirius Maso)가 기원전 231년 알바 (Alba) 산에서 개선식을 거행한 최초의 사령관이며, 기원전 158년에 켄소르들이 원로원과 인민의 승인 없이 포룸(Forum)에 세워졌던 정무관의 동상들을 철거했다는 사실은 칼푸르니우스 피소를 통해서 알려졌다.

61 Gary Forsythe, op cit., 2000, p. 11.

62 Ernst Badian, op cit., 1966, p. 12.

63 그의 연도에 관해서는 Cic. *Div.* 1.55; Censorinus, *D.N.* 17.11을 참조하시오.

64 Macrob. *Sat.* 3.17.3.

살았던 법학자이자 역사학자인 코일리우스 안티파테르(L. Coelius Antipater)도 로마의 역사를 단순한 연대기 수준에서 탈피하도록 노력했다. 총 7권으로 구성된 연대기 중의 제1권은 제2차 로마-카르타고 전쟁에 관해 기술하고 있는데, 현재는 그중 67개의 단편만이 남아 있다. 키케로가 코일리우스 안티파테르의 수사적인 방법에 찬사를 보내고 있지만, 그는 가문의 문서고 및 심지어 카르타고 측의 설명까지 입수할 수 있는 모든 사료를 이용하여 역사적 정확성을 추구했다.[65]

공화정 중기에 관해 가장 중요한 정보를 제공하고 있는 리비우스가 자주 인용하였던 두 명의 연대기 작가도 언급할 가치가 있다.[66] 술라 시대에 활동하였을 뿐만 아니라 술라의 찬양자이기도 했던 발레리우스 안티아스(Valerius Antias)는 로마의 기원부터 자신의 시대까지를 다루는 총 75권으로 구성된 방대한 『역사

65　Cic. *Leg.* 1.6; *Div.* 1.24.49; Liv. 27.27.13; Ronald Mellor, op cit., p. 121.

66　기원전 134-133년 스키피오 아이밀리아누스의 휘하에서 참전했던 판니우스(C. Fannius)와 셈프로니우스 아셀리오(Sempronius Asellio)도 공화정 중기에 관해 서술하였다. 특히 후자는 아마도 기원전 146년부터 시작하는 『업적록(res gestae)』에서 자신이 참여한 사건들을 자세하게 묘사했다고 하는데, 우리에게 알려진 것은 거의 없다. Gell. *NA* 5.18.8. Ernst Badian, "The Sempronii Aselliones," *Proceedings of the African Classical Associations*, Vol. 2(1968), pp. 1-6; Ronald Mellor, op cit., pp. 20-21. cf. Tim J. Cornell and Edward Bispham (eds), *The Fragments of the Roman Historians* (Oxford, 2013), pp. 244-247.

(Historiae)』를 기술했다.[67] 그는 전쟁 사상자의 수를 과장하고 심지어 전투를 허위로 만들기도 했다. 또 자신이 속한 발레리우스 씨족을 위시해 특정 씨족에게 유리하게 역사를 조작 또는 왜곡함으로써, 역사적 정확성을 훼손했다.[68] 초기 로마와 당대의 사건을 주로 다룬 그의 방대한 역사도 부분적으로만 남아 있다. 대략 37개의 단편은 공화정 중기, 특히 스키피오(Scipio) 가문에 관한 것이다. 술라 시대의 또 다른 연대기 작가는 클라우디우스 콰드리가리우스(Q. Claudius Quadrigarius)이다. 그는 갈리아인이 침입한 기원전 390년부터 자신의 시대까지를 다루는, 적어도 23권으로 구성된 역사를 기술했다. 그는 수사적인 방법들을 이용하여 정교하게 서술하려 노력했지만, 그의 문체는 같은 시대의 발레리우스 안티아스나 이후의 리비우스와 비교할 때 다소 단순하고 평범하다.[69] 그의 주된 관심은 전쟁이었지만, 제3-8권은 공화정 중기와 관련하여 참조할 가치가 충분하다. 예를 들어, 제3권은 피루스(Pyrrhus) 전쟁(기원전 280~275년)에 관해, 그리고 제5권은 칸나이(Cannae) 전투(기원전 216년)에 관한 흥미로운 설명을 제공한다.

67　발레리우스 안티아스의 연도에 관해서는 Robert M. Ogilvie, op cit., pp. 12-13을 참조하시오.

68　로버트 오길비(Robert M. Ogilvie, op cit., pp. 14-15)는 발레리우스 안티아스가 자신과 다른 사람들의 씨족을 위해 자료를 어떻게 왜곡했는지를 보여준다. Cf. Timothy P. Wiseman, *Clio's Cosmetics: Three Studies in Greco-Roman Literature* (Leicester, 1979), pp. 117-121.

69　Gell. *NA* 9.13.4. Ronald Mellor, op cit., pp. 22-24.

시킬리아의 소도시 아기리움(Agyrium) 출신인의 디오도루스 시쿨루스(Diodorus Siculus)는 아우구스투스 시대까지 살았지만, 기원전 1세기에 총 40권의 『세계사(Bibliotheca Historica)』를 기술했음이 분명하다. 제목의 원래 의미인 역사 도서관(또는 서재)이 암시하듯이, 그는 많은 저자의 작품을 엮은 창조적이지 못한 단순 편집자에 불과했을 수 있다. 하지만 분명한 것은 없다.[70] 다만 그가 아니면 알 수 없었던 사료들이 많음을 기억할 필요가 있다. 현재에는 총 40권 중 처음 5권과 제11-20권만 남아 있다. 이 책에서 다루는 시기와 관련이 있는 25권의 책들은 단편으로만 남아 있다. 그럼에도 불구하고, 스토아주의자로서 그리스 중심적 태도에서 벗어나 모든 국가를 자신의 역사에 포함하려 노력했기 때문에, 디오도루스 시쿨루스는 로마와 그리스 세계의 관계 및 로마 제국주의에 관한 매우 중요한 정보가 제공하고 있다.[71]

공화정 중기에 관한 역사적인 문헌 사료들의 세 번째 그룹은 제정기에 활동한 역사가들이다. 무엇보다도 가장 중요한 역사가는 리비우스(Titus Livius)다. 로마의 교육학자이자 수사학자인 퀸틸리아누스(M. Fabius Quintilianus)는 그를 문학적 예술성이 매우 뛰

---

70 케네스 색스는 디오도루스 시쿨루스가 단순한 편집자라는 일반적인 견해를 거부한다. Kenneth S. Sacks, "Diodorus and his Sources: Conformity and Creativity," in Simon Hornblower (ed), *Greek Historiography* (Oxford, 1994), pp. 213-232.

71 Diod. 21.18-24; 25.2; 28.11; 32.26-27.

어난 작가로 평가하였다.[72] 훌륭한 수사학 훈련을 받은 리비우스는 탁월한 문체와 기법을 활용하여 역사를 서술하고 있다.[73] 그는 자신의 역사를 극적으로 서술하는 것을 좋아했기 때문에, 자신이 이용한 사료에 등장하는 단편적인 일화를 종종 세련되게 그리고 극적으로 변형하였다. 특히 리비우스의 역사에는 연설이 많이 등장하는데, 그것들은 그의 수사적인 문체로 윤색되었을 것이다. 대체로 독일 학자들은 리비우스를 신뢰할만한 사료로 받아들이지 않았지만, 리비우스에 대한 최근의 평가는 긍정적으로 변했음을 기억할 필요가 있다.[74] 문체와 극적인 재구성에 대한 그의 집착은 과학적인 역사의 기술을 제약하였을 것이다. 예를 들어, 그가 제공하고 있는 연설이 실제로 행해진 것들을 반영하는지는 의문이다.

리비우스는 역사를 기술하기 위해, 공문서와 비문 사료 같은

---

72 Quint. *Inst.* 8.2.18; 9.14.18; 10.1.32; 10.1.39.

73 리비우스의 언어와 구조에 관해서는 Patrick G. Walsh, *Livy* (Oxford, 1974), pp. 23-31; Torrey J. Luce, *Livy: The Composition of His History* (Princeton, 1977), pp. 3-32; Hans Aili, "Livy's Language. A Critical Survey of Research," *Aufstieg und Niedergang der römischen Welt* II. 30. 2 (1982), pp. 1122-1147을 참조하시오.

74 John Briscoe, "The First Decade," in Thomas A. Dorey (ed), *Livy* (London and Toronto, 1971); Torrey J. Luce, op cit.; Tim J. Cornell, "The Formation of the Historical Tradition of Early Rome," in I.S. Moxon *et al.* (eds), *Past Perspectives: Studies in Greek and Roman Historical Writing* (Cambridge, 1986): Ronald Mellor, op cit.

동시대의 사료가 아닌 주로 제2차 문헌 사료를 이용했다.[75] 그가 정치·군사적 직책을 보유한 것 같지는 않지만, 동시대의 사료를 몰랐다고 가정할 필요는 없다. 분명 그는 기원전 1세기 연대기 작가들을 알았으며 선호했다. 예를 들어, 리비우스는 제31~50권에서 폴리비오스 외에도 코일리우스 안티파테르와 발레리우스 안티아스를 그리고 제31~50권에서는 위의 세 명 외에 클라우디우스 콰드리가리우스를 이용했다. 하지만 그는 자신이 이용한 사료들의 상호 모순과 부정확성을 바로잡기보다는 현명한 절충주의를 선택했다.[76] 사실 폴리비오스와 타키투스(Tacitus)처럼 실제로 무슨 일이 발생했는지를 규명하려는 열정이 그에게 있었는지는 의문이다. 과학적 연구는 그의 고향 파타비움(Patavium, 현재의 파도바)에서 형성된 보수적 성격과 도덕적 견해에 의해 제약을 받았던 것 같다.[77] 리비우스는 자신의 역사관으로 인해 역사

---

75   리비우스의 사료에 관해서는 Erich Burck, "The Third Decade," in Thomas A. Dorey (ed), *Livy* (London and Toronto, 1971), pp. 21-46; Frank W. Walbank, "The Fourth and Fifth Decades," in Thomas A. Dorey (ed), *Livy* (London and Toronto, 1971), pp. 47-72; Patrick G. Walsh, op cit., pp. 13-22; "Livy and the Aims of historia: An Analysis of the Third Decade," *Aufstieg und Niedergang der römischen Welt* II. 30.2. (1982), pp. 1058-1074; John Briscoe, "Livy and Senatorial Politics, 200-167 B.C.: The Evidence of the Fourth and Fifth Decades," *Aufstieg und Niedergang der römischen Welt* II. 30. 2, (1982), pp. 1075-1121을 참조하시오.

76   Stephen Usher, op. cit., p. 180.

77   Ronald Mellor, op cit., p. 48.

를 도덕적 관점에서 설명하였으며, 이야기를 극적으로 전달하려 했다.[78] 그럼에도 불구하고, 그가 공화정 중기에 발생한 국내외 사건들에 관해서 엄청나게 방대하고 종합적인 윤곽을 제시하고 있는 것은 분명하다. 안타까운 점은 기원전 292~219년과 기원전 167년 이후에 관한 그의 역사가 상실되었다는 사실이다. 그의 처음 5권은 총 360년의 기간을 간단하게 다루었지만, 6권부터는 각 권에서 평균 2년씩을 다루고 있다.[79]

리비우스에게 많은 빚을 지고 있는 기원후 1세기의 원로원 의원이자 역사가인 벨레이우스 파테르쿨루스(M. Velleius Paterculus)는 총 2권의 약사(略史)를 기술했다. 그의 역사가 다루는 시기는 트로이 멸망 때부터 자신의 친구인 마르쿠스 비니키우스(Marcus Vinicius)가 콘술로 지명되었던 기원후 30년까지다. 현대 학자들은 역사기술의 비전문적인 동기, 수사적 접근, 그리고 티베리우스 황제에 대한 맹목적인 충성심 등의 이유를 들어, 그를 이류 역사가로 간주하지만,[80] 그를 간과해서는 안 된다. 제1권이 리비우스의 작품이 사라진 피드나 전투 이후의 시기를 다루고 있을

78　Patrick G. Walsh, op cit., 1982, pp. 1058-1074.

79　리비우스 제21-25권은 기원전 218-212년, 제26-30권은 기원전 211-201년, 제31-35권은 기원전 201-192년, 제36-40권은 기원전 191-179년, 제41-45권은 기원전 178-167년을 다루고 있다.

80　F.R.D. Goodyear, "History and biography," in Edward J. Kenney (ed), *The Cambridge History of Classical Literature II. 4* (Cambridge, 1982), pp. 143-144. 제2권은 그라쿠스 형제부터 기원후 30년까지를 다루었다.

뿐만 아니라 그는 로마의 식민지 건설과 문학사와 같은 특별한 주제에 있어 뛰어나기 때문이다.[81]

아우구스투스 시대에 살았던 소아시아의 할리카르나수스 출신인 디오니시우스(Dionysius Halicarnassensis)는 라틴어를 배우고 자신의『로마 고대사(Antiquitates Romanae)』저술을 위한 자료를 수집하러 로마에 와서 수사학을 가르치면서 체류했다. 총 20권으로 구성된 그의 역사는 전설의 시대부터 폴리비오스의 역사가 시작되는 시점인 제1차 로마-카르타고 전쟁 시작 때까지를 다룬다. 디오니시우스는 늘어난 독자층을 겨냥해 수사적 기법을 사용했지만,[82] 투키디데스와 폴리비오스 이후 전해져왔던 과학적인 역사기술을 망각한 것 같지는 않다. 디오니시우스(처음 10권은 완전하게 보존되어 있음)는 리비우스와 함께 초기 로마에 관한 중요한 사료 중의 하나이다. 제19-20권의 발췌본은 타렌툼, 캄파니아인, 그리고 피루스 전쟁에 관한 설명을 제공한다.

기원후 2세기와 3세기 초에 활동한 세 명의 그리스 저술가들도 공화정 중기에 관해 가치 있는 정보를 제공한다. 이집트의 알렉산드리아 출신인 아피아노스(Appianos)는 연대순이 아닌 민족

---

[81]   Vell. Pat. 1.14-15; 1.16-17.

[82]   그가 빈번하게 제시한 연설에 관해서는 Timothy P. Wiseman, op cit., 1979, pp. 51-52; Emilio Gabba, "Literature," in Michael H. Crawford (ed), *Sources for Ancient History* (Cambridge, 1983), p. 6; *Dionysius and the History of Archaic Rome* (Berkeley *et al.*, 1991)을 참조하시오.

에 따라 일련의 논문을 발표했다. 완전하게 남아 있는 5권은, 그라쿠스 형제 때부터 폼페이우스의 아들인 섹스투스 폼페이우스(Sextus Pompeius)가 사망한 시기까지를, 즉 기원전 133년부터 기원전 35년까지를 다루지만, 로마 공화정이 다른 국가들과 치렀던 전쟁들에 관해 중요한 정보를 제공하는 사료이다.[83] 특히 제3차 로마–카르타고 전쟁 및 카르타고의 파괴에 관한 설명은 아주 상세하다. 물론 아피아노스는 연대에 대한 무관심과 로마 제도에 관한 불완전한 지식 때문에 비판을 받았다.[84] 하지만 로마의 후원으로 정치에 입문했음에도 아피아노스가 친로마적인 편견을 보여주지 않기 때문에, 사건을 매우 정확하고 공평하게 설명한다는 긍정적인 평가도 동시에 받는다.[85]

또 다른 유명한 그리스 작가는 대략 1세기 중엽 보이오티아(Boeotia)의 카이로네아(Chaeronea)에서 태어난 플루타르코스(Plutarchos)이다. 그는 그리스와 로마의 영웅 48명에 관한 『영웅전(Vitae Parallelae)』을 기술했다. 그것은 정치적·도덕적 미덕에 대한 교훈이었다. 그의 주된 관심은 인물이었지, 역사적 정확성이 아니었다. 그는 영웅의 삶을 통해서 덕과 악을 탐색하고 그들이 운

---

83 마이클 크로포드의 지적처럼, 내전에 관한 첫 권은 이탈리아의 농업사에 관한 중요한 설명을 포함하였다. Michael H. Crawford, op cit., 1992, pp. 11-12

84 Stephen Usher, op cit., p. 245.

85 Simon Swain, *Hellenism and Empire: Language, Classicism, and Power in the Greek World AD 50-250* (Oxford, 1996), pp. 248-253.

플루타르코스

에 어떻게 대처했는지를 보여주려 했다. 그는 자신이 라틴어를 철저하게 배우지 못했음을 고백했지만, 다양한 사료들에서 자신이 직접 발견한 것들을 읽고 전한 것이 분명하다.[86] 리비우스 그리고 주로 디오니시우스에 의존한 그는 그들에게서 발견되지 않는 정보를 추가하였다. 에파미논다스(Epaminondas)와 함께 『영웅전』의 첫 번째 부분을 차지하는 스키피오에 대한 설명은 사라졌지만, 파비우스 막시무스, 마르켈루스, 카토, 플라미니누스, 아이밀리우스 파울루스에 관한 가치 있는 설명은 현존한다.[87]

그리스의 마지막 지성인은 비티니아(Bythinia)의 니카이아(Nicaea) 출신이지만, 로마 제국에서 정치적으로 성공했던 카시우스 디오(Cassius Dio)다.[88] 그는 아마도 세베루스 알렉산데르(Severus Alexander) 황제의 치세에 총 80권으로 구성된 『로마사(Historia Romana)』를 기술한 것 같다.[89] 그의 방대한 작품은 상대적으로 짧은 시간별로 구성되었기 때문에, 다양한 줄거리와 상세한 설명이 부족하다. 그러나 그것은 로마 역사에 관해 독립적이고 독창적인 설명을 포함하였다.[90] 공화정 중기를 다루고 있는 제9-24

---

86 플루타르코스가 인용한 라틴 작가들에 관해서는 Simon Swain, Ibid., p. 401 n.3을 참조하시오.

87 Barbara Scardigli (ed), *Essays on Plutarch's Lives* (Oxford, 1995)

88 카시우스 디오에 관한 가장 표준적인 연구는 Fergus Millar, *A Study of Cassius Dio* (Oxford, 1964)다. cf. Simon Swain, op cit.

89 Timothy D. Barnes, "The Composition of Cassius Dio's Roman History," *Phoenix*, Vol. 38 (1984), pp. 240-255.

90 Michael H. Crawford, op cit., 1992, p. 12. 카시우스 디오의 정치적

권(제8권의 일부분)은 단편적으로만 남아 있지만, 이것들은 12세기 동로마 제국(비잔티움 제국)의 역사가이자 교회법 학자인 조나라스 (Zonaras)가 제공하는 매우 믿을만한 요약본에 의해서 보완되었다.

위에서 언급한 역사적 연대기와 논문이 현존하는 유일한 사료는 아니다. 공화정 중기의 정치적·군사적·법적 제도들을 이해하려면, 호고가의 작품들을 살펴볼 필요가 있다. 물론 그들의 관심은 초기 로마의 제도, 관습, 기념물, 기술, 언어, 종교 등에 집중되어 있다.[91] 최고의 호고가는 문헌학자 아일리우스 스틸로 (L. Aelius Stilo)의 제자이자, '로마에서 가장 박식한(vir Romanorum eruditissimus)' 테렌티우스 바로(M. Terentius Varro)일 것이다.[92] 그는 오랫동안 방대한 분량의 저술을 남겼지만,[93] 『농업론(De Re Rustica)』과 『라틴어론(De Lingua Latina)』 두 권의 책만 부분적으로

경력이 암시하는 것처럼, 그는 로마의 원로원 의원으로 역사를 기술했지만, 문화적 측면에서 그는 로마인이 아니다.

91　호고가의 사료와 방법에 관해서는 Tim J. Cornell, op cit., 1995, pp. 18-26을 참조하시오.

92　테렌티우스 바로에 관한 개요는 Nicholas M. Horsfall, "Prose and Mime," in Edward J. Kenney (ed), *The Cambridge History of Classical Literature II. 2* (Cambridge, 1982), pp. 112-116; Elizabeth Rawson, *Intellectual Life in the Late Roman Republic* (London, 1985), pp. 235-247을 참조하시오. 에릭 로턴은 문체에 대한 테렌티우스 바로의 무관심이 저술을 건조하고 모호하게 만들었다고 한다. Eric Laughton "Observations on the style of Varro," *Classical Quarterly*, Vol. 10(1960), pp. 1-28.

93　Quint. *Inst.* 10.1.95.

테렌티우스 바로

남아 있다. 총 3권으로 구성된 농업에 관한 첫 번째 작품은 온전하게 전해진다. 이 책은 농장을 구입한 자신의 아내 푼다니아(Fundania)에게 농장 경영에 필요한 조언을 하기 위해 기획되었지만, 관련 있는 다양한 주제들 함께 다루고 있다. 반면에 라틴어에 관한 책은 총 25권 중 6권(5-10권)만 부분적으로 남아 있다.

테렌티우스 바로 이후에도 호고가들의 연구는 멈추지 않았다. 기원후 1-2세기에 활동한 작가로서 언급할 가치가 있는 작가는 네 명이다. 첫 번째 작가는 해방 노예 출신의 문법학자로 아우구스투스의 손자인 가이우스 카이사르와 루키우스 카이사르를 가르쳤던 베리우스 플라쿠스(M. Verrius Flaccus)다. 그는 『기억할만한 것들에 관하여(Libri rerum memoria dignarum)』과 『에트루리아인에 관하여(Libri rerum Etruscarum)』 같은 많은 작품을 기술하였지만, 아쉽게도 현존하지 않는다. 최초의 라틴어 사전인 『어의론(De Verborum Significatu)』만이 각각 기원후 2세기 후반과 8세기에 활동했던 로마의 문법학자 페스투스(Sex. Pompeius Festus)와 수도승이자 역사가인 파울루스 디아코누스(Paulus Diaconus)에 의해 부분적으로 보존되었을 뿐이다. 물론 그들은 다소 부주의했지만, 베리우스 플라쿠스의 작품에서 가치 있는 정보를 보존했다는 점에서 의미가 있다.

티베리우스 황제의 치하에서 활동한 작가 발레리우스 막시무스(Valerius Maximus)는 『기억할만한 언행과 풍속에 관하여(Facta et Dicta Memorabilia)』라는 총 9권으로 구성된 안내서를 저술하였다.[94] 그의 목적은 실용적이었다. 서론에서 밝히고 있는 것처럼, 그는 학습사례들을 찾는 자들에게 도움을 주기 위해서, 키케로, 리비우스, 그리고 공화정 후기의 전기작가인 코르넬리우스 네포스(Cornelius Nepos)와 같은 유명 작가들로부터 가치 있는 자료를 수집하길 원했다. 그는 거의 천여 가지의 일화들을 수집해서 총 90개의 장으로 구분했으며, 선악, 종교, 관습, 전통에 초점을 맞추었다. 그럼에도 불구하고, 그의 작품은 종교와 도덕적 가치에 대한 로마인의 태도뿐만 아니라 필자가 다룰 주제 중의 하나인 켄소르의 판결이나 개선식에 관한 정보를 제공한다.

베스파시아누스 황제와 티투스 황제 때 활동했던 또 다른 박식한 호고가는 플리니우스(C. Plinius Secundus), 일명 노(老)플리니우스로 불리는 그는 자신의 조카인 소(少)플리니우스(C. Plinius Caecilius Secundus)가 명명한 제목의 책들을 기술했지만, 『박물지(Naturalis Historia)』만 유일하게 남아 있다.[95] 총 37권으로 구성된 그것은 우주, 식물, 동물학, 광물학, 예술, 건축 등을 다루고 있다. 서론에서 밝히고 있듯이, 그의 작품은 백 명 이상의 작가들

94　발레리우스 막시무스에 관한 일반적인 논의는 Clive Skidmore, *Practical Ethics for Roman Gentlemen: the Work of Valerius Maximus* (Exeter, 1996); David Wardle, *Valerius Maximus: Memorable Deeds and Sayings* (Oxford, 1998), pp. 1-25; Tara S. Welch, "Was Valerius Maximus a Hack?" *American Journal of Philology*, Vol. 134(2013), pp. 67-82를 참조하시오.

95　직역하면 자연사가 맞지만, 고대의 지식을 총망라하고 있다는 점에서 박물지란 명칭을 사용한다.

이 사용한 자료에 의존하고 있다. 그는 자료를 다소 부주의하게 사용했지만,[96] 지칠 줄 모르는 호기심과 열정 때문에 다양하고 가치 있는 자료를 많이 남겼다. 예를 들면, 축융공(fullo)에 관한 메틸리우스 법(lex Metilia)은 그가 아니면 결코 알 수 없었다.[97]

마지막으로 로마의 문법학자인 아울루스 겔리우스(Aulus Gellius)를 언급할 수 있다. 마르쿠스 아우렐리우스 황제의 치하에서 활동했던, 그는 자신의 자녀들을 가르치고 즐거움을 주기 위해서, 총 20권으로 구성된 『아티카 야화(Noctes Atticae)』를 출판했다. 그의 선집은 다양한 주제들을 다루기 때문에, 각 주제에 할당된 분량은 보통 2페이지 정도로 매우 제한적이다. 아울루스 겔리우스는 사료를 간접적으로만 수집하고 비판하지 않았지만, 습관적으로 자신의 사료를 밝히거나 가끔 상세한 참고문헌을 제시하는 등 세심한 주의를 기울였다.[98] 또 그는 라틴 문학의 많은 단편과 이전의 학자들이 남긴 금언들을 잘 보존하고 있다. 그 때문에 그는 4~5세기의 문법학자인 노니우스 마르켈루스(Nonius Marcellus)와 5세기 초의 속주민인 마크로비우스(Macrobius Ambrosius Theodosius) 같은 후대의 작가들에 의해 자주 인용되곤 했다.[99]

---

96 F.R.D. Goodyear, op cit., pp. 174-175.

97 노(老)플리니우스에 관해서는 Trevor Murphy, *Pliny the Elder's Natural History: The Empire in the Encyclopedia* (Oxford, 2004) ; Aude Doody, *Pliny's Encyclopedia: The Reception of the Natural History* (Cambridge, 2010)을 참조하시오.

98 F.R.D. Goodyear, Ibid., p. 183.

99 아울루스 겔리우스에 관해서는 Leofranc Holford-Strevens, Aulus

지금까지 살펴본 것처럼, 공화정 중기의 역사를 재구성 하는 데 필요한 사료는 생각보다 상당히 방대하다. 하지만 이런 결론을 호민관의 역사에도 똑같이 적용할 수 있는지는 의심스럽다. 분명 호민관에 관한 사료는 상대적으로 부족하다. 물론 이런 상황이 의도적인 무관심 때문인지는 확실치 않다. 다만 로마의 역사가들이 공화정 초기 호민관의 기원과 발달에 관해서는 매우 많은 관심을 가졌지만, 공화정 중기의 호민관에 관해서는 관심을 거의 보이지 않았던 것은 분명해 보인다. 아마도 그들도 공화정 중기를 원로원과 유력 정치가들이 지배하는 시대로 간주했기 때문인 것 같다. 기원전 286~134년에 활동했던 호민관에 관한 거의 모든 서술은 리비우스의 것이다. 그러나 이것들도 상대적으로 제한된 범위 내에 있다. 왜냐하면, 그 또한 다른 역사가들처럼 호민관의 활동에 별로 관심이 없었기 때문이다. 리비우스가 파비우스 막시무스, 스키피오 아프리카누스와 같은 로마 지도자들의 자질들을 이상화했고, 또 다른 역사가들처럼 원로원의 지배에 호의적이었음을 고려하면,100 그의 무관심은 당연하다. 그럼에도 불구하고 에른스트 베이디언(Ernst Badian)의 언급을 인

Gellius: An Antonine Scholar and his Achievement (Oxford, 2003); Joseph A. Howley, *Aulus Gellius and Roman Reading Culture. Text, Presence, and Imperial Knowledge in the Noctes Atticae* (Cambridge, 2018)을 참조하시오.

100   리비우스가 보존하고 있는 전통이 심각하게 문제가 있는 이유에 관해서는 Michael H. Crawford, op cit., pp. 8-9를 참조하시오.

용하면 다음과 같다. "우리는 우리가 발견한 (호민관의: 필자 첨가) 이름들이 진정 무작위 표본이라고 가정할 수 없다. 우리는 분명히 콘술, 프라이토르, 켄소르의 목록처럼 같은 목적을 위해 작성할 수도 없다. 그러나 현재의 자료가 과학적인 정확성(akribeia)을 위해 아무리 만족스럽지 못하더라도 고찰할 가치가 있다."**101** 다행스럽게도 원로원에서 진행되던 정치적 토론에 참여한 호민관들에 관해 리비우스가 언급하고 있는 사실은 본 연구에 매우 도움이 될 것이다. 리비우스의 주요 관심은 다른 역사가나 작가들과 마찬가지로 로마의 군사적 위업들이다. 그는 이탈리아, 스페인, 아프리카, 그리스에서 로마가 벌인 전쟁들을 집중적으로 다루었지만, 군사적인 경험의 부재로 군사 사가로서의 부정확함과 잘못을 자주 보여준다. 그럼에도 불구하고 이것들은 공화정 중기에는 이미 로마의 정체에서 확실하게 공식 정무관으로 자리잡은 호민관의 광범위한 정치적·사법적 참여와 밀접하게 연결되었기 때문에 매우 중요한 사료의 역할을 한다.

101　Ernst Badian, op cit., 1996, p. 189.

제2장 공화정 초기의 호민관

호민관의 기원과 발전은 공화정 초기 신분 투쟁의 핵심적인 주제로 고대 역사가들과 연대기 작가들의 주된 관심사였다. 하지만 그들의 서술은 상이한 데다 시대착오적이다. 아마도 후대의 정치적·역사적 상황에 부합하도록 재해석 또는 재평가하는 과정을 통해 계속 수정하고 윤색하였기 때문일 것이다. 사실 리비우스도 로마 초기의 역사서술에 대해서 의혹을 품었다.[1] 그러므로 일부 현대 학자들은 공화정 초기를 전설과 역사가들의 의도적인 조작이 혼합된 시기로 파악하여, 그 시기의 역사적 재구성을 무모한 작업 또는 불가능한 도전으로 간주했다. 하지만 극단적인 비판은 역사의 합리적인 재구성과 서술의 시도를 방해할

---

1 Liv. 6.1.2.

뿐이다. 사실 초기 로마의 연대기적 전통에 대한 신뢰성은, 주로 고고학적 발굴 덕분이지만, 다소 회복되었다.[2] 본 장은 극단적인 비판이나 회의에서 벗어나 공화정 초기 호민관직의 설치와 호민관의 권한 획득과정에 관한 사료들을 철저하게 검토함으로써, 그 사건의 역사성을 재고한다.[3]

1. 호민관의 기원

1) 호민관 선출의 배경

기원전 494년 평민은 부채, 군 복무, 세금, 정무관의 자의적인 억압 등의 이유로 도시 로마를 집단으로 떠났다. 대부분의 고대 사료들은 평민이 특히 부채 문제 때문에 귀족에게 강경하게 대항

---

[2] Kurt Raaflaub, "The Conflict of the Orders in Archaic Rome: A Comprehensive and Comparative Approach," in Kurt Raaflaub, *Social Struggles in Archaic Rome: New Perspectives on the Conflict of the Orders* (California, 1986), pp. 10-11; Tim J. Cornell, op cit., 1986, pp. 67-86; Stephen P. Oakley, *A Commentary on Livy: Books VI-X, vol. II* (Oxford, 1998), pp. 22-38. 사료에 대한 회의론은 Gary Forsythe, *A Critical History of Early Rome: From Prehistory to the First Punic War* (Berkeley, 2005), pp. 59-77을 참조하시오.

[3] 호민관의 선출 및 권한의 발달 과정에 관해서는 김경현, 「평민의 철수 (Secessio Plebis)와 호민관직의 설치」, 『서양고대사연구』 제10집 (2002), 57-75쪽; 「로마 공화정 초기 호민관의 기원과 발전」, 『서양고전학연구』 제57권, 제2호 (2018), 203-230쪽을 참조하시오.

했다고 전한다. 리비우스와 디오니시우스 모두 부채로 인해 고초를 겪은 한 퇴역군인에 관한 이야기를 소개하였다.[4] 그 유명한 일화에 의하면, 군 복무를 이행하고 전쟁 세금인 트리부툼(tributum)을 내기 위해 돈을 빌린 퇴역군인이 빚을 갚지 못하자, 채권자들이 그의 농장과 재산을 빼앗았을 뿐만 아니라 그를 감옥과 고문실로 끌고 가는 등 가혹 행위를 일삼았다. 이 이야기에 분노한 평민이 성산(Mons sacer)으로 집단 철수를 감행하였다.[5] 그러나 현대 학자들은 이 일화를 평민의 집단 철수를 설명하기보다는 오히려 의심케 하는 근거자료로 간주하였다. 그들에게 부채를 지게 한 군 복무와 트리부툼, 그리고 부채 문제 자체는 일화가 시대착오적인 인위적 구성임을 보여주는 증거였다. 따라서 본 장은 고대의 사료들이 평민 철수의 원인으로 제시하고 있는 세 가지 항목을 차례대로 검토한다.

커트 라프라웁(Kurt Raaflaub)은 기원전 5세기에 콘술이 전쟁을 위해 군인을 징집하고, 시민군이 전쟁 때문에 집과 농토를 오랫동안 떠나 경제적 부담이 가중되었다는 이야기는 시대착오적이라고 주장하였다.[6] 이 시기에 전쟁 기간은 분명 짧았으며 전장도

---

4 Liv. 2.23.5-7; Dion. Hal. 6.26.

5 리비우스(Liv. 2.32-33)와 살루스티우스(Sal. *Iug.* 31.17)는 평민의 불만과 영향력을 무시하고 올바르게 대처하지 못한 귀족의 보수성을 평민 철수의 또 다른 이유로 제시하였다.

6 Kurt Raaflaub, "From Protection and Defense to Offense and Participation: Stages in the Conflict of the Orders," in Kurt Raafluab (ed), *Social Struggles in Archaic Rome: New Perspectives on the Conflict of*

발로치니(Bartolomeo Barloccini), 「성산으로의 철수(The Secession to the Mons Sacer)」(1849)

고향에서 가까웠기 때문에, 군사적 부담은 기원전 5세기의 폴리스가 아닌 로마와 동맹들이 장기간의 전쟁을 위해 해외로 내몰렸던 기원전 2세기의 도시국가에 더 어울릴 수 있다. 그렇지만 이 시기에도 평민은 군 복무의 부담으로부터 결코 자유롭지 못했을 것이다. 먼저 평민이 독단적인 귀족의 횡포에 대항해 자신들의 권리를 주장하기 위해 집단 철수를 단행했다는 사실은 바

---

the Orders (California, 1986a), p. 222.

로 평민이 이미 군 복무의 의무를 광범위하게 수행하고 있었음을 전제한다. 주지하듯이, 그리스의 역사에서도 평민은 전쟁에 직접 참여하면서부터 국가에서의 자신들의 가치를 인식하고 자신들의 권리를 주장하기 시작했다. 사실 평민이 성산으로 철수함으로써 선출된 호민관이 처음에 군인들의 지도자를 의미하는 '트리부누스 밀리툼(tribunus militum)' 중에서 선출되었다는 테렌티우스 바로(M. Terentius Varro)의 언급은 시사하는 바가 크다.[7]

왕을 축출한 로마는 공화정 시대에 들어가면서 군사적 위기에 봉착했다.[8] 물론 이 시기의 전쟁에 관한 기록들이 허구적이고 수사적인 과장들로 가득하다 할지라도, 로마가 주변국들과의 전쟁에서 수세에 몰렸으며 그런 현상이 한동안 계속되었음은 분명하다. 라티움(Latium) 지역에서의 로마의 주도권은 라틴동맹과의 전쟁을 초래했으며, 전쟁은 카시우스 조약(foedus Cassianum)이 체결되었던 기원전 493년이 돼서야 일단락되었다.[9] 하지만 로마의

---

7 Varro, *Ling.* 5.81. '트리부누스 밀리툼'은 호민관의 예를 따라 '군사 호민관'으로 번역될 수 있지만, 호민관의 뜻을 고려할 때 적합해 보이지 않는다. 그래서 1,000명의 군인을 지휘하는 '천부장'으로 번역하기도 한다. 하지만 '트리부누스 밀리툼'은 비록 군단에 배치되지만, 군대를 지휘하는 임무를 갖고 있지 않았다. 따라서 번역으로 인한 오해를 줄이기 위해 '트리부누스 밀리툼'이라 명명한다.

8 기원전 5세기에 로마가 이웃 국가들과 치른 전쟁에 관해서는 Tim J. Cornell, "Rome and Latium to 390 B.C.," in Frank W. Walbank *et al.* (eds), *Cambridge Ancient History VII.2* (Cambridge, 1989), pp. 274-294 를 참조하시오.

9 기원전 499년 또는 기원전 496년 로마는 레길루스(Regillus) 호수에

전선은 한곳이 아니었다. 기원전 495년경 볼스키(Volsci)인은, 로마의 마지막 왕 타르퀴니우스 수페르부스(L. Tarquinius Superbus)가 건설한 식민시 코라(Cora)와 포메티아(Pometia)를 장악했으며,[10] 평민 철수의 시기에는 헤르니키(Hernici)인과 비밀협정을 맺고 로마 침입을 계획하였다. 게다가 로마는 사비니(Sabini)인과도 비록 간헐적이지만 기원전 5세기 중엽까지 크고 작은 전투를 치러야 했다. 이런 사실들에 비추어볼 때, 기원전 5세기 초 로마 평민은 전쟁에 빈번하게 동원되었음이 분명하다. 게다가 당시 일 인당 토지보유의 양이 극히 적었던 경제적 여건을 고려할 때,[11] 계속되는 전쟁과 그것의 위협은 지중해제국으로 팽창했을 때의 로마인이 느끼는 그것과는 분명 차이가 있음을 간과해서는 안 된다.

트리부툼은 군인에게 봉급(stipendium)을 주려고 시민을 재산등급으로 구분하여 세금을 부과하는 일종의 목적세다. 로마는 기원전 406년에서 398년까지 있었던 베이이(Veii) 포위전 때, 장기간의 군 복무에 대한 보상으로 트리부툼을 처음으로 징수하였다

서 라틴동맹과 전투를 치렀다. 로마의 애국적인 전승에 의하면, 로마가 쌍둥이 이부형제 신인 카스토르(Castor)와 폴룩스(Pollux)의 도움으로 위대한 승리를 거두었다. 하지만 기원전 493년 라틴동맹과 체결한 협약을 볼 때, 그 전투는 거의 무승부로 끝난 것 같다. Donald W. Baranowski, "Roman Treaties with Communities of Citizens," *Classical Quarterly*, Vol. 38(1988), pp. 172-178.

10 Liv. 2.22.2.

11 Howard H. Scullard, op cit., 1980, p. 82.

고 한다.[12] 이 이야기가 옳다면, 일화에 등장하는 트리부툼은 분명 시대착오적인 설명이다. 그럼에도 불구하고, 트리부툼이 처음으로 부과된 시기를 알았을 리비우스가 단순하게 실수했다고 결론 내리는 것을 좀 보류할 필요가 있다. 왜냐하면, 그가 트리부툼에 관해서 어떤 설명도 하지 않았기 때문이다. 그런 점에서 베이이 포위 시에 부과된 트리부툼과 철수 당시 부채의 원인으로 지목되었던 트리부툼이 같은 형태의 세금인지를 검토해야 한다. 사실 트리부툼은 군인에게 봉급을 주려고 시민에게 직접 부과했던 세금 외에도 다른 형태의 재정적 지원을 의미했다. 클로드 니콜레(Claude Nicolet)는 조공이나 과거 에트루리아가 로마에 부과했던 세금도 트리부툼이라 불렀다.[13] 2세기 후반에 활동한 로마의 문법학자 페스투스는 트리부툼에 관해 두 가지를 더 소개하고 있는데, 하나는 인두세(tributum in capita)고 다른 하나는 국가가 비상시에 부과하는 일종의 긴급 부담금(tributum temerarium)이다.[14] 그러나 고대 세계에서 일종의 종속과 피지배를 의미하는 인두세는 적어도 공화정기 로마 시민 사이에서는 사라졌기 때문에, 후자일 가능성이 크다. 사실 고대 세계에서 필요한 재정

---

12 Varro, *Ling.* 5.181-182; Liv. 4.59.11-60.8. 트리부툼에 관한 자세한 논의는 Michael H. Crawford, *Coinage and Money under the Roman Republic* (London, 1985), pp. 22-23; 김창성, 「로마공화국의 조세징수정책 연구」, 『서울대학교 문학박사 학위논문』 (1992); 허승일, 『로마사 입문: 공화정편』 (서울: 서울대학교출판부, 1993), 41-49쪽을 참조하시오.

13 Claude Nicolet, op cit., p. 153.

14 Festus, *Gloss. Lat.* p. 500 L.

을 충당해야 하는 국가는 주요 재원인 전리품이 충분하지 않으면, 시민의 지원에 의존할 수밖에 없었다. 디오니시우스에 의하면, 기원전 503년 로마가 사비니와 전쟁을 치를 때 로마 시민이 전쟁 장비 마련을 위해 재정적 지원을 했다. 이미 위에서 언급했듯이, 기원전 5세기 초 로마는 결코 만족스럽지 못한 전쟁을 수행했으며, 그 결과 로마 정부는 시민의 도움이 절실하게 필요했다. 따라서 일화에 등장하고 있는 트리부툼은 군인에게 줄 봉급을 마련하기 위해 부과했던 세금을 의미하는 것이 아니라 국가가 필요로 하는 재정을 보완해주기 위한 임시적인 원조를 의미한다.[15]

기원전 494년의 부채 문제 자체를 시대착오적이라 믿는 드루몬드(A. Drummond)는 그 이야기를 기원전 287년의 사건을 투사한 인위적인 구성이라고 주장하였다.[16] 이유는 두 가지다. 리비우스와 디오니시우스가 기원전 4세기까지 평민의 주요 불만으로 부채를 직접 언급하지 않았다는 것이 첫 번째 이유이다. 그러나 부채 문제에 대한 사료의 침묵이 기원전 494년에 부채 문제가 없었음을 의미하지는 않는다. 사실 로마 최초의 성문법인 12표법(제3표)은 부채를 변제할 능력이 없는 자에 대한 가혹한 규정으로 유명하다. 또 채무자의 인신구속을 금지하는 포이텔리우스−파피리우스 법(lex Poetelia Papiria)은 기원전 326년이 돼서야 통과되었

---

15 Dion. Hal. 5.47.1.

16 A. Drummond, op cit., p. 216.

다.[17] 이는 기원전 4세기까지 로마에서는 부채로 인한 인신의 구속이 일종의 착취 형태로서 존재했음을 보여줄 뿐만 아니라 부채가 제1차 철수의 원인이었다는 가정을 방증한다.

부채 문제를 의심하는 두 번째 이유는, 제1차 평민 철수의 원인과 결과 사이의 괴리다. 다시 말해서 부채 문제 때문에 평민이 철수했다면, 부채가 완전하게 면제되거나 채무자의 인신구속이 폐지되어야 하는데, 관련이 없어 보이는 호민관직이 설치되었기 때문이다. 물론 사료들이 기원전 4세기까지의 중요한 사회적 불만으로 부채를 언급하지 않았던 것처럼, 혁명적인 호민관의 선출에만 집중함으로써 부채문제와 관련된 결과를 언급하는 데 소홀했을 수 있다. 사실 디오니시우스는, 브루투스가 호민관직의 설치를 제안하기 전에, 부채 문제에 대해 어느 정도의 타협이 있었음을 암시하였다.[18]

그럼에도 불구하고 집단 철수의 원인과 결과 사이의 차이를 이해하기 위해서는 돈을 빌리기 위해 체결했을 계약에 대해서 검토해야만 한다. 이 시기에는 적어도 두 가지 종류의 계약이 존재했다. 하나는 당시 가장 일반적이었던 계약으로서, 채권자가

---

[17] 리비우스(Liv. 8.28)와 키케로(Cic. *Rep.* 2.34)는 포이텔리우스(C. Poetelius)가 콘술이었던 기원전 326년에, 테렌티우스 바로(Varro, *Ling.* 7.105)는 딕타토르였던 기원전 313년에 그 법이 통과되었다고 주장한다. 그 법에 관해서는 Geoffrey MacCormack, "the Lex Poetelia," *Labeo*, Vol. 19(1973), pp. 306-317을 참조하시오.

[18] Dion. Hal. 6.88.

「12표법의 알레고리(Allégorie de la Loi des Douze Tables, illustration issue d'un livre de droit)」

부채를 갚지 못한 채무자의 인신을 구속하는 '부채긴박제(nexum)'다. 일화에 등장하는 퇴역군인도 이 계약을 체결한 것으로 짐작된다.[19] 물론 이 제도는 앞에서 언급한 것처럼 기원전 4세기 말

---

[19] 이 제도는 일반적으로 '부채노예제'라고 번역된다. 하지만 예속상태로 전락한 채무자가 시민의 권리를 상실하지 않는 것으로 보아, 노예제란 표현은 그 의미를 왜곡할 가능성이 있다. 이 제도에 관해서는 Herbert F.

엽쯤에 폐지되었다. 또 공화정 초기의 제도는 덜 형식적이고 탄

Jolowicz, *Historical Introduction to the Study of Roman Law* (Cambridge, 1954), pp. 166-170; Robert M. Ogilvie, op cit., pp. 296-299; Geoffrey MacCormack, "Nexi, iudicati, and addicti in Livy," *Zeitschrift der Savigny-Stiftung für Rechtsgeschichte*, Vol. 84(1967), pp. 350-355를 참조하시오.

력적이기 때문에,[20] 그것에 관한 내용이나 법적 정의는 복잡하고 확실치 않다. 그럼에도 불구하고 구리와 저울에 의한(per aes et libram) 거래로 효력을 갖게 되는 '부채긴박제'에 의해 자유민은 무게를 쟀던 구리의 양이 다 변제될 때까지 부채긴박자(nexus)로 전락하지만, 시민의 권리를 상실하지는 않았다. 반면에 12표법은 부채에 관한 다른 형태의 구두계약(stipulatio)을 소개하고 있다.[21] 그 계약에 근거하여 채무자가 피소되어 재판관에 의해 유죄판결을 받으면, 피고는 30일간의 유예기간이 지난 후 구금될 수 있다. 이후 60일간의 감금 동안 채무자가 부채를 갚지 못하면 3차례의 재판을 통해 살해되거나 테베레강 너머 지역에서 노예로 매각되었다.[22]

이 두 종류의 계약을 비교해보면, '부채긴박제'는 채권자와 채무자 모두에게 이익이 될 수 있다. 채권자로서는 판결을 받은 채무자를 60일 동안 데리고 있다가 죽이거나 노예로 매각하는 것보다 최대한 이용할 수 있는 부채긴박자로 거느리는 것이, 더 이익이다. 또 채무자로서는, '부채긴박제'가 채권자에게 부채의 변제를 보장해주는 일종의 자기 판매 또는 자기 서약이기 때문에,

---

20　Alan Watson, *Rome of the XII Tables: Persons and Property* (Princeton, 1975), p. 111.

21　Gai. *Inst.* 4.17a.

22　좀 더 자세한 내용을 위해서는 Gell. *NA* 20.1.45-48; Michael H. Crawford, *Roman Statutes Vol. II* (London, 1996), pp. 625-629를 참조하시오.

돈을 빌리는 것이 상대적으로 쉽다.[23] 또 채무자는 부채를 상환하지 못해도 시민의 권리를 상실하지 않기 때문에 죽임을 당하거나 테베레강 너머에서 노예로 매각되지 않는다. 이런 상호 간의 이익이 이 제도가 오랫동안 존속한 이유를 설명한다. 따라서 자신의 노동력을 상품화하는 방법을 제외하고는 다른 대안이 없던 시기에, '부채긴박제'의 완전한 폐지는 평민이 진정으로 원하는 바가 아닐 수 있다. 부채 문제의 타협에 관한 언급이 없는 것은 바로 이런 이유에서였는지 모른다.

그렇다면 부채와 관련된 평민의 주요 불만은 무엇인가? 사실 '부채긴박제'는 채권자가 권리를 남용할 위험성이 크다. 그런 점에서 불쌍한 퇴역군인이 채권자들에 의해 감옥과 고문실로 끌려갔다는 리비우스의 마지막 기사는 시사하는 바가 크다. 감옥과 고문실은 시민의 권리를 상실하지 않는 부채긴박자에게 부당한 처사일 수 있다. 평민의 의도는 '부채긴박제'의 폐지나 부채의 완전 변제가 아닌 부채 문제를 다루는 채권자와 귀족의 독단적인 행위를 제동하는 것일 수 있다.[24] 호민관의 처음 권한이 도움(auxilium)을 요청하는 평민을 위해 개입하는 것이었음을 고려하면, 평민의 집단 철수로 인해 호민관이 선출되었다는 사실이 원인과 결과 사이의 괴리를 의미하지 않는다.

---

23   Alan Waston, op cit., p. 115.
24   Tim J. Cornell, op cit., 1995, p. 267.

2) 평민의 철수와 메네니우스 아그리파

귀족은 평민의 불만을 적절하게 해결하지 못했을 뿐 아니라 그들의 영향력을 과소평가했다. 그들은 외부의 위협을 물리치기 위해 부채와 관련해서 평민에게 했던 약속을 계속 어겼으며, 결국 평민은 자신들의 지도자인 시키니우스(L. Sicinius Vellutus)의 충고를 따라 집단 철수를 단행했다. 마침 아이퀴(Aequi)인의 침입이 임박하자 다급해진 귀족은 평민을 설득하러 대표를 파견했다. 그러나 현대 학자들은 이런 과정에 관한 서술도 허구적인 인위적 조작으로 간주하였다. 평민이 집단으로 철수한 장소도 분명하지 않고, 귀족이 파견한 메네니우스 아그리파(Menenius Agrippa)가 언급한 '위장(胃腸)'의 우화가 시대착오적이기 때문이다.

리비우스는 평민이 로마시에서 대략 3마일쯤 떨어진 아니오(Anio) 강 건너에 있는 성산으로 철수하였다고 했지만,[25] 그 장소를 확신하진 못했다. 그는 아벤티누스(Aventinus) 언덕을 철수 장소로 지목한 칼푸르니우스 피소의 견해를 같이 소개했을 뿐만 아니라 다른 곳에서는 평민이 아벤티누스 언덕으로 철수했다고 언급했다.[26] 키케로에게서도 유사한 혼란이 나타난다. 그도 일반론을 따르지만, 자신의 『국가론(De Re Publica)』에서는 평민이 처음에 성산으로 철수했다가 아벤티누스 언덕으로 다시 이동

---

[25] Liv. 2.32.3. 성산이란 이름은 후에 명명한 것으로, 호민관에게 신체불가침권을 부여한 신성법(lex Sacrata)에서 비롯된 것으로 짐작된다.

[26] Liv. 2.32.3; 3.54.9. 반면 살루스티우스(Sal. *Iug.* 31.17)는 평민이 두 차례에 걸쳐 아벤티누스 언덕으로 철수하였다고 전한다.

했다는 절충론을 취하고 있다.[27] 아벤티누스 언덕이 평민의 언
덕이며 또 도시 로마를 에워싸고 있는 종교적 영역인 포메리움
(pomerium) 밖에 위치하는 사실을 고려하면, 아벤티누스 언덕도
철수의 장소로 그럴듯하다. 평민이 성산으로 철수했는지 아벤티
누스 언덕으로 철수했는지를 규명할 방법은 사실 없다. 하지만

---

27 Cic. *Brut.* 54; *Rep.* 2.58.

평민이 철수한 장소를 모른다는 사실이 평민의 철수 자체를 부인하지는 못한다.

평민이 성산 또는 아벤티누스 언덕으로 철수했을 때, 원로원은 문제 해결을 위해 화술이 뛰어난 메네니우스 아그리파를 대표로 파견하였다. 그는 다음의 우화를 통해서 로마로 귀환하도록 평민을 설득하였다.[28] 어느 날 몸의 다른 부분들이 아무 일도 하지 않고 음식만 먹는 위장을 미워하여 자기 할 일을 하지 않았다. 그 결과 위장이 음식을 섭취하지 못했지만, 몸의 다른 부분들도 영양을 공급받지 못해 약해지게 되었음을 안 후, 위장도 자기의 일을 하고 있음을 깨닫게 되었다. 이 우화는 분명 그리스의 문학 또는 철학 작품에서 등장하지만,[29] 이 시기에 메네니우스 아그리파가 이 우화를 알았을 것 같지는 않다. 빌헬름 네슬 (Wilhelm Nestle)의 주장처럼, 로마의 법학자이자 역사가인 아일리우스 투베로(Q. Aelius Tubero)가 대략 기원전 1세기 후반에 로마의 역사기술에 소개하였을 것이다.[30] 아니면 로마에서 진정한 의미의 역사서술이 시작된 기원전 3세기 후반에 소개되었을 수도 있다.[31] 따라서 리비우스와 디오니시우스가 소개한 우화가 시대

---

28   Liv. 2.32.9-11; Dion. Hal. 6.83.2; Zonar. 7.14.

29   Aesop, 197; Xenophon, *Mem*. 2.13.8.

30   Wilhelm Nestle, "Die Fabel des Menenius Agrippa," *Klio*, Vol. 21(1927), p. 360.

31   아르날도 모밀리아노(Arnaldo Momigliano)는 그것의 시기를 기원전 4세기로 추정한다. A. Momigliano, "Camillus and Concord," *Classical Quarterly*, Vol. 36(1942), pp. 111-120.

착오적이라는 주장은 정당하다. 그럼에도 불구하고, 귀족과 평민 사이의 협상을 부정하는 것은 성급하다. 키케로는 사건을 단순하게 전달하는 자보다 훌륭하게 윤색할 줄 아는 자를 훌륭한 역사가로 간주했다.[32] 이야기를 더욱 극적으로 윤색하는 과정은 로마 공화정 후기에는 일반적인 현상이었다.[33] 게다가 메네니우스 아그리파는 가공의 인물이 아니라 실존했던 역사적 인물이다. 그는 기원전 503년에 콘술을 역임한 귀족으로서 우화를 통해 분명 귀족의 지배를 정당화했다.[34] 물론 디오니시우스와 키케로는 협상의 중재자로 아그리파가 아닌 발레리우스 막시무스(M. Valerius Maximus)를 제시하였다.[35] 하지만 이는 자신의 가문을 미화하려는 연대기 작가 발레리우스 안티아스 때문이었던 것 같다. 디오시우스도 메네니우스 아그리파가 평민과의 협상을 위해 파견된 10인 사절단 중의 일원이었음을 분명하게 전한다. 평민에게 파견된 사절이 누구든 간에, 귀족과 평민 사이에서 협상이 있었음을 부인할 증거는 없다.

---

32 Cic. De Or. 2.54-55.

33 키케로와 그의 역사에 관해서는 Elizabeth Rawson, "Cicero the Historian and Cicero the Antiquarian," *Journal of Roman Studies*, Vol. 62(1972), pp. 33-45; Timothy P. Wiseman, op cit., 1979, pp. 27-40; Anthony J. Woodman, *Rhetoric in Classical Historiography: Four Studies* (Portland, 1988), pp. 70-116을 참조하시오.

34 A. Drummond, op cit., p. 214. 리비우스(Liv. 2.32.8)는 메네니우스 아그리파를 평민으로 기술했지만, 그 시기에 평민이 원로원 의원이 될 수 있었는지 또 콘술직이 귀족에게만 국한되어 있었는지는 분명하지 않다.

35 Dion. Hal. 6.71.1; Cic. *Brut*. 54.

3) 호민관직의 설치

귀족은 평민의 요구를 받아들였다. 평민은 기원전 494년 신체불가침권을 인정받은 호민관을 선출하는 데 성공함으로써, 독단적인 귀족과 정무관의 전횡으로부터 자신들의 생명과 재산을 보호할 수 있게 되었다. 그러나 아직 해결해야 할 문제가 남아 있다. 현대 학자들은 호민관직이 처음으로 설치된 연도에 관해서 의문을 제기하였으며, 아울러 처음 선출된 호민관의 수와 이름과 관련하여 신뢰할만한 사료가 없음을 지적하였다.

일부 현대 학자들은 디오도루스 시쿨루스의 짤막한 기사에—기원전 471년 로마에서 처음으로 네 명의 호민관이 선출되었다—의존하여, 호민관은 기원전 494년이 아닌 빨라야 기원전 471년에 선출되었다는 가설을 제시했다.[36] 하지만 기원전 486년 이전 시기를 다룬 디오도루스 시쿨루스의 역사는 상실되었기 때문에, 그가 기원전 494년의 사건에 관해 언급했는지는 현재로선 알 수 없다. 그렇지만 그의 언급은 호민관직의 설치가 아닌 네 명의 호민관 선출을 강조하는 것이 분명하다.[37] 따라서 그의 언급은 기원전 494년의 사건을 부인하는 증거라기보다는 오히려 호민관이 기원전 471년 이전에 이미 선출되고 있었음을, 그리

---

36 Howard H. Scullard, op cit., 1980, p. 85; 프리츠 하이켈하임 외, 김덕수 옮김, 『로마사』 (서울: 현대지성사, 1999), 119쪽.

37 Diod. 11.68.8. Robert M. Ogilvie, op cit., pp. 309-310; Ralf Urban, "Zur Entstehung des Volkstribunats," *Historia*, Vol. 22 (1973), pp. 761-764; Tim J. Cornell, op cit., 1995, p. 449.

고 그 수도 처음에는 네 명이 아니었음을 암시하는 증거일 수 있다.[38]

논의를 크게 두 가지로 분류할 수 있다.[39] 1세기경에 활동한 로마의 역사가 아스코니우스 페디아누스(Q. Asconius Pedianus)는 평민의 철수로 인해 두 명의 호민관이 선출되었다고 주장하면서, 칼푸르니우스 피소와 폼포니우스 아티쿠스(T. Pomponius Atticus) 같은 연대기 작가들과 키케로도 같은 의견이었음을 강조하였다. 동시에 그는 처음에 선출된 두 명의 호민관이 곧바로 세 명을 더 임명하여 초대 호민관의 수는 총 다섯 명이었다는 셈프로니우스 투디타누스(C. Sempronius Tuditanus)견해도 소개하였다. 이것은 디오니시우스에게서도 나타나며, 플루타르코스도 자세한 설명 없이 처음부터 다섯 명의 호민관이 선출되었다고 전하였다.[40]

먼저 후자는 호민관 수와 재산등급의 수를 연동해서 설명하는 그라쿠스 형제 이후 연대기 작가들의 의도를 반영한다고 할 수 있다. 그들에 의하면 호민관은 각 등급에서 한 명씩 선출되었다고 한다. 그러나 호민관이 3등급이나 4등급에서 선출된다는

38　리비우스(Liv. 2.58.1)에 의하면, 기원전 471년 처음으로 다섯 명의 호민관이 트리부스 민회(comitia tributa)에서 선출되었다.

39　리처드 미첼(Richard E. Mitchell)은 초대 호민관의 수가 열 명이었다고 주장한다. Richard E. Mitchell, *Patricians and Plebeians: The Origin of the Roman State* (Ithaca and London, 1990), pp. 142-144.

40　Dion. Hal. 6.89; Plut. *Cor.* 7.1.

것은, 호민관과 원로원 의원이 같은 사회·경제적 계급이었다는 통설에 부합하지 않는다. 게다가 이 시기에 두 개 이상의 재산 등급이 존재했는지도 의심스럽다.[41] 키케로도 분명하게 지적하고 있듯이, 호민관은 콘술의 독단적인 행동에 제동을 걸기 위해 선출되었다.[42] 더욱이 평민은 자신들의 생명과 재산을 보호하기 위해서 귀족 사회를 전복하는 것이 아니라 모방하고자 하였다. 이런 점에서 초대 호민관의 수는 두 명이라는 주장이 더 설득력이 있는 것 같다.

위에서도 언급했듯이, 셈프로니우스 투디타누스, 리비우스, 디오니시우스, 플루타르코스는 처음부터 다섯 명의 호민관이 선출되었다고 주장하였다. 그러나 디오니시우스만이 다섯 명의 이름을 제시하였다. 이 흥미로운 사실이 호민관 수가 다섯 명이라는 주장을 완전히 부인하는 증거가 될 수 없지만, 그것의 기반이 취약함을 드러낸다. 사실 리비우스와 디오니시우스가 제시한 이름은 바로 그들이 다른 연대기 작가들의 저술을 비판 없이 그대로 수용했음을 보여준다. 두 명의 호민관만이 선출되었다고 주장하는 폼포니우스 아티쿠스와 키케로는 시키니우스(Sicinius)와 알비니우스(Albinius)를 초대 호민관으로 제시하였다. 반면에 리

---

41 리비우스(Liv. 1.43)와 디오니시우스(Dion. Hal. 4.16-18)에 의하면, 로마의 전설적인 왕 세르비우스 툴리우스(Servius Tullius)가 인민을 재산에 따라 계급으로 분류하였다. 하지만 그것에 관한 설명은 기원전 4-3세기를 반영한다. Tim J. Cornell, op cit., 1995, pp. 180-181.

42 Cic. *Rep.* 2.58.

비우스는 리키니우스(Licinius)와 알비니우스를 언급한다. 여기서 리비우스가 시키니우스 대신 리키니우스를 제시하였음이 분명하다. 이것은 리비우스가 역사 서술시 어떤 자료를 이용했는지를 암시한다. 리비우스는 그의 로마사 제1권에서 5권까지 리키니우스 마케르(Licinius Macer)를 이용했다.[43] 주지하듯이 연대기 작가이자 기원전 73년의 호민관이었던 그의 역사는 민주주의와 자기 가문의 업적을 미화하려는 개인적인 동기 때문에, 호민관의 이름을 시키니우스 대신 리키니우스로 바꾸었으며,[44] 리비우스가 그것을 비판 없이 그대로 수용했을 가능성이 크다.

반면 디오니시우스는 브루투스와 시키니우스를 언급하였다.[45] 그는 리비우스와 달리 시키니우스를 인정하였지만 대신 알비니우스가 아닌 브루투스를 제시하였다. 로버트 오길비(Robert M. Ogilvie)는 디오니시우스가 브루투스 가문의 전승을 기술한 아티쿠스를 통해서 또 카이사르를 살해한 브루투스의 행동에 영향을 받아 호민관의 이름을 브루투스로 교체했다고 주장

43　Patrick G. Walsh, op cit., 1974, p. 14. 리비우스는 마케르 이외에도 발레리우스 안티아스와 아일리우스 투베로를 이용하였다.

44　리비우스와 디오니시우스가 전하고 있는 역사적 전거는 두 가지 이유에 의해 심각하게 훼손되었다. 그 논의를 위해서는 Michael H. Crawford, op cit., 1992, pp. 8-10을 참조하시오.

45　플루타르코스는 디오니시우스를 이용하였기 때문에, 플루타르코스가 제시한 두 명의 호민관의 이름이 디오니시우스의 그것과 일치하는 것은 당연하다.

장-레옹 제롬(Jean-Léon Gérôme), 「카이사르의 죽음(The Death of Caesar)」
(1859~1867)

하였다.[46] 기원전 494년 평민의 철수를 통해서 두 명의 호민관이
선출되었으며, 그들의 이름은 시키니우스와 알비니우스라고 추
론할 수 있다. 물론 이 결론은 결코 정당화될 수 없으며, 다른 설
명을 위한 자리를 항상 남겨놓고 있다.

　기원전 494년의 평민의 집단 철수와 그에 따른 호민관의 선출
을 허구적인 역사로 간주해서는 안 된다. 이 역사적 사건을 기술
하고 있는 고대 사료는 분명 허구적인 과장과 시대착오적인 수
사들로 이루어져 있다. 하지만 평민의 집단적 이탈을 초래한 이

46　Robert M. Ogilvie, op cit., 1965, p. 311.

유는 충분히 설득력이 있으며, 그 후로 전개되는 이야기는 기본적으로는 건전한 역사적 사실에 기초하고 있다. 물론 철수 장소, 초대 호민관의 수 및 그들의 이름에 관해서는 고대 역사가들과 연대기 작가들 사이에 이견이 있지만, 그 차이를 기원전 494년의 역사적 사건을 부인하는 증거로 이용해서는 안 된다. 오히려 이런 차이는 후대 연대기 작가들이 사실을 조작했음을 보여주는 것이 아니라, 그들이 일종의 역사적 해석과 재평가의 작업을 지속했음을 보여주는 잣대로 이해되어야만 한다. 사실 그들은 거대한 정치·사회적 위기를 경험했기 때문에, 당대의 정치적 역사적 논쟁에 부합하도록 초기의 로마사를 수정하고 윤색할 필요가 있었다.

기원전 494년 평민은 특히 부채 문제로 인해 성산 또는 아벤티누스 언덕으로 제1차 집단 철수를 감행하였다. 외국과의 전쟁이 임박하자 원로원은 사절을 파견하여 평민의 요구를 받아들였다. 그 결과 두 명의 호민관과 호민관을 보좌하는 두 명의 아이딜리스(aedilis)가 선출되게 되었으며, 평민만의 정치적 집회인 평민회(concilium plebis)가 설치되었다. 이제 평민은 자신들의 권리를 대변하고 보호할 수 있는 그럴듯한 수단을 갖게 되었다.[47]

---

47 보통 특정 업무만을 나타내거나 의미가 모호한 조영관 또는 안찰사로의 번역은 아이딜리스의 다양한 고유 업무를 나타내지 못한다. 따라서 이 책에서는 아이딜리스를 그대로 사용한다.

2. 호민관 권한의 발전

호민관의 모든 권한(Tribunicia Potestas)과 기능은 평민의 제1차 집단 철수 때 통과된 이른바 신성법(lex Sacrata)이 보장하는 신체불가침권(sacrosanctitas)에 기인하였다고 한다.[48] 후대의 연대기 작가들은 귀족과 평민의 엄숙한 협정을 통해 신성법이 법적으로 승인받았다고 주장함으로써, 초기의 호민관이 결여하였던 법적 기반을 제공하려 했다.[49] 그러나 신성법은 엄밀하게 말해서 법이 아니라, 평민이 특별한 사회적·군사적 목적을 위해서 자신들의 지도자를 선출해 죽음까지 함께하겠다는 일종의 집단적인 맹세다.[50] 그러므로 호민관의 신체불가침권을 침해하는 자는, 다시 말해서 호민관에게 물리적 피해를 준 자는, 법적 절차를 밟지 않고 사형에 처할 수 있었다. 신체불가침권의 결과로서, 호민관은 공식적인 도움(auxilium)을 요청하는 평민을 정무관의 일방적인 권력 남용으로부터 보호할 수 있었다.[51] 호민관이 도움을 제

---

48 신성법에 관해서는 Robert M. Ogilvie, op cit., pp. 313-314; Jochen Bleicken, op cit., 1975, p. 94; A. Drummond, op cit., p. 213; Tim J. Cornell, op cit., 1995, pp. 259-260을 참조하시오.

49 Jochen Bleicken, op cit., 1968, p. 6.

50 로마인은 비상시 가장 효과적인 수단이었던 신성법을 통해 징집했다. 사실 이런 관례는 에트루리아, 삼니움, 리구리아에서도 발견된다. Liv. 7.41.4; 9.39.5; 10.38.3; 36.38.1을 참조하시오.

51 호민관의 도움(auxilium)에 관해서는 Erbert S. Staveley, "Provocatio during the Fifth and Fourth Century B.C.," *Historia*, Vol. 3(1954/55), pp. 412-428; Wolfgang Kunkel, *Untersuchungen zur*

공하기 위해서는 거부권(비토권, ius intercessionis)이 필요했지만,[52] 처음에는 고위 정무관의 임페리움과 입법권 그리고 '원로원의 의결'에 대해서 거부권을 행사하지 못했을 것이다. 제1차 철수의 원인이 부채였던 점을 고려하면, 채권자와 채무자의 소송에서 정무관의 자의적인 사법권에 대항하여 비토권을 방어적으로 사용하였을 것이다. 또 호민관은 비토권을 행사하거나 시민을 법률과 명령에 복종시키기 위해, 임페리움 보유 정무관들이 원래 갖고 있었던 강제권(ius coercitionis)을 요구했을 것이다.[53] 호민관은 자신들이 금지한 사항을 위반한 자를 체포하고, 벌금을 부과 또는 투옥하거나 사형선고를 내릴 수 있었다.[54] 호민관의 다른 중요한 기능은 평민으로만 구성된 평민회를 소집하고 법안을

Entwicklung des römischen Kriminalverfahrens in vorsullanischer Zeit (Munich, 1962), pp. 24-25; Andrew Lintott, "Provocatio from the Struggle of the Orders to the Principate," Aufstieg und Niedergang der römischen Welt I.2 (1972), pp. 226-267; A. Drummond, op cit., pp. 217-218을 참조하시오.

52 비토권(ius intercessionis)에 관해서는 Jochen Bleicken, op cit., 1968, pp. 5-9; Jean-Claude Richard, "Patricians and Plebeians: the origin of a social dichotomy," in Kurt Raaflaub (ed), Social Struggles in Archaic Rome: New Perspectives on the Conflict of the Orders (California, 1986), p. 128; Andrew Lintott, op cit., 1999, pp. 32-33을 참조하시오.

53 강제권(ius coercitionis)에 관해서는 Jochen Bleicken, op cit., 1968, pp. 83-94; Lukas Thommen, op cit., 1989, pp. 187-191; Wilfried Nippel, opcit., pp. 5-12; Andrew Lintott, op cit., 1999, pp. 97-99를 참조하시오.

54 Gell. NA 13.12.4; Dion. Hal. 7.17.5; Cic. Sest. 79; Dio Cass. 53.17.9; Cic. Dom. 123-125.

발의하여, '평민의 의결(plebiscitum)'을 제정하였다. 평민의 의결은 평민의 일방적인 결정으로서 평민에게만 구속력을 가지지만 호민관의 관심은 평민과 관련된 일에만 국한되지 않았다.

하지만 호민관을 포함한 평민조직의 권한과 역할이 처음부터 완전한 모습을 갖춘 것은 아니다. 기원전 494년 귀족이 호민관직과 평민회의 설치에 동의했다 하더라도, 그것들은 법적 테두리 밖에 있는 비공식 기구에 불과했다. 호민관이 권한을 획득하는 과정을 상세하게 기술한 디오니시우스에 의하면, 호민관은 기원전 492년에 민회에서 연설할 수 있는 권한을, 기원전 491년에는 귀족을 기소할 수 있는 권한을 보유하게 되었으며, 기원전 471년에는 평민회에서 선출되게 되었다. 또 호민관은 기원전 456년에는 원로원을 소집하고 원로원에서 의견을 개진할 수 있는 권한을, 기원전 449년에는 전체 시민에게 법적 구속력을 가지는 '평민의 의결'을 제안할 권한을 보유하게 되었다.[55]

사실 이 과정에 관한 기술은 의심스럽다. 특히 기원전 491년에 귀족을 평민의 법정에서 재판하였다는 기사를 믿기는 어렵다. 바로 전해에 기근이 발생하자 콘술 게가니우스 마케리누스(T. Geganius Macerinus)와 미누키우스 아우구리누스(P. Minucius Augurinus)가 곡물 구매 사절을 에트루리아, 시킬리아 등으로 파견했다. 이듬해 시킬리아에서 곡물이 도착하자 원로원은 곡물

---

55   Dion. Hal. 7.16-17; 7.36-38; 7.58.3; 9.41.1-2; 10.31.1-2; 11.45.1-2.

의 판매가격을 두고 논쟁을 벌였다. 마르키우스 코리올라누스(C. Marcius Coriolanus)를 위시한 원로원 의원은 그동안 평민에게 빼앗겼던 권리를 회복하고 평민을 다시 억압할 기회가 왔다고 생각하였다.[56] 물론 기원전 1세기의 전형적인 수사법을 사용하고 있는 코리올라누스의 연설과[57] 이후 그의 행적에 관한 이야기들은 사료의 신뢰성을 반감시킨다.[58] 하지만 당시의 곡물 부족과 그로 인한 기근이 사실이라면, 원로원이 평민을 억압하기 위해 곡물 위기를 이용하려 했을 수 있다.[59] 즉, 위의 이야기는 기원전 5세기 전반부의 평민조직은 평민의 집단 철수를 통해 탄생했지만, 강경파 귀족이 계속해서 인정하길 거부했던 비공식 기구였음을 암시한다. 따라서 호민관을 위시한 다른 평민조직의 법적 인정을 위한 투쟁이 로마 초기의 신분 투쟁에서 계속 나타나는 것은 당연하다. 하지만 그 과정을 완전하게 재구성할 수는 없다.

56　Liv. 2.34.8; Dion. Hal. 7.20.4.

57　리비우스가 전하는 마르키우스 코리올라누스의 연설은 기원전 1세기의 전형적인 수사 형식을 취하고 있다. Robert M. Ogilvie, op cit., p. 322.

58　리비우스(Liv. 2.39-40)에 의하면, 마르키우스 코리알라누스는 볼스키인의 군대를 이끌고 로마의 성문까지 쳐들어 왔지만, 어머니 베투리아(Veturia)와 아내 볼룸니아(Volumnia)의 기도와 눈물 때문에 돌아섰다. 2.39-40. cf. Edward T. Salmon, "Historical Elements in the Story of Coriolanus," *Classical Quarterly*, Vol. 24(1930), pp. 96-101; Donald A. Russell, "Plutarch's Life of Coriolanus," *Journal of Roman Studies*, Vol. 53(1963), pp. 21-29; Tim J. Cornell, op cit., 1989, p. 288.

59　Liv. 2.34.2: Dion. Hal. 7.1.1. 곡물 위기의 원인에 관해서는 Peter Garnsey, *Famine and Food Supply in Graeco-Roman Antiquity* (Cambridge, 1988), pp. 172-174를 참조하시오.

따라서 기원전 471년과 449년에 통과된 두 법을 통해서 공화정 초기 호민관과 평민회의 권한과 기능을 재구성한다.[60]

1) 푸블리리우스 법(lex Publilia)

기원전 472년 호민관 볼레로 푸블리리우스(Volero Publilius)는 평민 정무관은 트리부스 인민회(comitia tributa)에서 선출되어야 한다는 법안을 인민(populus) 앞에 제출하였지만 실패하였다.[61] 다음 해에 호민관에 재선된 볼레로 푸블리리우스는 동료 호민관 가이우스 라이토리우스(Gaius Laetorius)의 도움을 받아 자신의 법안을 다시 발의하였다. 귀족 특히 아피우스 클라우디우스(Appius Claudius)의 반대에도 불구하고, 법안은 통과되었으며, 처음으로 다섯 명의 호민관이 트리부스 인민회에서 선출되었다.[62] 호민관의 재선 그리고 아피우스 클라우디우스와 가이우스 라이토리우스 양측의 일촉즉발 상황 등에 관한 기술은 이 법의 역사성을 의심하게 한다.[63] 게다가 호민관이 트리부스 인민회에서 선출되었다는 내용

---

60 두 법에 관한 논의는 Kyunghyun Kim, "An Inquiry on the Two Laws of the Plebeian Institutions in the Early Roman Republic," 『서양고전학연구』 제36집 (2009), 23-42쪽을 참조하시오.

61 Liv. 2.56.2: *rogationem tulit ad populum ut plebeii magistratus tributis comitiis fierent.*

62 Liv. 2.58.1; Piso fr.23; Asc. *Corn.* 77C

63 아피우스 클라우디우스와 가이우스 라이토리우스의 심각한 대립을 위해서는 Liv. 2.56을 참조하시오. Gary Forsythe, op cit., 2005, pp. 177-183.

은 성립될 수 없다. 왜냐하면 트리부스 인민회는 빨라야 기원전 447년에 처음 설치되었기 때문이다.[64] 그렇다고 이 기술 전체가 부인될 필요는 없다. 푸블리리우스 가문은 로마에서 오래된 가문 중의 하나이며, 볼레로 푸블리리우스의 이름은 케레스(Ceres) 사원의 문서기록에 기원전 471년과 기원전 470년의 호민관으로 보존되어 있다.[65] 물론 리비우스가 평민을 의미하는 플레브스(plebs) 대신 인민을 의미하는 포풀루스(populus)로 용어를 부주의하게 잘못 사용했을 수도 있다. 반면 트리부스 인민회가 처음 설치된 연도를 알았을 리비우스가 트리부스 인민회(comitia tributa)라는 용어를 의도적으로 사용했을 수도 있다. 사실 인민회로 번역한 코미티아(comitia)가 선거, 입법 또는 사법적 평결과 관련된 실질적인 결정을 내리는 민회를 의미함을 고려하면,[66] 리비우스가 볼레로 푸블리리우스의 법안으로 평민의 비공식적인 모임에 불

---

64 트리부스에 기반을 둔 민회는 보통 평민으로 구성된 트리부스 평민회(또는 평민회, concilium plebis)와 귀족을 포함한 전체 인민으로 구성된 트리부스 인민회(comitia tributa)로 구분한다. 반면 로버트 데블린(Robert Develin)은 트리부스에 기반을 둔 민회는 평민으로 구성된 평민회가 유일하다고 주장한다. cf. Robert Develin, "Prorogation of imperium before the Hannibalic War," *Latomus*, Vol. 34(1975), pp. 716-722; "Comitia Tributa Again," *Athenaeum*, Vol. 55(1977), pp. 425-426.

65 Robert M. Ogilvie, op cit., p. 373; Howard H. Scullard, op cit., 1980, p. 468.

66 Joshep Farrell, "The Distinction between Comitia and Concilium," *Athenaeum* Vol. 64(1986), p. 438.

과했던 평민회가 합법적인 민회가 되었으며, 트리부스별로(즉 부족별로) 조직되었음을 의미하려 했을 수 있다. 따라서 리비우스가 언급한 민회는 평민과 귀족으로 구성된 트리부스 인민회가 아닌 평민으로만 구성된 평민회를 의미했을 가능성이 크다. 기원전 471년부터는 호민관이 합법적인 민회로 인정받은 평민회에서 선출된 것이 분명하다.

그렇다면 호민관은 그 이전에는 어떤 민회에서 선출되었는가? 리비우스의 기사는 호민관이 평민회가 아닌 다른 민회에서 선출되었음을 암시한다. 사실 디오니시우스는 기원전 494년 평민이 쿠리아회(comitia curiata)에서 선출하였다고 주장하였다.[67] 호민관의 혁명적인 성격을 고려해볼 때, 귀족이 투표 통제가 손쉬운 쿠리아회에서 호민관이 선출되었다는 주장은 이해하기 어렵다. 하지만 그 어려움이 쿠리아회에서 호민관이 선출되지 않았다는 증거가 되지는 못한다. 볼레로 푸블리리우스의 법안이 호민관 선출에 간섭하는 귀족의 기회를 박탈했다는 리비우스의 또다른 언급은 호민관이 처음에는 평민회가 아닌 쿠리아회에서 선출되었을 가능성을 더 높여 준다.[68] 기원전 471년의 법안에 대한

67　Dion. Hal. 6.89.1; 9.41.2. 쿠리아회는 귀족적인 씨족에 기반을 둔 시민 단위인 쿠리아(curia)로 구성된 민회이다. 초기에는 입법·사법·선거에서 막강한 권한을 보유했던 쿠리아회는 공화정 기에는 고위 정무관의 선출을 확인하거나 성직자의 취임식에 입회하는 등의 형식적인 기능을 담당하는 민회로 전락했다.

68　Liv. 2.56.3.

귀족들의 격렬한 반대, 특히 아피우스 클라우디우스(그가 인위적인 구성의 창조물이든 아니든)와 호민관 가이우스 라이토리우스의 대립은 그 법의 성격을 분명히 한다. 호민관이 처음에 평민회에서 선출되었든 아니면 쿠리아회에서 선출되었든 간에, 기원전 471년의 푸블리리우스 법은 평민에게 트리부스에 기반을 둔 자신들만의 민회에서 자신들만의 정무관을 선출할 수 있는 권리를 부여했음이 분명하다. 이로써 공식적으로 인정을 받은 평민회와 호민관은 역사적 발전의 새 장을 열게 되었다.

보통 평민회는 호민관을 위시한 평민 정무관을 선출하고 법을 제정한다고 한다. 하지만 처음에 호민관이 평민회에서 선출되지 않았다면, 평민회가 처음부터 입법권을 확실하게 보유했을 것 같지는 않다. 호민관이 평민회가 아닌 다른 민회에서 선출되었던 것처럼, 호민관이 처음에는 법안을 평민회에서만 제출하지 않았을 가능성도 있다. '평민의 의결'은 전체 인민이 아닌 평민에게만 구속력을 가졌기 때문에, 그것이 평민과만 관련되었다면 문제가 되지 않았을 것이다. 그러나 그것이 귀족이 포함된 전체 인민과 관련된 문제를 취급한다면 이야기는 다르다. 실제로 호민관은 그들의 관심을 평민과 관련된 일에만 국한하지 않았다. 왜냐하면, 호민관은 개혁을 위한 선동에서 중요한 역할을 담당하였으며, 호민관이 제출하여 평민회에서 통과되는 '평민의 의결'은 인민의 감정이라는 힘으로 지배계층을 지지하거나 강한 인상을 주는 분명하고도 필요한 수단이기 때문이다.**69** 공화정 전반에 걸쳐 이슈화된 정치적 논쟁 중의 하나는 공지(ager publicus)의 분배다. 정복의 결과로 획득한 공지가 부자들과 권력자들에 의해서 독점되었다는 사실은 평민지도자들의 관심을 끄는 데 충분했다. 따라서 토지분배에 대한 요구가 그라쿠스 형제 시대에 일반화된 현상이라 하더라도, 공화정 초기 공지분배를 위한 호민관과 평민지도자의 노력을 모두 의심할 필요는 없다.

앞에서도 언급했듯이, 리비우스는 호민관 볼레로 푸블리리우스가 법안을 인민(populus) 앞에 제출했다고 했다. 당시 호민관은 평민과 귀족이 모두 참여하는 민회에서 법안을 제출할 수 없었다는 근거에서 리비우스의 기사는 의심을 받았다. 그러나 이는 후대의 역사적 사실에 기초한 선험적 판단일 수 있다. 처음 선출된 호민관이 어느 민회에서 법안을 제안했는지를 분명하게 보여주는 증거는 없다. 현대 학자들의 판단과 달리 리비우스가 올바른 용어를 사용했다면, 그것은 호민관이 인민 모두와 관련된 법안은 귀족과 평민이 모두 참여하는 민회에서 제안했음을 암시한다. 이런 점에서 기원전 456년 호민관 루키우스 이킬리우스(Lucius Icilius)가 통과시킨 이킬리우스 법(lex Icilia)에 관해 주목할 필요가 있다. 그 법은 아벤티누스 언덕 위에 있는 디아나(Diana) 신전의 청동 기둥에 새겨져 있다.**70** 디오니시우스에 의하면, 루

---

69 A. Drummond, op cit., p. 223.

70 Dion. Hal. 10.32.4. cf. Erbert S. Staveley, "Tribal Legislation before the lex Hortensia," *Athenaeum*, Vol. 33(1955), pp. 12-23.

키우스 이킬리우스는 아벤티누스 언덕에 있는 공지를 평민에게 분배하는 법안을 평민회가 아닌 콘술과 원로원에 제출하였으며, 그 법안은 콘술이 주재하는 켄투리아회(comitia centuriata)에서 통과되었다.[71] 팀 코넬(Tim J. Cornell)은 이킬리우스 법의 통과를 제외하곤 디오니시우스의 설명을 믿을 수 없다고 주장했지만,[72] 그의 비판은 공화정 중기와 후기의 상황에 기반을 둔 가정이다. 호민관이 평민회에서만 법안을 제출했음을 증명할 수 없다면, 디오니시우스의 언급을 무조건 거부해서는 안 된다. 호민관 루키우스 이킬리우스가 통과시킨 법안이 '평민의 의결(plebiscitum)'이 아닌 '법(lex)'으로 명명되었다는 사실에 주목할 필요가 있다.

사실 호민관이 처음에는 평민회가 아닌 다른 민회에서도 법안을 제출했다는 가설은 이해하기 힘든 몇 가지 문제를 설명하는 데 도움을 준다. 첫째, 공화정 초기 호민관이 제안한 법안들에 대한 평민의 결정들이 '평민의 의결'이 아닌 '법'으로 불렸다. 물론 우리가 이용하는 사료에서 용어가 일관성 없이 혼용되기 때문에, 평민회에서 통과된 '평민의 의결'과 켄투리아회에서 통과된 '법'의 차이가 분명하지 않다. 그럼에도 불구하고 초기 호민관 법안이 '평민의 의결'이 아닌 '법'으로 불린 이유를 숙고해야

---

71 Dion. Hal. 10.32.2. 재산에 따라 구분된 켄투리아(centuria)라는 투표 단위에 기반을 둔 켄투리아회는 공화정 초기에는 상급 민회로 기능했지만, 공화정 중기에는 전쟁을 선언하거나 고위 정무관을 선출하는 역할 등만을 담당했다.

72 Tim J. Cornell, op cit., 1995, p.262.

한다. 호민관이 평민회가 아닌 다른 민회에서 법을 제정했을 가능성을 배제해서는 안 된다.

둘째, 키케로는 공화정 초기의 모든 '평민의 의결'을 평민의 집단선서에 기초한 신성법으로 간주하였다. 그것들이 어떤 법적 효력을 가졌던 것 같지는 않지만, 평민의 요구를 일방적으로 강요할 수 있는 수단이었다.[73] 그 때문에 농지 개혁을 위한 호민관들의 선동에도 불구하고, 평민이 농지 분배에 관한 귀족의 양보를 받아내지 못한 것은 이해가 되지 않았다. 리비우스는 원로원이 다른 호민관들을 설득하여 동료 호민관에게 비토권을 행사했다고 설명하지만, 이는 티베리우스 그라쿠스 사건에 근거한 시대착오적인 설명이다.[74] 호민관이 자신들의 법안을 통과시키지 못한 사실은 호민관이 '평민의 의결'을 '법'으로 통과시키지 못했음을 암시할 수 있다.[75] 하지만 이 책은 호민관이 전체 인민과 관련된 법안을 귀족이 영향력을 행사하는 민회에 제출했기 때문에 실패했다는 가설을 제안한다.

트리부스(부족)별로 재조직된 평민회가 호민관을 선출하는 푸블리리우스 법은 평민회와 호민관이 로마의 공식적인 민회와 정무관으로 수용되는 데 중요한 역할을 했다. 그럼에도 불구하고 호민관과 평민회의 입법 기능이 확실하게 확정되지 않았다. 그것들의 입법 행위에 대한 헌정적인 제약을 제거하려는 투쟁은

---

73 A. Drummond, op cit., p.223.

74 Ernst Badian, *Publicans and Sinners* (Oxford, 1972), p. 699.

75 Tim J. Cornell, op cit., 1995, p. 270.

이후에도 상당히 오랫동안 계속되었다.

2) 발레리우스-호라티우스 법(lex Valeria Horatia)

기원전 449년의 콘술 발레리우스(L. Valerius Poplicola Potius)와 호라티우스(M. Horatius Barbatus)는 평민회에서 결정된 사항이 전체 인민에게 구속력을 갖는다고 규정함으로써, '평민의 의결'에 일종의 법적 타당성을 부여하는 법을 통과시켰다.[76] 일명 발레리우스-호라티우스 법의 기원은 기원전 462년 호민관 테렌틸리우스 하르사(C. Terentilius Harsa)에게로 거슬러 올라간다. 그는 5인 위원회를 설치하여 법 또는 법리를 공표하고 콘술의 권력을 제한하는 법안을 제출하였다.[77] 몇 년간의 결실 없는 논쟁 끝에 기원전 454년 세 명의 사절을 아테네에 파견하여 다른 그리스 국가들의 법을 가져오는 타협이 이루어졌다.[78] 사절들이 돌아오자, 기원전 451년 콘술과 호민관을 대신하는 10인 위원회가 설치되었다.[79] 시민의 상소권(provocatio ad populum)에 구애받지 않는 10인 위원들은 10표법을 제정하여 켄투리아회에서 승인을 받았

---

76   Liv. 3.55.5-11. 발레리우스-호라티우스 법에 관해서는 Erbert S. Staveley, op cit., 1954/55, pp. 412-414; Tim J. Cornell, op cit., 1995, pp. 259-278; Gary Forsythe, op cit., 2005, pp. 223-233을 참조하시오.

77   Liv. 3.9.5: Dion. Hal. 10.1.5. Howard H. Scullard, op cit., 1980, p. 87.

78   Liv. 3.31.8.

79   Cic. *Rep.* 2.61.

다.[80] 이듬해 그들의 활동을 마무리하도록 제2차 10인 위원회가 설치되었다.[81] 야심적인 아피우스 클라우디우스가 이끄는 새 위원회는 2표를 추가했지만, 국정을 장악하고 또 원로원과 인민의 자문을 구하지 않은 채 임기를 무제한으로 연장하기 위해 권력을 남용하였다. 그때, 크루스투메리움(Crustumerium) 근처에서 숙영하던 군대에서 전설적인 군사적 영웅인 시키우스 덴타투스(Siccius Dentatus)가 귀족의 음모로 살해되었다.[82] 게다가 아름다운 여인 베르기니아(Verginia)를 강제로 취하려 했던 아피우스 클라우디우스에 대항해, 아버지 베르기니우스가 딸의 명예를 지키기 위해 딸을 살해하는 비극적인 사건이 발생하였다. 이 사건들로 인해 평민이 아벤티누스 언덕으로 집단 철수하였다. 10인 위원회가 사임하고 아피우스 클라우디우스가 자살함으로써, 옛 공화 정부가 복원되었다.[83] 새로 선출된 호민관 마르쿠스 두일리

---

80 Liv. 3.33-34.

81 Liv. 3.35; Dion. Hal. 10.58.

82 Liv. 3.43; Dion. Hal. 11.25-26; Gell *NA* 2.11; Pliny *NH* 7.101.

83 Liv. 3.44-58. 베르기니아에 관한 논의는 Robert M. Ogilvie, op cit., pp. 476-479; Timothy P. Wiseman, op cit., 1979, pp. 106-107; Jürgen Von Ungern-Sternberg, "The Formation of the Annalistic Tradition: The Example of Decemvirate," in Kurt Raaflaub (ed), *Social Struggles in Archaic Rome: New Perspectives on the Conflict of the Orders* (California, 1986), p. 91; Sandra R. Joshel, "The Body Female and the Body Politic: Livy's Lucretia and Verginia," in Amy Richlin (ed), *Pornography and Representation in Greece and Rome* (Oxford, 1992), pp. 112-130을 참조하시오.

우스(Marcus Duillius)가 콘술과 호민관을 다시 선출하고 시민의 상소권에 구애받지 않는 정무관직의 설치를 막는 법안을 통과시켰다.[84] 신임 콘술인 발레리우스와 호라티우스가 평민을 위한 세 가지 법안을 통과시킴으로써 문제는 일단락되었다.

물론 위의 기술에는 문제점이 많다. 그러나 그것은 사건에 대한 설명들이 수정되고 윤색되는 오랜 과정을 겪었음을 보여주는 증거일 수 있다. 팀 코넬이 지적하고 있는 것처럼, 사건에 관한 이야기에서 나타나는 모순들은 사건에 관한 이야기 모두가 의식적인 인위적 조작이 아님을 의미한다. 우선 위원회의 목적이 새로운 법률의 제정이 아닌 기존의 법률들을 반포하는 것이었기 때문에, 기원전 454년 아테네에 사절을 파견했다는 기사는 아주 의심스럽다. 그럼에도 불구하고 12표법이 그리스의 영향을 받았다는 것은 분명하다. 사절 파견의 여부가 전체 이야기를 부인할 수 있는 증거는 되지 못한다. 어떤 학자들은 10인 위원회가 12표법을 성문화하였다는 것은 인정하지만, 제2차 10인 위원회는 귀족과 평민의 통혼을 금지하는 제11표를 설명하기 위해 조작되었다고 주장한다.[85] 제2차 위원회에 평민 출신의 위원들이 있는 사실에 의혹을 가진 위르겐 본 운게른 스텐베르크(Jürgen Von Ungern-Sternberg)는 당시 평민이 그런 직책에 선출될 수 없었을 뿐만 아니라 평민의 참여는 통혼을 금지하는 제11표를 설명할 수 없다

---

84   Liv. 3.54.14-15; 3.55.14. cf. Cic. *Leg.* 3.9.

85   Robert M. Ogilvie, op cit., pp. 451-452; Kurt Raaflaub, op cit., 1986a, p. 220.

고 주장하였다.[86] 하지만 10인 위원회가 평민 출신의 콘술과 호민관을 대신하는 직책이라면, 제1차 또는 제2차 10인 위원회에 평민이 있었다는 사실이 놀랍지 않다.[87] 또 10인 위원회의 목적이 법안을 입안하는 것이었음을 고려하면, 10인 위원회는 콘술과 호민관을 영원히 대체하려는 것이 아니라 다른 정무관처럼 1년 임기의 정무관이었을지 모른다. 그리고 귀족과 평민 간의 통혼을 금지하는 조항도, 10인 위원회의 목적 다시 말해서 새로운 법의 반포가 아니라 기존의 불문법들을 귀족들이 자의적으로 해석하지 못하도록 성문화하는 것이었음을 고려한다면 이해할 수 없는 것만도 아니다. 마지막으로, 10인 위원회의 설치와 12표법의 제정이 각각 두 단계를 거쳤다는 이야기는 기원전 2세기 중엽의 역사적 전통에서 분명하게 자리 잡았음을 간과해서도 안된다.[88]

제2차 평민의 집단 철수에 관한 이야기도 많은 비판을 초래했다. 로버트 오길비는 믿기지 않는 에너지와 용기를 지닌 전사 시키우스 덴타투스의 이야기는 연대기 서술에서 적절한 위치를 찾지 못한 일화로서, 그것은 10인 위원회의 독단적 행위를 설명하

---

86   Jürgen Von Ungern-Sternberg, op cit., pp. 83-84.

87   Tim J. Cornell, op cit., 1995, p. 274.

88   Liv. 3.37.43; Cic. *Rep.* 2.63; Diod. 12.16; Zonar. 7.18. 섹스투스 폼포니우스(Sextus Pomponius) (Dig. 1.2.2.4 and 24)는 1차 10인 위원회만을 언급하였다. cf. Elizabeth Rawson, op cit., 1972, pp. 32-34.

기 위해 고안되었다고 주장하였다.[89] 베르기니아를 강제로 취하려 했던 아피우스 클라우디우스의 이야기도 가장 오래된 전설 중의 하나이지만, 왕정을 전복시키고 공화정의 탄생을 가져오게 하였던 사건 즉 루크레티아의 강간 사건을 단순하게 모방한 것 같다. 게다가 클라우디우스 가문에 대해 적대적인 공화정 후기의 역사적 전통을 고려하면,[90] 아피우스 클라우디우스가 실존 인물이 아닐 수도 있다. 하지만 이 사건들이 초래한 제2차 집단 철수는 제1차 집단 철수만큼 실제로 발생했던 사건이다. 리비우스에게 중요한 것은 사건에 대한 솔직한 묘사가 아니라 극적인 설명이었다. 그가 소개한 수많은 논쟁과 연설은 놀람과 관심을 분명하게 전달하였다. 12표법이 평민에게 정치 권력을 공유할 기회를 제공하지 않으면서 호민관직을 폐지하려 했다는 현대 학자들의 주장이 옳다면,[91] 평민은 철수라는 방법을 통해서 호민관직을 다시 설치하고 호민관의 신체불가침권을 새로운 법률로 확인할 필요가 있었을 것이다.[92]

89　Robert M. Ogilvie, op cit., pp. 475-476. 시키우스 덴타투스의 활약상에 관해서는 Dion. Hal. 10.36-49; Pliny *NH* 22.5를 참조하시오.

90　Andreas Alföldi, op cit., pp. 159-160.

91　12표법은 귀족의 권력 수호정책이라는 주장을 위해서는 허승일, 앞의 책, 23-30쪽을 참조하시오.

92　Walter Eder, "The Political Significance of the Codification of Law in Archaic Societies: An Unconventional Hypothesis," in Kurt Raaflaub (ed), *Social Struggles in Archaic Rome: New Perspectives on the Conflict of the Orders* (California, 1986), p. 297.

신임 콘술 발레리우스와 호라티우스는 인민에게 유리한 세 가지 법안을 통과시켰다. 그리스의 역사가 폴리비오스와 그 이전의 로마 역사기술 전통은 기원전 449년의 법을 신분 투쟁의 변곡점으로 간주한다.[93] 물론 그 법의 신뢰성은 유사한 입법의 반복적인 제정 때문에 의심받았다. 첫째, 인민의 상소권을 허용하는 세 개의 같은 법들이 기원전 509년, 449년, 300년에 제정되었을 뿐만 아니라, 그 세 법 모두 발레리우스와 관련이 있었다. 보통 마지막 법만 진짜라고 말한다.[94] 하지만 기원전 449년의 법은 인민의 항소권을 허용하는 것이 아니라 분명히 항소권에 구애받지 않는 정무관의 선출을 금지하는 것이기 때문에,[95] 그 법 자체는 인민의 항소권이 이미 존재함을 암시한다. 기원전 300년의 법이 인민의 항소권을 인정하는 최초의 법이라고 생각할 근거는 없다. 사실 그것의 자세한 내용도 알지 못하기 때문에, 그것의 목적은 기존의 법을 수정 보완하려는 것일 가능성이 크다. 둘째, 트리부스별로 모인 평민이 제정한 평민의 의결이 전체 인민을 구속한다는 법은 기원전 449년뿐만 아니라 기원전 339년과 기원전 287년에도 나타난다.[96] 위의 세 가지 법의 상세한 내

93　Polyb. 6.11.1. 키케로(Cic. *Rep.* 2.1.3)는 카토(Cato)의 『기원론(Origines)』을 따라 로마 제도는 공화정 초기에 이미 완전하게 정비되었다고 주장했다. cf. Diod. 12.24.-26; Zonar. 7.18f.

94　Erbert S. Staveley, op cit., 1954/55, pp. 413-414; Andrew Lintott, op cit., 1972, pp 226-227. cf. Robert M. Ogilvie, op cit., p. 499.

95　Tim J. Cornell, op cit., p. 277.

96　기원전 339년의 법에 관해서는 Endre Ferenczy, *From the Patrician*

용을 모른다는 이유에서 현대 학자들은 처음 두 개의 법이 기원전 287년에 통과된 호르텐시우스 법의 비역사적인 복제라고 주장한다.[97] 그러나 기원전 287년 이전에 평민이 통과시켰던 모든 중요한 법을 부정할 수는 없다. 발레리우스-호라티우스 법에 있는 어떤 제약들이 기원전 339년과 기원전 287년의 입법을 통해 하나씩 제거되었다고 이해하는 것이 더 합리적일 것이다.[98] 유사한 법이 반복해서 제정되는 현상이 그 법들의 역사성을 무효화시킬 필요는 없다. 그것은 오히려 호민관과 평민조직에 법적인 유효성을 제공하는 역사적 발달에 부합할 뿐만 아니라 강경파 귀족의 반대와 주저를 잘 설명한다.

두 번째 법과 관련하여 호민관 마르쿠스 두일리우스가 제출했던 법안에 주목할 필요가 있다. 리비우스에 의하면 그 법안이 평민회(concilium plebis)에서 통과되었기 때문이다.[99] 그의 언급은 호민관 마르쿠스 두일리우스가 법안을 평민회에 제출하는 법적 절차가 아닌 그가 자신의 법안을 평민과 귀족으로 구성된 민

State to the Patricio-Plebeian State (Amsterdam, 1976), pp. 60-61; Robert Develin, "Provocatio and Plebiscites: Early Roman Legislation and the Historical Tradition," *Mnemosyne*. Vol. 31(1978), pp. 55-60; Karl-Joachim Hölkeskamp, op cit., 1987, pp. 109-113을 참조하시오.

97 Jochen Bleicken, op cit., 1968, pp. 13-14; A. Drummond, op cit., p. 223; Gary Forsythe, op cit., 2005, pp. 231-233.

98 호르텐시우스 법이 제정되기 전에 통과된 '평민의 의결'에 관한 다양한 견해를 위해서는 Jochen Bleicken, op cit., 1968, p. 12를 참조하시오.

99 Liv. 3.54.15.

회가 아닌 평민회에서 통과시켰다는 사실을 보여줄 수 있다. 왜냐하면, 그때 로마는 호민관을 제외하곤 민회를 소집해서 법안을 제출할 정무관이 없었기 때문이다. 10인 위원들이 사퇴함으로써, 대사제(pontifex maximus)가 임명한 열 명의 호민관만 있었다. 마르쿠스 두일리우스는 상소에 구애받는 콘술이 선출되어야 한다는 법안을 통과시켰지만, 그것은 '평민의 의결'로서 인민 전체에 대한 구속력을 갖지 못했다. 그러므로 호민관의 입법을 통해 선출된 콘술이 '평민의 의결'의 한계를 보완하는 것은 당연하다. 트리부스별로 모인 평민이 제정한 '평민의 의결'이 전체 인민을 구속한다는 콘술 발레리우스와 호라티우스의 법은 완전한 법적 구속력을 갖고 있지 못한 '평민의 의결'에 의해 초래된 헌정적 문제를 해결할 수 있었을 것이다. 그럼으로써 이 콘술들의 법은 호민관이 다른 민회가 아닌 그들의 민회, 즉 평민회에서 입법 기능을 수행할 수 있게 하였다. 그러나 콘술의 법이 호민관에게 입법과 관련하여 완전한 권한을 부여했다고 주장하는 것은 아니다. '평민의 의결'은 여전히 법적 구속력을 가진 장치가 아니라 일방적으로 압력을 행사하는 수단에 불과했다. 팀 코넬의 주장처럼, 평민의 의결은 '원로원의 의결(auctoritas patrum)' 또는 '트리부스 인민회'의 투표에 종속되는 방식으로 제약을 받았음이 분명하다.[100] 기원전 441년의 호민관 포이틸리우스(Poetilius)가 평민에게 토지를 분배하는 농지법안을 콘술로 하여금 원로원 앞에 제안하

---

100   Tim J. Corenll, op cit., 1995, p. 278.

게 했다는 사실은 시사하는 바가 크다.[101]

기원전 494년 평민이 집단으로 철수함으로써, 호민관직과 평민회의 설치가 허용되었지만, 보통 우리가 아는 그것들의 권한과 기능이 처음부터 부여되어 있었던 것은 아니다. 호민관과 평민회를 공식적으로 다시 인정한 기원전 471년의 푸블리리우스 법에 따라, 호민관은 처음으로 평민회에서 선출되었으며, 그 수도 다섯 명으로 증가하였다. 또 평민회도 부족에 기초하여 조직되었다. 평민의 의결이 전체 인민에 대해 법적 구속력을 갖도록 규정한 기원전 449년의 발레리우스-호라티우스 법은 호민관이 법안을 평민회에 제출하도록 유도했다.

3. 호르텐시우스 법과 호민관

기원전 287년에 통과된 호르텐시우스 법은 200년 이상 계속된 '신분 투쟁'에서 평민이 최종적으로 승리한 상징적 사건으로 간주되어 왔다.[102] 하지만 그 법이 고대의 역사기록에 거의 흔적을 남기지 않았다는 사실이 신분 투쟁의 맥락에서 제시되었던 기

---

101   Liv. 4.12.3-5.

102   Filippo Cassola, *I gruppi politici romani nel III secolo a.c.* (Trieste, 1962), pp. 241-242; Arnold J. Toynbee, *Hannibal's Legacy: The Hannibalic War's Effects on Roman Life, vol. II* (Oxford, 1965), pp. 348-349; Jochen Bleicken, op cit., 1968, pp. 24-25.

존 설명들을 의심케 한다.[103] 사실 기원전 4세기에 리키니우스-섹스티우스 법(lex Licinia Sextia)이나 게누키우스 법(lex Genucia) 등으로 인해 평민지도자가 귀족이 독점하던 정치무대에 참여함으로써, 평민은 비귀족 계층과 빈민으로 구성된 의식적 정치 집단이라는 혁명적 성격을 이미 상실했다. 게다가 호르텐시우스 법이 로마의 정치구조에 급격한 변화를 초래한 것도 아닐 뿐만 아니라 인민 주권의 원칙이 실현된 것도 아니었다. 그 때문에 일부 현대 학자들은 기원전 287년의 법을 포함해서 기원전 4세기와 3세기 초에 통과된 일련의 법들을 신분 투쟁의 맥락에서가 아니라 신귀족이라는 새로운 지배계층의 대두라는 측면에서 설명해야 한다고 주장했다.[104] 당시 영향력 있고 부유한 평민들이 지배계층으로 편입되고 있었음은 분명하다. 하지만 신귀족의 등장만을 강조하는 연구 방향은 호민관과 평민회가 점진적이지만 공화정체의 중요한 부분으로 수용되는 과정을 과소평가하거나 외면

---

103   신분 투쟁은 고대적인 개념이 아니라 현대적인 개념이라는 견해를 위해서는 Jürgen Von Ungern-Sternberg, op cit., 1986a, pp. 353-377을 참조하시오. 호르텐시우스 법의 종교적 성격과 경제적 성격을 강조한 연구를 위해서는 Richard E. Mitchell, op cit., 1990, pp. 225-235; Graham Maddox, "The Economic Causes of the lex Hortensia," *Latomus*, Vol. 42(1983), pp. 277-286을 참조하시오.

104   Karl-Joachim, Hölkeskamp, op cit., 1987, pp. 166-170; Erbert S. Staveley, "Rome and Italy in the Early Third Century," in Frank W. Walbank *et al.*, *Cambridge Ancient History VII.2* (Cambridge, 1989), p. 437; Tim J. Cornell, op cit., 1995, pp. 377-380.

하였다.[105] 사실 이 시기에 귀족과 평민의 권력 공유 원칙에 동의하는 새로운 지배계급으로서 신귀족이 존재했을 것 같지는 않다. 신귀족의 개념을 정의했던 마티아스 겔쩌의 주된 논거가 공화정 중기와 후기에 한정되었다는 사실을 간과해선 안 된다.[106]

아쉽게도 호르텐시우스 법에 관한 현재의 지식은 그것의 배경이나 의미를 평가하는 데 충분하지 않다. 그리스의 작가 디오도루스 시쿨루스의 연대기도 기원전 302년쯤에 끝나고, 기원전 291~219년을 다룬 리비우스의 역사 제11-19권도 상실되었다. 그러나 호르텐시우스 법 자체를 부인할 정당한 이유는 없다. 기원전 290년대 말에 발생했던 역병과 기원전 280년대 초의 흉년으로 인해 부채문제가 사회적 이슈로 떠오른 것은 분명하다. 호민관들이 개입했으나, 원하는 해결책을 얻지 못한 평민이 테베레강 서쪽 부근의 야니쿨룸(Ianiculum) 언덕으로 집단 철수를 단행하였다.[107] 평민을 로마로 귀환시키기 위해 딕타토르로 임명된 퀸투스 호르텐시우스(Quintus Hortensius)는 '평민의 의결'이 전체 인민에게 법적 구속력을 갖는 법안을 통과시켰다. 호르텐시우스 법이 채무의 완전한 변제나 부분적인 탕감을 분명하게 언급하지

---

105 김경현, 「신분 투쟁의 마지막 시기(기원전 366~287년)에 대한 고찰」, 『역사학연구』 제25집, (2005), 255-281쪽.

106 Matthias Gelzer, op. cit.

107 Liv. *Per.* 11. Jochen Bleicken, op cit., 1968, p. 20은 부채문제를 의도적으로 축소했다. 그것에 대한 반론은 Graham Maddox, op cit., pp. 277-278를 참조하시오.

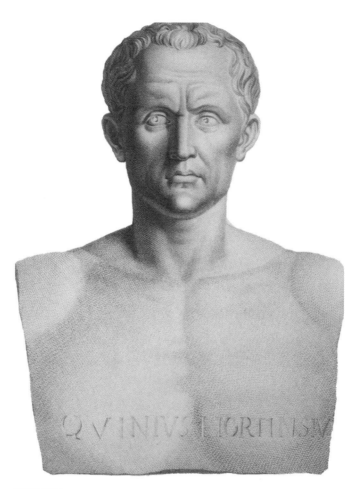

호르텐시우스

않았다. 일견 사건의 원인과 결과 간의 괴리가 법의 통과를 부인하는 이유가 될 수 있다. 하지만 콘술직을 보유한 적도 없고 유력가문 출신도 아닌 평민이 딕타토르로 임명된 사실은 귀족이 평민에게 일종의 양보를 했음을 의미한다. 기원전 449년과 기원전 339년에도 유사한 입법이 있었다는 사실은 전에 통과되었던 부채와 관련한 일련의 '평민의 의결'이 실효성을 거두지 못했음을 암시한다.[108] 따라서 공식적으로 승인된 평민회에서 통과되었음에도 여전히 완전한 법적 효력을 갖지 못한 '평민의 의결'을 전체 인민의 결정으로 격상하는 법을 제정하는 것이 당시의 문제를 해결할 방안이었을 것이다.

퀸투스 호르텐시우스가 처음부터 '평민의 의결'을 공식적인 법의 수준으로 끌어올리려 했는지는 불확실하다. 하지만 구체적인 내용을 모르지만, 그의 법으로 인해 '평민의 의결'에 가해졌던 법적 제약이 최종적으로 제거된 것이 분명하다. 기원전 287년 이후 평민회에서 통과된 '평민의 의결'은 평민의 일방적인 결정이 아니라 귀족에게도 완전하게 영향력을 미칠 수 있는 '법(lex)'이었다. '평민의 의결'이 무용지물이던 동로마 제국의 유스티니아누스(Iustinianus) 시대에도 호르텐시우스 법이 계속 인용되었다는 사실은 그것의 중요성을 암시한다.[109] 하지만 그 법이 로마 정체에 미칠 정치적·법적 효과를 고려할 때, 귀족의 반대가 없었

---

108 Dio Cass. 8.37.2. cf. Zonar. 8.2.

109 Laelius Felix in Gell. *NA* 15.27.4; Gai. *Inst.* 1.3; Inst. *Iust.* 1.2.4.

다는 사실은 이 법의 결과들이 로마에서 이미 어느 정도는 가시화되었기 때문에 별로 충격적이지 않았음을 암시할 수도 있다. 그 법이 반드시 신분 투쟁의 맥락에서뿐 아니라 행정적·법적인 측면에서도 고려되어야 하는 이유다.

호르텐시우스 법은 평민 또는 평민회가 정치적 의사결정에 적극적으로 참여하는 것을 이전보다 더 보장하였다. 공화정 중기에 평민회가 얼마나 자주 소집되었는지에 대한 분명한 통계자료는 없다. 하지만 평민회에서 토지와 부채문제뿐 아니라 다양한 국가정책이 결정되었다는 사실은 그것의 중요한 역할을 분명하게 보여준다. 평민회는 평민 정무관의 선출 외에도 상설법정이 기원전 149년에 설치되기 전까지 벌금형에 해당하는 공적 범죄를 심리하였다. 또 로마 공화정 중기의 법이 대부분 호민관이 통과시킨 법이라는 사실이 보여주는 것처럼, 중요한 입법기구의 역할을 했다.[110] 물론 켄투리아회(comitia centuriata)가 호르텐시우스 법이 통과된 이후에도 입법권을 계속 보유했지만, 정치적인 중요성을 점차 상실했다. 그것의 기능은 주로 고위 정무관의 선출로 국한되었다.[111]

---

110   Kaj Sandberg, "Tribunician and Non-Tribunician Legislation in Mid-Republican Rome," in Christer Brunn (ed), *The Roman Middle Republic: Politics, Religion, and Historiography c. 300-133 BC* (Rome, 2000), pp. 121-140.

111   기원전 47년의 콘술 렌툴루스 스핀테르(Lentulus Spinther)가 키케로를 망명지에서 소환하기 위해 통과시킨 법이 유일하게 알려진 경우이다. 켄투리아회는 투표 시간이 오래 걸리고 개최의 시기적인 제한이 있었

무엇보다도 호르텐시우스 법의 최대 수혜자는 호민관이다.[112] 평민회가 로마 정부에서 입법·사법·선거와 관련하여 공적 업무를 담당하는 기구로 인정됨으로써, 그 민회를 소집하고 주재하는 정무관인 호민관이 로마 정체에서 중요한 역할과 기능을 갖는 것은 논리적으로 당연하다.[113] 게다가 평민회의 공적 승인은 평민의 집단적인 맹세에 기반을 둔 호민관의 비토권, 강제권 등에 완전한 법적 효력을 제공함으로써, 공화정 중기의 호민관은 막강한 권한을 보유하게 되었다. 호민관이 원로원 회의에 참여할 뿐만 아니라 원로원을 소집하고,[114] 인민 전체를 소집할 수 있는 권한까지 획득하는 것은 우연이 아니다.

하지만 요켄 블라이켄은 호르텐시우스 법으로 인해 사법적·정치적 활동이 가능했던 장날(nundinae)에 정치적 활동이 금지되었다는 사실에 근거하여, 호민관의 입법권이 오히려 제약을 받았다고 주장했다. 법안을 제안할 수 있는 날짜(dies fasti)가 195일 정도로 제한되었고 아일리우스 법(lex Aelia)과 푸피우스 법(lex Fufia)

던 반면, 트리부스 민회는 특별한 제한이 없었다.

[112] Endre Ferenczy, op cit., pp. 195-196; Rachel Feig Vishnia, op cit., 1996, pp. 5-6.

[113] Arnaldo Momigliano, "The Rise of the plebs in the Archaic Age of Rome," in Kurt Raaflaub (ed), *Social Struggles in Archaic Rome: New Perspectives on the Conflict of the Orders* (California, 1986), p. 190; Richard E. Mitchell, op cit., 1990, p. 179.

[114] Jochen Bleicken, op cit., 1968, pp. 23-24; Endre Ferenczy, op cit., p. 196.

이 선거 직전에는 법안을 제출하지 못하도록 규정했기 때문에, 호민관의 입법 활동은 간접적인 제약을 받았다. 그럼에도 불구하고, 호민관의 입법 활동은 빈번하여 민회는 보통 1년에 20번 정도 소집되었다.[115] 만약 그 법의 목적이 호민관의 활동을 제약하려는 것이었다면, 호민관이 이를 묵과했을 것 같지 않다. 장날의 의미가 암시하는 것처럼, 그것의 주된 목적은 농민이 도시에와 상업활동을 하는 것을 도와주기 위한 것이었다. 장날에 정치적 활동을 제한하는 것은 호민관의 권한을 축소하려는 의도이기보다 장날의 상업 활동을 더 보장하기 위함이었을 것이다.[116]

호민관이 최고의 수혜자였음은 호르텐시우스 법 이후에 그 직책을 역임한 자들의 가문을 검토함으로써 확인될 수 있다.[117] 물론 원로원 의원 출신의 조상이 없는 신인이 호민관의 60퍼센트를 차지한다.[118] 반면 나머지는 콘술, 프라이토르 또는 원로원

115　아일리우스 법과 푸피우스 법에 관해서는 Alan E. Astin, "Leges Aelia et Fufia," Latomus, Vol. 23(1964), pp. 421-445를 참조하시오.

116　장날(nundinae)의 경제적 측면에 관해서는 Luuk De Ligt, *Fairs and Markets in the Roman Empire: Economic and Social Aspects of Trade in a Pre-Industrial Society* (Amsterdam, 1993); Joan M. Frayn, *Markets and Fairs in Roman Italy: Their Social and Economic Importance from the Second Century BC to the Third Century AD* (Oxford, 1993)을 참조하시오. cf. Agnes K. Michels, *The Calendar of the Roman Republic* (Princeton, 1967), James Ker, "Nundinae: The Culture of the Roman Week," *Phoenix*, Vol. 64(2010), pp. 360-385.

117　수치는 기원전 218~134년 동안 이름이 확인되는 호민관에 근거했다. Thomas R.S. Broughton, op cit.을 참조하시오.

118　콰이스토르(quaestor)직은 귀족의 정치적 입문을 위한 직책이었다.

의원을 배출한 적이 있는 명문 가문 출신이었다. 더욱 흥미로운 것은 그중의 절반 이상이 콘술 가문 출신이라는 사실이다. 호민 관직에 입후보한 동기가 무엇이든 간에, 호민관은 로마 공화정의 콘술이나 프라이토르와 같은 정무관처럼 공식적인 정무관으로 인정되었음을 반영한다.[119] 호르텐시우스 법은 평민회를 단순한 평민의 모임이 아닌 완전한 법적 구속력을 가진 공적 민회로 승격함으로써, 호민관이 로마의 공식적인 정무관으로 발전해가는 장기적인 역사적 과정에 비로소 종지부를 찍었다. 호민관은 이제 평민만을 대변하지 않고 로마인 전체를 대변하는 정무관이 되었다. 공화정 중기의 호민관이 도시에 국한된 사소한 업무만이 아닌 정치적 소추, 해외정책, 시민권 문제, 토지문제, 종교, 사회적 이슈 등의 다양한 국가정책을 결정하는 과정에서 발견되는 이유다.

4. 요약

기원전 494년 평민은 성산(또는 아벤티누스 언덕)으로 집단 철수하

반면 호민관직은 평민만이 지원할 수 있었고, 매년 열 명씩이나 선출되기 때문에 신인이 도전하기에 상대적으로 쉬운 공직이었다.

119　공화정 후기 호민관의 가문을 위해서는 Erich S. Gruen, *The Last Generation of the Roman Republic* (Berkeley, 1974), pp. 514-517을 참조하시오.

는 강경책을 통해 자신들을 대변할 관직인 호민관직을 설치하고 자신들만의 민회인 평민회(concilium plebis)를 구성할 권리를 인정받았다. 할리카르나수스의 디오니시우스는 호민관이 권한(potestas)을 획득하는 점진적 과정을 상세하게 기술했다. 기원전 492년에 연단에서 연설할 수 있는 권한을 획득한 호민관은 이듬해에는 귀족을 기소할 수 있게 되었다. 기원전 456년에는 원로원을 소집해서 그곳에서 의견을 개진할 수 있는 권한까지 획득했다. 이 헌정 상의 변화 과정과 관련된 세부 사항들은 아마도 디오니시우스 자신에 의해서 또는 그가 이용했던 다른 연대기 작가들에 의해 윤색되었을 것이다.[120] 그들은 자신들이 익히 알던 호민관의 권한들을 공화정 초기에 투영함으로써, 호민관 권한의 발달 과정을 재구성했을 뿐만 아니라 평민의 요청에 대한 귀족의 현명한 대응을 강조하려 했던 것 같다. 하지만 아직 로마의 법적 테두리 밖에 있는 호민관과 평민회는 귀족이 인정하길 주저하고 계속 방해했던 혁명적인 정무관이며 비공식 기구에 불과했다. 평민조직들을 법적으로 완전히 수용하는 과정은 '신분투쟁'에 관한 고대의 사료들이 보여주는 것보다 더 점진적이어서 훨씬 후에 완결되었다. 아마도 처음에는 호민관은 귀족의 영향력이 강한 쿠리아회(comitia curiata)에서 선출되었으며, 평민회는 평민의 단순한 모임에 불과했던 것 같다. 기원전 471년 푸블리리우스 법(lex Publilia)이 통과됨으로써, 비로소 트리부스(부족)별

---

120   Ronald Mellor, op cit., pp. 20-24.

「공화정 시기 로마의 풍경(City of Rome during time of republic)」,
폴락(Friedrich Polack), 『역사 사진(Geschichtsbilder)』(1896) 내 삽화

로 조직된 평민회는 처음으로 호민관을 선출하는 합법적인 민회로 기능하기 시작했다. 하지만 호민관과 평민회의 입법 기능이 확실하게 확정되진 않았던 것 같다. 그 때문에 호민관은 로마의 전체 인민과 관련된 법안은 다른 민회에 제출했던 것 같다. 하지만 기원전 449년, 평민회에서 통과된 '평민의 의결'이 전체 인민에게 법적 구속력을 갖는 발레리우스-호라티우스 법(lex Valeria Horatia)는 평민회를 공식적인 민회로 인정함으로써, 호민관이 다른 민회가 아닌 평민회에서 법안을 제출하도록 유도했다.

호민관의 수가 열 명으로 증가한 기원전 450년 이후로 그 수

에 더 이상의 변화가 나타나지 않았다는 사실은 호민관이 로마의 정체로 어느 정도 수용되었음을 암시한다. 하지만 평민회와 호민관의 입법권이 확실하게 인정받은 것은 결코 아니었다. 그 과정은 매우 느리게 진행되었다. 발레리우스-호라티우스 법이 통과된 지 150년 이상 지난 기원전 339년에도 '평민의 의결'에 관해 여전히 제약을 둔 비슷한 법이 제정되었기 때문이다. 그리고 그 제약은 기원전 287년의 호르텐시우스 법(lex Hortensia)을 통해 비로소 제거되었다. 이제 평민회에서 평민이 투표로 결정한 '평민의 의결(plebiscitum)'은 평민만이 아닌 전체 인민에게도 법적 구속력을 갖게 되었다.

이런 점에서 기원전 287년은 평민회와 호민관의 역사에서 매우 중요한 변곡점이다. 물론 현대 학자들은 호르텐시우스 법에 대한 흔적이 고대의 역사기록에서 나타나지 않았다는 이유로 그 법의 중요성과 가치를 의심하였다. 비록 평민만의 민회인 평민회에서 통과되었지만, '평민의 의결'은 법적인 유효성을 자동으로 부여받음으로써, 평민회는 공화정 중기의 어엿한 입법기구로 작동하게 되었다. 그 결과 평민회를 소집하고 주재하는 권한을 보유한 호민관도 공식적인 정무관의 권한과 권위를 획득하였다. 게다가 평민회의 공적 승인은 평민의 집단적인 맹세에 기반을 둔 호민관의 비토권(ius intercessionis), 강제권(ius coercitionis) 등에 완전한 법적 효력을 제공함으로써, 공화정 중기의 호민관은 막강한 권한을 보유하게 되었다. 로마의 다른 정무관과 달리 권한이나 역할이 특정되지 않은 호민관은 입법·사법·행정 등 거의 전

영역에서 활동하였다. 평민회를 소집하고 주재하여 법을 제정할 뿐만 아니라 사법적 판단을 내리도록 유도하는 정무관도 호민관 이다. 심지어 원로원과 콘술 등의 공적 활동에 비토권을 행사함으로써, 정부의 운영을 중단시키기도 했다. 또 원로원을 소집하고 원로원 회의에도 참석하여 회의를 주도하기도 했다. 따라서 로마 공화정에서 가장 독특하고도 중요한 정무관인 호민관에 관한 체계적이고 종합적인 연구가 로마 공화정의 정체와 정치의 작동과 운용을 이해하는 데 전제되어야 한다.

제3장 기원전 3세기 말엽의 호민관 입법

호르텐시우스 법의 최고 수혜자는 호민관이다. 현대 학자들은 호민관이 원로원을 장악한 귀족에게 위협적이지 않았기 때문에, 강력한 권한을 보유하게 되었다고 가정한다.[1] 하지만 이런 주장은 공화정 초기 호민관의 선출 및 호민관이 권한을 획득하는 역사적 과정을 간과하거나 의도적으로 외면하였다. 무엇보다도 그것은 호민관을 평민의 이익을 옹호하는 또는 원로원의 지배를 위협하는 정무관으로 묘사하는 고대의 역사기술과 부합하지 않는다.[2]

고대 역사가들과 현대 역사가들 간의 차이를 이해하기 위해

1　Tim J. Cornell, op cit., 1995, p. 379; Rachel Feig Vishnia, op cit., 1996, pp. 5-6.

2　Sall. *H.* 3.48 M; Cic. *Leg.* 3.9.20; 3.10.24.

서는, 보통 공화정 중기라 일컫는 시기, 즉 기원전 286~134년 동안, 호민관이 수행한 활동을 전방위로 직접 고찰할 필요가 있다. 하지만 디오도루스 시쿨루스의 『세계사(Bibliotheca Historica)』는 기원전 302년쯤에 중단되었고, 기원전 292~219년 동안의 역사를 기술한 리비우스의 제11-20권도 사라졌다. 게다가 기원전 264년에서 기원전 220년까지를 언급한 폴리비오스의 위대한 『역사(Historiai)』의 처음 두 권은 주로 외부적인 사건만을 다루고 있다. 카시우스 디오(Cassius Dio)의 『로마사(Historia Romana)』 제8-12권도 비슷한 시기를 다루지만, 그것은 폴리비오스를 통해서 단편으로만 전해질뿐이다.[3] 따라서 호르텐시우스 법이 통과된 시기부터 제2차 로마-카르타고 전쟁이 발발하기 직전까지를 다루는 체계적이고 상세한 연대기적 서술은 없는 실정이다.

이는 로마 공화정의 공식적인 정무관으로 수용된 호민관이 기원전 3세기 동안 수행했던 역할과 기능을 연구하는 데 어려움을 초래한다. 물론 리비우스와 디오도루스 시쿨루스의 사라진 기록을 발견한다 해도 상황은 개선되지 않을 것이다. 리비우스의 주된 관심은 로마의 군사적 업적이었기 때문이다. 평민회와 호민관의 정치적 지위를 고양하는 데 결정적인 역할을 한 호르텐시우스 법에 관해서도 무관심했던 것처럼, 그는 호민관의 활

---

3   Alan E, Astin, "Roman Government and Politics, 200-134 B.C.," in Frank W. Walbank *et al.*, *Cambridge Ancient History VIII* (Cambridge, 1989), p. 7.

동에 거의 관심을 두지 않았다.[4] 디오도루스 시쿨루스가 기술한 『세계사』의 제21-26권의 단편들도 로마의 국내 문제를 거의 언급하지 않았다. 하지만 사료의 부족과 편향성에도 불구하고 가이우스 플라미니우스(Gaius Flaminius)와 직·간접적으로 관련 있는 세 개의 호민관 법에 관한 기록들이 남아 있다. 이 법들로 호민관의 역할과 기능에 대한 어떤 결론을 도출할 수는 없다. 하지만 기원전 3세기 말에 통과되었던 세 개의 호민관 법을 통해서, 공화정 중기 호민관은 원로원의 집단적인 이익이나 아니면 유력 정치인의 개인적인 이익을 위해 활동하는 정치적 도구라는 일반적인 견해에 문제가 있음을 상기하고자 한다.

1. 플라미니우스의 농지법

기원전 232년에 호민관으로 선출된 가이우스 플라미니우스는 대략 50여 년 전 세노네스(Senones)인에게서 탈취한 갈리아 지역의 공지(ager publicus)를 로마 시민에게 개별 분배하는(assignatio

---

4 칼-요아힘 횔케스캄프는 호르텐시우스 법이 신귀족의 정치적 승리를 보여주는 증거라고 주장했다. Karl-Joachim Hölkeskamp, "Senat und Volkstribunat im frühen 3. Jh. V. Chr.," in Walter Eder (ed.), *Staat und Staatlichkeit in der Frühen Römischen Republik* (Stuttgart, 1990), pp. 437-457. cf. Endre Ferenczy, op cit., pp. 193-198; Jürgen Von Ungern-Sternberg, op cit., 1986a, pp. 367-377.

viritim) 법안을 원로원의 격렬한 반대에도 불구하고 평민회에서 통과시켰다.[5] 고대의 사료들은 원로원이 반대한 농지 법안이 어떻게 통과되었는지를 분명하게 언급하지 않았을 뿐만 아니라 농지법이 통과된 시기에 대해서도 의견을 달리했다. 사료의 부족과 그에 따른 불확실은 자연스럽게 현대 학자들의 치열한 논쟁을 초래했다.[6] 가이우스 플라미니우스의 농지법(lex Flaminia)은 설명하기 힘든 주제 중의 하나다. 그 때문에 이 장은 농지법과 관련한 논쟁을 네 가지로 구분해서 기존 학자들의 의견을 소개하

---

5   Polyb. 2.21.7-8; Livius 21.63.2; Val. Max. 5.4.5; Cic. *Sen.* 11; *Inv. Rhet.* 2.52; *Acad.* 2.13; *Brut.* 57; *Leg.* 3.20. 이 장은 김경현,「가이우스 플라미니우스의 농지법 통과에 관한 연구」,『서양고대사연구』제9집 (2001), 59-77쪽에 토대를 두고 재구성한 것임을 밝혀둔다.

6   플라미니우스의 농지법에 관해서는 Plinio Fraccaro, "Lex Flaminia de agro Gallico et Piceno viritim dividundo," *Athenaeum*, Vol. 7(1919), pp. 73-93; Tenney Frank, "Rome after the Conquest of Sicily," in Stanley A. Cook *et al.*, *Cambridge Ancient History VII* (Cambridge, 1954), pp. 806-807; Frank W. Walbank, *A Historical Commentary on Polybius I* (Oxford, 1957); Filippo Cassola, *I gruppi politici romani nel III secolo a.C.* (Trieste, 1962); Zvi Yavetz, "The Policy of C. Flaminius and the Plebiscitum Claudianum," *Athenaeum*, Vol. 40(1962), pp. 325-344; J.H. Corbett, *C. Flaminius and Roman Foreign Policy in North Italy* (Diss.: Toronto, 1968); Robert Develin, "C. Flaminius in 232 B.C.," *L'Antiquite Classique*, Vol. 45(1976), pp. 639-643; id., "The Political Position of C. Flaminius," *Rheinisches Museum für Philologie*, Vol. 22(1979a), pp. 268-277; Jürgen Von Ungern-Sternberg, op ct., 1986a, pp. 353-377; Rachel Feig Vishnia, op cit., 1996; id., "Cicero *De Senectute* 11 and the date of C. Flaminius' Tribunate," *Phoenix*, Vol. 50 (1996a), pp. 138-145; 김경현, 앞의 글, 59-77쪽을 참조하시오.

고, 가능하다면 몇 가지 다른 설명을 제시하고자 한다.

먼저 고대의 사료들은 농지법이 통과된 시기, 즉 가이우스 플라미니우스가 호민관으로 선출된 시기에 관해 의견을 달리한다.[7] 폴리비오스는 아이밀리우스 레피두스(M. Aemilius Lepidus)가 콘술이었던 기원전 232년을,[8] 반면 키케로는 파비우스 막시무스(Q. Fabius Maximus)가 콘술로 재선되었던 기원전 228년을 제시했다.[9] 그 때문에 가이우스 플라미니우스가 호민관직을 기원전 232년과 기원전 228년에 두 번 역임했다고 가정할 수도 있다. 하지만 이를 입증할 증거는 없다. 사실 고대 사료는 플라미니우스가 호민관직을 한 번만 역임했음을 암시한다. 가이우스 플라미니우스와 원로원의 충돌을 언급한 리비우스는 그의 호민관직을 단수로 표현하였으며, 키케로도 마찬가지였다.[10] 게다가 기원전 342년에 통과된 게누키우스 법(lex Genucia)은 한 사람이 10년 이내에 같은 정무관직을 다시 역임하는 것을 금지했다.[11] 물론 그 법 조항이 항상 지켜진 것은 아니지만, 예외는 국가 비상시의 군

---

7 로버트 데블린은 플라미니우스의 아버지가 연단(rostrum)에서 연설하는 아들을 끌어 내렸다는 전거들에 근거하여(Val. Max. 5.4.5; Cic. *Inv. Rhet.* 2.52), 농지법이 통과되지 못했다고 주장했다. Robert Develin, op cit., 1976, pp. 639-643.

8 Polyb. 2.21.7.

9 Cic. *Sen.* 11.

10 Liv. 21.63.2; Cic. *Acad.* 2.13.

11 게누키우스 법에 관해서는 Endre Ferenczy, op cit., pp. 50-52; Karl-Joachim Hölkeskamp, op cit., 1987, pp. 102-109; Tim J. Cornell, op cit., 1989, pp. 336-345를 참조하시오.

사적 문제와 직접 관련 있는 경우에만 허용되었다. 따라서 가이우스 플라미니우스가 농지법을 발의한 시기를 특정하는 것은 어려운 선택이다. 폴리비오스와 키케로 모두 연대에 대해선 상대적으로 정확했다는 현대 학자들의 긍정적인 평가를 고려한다면, 선택은 더 어려워진다.[12]

폴리비오스를 매우 긍정적으로 평가했던 키케로가 '연대기적 정확성'을 위해 자주 그를 인용했다는 사실을 고려하면,[13] 가이우스 플라미니우스가 호민관으로 선출된 시기를 키케로가 의도적으로 기원전 228년으로 바꿨을 가능성이 크다. 만약 그렇다면, 키케로는 왜 기원전 232년이 아닌 기원전 228년을 선택하였을까? 두 가지 주장이 주목할 만하다. 첫째, 조반니 니콜리니(Giovanni Niccolini)는 세 가지 사실을—1) 파비우스 막시무스와 가이우스 플라미니우스 사이의 정치적 갈등 2) 기원전 233년과 기원전 228년, 파비우스 막시무스가 콘술직을 역임 3) 기원전 232년, 가이우스 플라미니우스가 호민관직을 역임—알았을 키케로가 파비우스 막시무스와 가이우스 플라미니우스가 정치적으로 충돌한 시점을 특정할 수 없어, 부득이 가이우스 플라미니우스의 호민관 역임 시기를 기원전 232년이 아닌 228년으로

---

12 Elizabeth Rawson, op cit., 1972, pp. 3-45; Peter A. Brunt, "Cicero and Historiography," in M.J. Fontana & F.P. Rizzo (eds), *Philias Charin: Miscellana di studi classici in onore di E. Manni* (Rome, 1980), pp. 1.311-340.

13 Cic. *Rep.* 2.27; *Off.* 3.113.

바꿨다고 주장했다.[14] 둘째, 레이첼 페이그 비쉬니아(Rachel Feig Vishnia)는 키케로가 '역사적 사실'을 의도적으로 왜곡했을 가능성을 제시하였다. 기원전 228년의 콘술인 파비우스 막시무스가 가이우스 플라미니우스의 농지법 통과를 막기 위해 전력을 다할 때, 동료 콘술인 스푸리우스 카르빌리우스(Spurius Carvilius)는 침묵하였다는 흥미로운 이야기를 키케로가 전한 사실에 근거하여, 그녀는 키케로가 자신의 업적을 자랑하기 위해 연도를 의도적으로 바꿨다고 주장했다. 즉 키케로는, 자신이 기원전 63년 콘술로서 호민관 세르빌리우스 룰루스(P. Servilius Rullus)의 농지법에 반대하였을 때, 동료 콘술인 가이우스 안토니우스(Gaius Antonius)는 침묵했음을 암시하였다. 게다가 당대의 최고 정객인 파비우스 막시무스는 농지법 통과를 막지 못했지만, 신인에 불과한 자신은 저지하는 데 성공했다는 사실을 강조하기 위해, 가이우스 플라미니우스가 호민관직을 역임한 연도를 기원전 228년으로 왜곡했다는 것이다.[15]

키케로가 '역사적 사실'을 왜곡한 이유가 무엇이든 간에, 가이우스 플라미니우스는 기원전 232년의 호민관이었다는 폴리비오

14　하지만 조반니 니콜리니는 기원전 232년의 콘술 아이밀리우스 레피두스가 관례대로 자신의 임기를 그해 5월에 시작했기 때문에, 기원전 233년의 콘술인 파비우스 막시무스가 호민관 가이우스 플라미니우스와 정치적으로 충돌했을 가능성을 부인하지 않았다. Giovanni Niccolini, op cit., pp. 87-89.

15　Rachel Feig Vishnia, op cit., 1996a, pp. 138-145.

스의 주장이 정설로 받아들여진 것 같다. 그리고 이런 결론이 가이우스 플라미니우스가 기원전 227년의 프라이토르로 선출되어 시킬리아로 파견되었다는 역사적 사실을 더 잘 설명한다.[16] 기원전 218년부터 빌리우스 법(lex Villia)이 통과된 기원전 180년까지,[17] 프라이토르 이상의 정무관직을 역임한 호민관은 모두 24명 정도가 확인된다. 그들이 호민관에서 프라이토르에 오르는데는 대략 5~6년의 기간이 소요된 것으로 추산된다. 물론 기원전 196년의 호민관 아티니우스 라베오(C. Atinius Labeo)는 이듬해에 프라이토르로 선출되었다.[18] 따라서 가이우스 플라미니우스도 기원전 228년에 호민관으로, 그리고 기원전 227년에 프라이토르로 선출되었을 수 있다. 하지만 그에게 비우호적인 고대 사료들이 그런 예외적인 사건을 언급하지 않았을 리가 없다.[19] 그러므로 기원전 227년의 프라이토르인 가이우스 플라미니우스는 호민관직을 기원전 228년보다 기원전 232년에 역임했을 가능성이 더 크다.

---

16 Liv. *Per*. 20. 기원전 227년은 처음으로 네 명의 프라이토르가 선출되었을 뿐만 아니라, 프라이토르가 시킬리아의 총독으로 파견되었던 해이다.

17 그 법안 중의 하나는 고위 정무관직 역임 시 각 직책 사이에 '2년 이상의 間期(biennium)'를 의무로 규정하였다. 그 법에 관해서는 Alan E. Astin, "The Lex Annalis before Sulla: I," *Latomus*, Vol. 16(1957), pp. 588-613; id., "The Lex Annalis before Sulla: II," *Latomus*, Vol. 17(1958), pp. 49-64를 참조하시오.

18 Liv. 33.42.43.

19 Polyb. 2.21.7-8; Cic. *Acad. Pr*. 2.13; Liv. 21.63.

둘째, 가이우스 플라미니우스는 아리미눔(Ariminum, 현재의 리미니) 남부의 공지를 로마 시민에게 개별 분배하는 법안을 왜 제출했을까? 한 가지 이유를 고집할 필요는 없다. 왜냐하면, 로마의 적에게서 몰수의 방법을 통해 빼앗은 공지 일부를 시민에게 개별적으로 분배하거나 라틴 식민시(colonia Latinae) 또는 로마 식민시(colonia civium Romanorum)를 건설하여 정착민을 집단 이주하는 방법은, 기본적으로 정복 지역을 방어하는 군사적 동기와 토지 없는 농민을 구제하는 경제적 동기를 동시에 갖기 때문이다.[20] 사실 로마 군대의 근간은 자비로 군 복무를 이행하는 시민군이 주를 이루었기 때문에, 토지 없는 시민에게 토지를 분배하는 정책은 그들의 경제적 어려움을 덜어줄 뿐만 아니라, 군대에서 복무할 수 있는 인력으로 재창출하는 두 가지 목적을 갖는다.

먼저 가이우스 플라미니우스의 법이 농지법인 이상 그 법의 경제적 동기를 고려해야 한다.[21] 일찍이 아놀드 토인비(Arnold J. Toynbee)는 그 법을 로마의 경제적 위기를 완화하는 장치로, 프랭크 월뱅크(Frank W. Walbank)도 로마의 무산자와 농지 사이의 고

---

20 App. *BC* 1.7.26-27. 로마의 토지분배정책과 식민정책에 관해서는, Paul L. MacKendrick, "Roman Colonization," *Phoenix*, Vol. 6(1952), pp. 139-146; Edward T. Salmon, *Roman Colonization under the Republic* (London, 1969)을 참조하시오.

21 Filippo Cassola, op cit., pp. 209-228. 특히 에두아르드 마이어는 가이우스 플라미니우스를 농촌 지역 평민의 옹호자로 간주한다. Eduard Meyer, *Kleine Schriften II* (Halle, 1924), p. 392.

리를 재건하는 장치로 간주하였다.[22] 하지만 플리니오 프라까로 (Plinio Fraccaro)를 비롯한 일련의 학자들은 경제적 동기를 거부하였다.[23] 그들에 의하면, 로마 정부가 기원전 4세기 초 베이이를 함락한 후 대략 150년 동안 광범위한 식민정책과 토지분배정책을 계속 시행했기 때문에, 기원전 4세기와 3세기 전반에 로마 시민이 토지분배를 요구했다는 설명은 설득력이 부족했다. 그들은 지속적인 토지분배정책과 식민정책으로 인해 토지를 할당받은 자가 대략 5−6만 명 정도에 이를 것으로 추정했다.[24] 물론 이것이 로마인의 토지분배에 대한 요구를 어느 정도 해소하였음은 분명하다.

그러나 이런 일반론을 가이우스 플라미니우스의 농지 법안이 제출된 시기에도 그대로 적용할 수 있는지는 의문이다. 제1차 로마−카르타고 전쟁이 끝난 대략 기원전 240년부터 법안이 상정된 기원전 232년까지 라틴 식민시와 로마 식민시가 건설되지 않았기 때문이다. 게다가 역사상 가장 규모가 크고, 장기간에

---

22 Arnold J. Toynbee, op cit., p. 387.

23 Plinio Fraccaro, op cit., pp. 73-74; Erbert S. Staveley, op cit., 1989, p. 433; Andrew Lintott, *Judicial Reform and Land Reform in the Roman Republic* (Cambridge, 1992), p. 37.

24 Filippo Fraccaro, op cit., pp. 81-82; Gianfranco Tibiletti, "Il possesso dell'ager publicus e le norme de modo agrorum sino ai Gracchi," *Athenaeum*, Vol. 27(1949), pp. 3-4. 토지를 할당받은 자들의 수치에 관해서는 Tim J. Cornell, op cit., 1989, p. 405의 표 9번을 참조하시오.

걸쳐 가장 치열했던 전쟁으로 알려진 제1차 로마-카르타고 전쟁이 로마 사회에 미친 영향을 과소평가해서는 안 된다.[25] 이탈리아에서 발생했던 이전의 전쟁과 달리, 해외에서 장기간 치러졌던 전쟁은 로마의 소농들에게 엄청난 부담으로 작용했다. 아프리카에서 카르타고인과 전쟁을 수행하던 기원전 256년의 콘술 아틸리우스 레굴루스(M. Atilius Regulus)가 자신의 토지관리인이 도주했다는 소식에 자신의 토지로 돌아가기 위해 원로원에 자신의 임무를 면해달라고 요청했다.[26] 해외에서 장기간 복무하는 시민군이 자신의 노동으로만 토지를 경작해야 하는 소농이란 사실을 고려하면, 이 일화는 이들 소농의 피해가 얼마나 심각한지를 짐작하게 한다. 물론 로마가 카르타고와의 전쟁에서 승리한 이후부터 기원전 218년에 전쟁이 재발하기 전까지, 상대적으로 평화로운 시기를 맞이했다고 주장할 수 있다. 로마 포룸에 있는 야누스(Janus) 신전의 문이 로마 왕정기의 제2대 왕 누마(Numa Pompilius) 이후 처음으로 기원전 235년부터 3년 동안 닫혔었기 때문이다.[27] 그렇다고 로마가 전쟁을 전혀 치르지 않았다는 결론을 내려서는 안 된다. 제1차 로마-카르타고 전쟁이 끝난 후에

---

25 Polyb. 1.63.4; Zvi Yavetz, op, cit., pp. 332-335.

26 Liv. *Per.* 18; Sen. *Helv.* 12.

27 Liv. 1.19.3; Plut. *Numa* 20.2; Eutrop 3.3; Varro *Ling.* 5.165; Vell. Pat. 2.38.3. cf. William V. Harris, *War and Imperialism in Republican Rome, 327-70 B.C.* (Oxford, 1979), pp. 190-191.

도 퇴역군인이 계속 크고 작은 전쟁에 재동원되고 있었다.[28] 식민정책과 토지분배정책이 한동안 중단되었지만, 전쟁은 해외 또는 이탈리아에서 계속되었기 때문에, 시민들의 군사적·경제적 부담은 여전히 컸을 것이다. 가이우스 플라미니우스의 농지법은 시민의 토지분배 요구에 대한 응답이었을 수 있다.

반면에 현대 학자들은 가이우스 플라미니우스 농지법의 군사적 이유에 관해서는 대체로 동의한다. 기원전 241년 로마는 카르타고와 평화조약을 체결하면서, 베이이 북부에 정착했던 팔리스키(Falisci)인을 공격했다. 그것의 표면적인 이유는 그들의 반란이었지만, 에트루리아에 대한 지배력을 강화하려는 것이 실질적인 이유였을 것이다.[29] 3년 후에 로마는 카르타고의 항의에도 불구하고 사르디니아와 코르시카를 공격했으며, 아르누스(Arnus)강 북부에 있는 리구리아(Liguria)도 공격하였다.[30] 로마의 공격적 도발은 국경선 뒤의 후방을 강화하는 동시에 북부지역의 국경선을 확대하려는 로마의 팽창정책을 반영한다. 그런 점에서 포(Po)강 유역에 있던 갈리아인도 예외는 아니었다. 폴리비오스도 지

---

28 그 전쟁들에 관해서는, Zvi Yavetz, op cit., pp. 333-335; Howard H. Scullard, op cit., 1980, pp. 185-189; Erbert S. Staveley, op cit., 1989, pp. 431-432; Jean-Michel David (tr. A. Nevill), *The Roman Conquest of Italy* (Oxford, 1996), pp. 14-18; pp. 29-34를 참조하시오.

29 Val. Max. 6.5.1; Eutrop 2.28; Zonar. 8.17 cf. Polyb. 1.65.1; Liv. *Per.* 20; Oros. 4.11.5-10.

30 Eutrop 3.2; Fest. 430 L; Flor. 1.19.5; Liv. *Per.* 20; Oros. 4.12.1; Polyb. 2.21.3-6; Zonar. 8.18.

적하였듯이, "로마인은 갈리아인이 자신들의 북부 국경 지역을 위협하는 한, 이탈리아의 주인이 될 수 없을 뿐만 아니라 로마의 안전도 위협받게 될 것을 잘 알고 있었다."[31] 기원전 238년 로마는 그 지역에 대한 공격을 강화하였으며, 전면전이 발발하기 전 3년 동안은 잦은 충돌이 계속되었다.[32] 따라서 에르베르트 스타벨리(Erbert S. Staveley)의 주장처럼, "가이우스 플라미니우스의 농지법은 기존의 국경선 뒤에 로마 시민으로 구성된 강력한 방어선을 구축함으로써, 세노네스인에게서 빼앗은 지역을 적의 공격에 대비한 효과적인 방어기지로 또 포강 유역의 갈리아인을 총공격할 전초기지로 활용하려는 것이었다."[33]

셋째, 그의 농지법이 갈리아인과의 적대적인 관계에 대비하면서 평민의 토지분배 요구를 해결하는 장치였다면, 원로원이 반대한 이유는 무엇일까? 사실 원로원은 기원전 396년 이후 거의 150년 동안 광범위한 식민정책과 토지분배정책을 꾸준하게 펼쳤다. 먼저 기원전 225년 갈리아인이 침입한 직접적인 원인은 가이우스 플라미니우스의 농지법이었다는 폴리비오스의 비난을

---

31 Polyb. 2.13.6.

32 테니 프랭크는 기원전 238년 로마의 갈리아 침입을 전하는 조나라스(Zonar. 8.18)를 신뢰할 수 없는 사료로 간주했지만(Tenney Frank, op cit., 1954, p. 808), 그의 기사는 갈리아인과의 평화는 45년 동안만 유지되었다는 폴리비오스(Polyb. 2.21.1)의 기사와 일치한다. 그러므로 기원전 236년 보이이(Boii)인이 주도한 갈리아인의 침입은 로마의 팽창정책 대한 반격이라 할 수 있다.

33 Erbert S. Staveley, op cit., p. 433.

고려할 때,[34] 그 법이 갈리아인과 불안하게 유지하던 평화를 파기할 것을 원로원이 우려했다고 주장할 수 있다. 그러나 로마의 원로원이 식민정책을 추진할 때 대상 민족이나 이웃의 감정을 고려했다는 증거는 없다.[35] 이미 기원전 283년경 로마 정부는 세노네스인에게서 탈취한 지역에 세나 갈리카(Sena Gallica, 현재의 세니갈리아)라는 해안 식민시(colonia maritima)를 건설했으며,[36] 기원전 268년에는 아리미눔에 방대한 라틴 식민시를 건설하였다.[37] 따라서 아리미눔의 남부지역에서 토지를 분배하는 가이우스 플라미니우스의 법이 갈리아 전쟁의 원인이었다는 폴리비오스의 비난이 틀리지 않더라도, 전쟁의 원인을 농지법에서만 찾는 것은 로마가 일관되게 추구했던 팽창정책을 호도하는 것이라 할 수 있다.

다음으로 고려해볼 점은 가이우스 플라미니우스가 토지를 분배하려는 지역의 경제적·군사적 효용 가치다. 플리니오 프라까로는 세노네스인에게서 빼앗은 지역은 도시 로마에서 너무 멀어 안전하지 않을 뿐만 아니라, 그 지역과 중부 이탈리아를 잇는 주

---

34 Polyb. 2.21.7-8.

35 Jochen Bleicken, op cit., 1968, p. 29.

36 Liv. *Per.* 11; Polyb. 2.19.12. 해안 식민시는 로마 식민시에 속하지만, 해안 방어를 위해 건설되었기 때문에 그렇게 명명된다. 하지만 모든 로마 식민시가 해안에 건설되지는 않았으며, 해안에 설치된 식민시가 모두 로마 식민시는 아니다. cf. Edward T. Salmon, op cit., 1963, pp. 3-38.

37 Vell. Pat. 1.14.7; Liv. *Per.* 15; Eutrop 2.16.

요 도로가 없어 경제적 가치도 떨어진다고 주장했다.[38] 가이우스 플라미니우스가 기원전 220년의 켄소르로서 건설한 플라미니우스 가도(Via Flaminia)가 그런 문제점을 보완하기 위한 것인지는 모르지만, 그 지역은 매우 비옥한 지역이었으며, 일찍부터 주위의 세나 갈리카와 아리미눔에 의해 잘 방어되고 있었음을 기억할 필요가 있다. 반면 이 지역은 군사적으로 문제가 없음을 인정한 코벳(J.H. Corbett)은 과거의 식민정책으로 인력이 소진된 로마가 토지의 개별 분배를 위해 동원할 수 있는 인력이 부족했기 때문에, 로마에서 아주 먼 곳으로 많은 수의 시민을 이주시키려는 정책에 원로원이 반대할 수밖에 없었다고 주장하였다.[39] 하지만 가이우스 플라미니우스의 농지법은 다양한 이유로 재산을 잃어 군 복무의 자격 조건을 상실한 무산자에게 농지를 분배하는 것이었다. 그 때문에 농지법은 빈곤해진 시민을 다시금 군 복무의 의무를 지닌 시민인 아시두이(assidui)로 재창출함으로써 부족한 인력을 증가시킬 수 있을 것이다. 실제로 제2차 로마-카르타고 전쟁 당시 이 지역이 군사력의 주요 공급처였다는 사실은 바로 그곳의 군사적·경제적 가치를 방증한다.[40]

그런 점에서 정책의 효과가 아닌 정책을 추진하는 방법, 즉 개별 분배에 대해서 생각해볼 필요가 있다.[41] 개별 분배는 라틴 식

---

38 Plinio Fraccaro, op cit., p. 76.
39 그의 주장은 Rachel Feig Vishnia, op cit., 1996, p. 27에서 재인용.
40 Arnold J. Toynbee, op cit., p. 10.
41 사실 위르겐 본 운게른-스텐베르크도 지적하듯이, 고대 사료는 농지

이탈리아 중부의 카르술라이(Carsulae)를 지나는 플라미니우스 가도

민시와 달리 토지를 분배받은 사람들이 비록 로마에서 비록 먼 곳에 정착하더라도, 로마 시민권을 계속 보유하면서 로마의 직접적인 통제를 받는 것을 의미하기 때문이다. 그래서 플리니오 프라까로는 아직도 도시국가에 불과했던 로마는 시민을 먼 지역으로 분산하길 원치 않았기 때문에, 먼 지역의 토지를 개별 분배하는 가이우스 플라미니우스의 정책에 반대했다고 주장하였다.[42] 그러나 도시국가의 개념에 의존한 이 설명은 몇 가지 문제가 있다. 왜냐하면, 로마는 이미 두 세대 전에 쿠리우스 덴타투스(M'. Curius Dentatus)가 도시 로마에서 꽤 떨어진 사비니(Sabini) 지역에서 토지를 개별 분배했으며,[43] 로마에서 아주 멀리 떨어진 세나 갈리카에도 로마 시민으로만 구성된 해안 식민시를 건설했기 때문이다. 게다가 사비니인에게 완전한 시민권을 그리고 피케눔인(Picentes)에게 참정권이 없는 준시민권(civitas sine suffragio)을 부여한 사실은 로마가 이미 기존의 도시국가에서 탈피하고 있었음을 보여준다.[44]

위에서 소개한 학자들의 세 가지 설명은 한 가지 공통점을 갖고 있다. 즉, 그들은 원로원의 반대 이유를 가이우스 플라미니우

가 개별적으로 분배되었음을 강조하고 있는 것 같다. Jürgen Von Ungern-Sternberg, op cit., 1986a, p. 362. Val. Max. 5.4.5; Cic. *Brut.* 57; *Cato* 11.

[42] Plinio Fraccaro, op cit., pp. 73-74; Jürgen Von Ungern-Sternberg, op cit., 1986a, p. 363.

[43] Erbert S. Staveley, op cit., 1989, p. 421.

[44] Ernst Meyer, *Römischer Staat und Staatgedanke* (Zurich and Stuttgart, 1964), p. 47.

스의 농지법 자체에서만 찾으려 한다. 하지만 그 법이 원로원 전체의 격렬한 반대에 봉착했다는 사실은 그 법이 궁극적으로 원로원에 어떤 영향을 미치는지를 고려해야 한다는 것을 의미한다. 그러므로 그의 농지법은 원로원의 정치적 또는 경제적 이해관계란 맥락에서 검토되어야 한다.

일찍이 현대 학자들은 그 법이 추구하는 토지의 개별 분배가 갖는 경제적 함의를 고려했다. 특히 필리포 카쏠라(Filippo Cassola)는 원로원 의원들이 농지법 때문에 그 지역에 대한 자신들의 임대권 상실을 두려워해서 반대하였다고 주장하였다.[45] 로마는 이탈리아를 정복할 때, 강하게 저항하거나 반란을 획책하였던 공동체에 대한 보복으로 그 지역의 토지를 몰수하여 개인에게 분배하거나 식민시를 건설하여 로마 시민을 집단 이주시켰다. 그러나 미처 분배하지 못한 땅은 공지로서 주로 원로원 의원과 조세청부업자(publicani)에게 임대되었다. 물론 가이우스 플라미니우스가 토지를 분배하려는 지역도 예외는 아니었을 것이다. 로마가 기원전 283년경 세노네스인에게서 빼앗은 땅을 기원전 232년까지 그대로 방치했을 리가 없다.[46]

---

45   Filippo Cassola, op cit., pp. 211-212; Howard H. Scullard, op cit., 1980, p. 188.

46   아피아노스(App. *BCiv.* 1.7.26)에 의하면 식민시를 건설하거나 개별 분배를 하고 남은 공지는 공식적으로 임대되거나 아니면 일반 점유자(occupator)들이 임대료 없이 경작할 수 있도록 허용되곤 하였다. 따라서 가이우스 플라미니우스가 토지를 분배하려는 지역은 원로원이나 조세 청부업자에게 임대되었을 뿐만 아니라 일부 피케눔인들이 점유하고 있었을

토지분배의 정치적 함의를 고려해보자. 기원전 2세기 이전에 식민시 건설의 권한이 원로원에 있었던 것처럼,[47] 개별 분배의 방식을 채택하는 결정권도 마찬가지로 원로원에 있었을 것이다. 다만 우리의 주된 사료인 리비우스가 토지문제에 큰 관심을 보이지 않았기 때문에, 개별 분배에 관한 정확한 절차를 재구성하기는 어렵다. 그럼에도 불구하고, 기원전 171년에 실시되었던 토지의 개별 분배에 대한 리비우스의 설명은 주목할 만하다.[48] 그에 따르면 리구리아와 갈리아 지역에서 일반 개인에게 토지를 분배하는 '원로원의 의결(senatus consultum)'이 반포되었으며, 그 의결에 따라 프라이토르 우르바누스(praetor urbanus)인 아울루스 아틸리우스(Aulus Atilius)가 열 명의 토지분배 위원을 선출하는 선거를 주관하였다. 물론 이것이 기원전 2세기 이전의 개별 분배 방식을 그대로 반영한다고 확신할 수 없지만, 기원전 396년 베이이에 대한 승리 이후에 있었던 개별 분배나 기원전 290년 쿠리우스 덴타투스의 그것에 관한 사료들은 원로원이 개별 분배에 대한 재량권을 가지고 있었음을 암시한다.[49] 따라서 호민관이

것이다. 사실 피사우룸(Pisaurum) 근처에서 발견된 그라쿠스의 경계표들(termini)은 백 년이 지난 후에도 그 지역의 일부 토지들이 일반 점유자들의 수중에 있었음을 보여준다.

47 Edward T. Salmon, op cit., 1969, p. 19.

48 Liv. 42.4.3-4.

49 리비우스(Liv. 5.30.8)에 의하면, 기원전 396년 베이이에 대한 푸리우스 카밀루스(M. Furius Camillus)의 승리에 크게 기뻐하여 원로원이 베이이의 토지를 평민들에게 각각 7 유게라(jugera)씩 분배하는 칙령을 반

직접 토지의 개별 분배를 제안하는 것은 원로원의 고유 권한에 대한 도전으로 간주할 수 있다.

가이우스 플라미니우스의 반대자들이 입법안 통과를 막기 위해 전력을 다했지만, 입법안은 결국 평민회에서 통과되었다. 네 번째 질문은 법안이 통과될 수 있었던 이유다. 현대 학자들은 원로원에 그를 지지하는 세력이 있었을 것으로 가정하였다.[50] 그렇지만 가이우스 플라미니우스에 대해 비우호적인 고대 사료에서 그의 지지자들이 누구인지를 정확하게 찾아내는 작업은 쉽지 않다. 하워드 스쿨라드(Howard H. Scullard)는 그를 독립적인 정치가보다는 아이밀리우스-스키피오(Aemilius-Scipio) 그룹의 하수인 정도로 간주했다.[51] 물론 농지법은 아이밀리우스 레피두스(M. Aemilius Lepidus)가 콘술로 있을 때 통과되었으며, 가이우스 플라미니우스 자신은 아이밀리우스 파푸스(L. Aemilius Papus)와 함께 켄소르직을 역임했다. 게다가 그의 아들은 기원전 210년 스키피

포하였다. 또 발레리우스 막시무스(Val. Max. 4.3.5)와 프론티누스(Front. *Strat.* 4.3.12)도 기원전 290년 원로원이 토지를 개별 분배했다는 비슷한 이야기를 전하였다.

50 심지어 필리포 카쏠라는 파비우스 막시무스와 플라미니우스가 정치적 동맹이라고 주장했다. Filippo Cassola, op cit., p. 261.

51 Howard H. Scullard, op cit., 1973, p. 54. cf. 프랭크 크래이머는 가이우스 플라미니우스와 아이밀리우스 가문이 정책상 제휴했다고 주장한다. Frank R. Kramer, "Massilian Diplomacy before the Second Punic War," *American Journal of Philology*, Vol. 69(1948), pp. 1-26. 요컨대 전자는 무산대중의 경제적 곤란을 덜어주기 위해, 후자는 북부지역의 국경선을 강화하기 위해 서로 협력하였다는 것이다.

오 아프리카누스(P. Cornelius Scipio Africanus)에게 배정된 콰이스토르로서 공적 경력을 시작했으며, 기원전 187년에는 위에서 언급한 아이밀리우스 레피두스의 아들과 함께 콘술직을 보유했다. 그러나 이런 관계가 가이우스 플라미니우스와 아이밀리우스-스키피오 그룹 사이의 정치적 제휴를 입증하기에는 충분하지 않다. 기원전 219년 또는 218년에 그가 유일하게 지지했던 클라우디우스(Q. Claudius)의 입법안을 아이밀리우스-스키피오 그룹이 지지했다는 증거는 없다. 원로원이 기원전 223년에 가이우스 플라미니우스가 콘술로 당선된 것을 무효화시키려 했고, 그의 개선식 요구도 거부했던 사실은, 그가 원로원 내에서 정치적으로 거의 고립되어 있었음을 암시한다.

현대 학자들은, 기원전 228년의 콘술 파비우스 막시무스(Q. Fabius Maximus)는 가이우스 플라미니우스의 법안을 부결시키려 최선을 다했던 반면 그의 동료 스푸리우스 카르빌리우스는 침묵했다는 키케로의 언급에 근거하여, 스푸리우스 카르빌리우스를 지지자로 분류하였다. 기원전 230년의 이혼 사건으로 평민의 지지를 상실했던 그가 기원전 228년의 콘술로 재선되기 위해 가이우스 플라미니우스의 지지가 필요했다는 것이다.[52] 그러나 이런 추론은 설득력이 없다. 그의 침묵이 정치적 지지를 의미하는 것은 아니다. 무엇보다도 가이우스 플라미니우스의 입법안은 기원전 228년이 아닌 기원전 232년에 통과되었다.

---

52 Ludwig Lange, *Römische Alterthümer, vol. 2* (Berlin, 1879), p. 150.

코벳은 기원전 251년과 247년에 콘술직을 역임하고, 기원전 243년부터 대략 20년 동안 대사제를 지낸 카이킬리우스 메텔루스(L. Caecilius Metellus)가 그의 지지자라고 주장한다.[53] 카이킬리우스 메텔루스에 대한 아들의 조문에 의하면, 아마도 그가 가이우스 플라미니우스 농지법에 따라 설치된 15인 토지분배 위원회의 위원이었기 때문이다.[54] 그러나 그것도 그가 법을 지지했음을 보여주는 증거는 아니다. 원로원에서 가장 영향력 있는 정치가가 특별위원회의 위원으로 임명되는 것은 이상하지 않다.

가이우스 플라미니우스와 다른 정치가들 사이의 정치적 제휴 관계를 분명하게 입증할 수 없다면, 그는 특정 정치적 그룹의 대변인 또는 하수인보다는 독립적인 정치가로 이해되는 것이 더 타당해 보인다. 이는 그의 다른 정치적 활동들이 지지를 받지 못했던 이유를 설명한다. 하지만 그의 농지법은 평민의 절대적인 지지를 끌어내는 데 성공했다. 위에서도 언급했듯이, 당시는 식민정책의 중단과 계속된 해외 전쟁으로 인해 평민의 토지분배 요구가 다시 나타나고 있었다. 로마의 시민권을 포기하지 않으면서도 상대적으로 넓은 토지를 분배받을 방법은 그의 농지법을 지지하는 것이었다. 그가 원로원의 반대에도 불구하고 법안을 통과시킬 수 있었던 이유다. 아마도 그는 호르텐시우스 법의 통

---

53 코벳은 기원전 224년의 딕타토르인 루키우스 메텔루스가 가이우스 플라미니우스가 콘술로 선출된 기원전 223년의 선거를 주관했음을 강조하였다. J.H. Corbett, op cit., 1970, pp. 7-8.

54 Pliny *NH* 7.139-140.

과로 평민회에 참석하는 평민이 획득하게 된 영향력을 잘 간파한 정치가였음이 분명하다. 그가 인수브리아인(Insubres)에게 승리를 거둔 후 요구했던 개선식을 원로원이 분명하게 거부했음에도 평민회의 입법을 통해 결국 거행했다는 사실이 이를 입증한다. 폴리비오스가 그를 민중 정치의 창안자로 간주했으며, 공화정 후기에도 그는 여전히 포풀라레스(populares)의 상징이었다는 사실은 우연이 아닐 것이다.

2. 메틸리우스 법

노(老)플리니우스(Plinius)는 자신의 저작 『박물지(Naturalis Historia)』에서 천 염색에 사용되는 다양한 토양에 관해 서술하면서, 가이우스 플라미니우스와 아이밀리우스 파푸스가 켄소르였던 기원전 220년에 메틸리우스 법(lex Metilia)이 통과되었음을 언급하였다.[55] 그는 그 법이 자신이 살던 시대에도 여전히 유효했기 때문에, 법의 내용을 자세하게 설명할 필요성을 느끼지 못했던 것 같다. 그 때문에 법안을 제안한 메틸리우스와 법의 내용에 대해서 정확하게 모른다. 필리포 카솔라는 노(老)플리니우스가 사용한 인민(populus)이라는 용어를 근거로, 인민을 소집할 수 있는 권한을 보유한 콘술 또는 프라이토르가 법안을 통과시켰다고 주장했

---

55   Pliny *NH* 35.197.

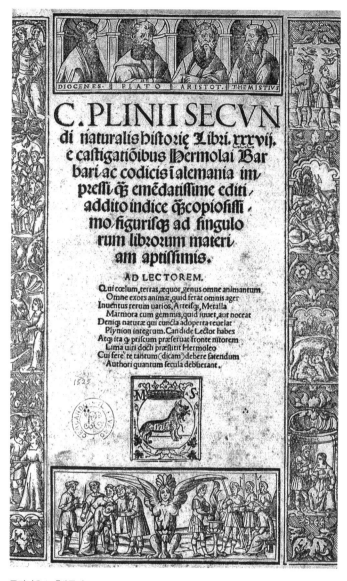

플리니우스, 『박물지』

다.[56] 또 그는 메틸리우스의 이름을 가진 콘술이 없다는 이유에서, 그를 프라이토르로 간주하였다. 그러나 인민(populus)과 평민(plebs)이라는 용어 사이의 법적 차이가 이미 오래전에 사라졌기 때문에, 노(老)플리니우스가 용어를 항상 염두에 두고 정확하게 사용했을 것 같지는 않다. 게다가 이 시기에 프라이토르가 인민 앞에 법안을 상정한 사례는 없다. 알려진 거의 모든 법은 호민관 법이었음을 기억할 필요가 있다.[57]

문제는 기원전 217년에 딕타토르인 파비우스 막시무스(Q. Fabius Maximus)의 마기스테르 에퀴툼(magister equitum) 미누키우스 루푸스(M. Minucius Rufus)를 딕타토르로 승격하는 법안을 제안한 호민관의 이름도 메틸리우스이기 때문에 발생한다.[58] 프리드리히 뮌쩌는 두 메틸리우스를 동일 인물로 간주하여 그가 호민관으로 두 번—한 번은 가이우스 플라미니우스가 켄소르일 때, 다른 한 번은 가이우스 플라미니우스가 콘술일 때—선출되었다고 주장했다. 그러나 호민관이 같은 직책을 3년 만에 다시 역임했을 것 같지는 않다. 반면 하워드 스쿨라드는 기원전 220년의 호민관의 존재를 부정하고, 기원전 217년의 호민관이 기원전 220년에 반포된 켄소르의 칙령을 평민회에서 통과시켰다고 주

56　Filippo Cassola, op cit., p. 362.

57　Giovanni Rotondi, *Leges Publicae Populi Romani* (Milan, 1912), pp. 248-267.

58　Liv. 22.25-26. 비상시에 선출된 딕타토르는 자신을 보좌할 마기스테르 에퀴툼을 직접 임명하였다.

장했다.[59] 그러나 이 주장은 메틸리우스 법이 가이우스 플라미니우스와 아이밀리우스 파푸스가 켄소르일 때 통과되었다는 플리니우스의 언급을 설명할 수 없다. 그러므로 지금 언급하고 있는 메틸리우스 법은 기원전 220년의 호민관이 통과시킨 법으로 보는 것이 가장 설득력이 있다.

일부 현대 학자들은 그 법을 원로원 의원이 사치를 과시하는 것을 막는 일종의 사치법이라고 믿었다. 그들은 축융공(fullo)이 천에 광택을 내는 것을 금지하는 그 법 때문에 원로원 의원은 자신의 토가(toga)에 움브리아 흙으로 광택을 낼 수 없었고 천연색의 토가만 입어야 했다고 주장했다.[60] 이유는 두 가지다. 첫째, 노(老)플리니우스가 그 법에 관해 언급하기 직전에 움브리아 흙을 이용해서 천에 광을 낸다고 기술했기 때문이다. 하지만 소비자가 아닌 생산자에게 제약을 가하는 사치법은 이해하기 어렵다. 만약 그것이 사치법이라면, 보통 로마 최초의 사치법으로 언급되는 오피우스 법(lex Oppia)의 폐지를 둘러싼 격렬한 논쟁에서, 그 법에 관한 언급이 없었다는 점이 이상하다.[61]

두 번째 이유는, 그 법이 가이우스 플라미니우스가 켄소르일 때 통과되었기 때문에, 그의 정치적 프로그램과 관련 있을 것이

---

59 Howard H. Scullard, op cit., 1973, p. 48.

60 Ludwig Lange, op cit., p. 161; Jochen Bleicken, op cit., 1968, pp. 31-32.

61 마크로비우스(Macrob. *Sat.* 3.17.2)에 의하면, 로마인에게 상정된 최초의 사치법은 기원전 181년에 통과된 오르키우스 법(lex Orchia)이다.

라는 가정이다. 그러나 메틸리우스를 그의 정치적 동맹으로 간주할 증거는 없다. 아이밀리우스 파푸스도 그의 동료 켄소르였다. 집단전기학(prosopography)의 연구가 확실한 것은 아니지만, 가이우스 플라미니우스는 아이밀리우스–스키피오 파벌에 우호적이지 않았던 것처럼 보인다.[62] 켄소르는 인민 또는 평민을 소집할 권한이 없으므로, 호민관에게 요청하여 평민 앞에 법안을 제안할 수 있다.[63] 하지만 그들 간의 협조가 모든 호민관은 상위 정무관의 정치적 동맹자 또는 하수인이었음을 보여주는 증거는 결코 아니다.

노(老)플리니우스의 짧막한 언급으로부터 메틸리우스 법이 무엇인지를 추론하는 것은 거의 불가능해 보인다. 하지만 그 법을 위반한 축융공이 처벌받았음을 고려하면, 그 법은 분명 축융공의 일과 관련이 있었을 것이다. 그런 점에서 천 염색 산업이 물의 사용과 관련성이 크다는 레이첼 페이그 비쉬니아의 생각을 주목할 필요가 있다. 사실 로마는 물 공급을 세심하게 관리했으며 물의 판매 및 공급과 관련된 다양한 법을 제정하였다.[64] 당시 도시 로마에는 두 개의 상수도가 — 아피우스 상수도(Aqua Appia), 구(舊)아니오 상수도(Aqua Anio Vetus) — 물을 공급하고 있었다.[65]

---

62 필리포 카쏠라는 아이밀리우스 파푸스를 예외로 간주한다. Filippo Cassola, op cit, pp. 378-379.

63 Rachel Feig Vishnia, op cit., 1996, p. 528.

64 Plut. *Cat. Mai.* 19.1; Liv. 39.44.4.

65 Front. *Aq.* 1.5-6.

천을 염색하는 과정에서 물을 사용해야 하는 일의 특성상, 축융공에 대한 제약은 로마인에게 공급되는 물과 관련이 있었을 가능성이 크다. 따라서 메틸리우스는 축융공이 사용하는 재료를 제한함으로써, 원로원의 사치를 겨냥했다기보다는 인민에게 공급되는 물의 수질을 보호하려 했을 것 같다. 그런 목적이 법에 대한 원로원의 반대를 사료에서 발견하지 못하는 이유를 설명할 수 있다.

3. 클라우디우스 법

기원전 219년 또는 218년에 호민관 퀸투스 클라우디우스(Quintus Claudius)는 원로원 의원과 그들의 아들이 300 암포라(amphora) 이상의 해양 선박을 소유하는 것을 금지하는 법안을 제안했다. 가이우스 플라미니우스만이 지지했던 그 법안은 원로원 전체의 반대에도 불구하고 결국 평민회에서 통과되었다.[66] 그러나 그 법은 플라미니우스 법과 달리 고대 사료에 어떤 흔적도 남기지 않았다. 역설적으로 그 법의 목적 및 격렬한 반대와 관련된 많은 복잡한 논쟁이 초래되었다. 그럼에도 불구하고, 대부분 학자는 클라우디우스 법(lex Claudia)을 가이우스 플라미니우스의 정치적인 목적과 행동이란 맥락에서만 설명하였다. 그들에게 퀸투스

---

66   Liv. 21.63.3. cf. Plaut. *Merc.* 73-78; Cic. *Verr.* 2.5.45.

클라우디우스는 중요하지 않았다. 그러나 퀸투스 클라우디우스와 가이우스 플라미니우스의 정치적 관계는 후자가 전자의 법안을 혼자 지지했다는 사실에만 의존한다. 하지만 그것이 둘 사이에 수직적인 상하관계가 존재했음을 의미하지 않는다.[67]

클라우디우스 법이 무엇인지를 알기 위해서는 리비우스의 표현을 면밀하게 검토해야 한다. 300 암포라(amphora) 정도의 선박은 농촌의 수확물을 운송하는 데 충분한 크기라는 리비우스의 부연 설명은 그 법이 배의 크기와 사용을 제한하였음을 분명하게 보여준다.[68] 그러므로 그 법은 원로원 의원이 항해용 선박을 이용하여 사업하는 것을 제한하려 했던 것 같다. 만약 그렇다면, 클라우디우스 법은 원로원 의원이 상업 활동에 관여하는 것을 왜 제한하려 했을까? 츠비 야베츠(Zvi Yavetz)는 그 법이 이탈리아의 농업적 이해관계를 보호하는 동시에 자본주의적 요소에 의해 지배되는 해외정책에 반대함으로써 카르타고와의 전쟁 재개를 막으려는 것이었다고 주장한다.[69] 다시 말해서, 그 법의 목적은 로마의 해외 팽창과 전쟁의 재발을 막으려는 것이었다. 그러나 이런 설명은 몇 가지 문제가 있다. 첫째, 만약 그 법이 이탈리아의 농업정책을 옹호하는 것이라면, 그런 정책의 옹호자로 알

---

67 Robert Develin, op cit., 1979, p. 276.

68 Liv. 21.63.4.

69 George W. Botsford, *The Roman Assemblies* (New York, 1909), p. 335; Werner Schur, *Scipio Africanus und die Begründung der Römischen Weltherrschaft* (Leipzig, 1927), p. 17.

려진 파비우스 막시무스의 반대를 설명할 수 없다. 둘째, 만약 그 법이 로마의 무역 이익을 제한함으로써 로마와 카르타고 간의 긴장을 방지하려는 것이었다면, 왜 법이 비원로원 계층의 사업을 제한하지 않았는지를 설명해야 한다.[70] 마지막으로, 로마인이 이웃 국가들과의 관계 악화를 막기 위해 입법했다는 것은 받아들이기 힘들다.

리비우스는 돈을 버는 것이 원로원의 권위에 어울리지 않는다고 전하였다.[71] 그 구절은 리비우스의 해석이 아니라 그 법 조항을 요약한 것이다. 다시 말해서, 리비우스의 해명은 후에 첨가된 것이 아니라 사업 거래에 관한 당대의 사회적 믿음과 관념을 반영하는 것이었다.[72] 사실 상업이나 무역에 대한 부정적인 생각은 클라우디우스 법이 시행되지 않던 키케로의 시대에도 마찬가지였다.[73] 카토는 『농업론』의 서론에서 농업 생활의 사회적 가치를 분명하게 보여준다.[74]

---

70 Zvi Yavetz, op cit., p. 327.

71 Liv. 21.63.4.

72 클로드 니콜레가 제시하는 도덕적인 설명에 의하면, 신귀족은 기사계층과의 차별화를 위해 아리스토텔레스의 귀족 유형론에 따라 정무관이 경제적인 일에 관여하는 것을 금지했다. Claude Nicolet, op cit., p. 879. 하지만 그의 주장은 전체 원로원의 반대를 설명하지 못하는 문제점을 갖는다.

73 Cic. Off. 1.151; Verr. 2.4.8; 2.5.45; Fam. 16.9.4.

74 Cf. John H. D'Arms, *Commerce and Social Standing in Ancient Rome* (Cambridge Mass., 1981), pp. 97-120.

(우리의 선조들은) 좋은 사람을 좋은 농부로 찬양한다. 칭찬을 받은 자는 가장 위대한 찬사를 받은 것으로 생각되었다. 필자는 상인은 돈을 버는 데 정력적이고 근심스러워한다고 생각하지만, 위에서 이미 말했듯이 그것은 위험하고 불행을 초래하기도 한다. 반면에 가장 용감한 남자들과 가장 건강한 군인들은 농부들 출신이다.

그러나 카토가 돈을 버는 데 정력적으로 참여했고 자신의 자산을 매우 안전한 사업에 투자했다는 이야기는 유명한 사실이다.[75] 이는 그의 개인적인 모순이 아니라 전통적인 사회적 윤리와 당대의 경제적 실체 사이의 괴리를 보여준다. 물론 외국 무역과 해양 사업에 종사하는 원로원 의원의 수는 처음에는 매우 제한적이었음이 분명하다. 그러나 리비우스의 기록과 원로원의 격렬한 반대는 해양 무역에 관여한 원로원 의원의 수가 적지 않음을 암시한다.[76] 제1차 로마–카르타고 전쟁 때문에 캄파니아에 있는 해안 도시들을 보호하기 위한 선박의 필요성이 증가하면서, 해양 사업과 관련 있는 원로원 의원의 수가 증가했다. 이것은 함대가 전선으로만 구성된 것이 아니라 군인, 식수, 곡물 등을 운반하는 많은 수송선까지 포함하기 때문이다.[77] 기원전 243년 또는 242년에 로마는 시킬리아에서의 장기전을 끝내기 위해

---

75 Plut. *Cat. Mai.* 21.5.
76 Philip Kay, *Rome's Economic Revolution* (Oxford, 2014), pp. 13-18.
77 Liv. 29.26; Polyb. 2.11.1.

새로운 함대를 설립해야만 했다. 그러나 국고의 고갈로 함선 건조가 난관에 부딪히자, 차후에 보상받는다는 조건으로 사회 지도급 인사들이 자발적으로 도움을 제공했다.[78] 빈번한 해양 활동은 외국 무역 또는 해외 사업에서 이익을 추구하길 원하는 원로원 의원의 수를 증가시켰음이 분명하다.

그러므로 테니 프랑크(Tenney Frank)가 지적하였듯이, 클라우디우스 법은 원로원 의원이 해양 사업에 참여하는 것을 막음으로써, 그들이 전통적인 삶의 방식을 계속 유지하도록 하는 것이었다.[79] 미래보다는 과거를 향한 그 법이 전체 원로원 의원의 반대에 봉착한 것은 자연스럽다. 그럼에도 불구하고, 법이 통과된 사실 때문에, 현대 학자들은 원로원 내에 지지자들이 있었을 것이라고 가정하지만, 어떤 집단전기학적 재구성을 할 수 없다. 가이우스 플라미니우스가 그 법안을 지지했다고 하지만, 그의 지지가 법안의 통과를 모두 설명할 수는 없다. 앞에서도 보았듯이, 그는 원로원 내에서 거의 고립되어 있었다. 다음 해의 콘술로 선출되었을 때 원로원의 간섭을 예상한 그는 복점을 치지 않고 비밀리에 자신의 속주로 빠져나갔다는 사실이 이를 입증한다.[80]

농업의 전통적 가치를 강조했던 클라우디우스 법은 새로운 경제적 변화에 적응하고 있던 원로원 의원들의 반대를 초래했음

---

78 Polyb. 1.59.

79 Tenney Frank, *Economic Survey of Ancient Rome. I: Rome and Italy of the Republic* (Baltimore, 1927), p. 115.

80 Liv. 21.63.4-5.

이 분명하다. 그럼에도 불구하고, 그 법안은 인민 대다수의 지지를 얻는 데 성공했다. 그 법의 진정한 수혜자는 새로운 평민 가문 출신의 사업가들(negotiatores)과 계약자들이었을 것이다.[81] 사실 로마의 전쟁과 팽창정책으로 엄청난 경제적 혜택을 누린 그들은 원로원 의원들이 해양 사업에 뛰어들어 자신들의 사업적 이익을 침해할 것을 두려워했을 수 있다. 반면에, 가이우스 플라미니우스가 클라우디우스 법을 지지한 것에 대한 보답으로 기원전 217년 두 번째 콘술로 선출되었다는 사실은, 그 법이 평민의 지지를 유도할 정도로 매우 인기가 있었음을 암시할 수 있다. 위르겐 본 운게른-스턴베르크(Jürgen Von Ungern-Sternberg)가 옳게 지적하였듯이, 법 조항에 "원로원 의원의 아들들이 포함되었다는 사실은 원로원 가문이 하나의 계층으로서 어떻게 인식되고 있었는지를 강조한다."[82] 원로원에 어떤 제한을 가하는 것이 평민의 관심과 지지를 끌어내는 데 중요한 역할을 했을 것이다.

4. 요약

사료의 편향과 부족으로 호르텐시우스 법이 제정된 이후부터 제2차 로마-카르타고 전쟁이 발발하기 직전까지 호민관이 로마

81　츠비 야베츠는 새로운 평민 가문의 사업자들과 계약자들이 클라우디우스 법의 배후에 있었음을 믿고 있다. Zvi Yavetz, op cit., pp. 341-342.

82　Jürgen Von Ungern-Sternberg, op cit., 1986a, p. 359.

공화정의 공식 정무관으로서 과연 어떤 역할과 기능을 담당했는지를 재구성하기는 어렵다. 그럼에도 불구하고, 대부분 사료가 사라진 시기에 남아 있는 세 개의 법은 호민관에 관한 기존의 부정적인 견해에 문제를 제기할 수 있는 근거가 된다. 물론 이 세 개의 법으로 어떤 결론에 도달할 수 없고, 도달해서도 안 된다. 하지만 호민관은 유력 정치가의 개인적인 이익이나 원로원의 집단적 이익을 위해 활동했다는 전통적인 견해를 재고해볼 수는 있다. 사실 영향력 있는 신귀족 또는 원로원과 호민관 사이에 수직적인 정치적 상하관계가 있음을 입증할 수 없다. 호민관이 자신들의 혁명적 성격을 상실하고 로마 공화정의 정치적 구조에 정식으로 통합되었지만, 원래의 의무를 완전히 망각한 것처럼 보이지는 않는다.

기원전 3세기에 제정되었던 다른 법들에 관해서는 사료의 상실로 인해 분명하게 알 수 없지만, 평민의 경제적 이익과 사법적 권리를 보호하는 법들이 발견되는 것을 간단하게 우연으로만 간주해서는 안 될 것이다.[83] 예를 들어, 아퀼리우스 법(lex Aquilia)은 절도, 재물손괴, 기물파손과 같은 범죄로부터 로마 시민을 보호

---

[83] 아퀼리우스 법을 위해서는 Endre Ferenczy, op cit., p. 196; John A. Crook, "Lex Aquilia," in Michael Crawford (ed), *Roman Statutes Vol. II* (London, 1996), pp. 723-726을, 플라이토리우스 법을 위해서는 Fergus Millar, op cit., 1989, pp. 145-146; John A. Crook, "Lex Plaetoria," in Crawford (ed), *Roman Statutes Vol. II* (London, 1996), pp. 731-732; Terry C. Brennan, *The Praetorship in the Roman Republic, Vol. II.* (Oxford, 2000), pp. 665-666을 참조하시오.

했던 반면, 플라이토리우스 법(lex Plaetoria)은 땅거미가 질 때까지 온종일 프라이토르 우르바누스가 시민을 위해 법을 집행하도록 했다. 그렇다고 호민관이 평민의 이익만을 위해 활동하는 정무관이었다고 주장하는 것은 결코 아니다. 이런 주장도 호민관은 원로원 정치의 정치적 도구일 뿐이라는 전통적 견해와 마찬가지로 그들의 정치적 역할과 성격을 단순화하고 오도할 수 있다. 호민관은 평민을 위해 활동하기도 했고 원로원의 정책에 따라 활동하기도 했다. 호민관은 정치적 진공상태에서 활동한 것은 아니므로, 그들의 정치적 성향과 입장은 자신들의 정치적 신념이나 아니면 개인적인 정치적 이해관계에 따라 달랐다. 따라서 로마 공화정 중기의 정치와 헌정에서 호민관이 담당했던 역할을 종합적으로 이해하기 위해서는 그들의 활동을 전방위로 검토해야 한다. 이 책은 제2차 로마-카르타고 전쟁 때부터 티베리우스 그라쿠스(Tiberius Gracchus)가 농지법을 제안하기 직전까지, 호민관의 활동을 세 가지 권한을—비토권, 사법권, 입법권—중심으로 심도 있게 고찰하고자 한다.

제4장 호민관의 비토권

호민관의 권한은 평민의 집단적인 맹세인 신성법이 보장하는 신체불가침권에 기반을 두었다.[1] 그 때문에 호민관은 공식적인 도움(auxilium)을 요청하는 평민을 위해 개입함으로써, 정무관의 자의적인 권력 남용으로부터 평민 개개인을 보호해야만 했다.[2] 그것은 호민관의 주요 임무이자 권한으로서, 사료에 나타나는 것보다 훨씬 더 빈번하게 평민의 일상생활에서 중요한 역할을 했

---

1 Liv. 4.6.7; Dion. Hal. 6.84; 6.89.

2 호민관의 도움(auxilium)에 관해서는 Erbert S. Staveley, "Provocatio during the Fifth and Fourth Century B.C.," *Historia*, Vol. 3(1954/55), pp. 412-428; Wolfgang Kunkel, op cit., pp. 24-25; Andrew Lintott, op cit., 1972, pp. 226-267; A. Drummond, op cit., pp. 217-218을 참조하시오.

을 것이다. 호민관의 집은 종일 개방되어야만 하고[3] 호민관은 도시 로마를 하루 이상 절대로 비워서도 안 된다는[4] 사실은 호민관직 설치의 목적을 잘 설명한다. 호민관이 도움을 제공하기 위해서는 정무관의 계획적인 행동을 저지하고 결정을 무효로 만들 수 있는 거부권, 즉 비토권(ius intercessionis)을 필요로 했다.[5] 하지만 호민관은 임페리움을 보유한 군사령관에 대해선 비토권을 행사할 수 없었다. 호민관이 고위 정무관의 임페리움을 보유하지 못했을 뿐만 아니라 그의 거부권은 도시 로마로 국한되었기 때문이다. 게다가 처음에는 정무관의 완전한 권한(potestas)이 호민관에게 부여되지 않았다. 그 때문에 호민관이 다른 정무관의 행정 및 입법 활동 전체에 처음부터 간섭했다는 주장은 받아들이기 힘들다. 그럼에도 불구하고, 거부권이 관련 당사자들 사이에 '개입하는(intercedere)' 물리적 행동에서 비롯되었음을 고려하면,[6] 호민관의 간섭은 평민 개개인을 위한 것이 분명하다. 기원전 494년 평민이 로마에서 집단 철수하여 호민관직이 설치되었

---

3 Cic. *Leg*. 3.9; Gell. *NA* 13.12.9; Plut. *Cat. Min*. 5.1.

4 호민관은 라틴 축제를 위해 도시를 떠날 수 있었으며, 종종 특별한 일로 파견되기도 했다. App. *BCiv*. 1.24; Dion. Hal. 8.87.6; Liv. 9.36.14; 29.20.9-11; Plut. *C.Gracch*. 10.2; 12.1.

5 비토권(ius intercessionis)에 관해서는 Jean-Claude Richard, "Patricians and Plebeians: the origin of a social dichotomy," in Kurt Raaflaub (ed), *Social Struggles in Archaic Rome: New Perspectives on the Conflict of the Orders* (California, 1986), p. 128; Andrew Lintott, op cit., 1999, pp. 32-33을 참조하시오.

6 A. Drummond, op cit., p. 218.

다는 사실이 보여주는 것처럼, 그것은 채권자와 채무자 간의 소송에서 사용되는 정무관의 사법권에 대항하여 사용되었을 것이다.[7]

폴리비오스에 의하면, "한 명의 호민관이 개입하면, 원로원은 어떤 문제에 관해서도 결정을 내릴 수 없었으며, 심지어 회의를 소집할 수도 없었다."[8] 하지만 비토권(거부권)은 어떤 법규가 아닌 호민관의 신체불가침권으로부터 비롯되었기 때문에, 호민관이 처음부터 '원로원의 의결(senatus consultum)'에 비토권을 행사했을 것 같지는 않다. 물론 리비우스는 기원전 445년에 호민관이 '원로원의 의결'에 비토권을 행사했다고 전함으로써, 호민관이 원로원 회의에도 참석했음을 암시하였다. 하지만 원로원 회의에

---

7 호민관의 도움은 보통 로마 시민의 자유를 상징하는 이른바 형사재판에서의 상소권(provocatio)과 연결하여 설명된다. 신분 투쟁 동안 정무관의 권력 남용에 처한 평민이 주위 행인에게 도움을 청했을 때, 호민관이 귀족 정무관의 즉결 심판에—채찍질 또는 처형—개입하여 문제를 민회에 상정하여 재판을 받게 했을 것이다. 하지만 정무관의 강제권에 대항해 물리적 도움을 청하는 대중의 호소로서의 상소권이 재판을 위한 정무관의 간섭을 반드시 초래했는지는 분명하지 않다. Wolfgang Kunkel, op cit.,; Richard A. Bauman, "The lex Valeria de provocatione of 300 BC," *Historia*, Vol. 22(1973), pp. 34-47; Duncan Cloud, "The Constitution and Public Criminal Law," in John A. Crook *et al.*, *Cambridge Ancient History IX* (Cambridge, 1994), pp. 491-530을 참조하시오. 상소권에 관한 유용한 요약을 위해서는 Wolfgang Kunkel, op cit., pp. 9-17; Arnold H.M. Jones, *The Political Courts of the Roman Republic and Principate* (Oxford, 1972), pp. 1-39를 참조하시오.

8 Polyb. 6.16.4.

참석한 호민관에 관한 리비우스의 서술은 일관적이지 못하다.[9] 게다가 발레리우스 막시무스(Valerius Maximus)와 조나라스(Zonaras)는 호민관이 필요하면 즉시 비토권을 행사하기 위해 원로원 건물 밖에 머물면서 '원로원의 의결'을 매우 면밀하게 검토했다고 하였다.[10] 그러나 이것이 공인된 권리였을 것 같지는 않다.[11] 사실 호민관이 평민의 공식적인 도움 요청 없이 공무에 대해 언제부터 거부권을 행사했는지는 분명하지 않다. 로버트 오길비(Robert M. Ogilvie)의 표현을 빌린다면, "처음으로 분명하게 확인된 사건은 기원전 310년에 발생했다. 만약 거부권(비토권)이 점진적인 발전의 결과가 아니라면, 리키니우스-섹스티우스(Licinius-Sextius)의 다른 법안들과 함께 실시되었을 것이다."[12] 호민관의 비토권이 정식 권한으로 자리 잡은 시기를 특정할 수는 없지만, 이 책이 주로 다루는 공화정 중기에는 확실하게 인정받은 것이 분명하다.

로마가 '신분 투쟁'을 통해 '두 개의 국가(Duae Civitates)'에서 '하나의 국가(Una Civitas)'로 발전하는 역사적 과정과 연동하여 호민관도 점차 로마 정체의 필요불가결한 요소로 수용되었다. 호민관의 권한을 인정하길 주저했던 귀족이 공화정 중기에 호민관에게 직접 상소(appellatio)하여 개입을 요청한 것은 예외적인 현상이

---

9 Liv. 3.9.6-1; 4.48.

10 Val. Max. 2.2.7; Zonar. 7.15.

11 Ernst Badian, op cit., 1996, pp. 191-192. Liv. 4.6.6과 비교하시오.

12 Robert M. Ogilvie, op cit., p. 539.

아니었다.[13] 이처럼 상소와 호민관의 비토권이 국가 운영의 공식적인 절차로 자리매김했음에도 불구하고, 그것은 대체로 원로원의 지배체제를 위한 정치적 무기 정도로만 간주되 왔다. 비토권을 사용하는 주도권이 호민관이 아닌 원로원이나 유력 정치가(또는 집단)에 있었으며, 호민관은 주로 원로원의 통치를 위해서 또는 유력 정치가(또는 집단)의 정치적 이해관계를 위해서 비토권을 사용했다는 것이 그 이유다. 하지만 그것은 로마의 공화정을 일종의 과두지배체제로만 보는 기존의 전통적인 견해와 비토권에 내재해 있는 부정적 속성에만 근거한 것처럼 보인다. 따라서 이 책은 공화정 중기의 호민관이 실제로 사용했던 비토권의 사례들을 전방위로 고찰함으로써, 로마 공화정의 정체와 실제 정치에서 그것이 담당했던 역할과 의미를 재평가할 것이다. 이 장은 논의의 편의를 위해서, 호민관의 비토권에 관한 현대 학자들의 가정들을 세 가지로―1) 호민관은 비토권을 주도적으로 사용하지 못하였다. 2) 호민관은 원로원의 권위에 도전하는 정무관을 통제하는 동시에 원로원의 집단적 이익을 강화하기 위해 호민관의 비토권을 이용했다. 3) 호민관은 유력 정치가(또는 집단)의 사주를 받고 자신들의 비토권을 사용하였다―구분하여, 그것들을 중심으로 논의를 전개하도록 하겠다.

---

13   에른스트 베이디언에 의하면, 기원전 294년의 콘술인 포스투미우스 메겔루스(L. Postumius Megellus)가 호민관에게 상소한 최초의 귀족이었다. Ernst Badian, op cit., 1996 p. 212.

1. 상소와 호민관의 비토권

로마의 평민이 정무관의 자의적인 결정에 불복해 호민관에게 도움을 요청하면, 호민관은 관련 문제를 조사하여 그 결과를 포르키우스 바실리카(Basilica Porcia) 옆에 있는 자신들의 업무 장소에서 공표했다.[14] 다시 말해서, 호민관은 평민의 공식적인 상소 (appellatio)에 도움을 제공할 의무가 있었다. 기원전 204년경, 로마의 시인 그나이우스 나이비우스(Gnaeus Naevius)가 그리스 시인들을 모방하여 카이킬리우스 메텔루스(Caecilius Metellus) 가문을 모욕하고 풍자했다는 죄목으로 카피탈리스 3인 위원회(tresviri capitales)에 의해 투옥되었다.[15] 호민관의 도움(auxilium)을 받아 감옥에서 풀려난 그는 얼마 후 망명한 것처럼 보인다.[16] 기원전 169년의 켄소르(censor)들이 공공 신전들 맞은편의 신성로(via sacra)에 걸쳐 있는 집 담벼락을 소유한 한 해방 노예에게, 그것이 공지를 침범했으니 허물라고 명령하였다. 해방 노예의 상소를 접한 호민관 푸블리우스 루틸리우스(Publius Rutilius)가 개입했지만, 켄소르들은 그에게 벌금을 부과하고 담보물을 확보하기 위

---

14 Andrew Lintott, op cit., 1999, p. 124.

15 Cic. *Brut.* 60. 아마도 일종의 경찰로서 기원전 250년 후에 설치된 이 3인 위원회는 피고인을 재판이 끝날 때까지 구금하는 감옥도 관리하였다. *Dig.* 1.2.2.30. 이 위원회에 관해서는 Wolfgang Kunkel, op cit., pp. 71-79; Wilfried Nippel, op cit., pp. 22-26을 참조하시오.

16 Gell *NA* 3.3.15; Plaut. *Mil.* 211-212.

해 담당자를 파견하였다.[17] 정확한 연도는 모르지만 아마도 기원전 149년 이전에,[18] 쿠룰리스 아이딜리스(curulis aedilis)인 호스틸리우스 만키누스(A. Hostilius Mancinus)가 밤중에 아파트에서 자신의 머리에 돌을 던졌다는 죄목으로 기소한 매춘부(meretrix)인 마닐리아(Manilia)가 호민관에게 도움을 요청했다. 그녀의 상소가 합당하다고 판단한 호민관은 호스틸리우스 만키누스가 그녀에게 소송을 제기하는 것을 금하였다.[19]

지배계층과 관계된 사건만을 주로 다루는 고대 사료의 특성상 호민관이 일반 평민계층을 위해 개입한 사례를 발견하긴 어렵지만, 실제로는 위에서 제시했던 사례들이 호민관의 일상에 가까웠을 것이다.[20] 보통 호민관이 임기 중에는 도시 로마를 떠나지 못하고, 자신들의 집과 업무 장소를 평민에게 항상 개방해야만 하는 사실들이 이를 방증한다.[21] 특히 기원전 154년에 발생한 사건은 주목할 가치가 있다. 그해의 호민관 아울렐리우스 코타(L. Aurelius Cotta)가 자신의 신체불가침권을 이용하여 부채를 갚

---

17 Liv. 43.16.4-5.

18 호스틸리우스 만키누스는 기원전 149년에 비티니아(Bithynia) 왕국의 니코메데스(Nicomedes)와 프루시아스(Prusias)의 평화를 중재하러 파견되었던 사절 중의 한 명이기 때문에, 아마도 그 전에 쿠룰리스 아이딜리스직을 역임했을 것이다. cf. Giovanni Niccolini, op cit., pp. 404-405.

19 Gell. *NA* 4.14.1-6.

20 호민관이 기원전 252년과 250/241년에 도움을 제공했는지는 분명하지 않다. Frontin. *Str.* 4.122; Diod. 24.12; Gell. *NA* 7.4.1; Zonar. 8.15.7.

21 Cic. *Leg.* 3.9; Gell. *NA* 13.12.9; Plut. *Cat. Min.* 5.1.

지 않으려 하자, 한 명 또는 그 이상의 채권자들이 다른 호민관들에게 상소하였다. 그들은 그가 돈을 갚지 않거나 지불보증인을 내세우지 않는다면, 채권자들을 도울 것이라고 결정하였다. 관련 재판이 열리지 않은 것으로 보아, 아울레리우스 코타는 빚을 갚은 것 같다.[22] 동료 호민관에게 불리한 결과가 초래됨에도 불구하고 도움(auxilium)을 제공하였다는 사실은, 정무관의 독단적인 결정이나 권한 남용에 불복하는 평민을 위해서 선출된 고유의 목적을 호민관이 망각하지 않았음을 보여준다.

호민관이 행사하는 비토권의 역기능에만 주목한 요켄 블라이켄(Jochen Bleicken)도 '도움을 제공하는 호민관 권한(ius auxilii)'의 기본적인 목적을 인정하였다. 하지만 그는 호민관이 군 징집(dilectus)과 관련된 평민의 상소에는 소관이 아니라는 이유로 도움을 제공하지 않았다고 주장했다.[23] 하지만 이 주장은 문제가 있다. 로마에서 징집은 새로운 군단을 조직하거나 아니면 기존 군단을 보강할 신병을 파견하기 위해 매년 실시되었다.[24] 로마의 무산자에게 군대의 문호를 개방했던 가이우스 마리우스(Gaius

---

22　Val. Max. 6.5.4.

23　Jochen Bleicken, op cit., 1968, p. 61.

24　클로드 니콜레에게 딜렉투스(dilectus)는 대규모 징집이 아니라 선택을 의미했다. Claude Nicolet, op cit., p. 97. 징집의 의미에 관해서는 Peter A. Brunt, *Italian Manpower 225 BC-AD 14* (Oxford, 1971a), pp. 635-638; John W. Rich, "The supposed Roman manpower shortage of the later second century BC," *Historia*, Vol. 32(1983), pp. 287-331을 참조하시오.

Marius)의 '병제 개혁'이 실시되기 이전에도 군 복무를 자원한 자들이 있었지만, 징집은 보통 강제성을 암시한다. 그 때문에 징병 연령의 로마 시민이 입대를 거부하면, 중벌을 받고 노예로 매각될 수 있었다.[25] 기원전 214년의 켄소르 아틸리우스 레굴루스(M. Atilius Regulus)와 푸리우스 필루스(P. Furius Philus)는 지난 4년 동안 합당한 면제 사유 없이 군 복무를 하지 않은 대략 2,000명 정도의 시민을 선택하여, 그들의 트리부스(부족)에서 제명하여 아이라리이(aerarii)로 강등했다.[26] 또 '원로원의 의결'에 따라 그들을 칸나이(Cannae) 전투에서 패배한 후 시킬리아로 보내졌던 부대와 합류시켜, 이탈리아에서 적들이 완전히 물러날 때까지 군 복무를 하도록 명령했다.[27] 기원전 209년의 켄소르들도 센서스 목록을 수정하여, 군 복무를 회피한 기사 계층을 강등했다.[28] 이처럼 징집은 군 복무의 의무를 지닌 시민을 강제로 소집한다는 의미를 내포하면서도, 한편으로는 시민에게 질병, 종교, 복무 기간의 만료와 같은 이유로 면제를 요구할 권리를 허용했다.[29] 그 때문에 호민관은 징집을 방해하거나 아니면 군 복무의 면제(vocatio

---

25 다른 처벌에 관해서는 Dion. Hal. 8.87.4-5; 9.38.2; 10.33.3; Gell. *NA* 11.1.4; Liv. 2.55; 7.4.2; Sall. *or. Marci* 26-27.

26 자신들의 트리부스(부족)에서 제명된 아이라리이(aerarii)는 참정권과 군복무의 의무를 박탈당했으며, 공직에도 나갈 수 없었다.

27 Liv. 24.18.7-9.

28 Liv. 27.11.13-15.

29 App. *BCiv.* 2.150; Liv. 27.38.5; 34.56.9; 36.3. 물론 비상시에 면제 요구는 받아들여지지 않을 수 있었다. Claude Nicolet, op cit., pp. 98-99.

militiae)를 주장하는 자들에게 법적 도움을 제공하였다. 사실 '신분 투쟁' 기간 평민의 정치적 권리 신장을 위해 평민지도자들이 자주 사용했던 가장 효과적인 무기 중의 하나가 징집 방해였음을 기억할 필요가 있다.[30]

기원전 193년, 피사(Pisa)의 한 지도자가 2만 명의 리구리아 (Liguria)인이 피사를 포함하여 전체 해안 지역을 공격했다는 편지를 보내왔다.[31] 리구리아를 속주로 배정받은 콘술 미누키우스 테르무스(Q. Minucius Thermus)는 '원로원의 의결(auctoritas senatus)'에 따라 전년도에 징집되었던 두 개의 도시 군단을 아레티움 (Arretium)에 집결하도록 했다. 명령을 받은 많은 군인이 질병 또는 복무 기간의 만료와 같은 이유를 들어 소집면제를 주장하면서 호민관에게 도움을 요청했다. 하지만 원로원은 호민관이 이번에는 군인들의 상소를 조사해서는 안 된다는 결정을 내렸다. 원로원과 호민관 사이에 정치적 논쟁이 없었던 것으로 보아, 아마도 호민관이 원로원의 결정을 따랐던 것 같다.[32] 비슷한 사건이 기원전 191년에도 발생했다. 에게해 지역에서 함대를 지휘하게 된 프라이토르 리비우스 살리나토르(C. Livius Salinator)는 해군으로 복무할 군인을 '해안 식민시'에서 징집하라는 명령을 받았

---

30 그 사례를 위해서는 Lily R. Taylor, "Forerunners of the Gracchi," *Journal of Roman Studies*, Vol. 52(1962), p. 19. n.6; Peter A. Brunt, op cit., 1971a, pp. 639-644를 참조하시오.

31 피사(Pisa)는 기원전 180년에 로마의 식민시가 되었다.

32 Liv. 34.56.1-11. Rachel Feig Vishinia, op cit., 1996, p. 148.

다. 오스티아(Ostia)와 프레게나이(Fregenae)를 포함한 여덟 개 해안 식민시의 주민들이 호민관에게 상소했다. 그 지역의 식민자들은 완전한 로마 시민권과 함께 군 면제의 혜택을 받았기 때문에, 그들의 요구는 타당했다. 하지만 호민관은 문제를 원로원에 이양했으며, 원로원은 이들 지역 식민자들의 해군 복무 면제 요청을 수용할 수 없다고 결정했다.[33]

호민관이 군 복무 면제를 요청하는 평민의 집단 상소 문제를 원로원에 이양하고, 원로원의 결정을 따랐다는 사실은 일견 호민관이 본래의 의무를 망각하고 원로원에 종속되어 수동적인 역할만을 담당한 것처럼 보이게 한다. 하지만 이는 당시 로마의 긴급한 상황을 고려하지 않은 기계적인 해석이다. 아레티움 집결지에 모일 것을 명령받은 군인들이 호민관에게 도움을 요청한 직후, 리구리아인이 플라켄티아(Placentia) 지역을 침입했으며, 프로콘술 셈프로니우스 롱구스(Ti. Sempronius Longus)가 보이이(Boii) 지역에서 반란의 조짐이 있음을 전해옴으로써, 원로원은 국가 비상사태(tumultus)를 선포했다.[34] 그것은 군 면제의 유예와 관련된 토의가 당분간 중단되는 것을 의미했다. 기원전 191년의 사건도 셀레우코스(Seleuchos) 왕국의 안티오코스(Antiochos) 3세와의 임박한 전쟁을 준비하던 중차대한 시기에 발생했음을 주목할 필

33　Liv. 36.3.5–6. 기원전 207년에 발생한 비슷한 사건에 관해서는 Edward T. Salmon, "The Coloniae Maritimae," *Athenaeum*, Vol. 41(1963), p. 14를 참조하시오.

34　Liv. 34.56.10–11.

요가 있다. 평민만을 대변하는 혁명적인 지도자가 아니라 전체 인민의 정무관으로 승인을 받은 호민관이 국가가 직면한 비상사태를 무시하고 원로원의 결정에 무조건 비토권을 행사할 이유는 없다. 군 복무 면제와 관련해서 호민관에게 상소한 평민에게 원하는 도움을 제공하지 않은 것은 호민관이 원로원의 명령을 따르는 도구로 전락해서가 아니다. 오히려 그것은 호민관이 비상시에는 군 복무의 면제 요구를 수용하지 않는 로마의 법과 관습(mos maiorum)을 존중하고 있음을 보여주는 것이다.

호민관은 군 문제와 관련한 평민의 상소에 대해서 평민에게 무조건 유리하게 도움을 제공하지 않았다. 기원전 275년의 콘술 쿠리우스 덴타투스(M'. Curius Dentatus)는 징집에 응하지 않은 어떤 사람의 재산을 경매에 부쳤다. 그가 호민관에게 상소했지만, 성공하지 못한 것 같다.[35] 기원전 138년, 마티에누스(C. Matienus)가 히스파니아(Hispania, 현재의 스페인)에서 탈영했다는 이유로 호민관 앞에 기소되었다. 그는 막대기로 오랫동안 매질을 당한 뒤 1 세스테르티우스(sestertius)의 가격에 노예로 매각되었다.[36] 그러나 호민관이 로마의 법적·헌정적 관례를 준수하면서 원로원의 결정만을 맹목적으로 수용한 것은 아니다. 마케도니아를 속주로 배정받은 기원전 171의 콘술 리키니우스 크라수스(P. Licinius

---

35 Liv. *Per*. 14.

36 Liv. *Per*. 55. 콘술이 마티에누스를 호민관에게 고소한 이유는 아마도 그가 호민관에게 상소했기 때문일 것이다. Andrew Lintott, op cit., 1972, p. 243.

Crassus)는 아마도 '원로원의 의결'에 따라 징집을 하면서 퇴역 군인들과 백인 대장(centurio)들을 다시 소집하였다. 백인 대장을 역임한 23명의 퇴역 군인은 자신들이 같은 계급으로 징집되지 않았다는 이유를 들어 호민관에게 도움을 요청했다. 호민관 풀비우스 노빌리오르(M. Fulvius Nobilior)와 클라우디우스 마르켈루스(M. Claudius Marcellus)가 이 문제를 원로원이 아닌 콘술에게 다시 되돌려 보냈다. 그러나 이것은 호민관이 군 징집과 관련된 문제에 관여하지 않겠다는 의지를 표명한 것이 아니다. 다른 호민관들이 그들의 상소를 조사할 것이고, 만약 잘못이 있으면 동료 시민을 도울 것이라고 선언했기 때문이다. 마침내 23명의 퇴역 군인은 자신들의 상소를 철회하고 징집을 순순히 받아들였다.[37]

두 호민관이 관련 문제를 콘술에게 이양하고 퇴역 군인들이 상소를 포기했기 때문에, 호민관이 어떤 도움을 제공하지 못했다고 주장할 수 있다.[38] 하지만 리비우스가 분명하게 언급하고 있듯이, 호민관이 관련 문제를 조사하였다.[39] 호민관에 의해 상소 문제를 다시 넘겨받은 콘술이 다른 호민관들을 만족시키지 못했기 때문에, 결국 호민관의 법적 조사(cognitio)로 이어졌던 것 같다. 퇴역 군인 23명 중의 한 명인 스푸리우스 리구스티누스(Spurius Ligustinus)가 결국 제1군단의 주요 백인 대장으로 징집되었으며, 리비우스가 다른 퇴역 군인들도 백인 대장으로 부르고

37　Liv. 42.32.6; 42.35.2.

38　Jochen Bleicken, op cit., 1968, p. 79.

39　Liv. 42.33.1.

클라우디우스 마르켈수스

있는 사실을 고려하면, 그들의 상소가 받아들여진 것이 분명하다. 그리고 기원전 171년은 군 복무 면제와 관련된 상소를 처리하는 방법에 변화가 생긴 한 해로 기억할 필요가 있다. 즉 호민관은 군 문제와 관련한 평민의 상소를 원로원이 아닌 군 징집을 담당하는 정무관에게 이양했다. 기원전 169의 콘술이 원로원에서 평민이 징집에 자발적으로 응하지 않는다고 불평하자, 프라이토르인 술피키우스 갈루스(C. Sulpicius Galus)와 클라우디우스 마르켈루스(M. Claudius Marcellus)는 정치적인 콘술이 인기를 위해 군 징집을 제대로 시행하지 않는다고 비난하였다. 이는 징집 관련 상소가 원로원이 아닌 책임 정무관에 의해 다루어졌을 뿐만 아니라 상소에 따라 호민관이 개입하면 시민이 혜택을 받을 가능성이 커졌음을 보여준다.[40] 다시 말해서 호민관은 군 문제와 관련해서 평민이 도움을 청하면 그것을 책임 정무관이 다시 심의해서 사유가 정당하면 평민에게 유리한 결론이 날 수 있도록 도움(auxilium)을 제공한 것 같다. 그 때문에 만약 정무관이 상소한 평민을 위해 합당하게 조치하지 않으면 계속 개입하였다.

기원전 151년의 콘술 리키니우스 루쿨루스(L. Licinius Lucullus)와 포스투미우스 알비누스(A. Postumius Albinus)가 '근 히스파니아(Hispania Citerior)'에 파견할 군인을 징집할 때 어떤 면제도 허용하지 않다가 호민관에 의해서 투옥되었다.[41] 똑같이 징집을 매

---

40 Liv. 43.14.5.

41 Liv. *Per*. 48.

우 엄격하게 시행한 기원전 138년의 콘술 코르넬리우스 스키피오 나시카(P. Cornelius Scipio Nasica)와 유니우스 브루투스(D. Iunius Brutus)도 호민관(또는 호민관들)에 의해 투옥되는 사태를 맞이하였다.[42] 호민관의 행동은 군 복무의 면제(vacatio militiae)를 원하는 평민의 상소에 따라 도움을 제공한 것처럼 보인다. 리비우스의 요약서(epitome)에 의하면, 호민관은 자신들의 친구를 위해 면제를 받아내지 못한 것에 분노해서 극단적인 행동을 저질렀다고 한다.[43] 위에서도 언급했듯이, 호민관은 평민의 상소를 접하면 조사해서 그 결과에 따라 도움을 제공해야만 했다. 호민관은 군 문제와 관련된 상소를 책임 정무관이 다시 심의해서 평민에게 유리한 결과가 나오도록 유도했던 것 같다. 예를 들어, 기원전 145년의 콘술 파비우스 아이밀리아누스(Q. Fabius Aemilianus)는 '원 히스파니아(Hispania Ulterior)'에 파견할 군대를 매우 조심스럽게 징집하면서, 호민관의 요청에 따라 정당한 이유로 상소한 자들의 요구를 들어주었다.[44] 그러나 기원전 151년과 138년의 콘술들은 군 복무와 관련한 상소 문제를 유연하게 처리하지 못해 호민관의 폭력적인 행동을 초래했다. 이런 폭력적인 개입을 혁명적

42　Liv. *Per.* 55; 키케로(Cic. *Leg.* 3.20)는 한 명의 호민관을 언급하였던 반면, 이집트의 옥시린쿠스(Oxyrhynchus)에서 발견된 파피루스는 두 명의 호민관을 언급하고 있다.

43　Liv. *Per.* 48; 55.

44　App. *Hisp.* 65.

인 행동으로 간주할는지 모른다.[45] 하지만 리처드 스미스(Richard E. Smith)의 지적처럼, 호민관이 자신들의 신체불가침권을 침해했다는 죄목으로 콘술들을 기소하지 않고 그냥 투옥했다는 사실은 "호민관이 헌정적 그리고 적절한 방식으로 행동했음을" 암시한다.[46] 콘술들을 투옥함으로써 기소를 유예했기 때문에, 호민관과 콘술들은 결국 타협했던 것 같다. 기원전 151년 로마의 시민들은 결국 군 징집을 받아들였으며, 기원전 138년의 호민관들은 대립하던 콘술들의 벌금을 면제해주었다.[47]

호민관은 평민의 상소(appllatio)에 진지하게 대처했으며, 심지어 군 관련 문제와 관련해서도 적극적으로 도움을 제공했던 것 같다. 하지만 호민관의 도움과 그에 따른 비토권 행사가 반드시 평민만을 위한 것은 아니었다. 호민관이 평민의 대변자이자 보호자라는 본래의 역할을 완전히 망각하지는 않았지만, 이젠 전체 로마인의 한 부분만을 대변하는 정무관이 아니었다. 공화정 중기의 호민관은 로마 정체에서 불가결한 공식 정무관으로 인정되었기 때문에, 호민관의 도움은 평민만이 아닌 로마인 모두에게 제공되었음이 분명하다. 사실 이 시기 귀족과 엘리트도 호민

---

45 Lily R. Taylor, op cit., 1962, p. 26.

46 Richard E. Smith, *The Failure of the Roman Republic* (Cambridge, 1955), p. 177. 콘술이 호민관의 비토권을 무시하고 징집을 강행하는 것은 기술적으로는 호민관의 신체불가침권을 침해하는 행위였다. Alan E. Astin, *Scipio Aemilianus* (Oxford, 1967), p. 43; Jochen Bleicken, op cit., 1968, p. 103.

47 Liv. *Per*. 48; Polyb. 35.4-5; Liv. *Per*. *Oxy*. 55.

관에게 도움을 요청했다.

　기원전 209년 자신의 의사와 상관없이 유피테르 신관(flamen Dialis)으로 임명된 발레리우스 플라쿠스(C. Valerius Flaccus)는 원로원 의원이 될 수 있는 신관의 옛 권리를 요구했다. 원로원으로 들어가려 하는 그를 프라이토르인 리키니우스(P. Licinius)가 막고 밖으로 내보내자, 호민관에게 상소했다. 최근 유피테르 신관이 원로원 의원이 된 사례가 없다는 프라이토르의 주장에 대해 호민관은 그것은 이전 유피테르 신관의 문제일 뿐 원로원 의원이 될 수 없는 증거는 아니라고 반박하였다. 프라이토르는 더 반대하지 않았으며, 원로원과 민회 모두 동의하였다. 결국 발레리우스 플라쿠스는 호민관의 도움으로 원로원 의원이 되었다.[48] 신관이 호민관에게 도움을 요청하는 사건이 몇 년 후에도 발생했다. 기원전 189년 로물루스 신관(flamen Quirinalis)인 파비우스 픽토르(Q. Fabius Pictor)가 프라이토르로 선출되어 사르디니아 속주를 배정받았으나, 대사제(pontifex maximus)인 리키니우스 크라수스(P. Licinius Crassus)가 임지로 그가 출발하는 것을 막았다. 그리고 그가 불복하자 벌금을 부과했다.[49] 아마도 파비우스 픽토르의

48　Liv. 27.8.4-10; Val. Max. 6.9.3.

49　기원전 242년에도 비슷한 사건이 발생했다. 대사제 카이킬리우스 메텔루스(Caecilius Metellus)는 신임 콘술 포스투미우스 알비누스(A. Postumius Albinus)가 마르스 신관(flamen Martialis)이란 이유로 도시를 떠나는 것을 금지하였다. Liv. 37.51.1-2; Liv. *Per.* 19; Tac. *Ann.* 3.71; Val. Max. 1.1.2.

상소를 접한 호민관이 관련 문제를 평민회에 상정한 것 같다.[50] 하지만 대사제의 손을 들어준 평민회의 결정에 불복하여 파비우스 픽토르가 프라이토르직을 사임하려 하자, 원로원은 일종의 보상으로서 외국인과 관련된 사법 문제를 다루는 프라이토르 페레그리누스(praetor peregrinus)직을 부여했다.[51]

요켄 블라이켄은 일상적인 업무가 된 호민관의 도움(auxilium)은 기본적인 호민관 권한이 정치적 중요성을 상실하고 행정 절차와 민사 소송으로 국한되었음을 보여주는 증거라고 주장하였다.[52] 하지만 고대 로마에서 행정적·법적 문제를 정치적 문제와 정확하게 구분할 수 있는지 의문이다. 기원전 211년의 호민관 셈프로니우스 블라이수스(C. Sempronius Blaesus)는 아풀리아(Apulia)에서 한니발에게 대패한 풀비우스 플라쿠스(Cn. Fulvius Flaccus)에게 벌금을 부과했다. 그런데 제3차 심리 도중 그에게 불리한 증거가 채택되자, 호민관은 기소 형량을 벌금형에서 사형으로 변경했다. 그는 다른 호민관들에게 상소했지만 거부당했다. 켄투리아회(comitia centuria)에서의 재판 날짜가 다가오자, 풀비우스 플라쿠스는 타르퀴니이(Tarquinii)로 망명했다.[53] 마그네시아(Magnesia)에서 안티오코스에게 결정적인 승리를 거둔 코르넬리

---

50 리비우스(Liv. 37.51.4)의 언급으로 보아 아마도 호민관이 이 문제를 민회에 상정한 것 같다.

51 Liv. 37.51.3-7.

52 Jochen Bleicken, op cit., 1968, pp. 81-83.

53 Liv. 26.2.7-26.3.12.

우스 스키피오 아시아티쿠스(L. Cornelius Scipio Asiaticus)가 안티오코스의 돈과 전리품을 전용했다는 이유로 유죄판결을 받았다.[54] 로마의 저술가이자 문법학자인 아울루스 겔리우스(Aulus Gellius)가 인용한 코르넬리우스 네포스(Cornelius Nepos)에 따르면,[55] 기원전 187년의 호민관 미누키우스 아우구리누스(C. Minucius Augurinus)가 스키피오 아시아티쿠스에게 벌금을 부과하고 심지어 벌금 납부를 위한 담보 제공을 요구했다. 스키피오 아프리카누스가 자신의 동생을 위해 호민관에게 도움을 요청했지만 받아들여지지 않은 것 같다.[56] 사실 당대의 아주 유명한 정치적 사건이기도 한 스키피오 아시아티쿠스와 풀비우스 플라쿠스의 재판은 호민관의 사법권을 다루는 부분에서 상론하겠다.

그런 점에서 종교적인 사건을 언급할 필요가 있다. 기원전 210년, 쿠리아(curia)를 관리 감독하는 쿠리오 막시무스(curio maximus)인 아이밀리우스 파푸스(M. Aemilius Papus)가 죽었지만, 후임이 선출되지 않았다.[57] 쿠리오 막시무스의 선출과 관련해서

---

54 재판에 관한 자세한 논의는 Howard H. Scullard, op cit., 1973, pp. 290-303; Erich S. Gruen, "The Fall of the Scipios," in I. Malkin and Z.W. Rubinshon (eds), *Leaders and Masses in the Roman World: Studies in Honour of Zvi Yavetz* (Leiden, 1995), pp. 59-90을 참조하시오.

55 Gell. *NA* 6.19.1-8.

56 Scullard (1973), 295.

57 Liv. 27.6.16. 30개의 쿠리아에서 각각 선출된 30명의 쿠리오는 쿠리오 막시무스의 감독을 받았다. 그들은 엄격한 의미에서 성직자가 아니지만, 종교적 임무를 수행하였다.

귀족의 반대에 봉착한 평민 후보자인 마밀리우스 아텔루스(C. Mamilius Atellus)가 기원전 209년의 호민관에게 상소했다. 그들은 이 문제를 원로원에 인계했으며, 원로원은 결정권을 인민에게 부여했다. 결국 마밀리우스 아텔루스는 쿠리오 막시무스로 선출된 최초의 평민이 되었다.[58] 마밀리우스 아텔루스가 선출된 사실은 일견 단순한 행정적인 또는 종교적인 문제로 간주될 수 있다. 하지만 귀족이 이전까지 그 직책을 독점했던 사실은 정치적 함의를 시사한다. 게다가 마밀리우스 아텔루스는 자신의 정치적 경력을 위해 이 직책을 이용했을 수 있다.[59] 그러므로 귀족의 격렬한 반대에도 불구하고 그 문제를 인민 투표로 결정하게 함으로써, 그가 평민 최초로 그 직책에 선출되게 했던 호민관의 개입을 개인의 상소에 대한 단순한 행정 조치로 간주해서는 안 된다. 함(D.E. Hahm)이 설명하고 있는 것처럼, 그 직책은 종교적인 임무를 수반할 뿐만 아니라 정치적 발전을 위한 디딤돌이었다.[60] 이는 기원전 209년의 유피테르 신관인 발레리우스 플라쿠스가 원로원 의원이 되는 옛 권리를 주장했던 그리고 기원전 189년의 로물루스 신관이 대사제와 충돌했던 이유를 잘 설명한다. 이 종

58　Liv. 27.8.1-3.

59　마밀리우스 아텔루스는 기원전 208년에 아이딜리스로 그 다음 해에는 프라이토르로 선출되었다. Liv. 27.36.9; 27.38.11-12.

60　D.E. Hahm, "Roman Nobility and the Three Major Priesthoods, 218-167 B.C.," *Transactions of the American Philological Association*, Vol. 94(1963), pp. 73-85.

교적인 문제에 대한 호민관의 개입은 호민관의 '도움'과 그에 따른 비토권이 국가의 정치적 장치로 작동하였음을 암시한다.

하지만 현대 학자들은 호민관의 도움은 그것의 승인과 거부가 상소인의 정치·사회적 신분에 따라 달라지기 때문에 부정적인 성격을 띤다고 주장하였다.[61] 호민관은 보통 도움을 요청받았을 때 개입했음을 고려하면, 호민관의 도움 제공은 수동적으로 보일 수 있다. 그러나 '신분 투쟁' 동안 정무관의 독단적인 결정에 대항하여 상소 없이도 비토권을 사용했던 권한이 폐지되고, 또 상소인이 요청할 때만 비토권이 사용되었다고 믿을 이유는 없다. 사실 기원전 187년의 호민관 셈프로니우스 그라쿠스의 개입은 스키피오 아프리카누스의 도움 요청에 대한 응답이 아니었다.

게다가 상소의 수락 또는 거부의 주도권이 호민관이 아닌 상소인에게 있다는 주장을 입증할 증거도 없다. 사채업자에게 전쟁 부채의 마지막 할부금을 갚을 공적 자금이 부족하자, 기원전 196년의 콰이스토르들이 전쟁 때 세금을 납부하지 않은 로마의 복점관들과 사제들에게 자금을 요구했다. 사제들이 호민관에게 상소했지만 받아들여지지 않았기 때문에, 그동안 내지 않았던 세금을 모두 납부한 것 같다.[62] 위에서도 언급했듯이, 스키피오 아프리카누스, 풀비우스 플라쿠스 같은 당대 유력 정치가

---

61 Jochen Bleicken, op cit., 1968, pp. 82-83.

62 Liv. 33.42.3-4.

들이 상소했을 때도, 호민관은 분명 도움 제공을 거부했다. 상소를 접한 호민관들이 도와주었을 때도, 그들이 상소인에 의해 조종되었다는 증거는 없다. 기원전 169년의 켄소르 클라우디우스 풀케르(C. Claudius Pulcher)와 셈프로니우스 그라쿠스(Ti. Sempronius Gracchus)는 전임 켄소르의 사업 계약자였던 모든 조세청부업자(publicani)가 자신들이 발주하는 경매에 참여하는 것을 금했다. 원로원을 설득해서 켄소르 권한을 제한하지 못한 조세청부업자들은 호민관 푸블리리우스 루틸리우스(Publilius Rutilius)에게 도움을 요청했다.[63] 그는 다음과 같은 법을 제안했다. 가이우스 클라우디우스와 티베리우스 그라쿠스가 국고세입과 공공사업을 분명하게 규정하는 반면, 모든 이들이 제약 없이 계약을 새롭게 체결할 권리를 가져야만 한다.[64] 호민관 푸블리리우스 루틸리우스가 부유한 조세청부업자 가문의 일원임을 고려하면, 상소를 제기했던 조세청부업자들이 호민관에게 영향력을 행사했을지도 모른다. 그럼에도 불구하고, 켄소르들과 그와의 개인적인 원한과 그리고 다른 사건들과 달리 그의 이름이 분명하게 보존된 사실은 그가 독자적인 결정에 따라 개입했을 가능성을 배제하지 못한다.

물론 호민관이 당대의 정치적 여론에 영향을 받지 않았다고

---

63   발레리우스 막시무스(Val. Max. 6.5.3)는 기원전 169년의 호민관으로 포필리우스(Popillius)를 제시했다. Thomas R.S. Broughton, op cit., p. 427.

64   Liv. 43.16.6-7.

주장하는 것은 아니다. 특히 군 징집, 전리품의 전용, 전쟁에서의 심각한 패배, 성직자의 세금 회피와 같은 사회·정치적 이슈들은 여론의 영향을 받았음이 분명하다. 호민관은 도움 요청을 받았을 때 여론을 고려하여 도움 제공의 여부를 결정했을 것이다. 로마 공화정의 정치가이기도 한 호민관이 취할 수 있는 자연스러운 반응이다. 하지만 이것은 로마의 정치 구조에서 호민관의 도움(auxilium)이 어떤 역할을 했는지를 설명하지 못한다. 불행하게도 고대 사료는 호민관의 활동을 상세하게 기록하고 있지 않다. 그런 침묵에 의존하여 현대 학자들은 호민관의 도움과 그에 따른 비토권이 원로원이나 영향력 있는 정치가의 정치적인 무기였다는 결론에 도달하였다. '사건을 원로원에 이양한다(rem ad senatum reicere)'라는 리비우스의 구절을 호민관이 권리를 자발적으로 포기하고 원로원에 위임했다는 증거로 간주하였다. 그러나 이는 문자적 해석에 불과하다. 호민관의 도움 거부가 원로원의 토론을 초래한다는 것은 비합리적이다. 위의 구절은, 호민관이 사건에 더 관여하지 않았음을 의미하는 것이 아니라, 토의를 위해 사건을 원로원에 인계했음을 의미한다. 이것을 호민관이 원로원의 결정에 예속되었다는 증거로 간주해서는 안 된다. 원로원이 종종 결론을 내리지 못하고, 문제를 다시 민회에 위임한 것을 원로원이 권리를 포기한 것이라고 간주하지 않는 것과 같은 이치이다.

　그렇다면 호민관이 문제를 원로원에 인계한 이유는 무엇일까? 기원전 181년, 서기(scriba)인 루키우스 페틸리우스(Lucius

Petilius)가 야니쿨룸 언덕 앞에 있는 자신의 토지에서 돌함 두 개를 발견했다. 하나는 비어 있었고, 다른 것에는 그리스어와 라틴어로 저술된 책들이 있었다. 책들이 종교에 부적절하다는 사실을 발견한 프라이토르 페틸리우스(Q. Petilius)가 책들을 소각하려 하자 서기는 호민관에게 상소했고, 그들은 이 문제를 원로원에 인계했다. 원로원은 코미티움(comitium)에서 가능하면 빨리 책들을 소각하고, 서기인 루키우스 페틸리우스에게는 책 소각에 대한 보상금을 줄 것을 결정했다.[65] 호민관이 정치적 이슈에 대한

---

65 Liv. 40.29.3-14.

조심스러운 판단이 필요할 때 원로원의 자문을 구하는 것은 놀라운 일이 아니다. 게다가 그런 호민관의 행동에는 상소인과 정무관 사이의 문제를 신속하고 적절하게 해결하려는 의도가 있을 수 있다. 평민 후보자를 쿠리오 막시무스로 선출하는 문제는 상소가 있기 전 이미 오랫동안 원로원에서 논의되었던 것처럼 보인다. 그러므로 호민관이 그 문제를 원로원에 이양한 이유는 원로원에서의 또 다른 새로운 토론을 위해서가 아니라 신속한 해결을 위해서일 것이다. 결정을 내리지 못한 원로원은 결국 이를 민회에 이양했으며, 그 결과 마밀리우스가 최초의 평민 쿠리오 막시무스가 되었다. 그러므로 호민관의 도움(auxilium)은, 그것이 허용되었든 아니면 거부되었든 간에, 상소인과 정무관 간의 문제를 빠르고 신속하게 해결하고 중재하는 제도적인 장치로 이해되어야만 한다.[66] 이런 기능으로 인해 호민관은 로마 정체의 필수불가결한 부분이 되었을 것이다.

2. 호민관의 비토권과 원로원

성산 또는 아벤티누스 언덕으로의 집단 철수를 통해서 혁명적

---

66 기원전 215년 호민관이 스키피오 아프리카누스의 상소를 거부했기 때문에, 그는 자신에게 배정된 속주를 변경하는 법안을 제출하지 못했다. 하지만 원로원은 그가 국가에 이익이 된다고 생각하면 아프리카로 넘어갈 수 있도록 시킬리아를 속주로 배정하는 양보를 했다. Liv. 28.45.8-9.

인 평민지도자로 선출된 호민관은 공화정 초기부터 도움을 요청한 평민을 위해 정무관의 활동에 거부권을 행사하는 이른바 비토권(intercessio)을 보유했다. 물론 처음에는 고위 정무관의 임페리움이나 입법권에 비토권을 행사할 수 없었지만, 공화정 중기에 호민관은 로마의 공식 정무관으로서 입법, 선거, '원로원의 의결', 정무관의 결정 등을 중단시킬 정도로 막강한 권한을 획득하였다. 기원전 210년 콘술을 선출하는 투표에서 첫 번째로 투표하게 된 갈레리아(Galeria) 트리부스(부족)의 한 켄투리아(centuria)가 풀비우스 플라쿠스(Q. Fulvius Flaccus)와 파비우스 막시무스(Q. Fabius Maximus)를 이듬해의 콘술로 찬성 투표하자, 호민관 가이우스 아레니우스(Gaius Arrenius)와 루키우스 아레니우스(Lucius Arrenius)가 비토권을 행사했다.[67] 그들은 풀비우스 플라쿠스는 콘술을 수차례 역임했을 뿐만 아니라 콘술 선거를 주관하기 위해 선출된 딕타토르이기 때문에, 입후보를 철회해야 한다고 주장했다. 오랜 다툼 끝에 딕타토르와 호민관들은 문제를 원로원에 이양하는 데 동의했으며, 원로원은 국가가 경험 있는 사령관을 필요로 할 때이므로 선거를 연기해서는 안 된다고 결정했다. 호민

---

[67]　재산에 기반을 둔 켄투리아회에서는 투표순서가 재산에 따라 미리 정해져 있었다. 그리고 추첨으로 제일 먼저 투표하는 켄투리아(centuria praerogativa)를 결정하였다. 기원전 3세기의 켄투리아회 개혁에 관해서는 Lucy J. Grieve, "The Reform of the Comitia Centuriata," *Historia*, Vol. 34(1985), pp. 278-309; Kyunghyun, Kim, "The Reform of the Comitia Centuriata in the Third Century BC,"『서양고대사연구』제8집(2000), 21-37쪽을 참조하시오.

관들은 비토권을 철회했으며, 재개된 선거에서 풀비우스 플라쿠스는 4선 콘술로 선출되었다.[68]

국가의 최고 정무관을 선출하는 선거에서 호민관이 비토권을 사용한 사례가 기원전 198년에도 발생했다. 호민관 마르쿠스 풀비우스(Marcus Fulvius)와[69] 마니우스 쿠리우스(Manius Curius)는 퀸크티우스 플라미니누스(T. Quinctius Flamininus)가 콘술직에 입후보하는 것을 반대했다. 그가 콰이스토르직을 마친 후에 '관직의 사다리' 내에 있는 아이딜리스와 프라이토르를 역임하지 않았다는 이유에서였다.[70] 평민회에서 토론을 거친 후, 문제는 원로원에 이양되었다. 원로원은 법적으로 허용된 직책을 원하는 자의 선출 가부를 결정하는 권한은 인민에게 있다고 결정했다. 호민관들은 '원로원의 의결'을 수용했으며, 퀸크티우스 플라미니누스는 서른 살도 안 된 나이에 콘술로 선출되었다.[71]

기원전 197년의 신임 콘술들이 자신들의 속주로서 이탈리아와 마케도니아를 두고 추첨을 준비할 때, 호민관 루키우스 오피

---

68   Liv. 27.6.1-11.

69   기원전 198년의 호민관인 마르쿠스 풀비우스가 기원전 192년의 프라이토르였던 풀비우스 플라쿠스(M. Fulvius Flaccus)인지 아니면 기원전 193년의 프라이토르였던 풀리비우스 노빌리오르(M. Fulvius Nobilior)인지는 분명치 않다.

70   퀸크티우스 플라미니누스의 초기 경력에 관해서는 Ernst Badian, "The Family and Early Career of T. Quinctius Flamininus," *Journal of Roman Studies*, Vol. 61(1971), pp. 102-111을 참조하시오.

71   Liv. 32.7.8-12; Plut. *Flam.* 2.

우스(Lucius Oppius)와 퀸투스 풀비우스(Quintus Fulvius)가 개입했다. 그들은 마케도니아에서 임무 중인 사령관 퀸크티우스 플라미니누스가 다가올 여름에 전쟁을 끝내도록 사령관을 교체해서는 안 된다고 주장했다. 결국 콘술들과 호민관들의 합의에 따라 완전 재량권을 넘겨받은 원로원은 이탈리아를 두 콘술의 속주로 배정하고 퀸크티우스 플라미니누스의 임기를 '원로원의 의결(senatus consultum)'에 따른 후임자가 도착할 때까지 연장했다.[72]

물론 관련 문제들이 호민관에 의해 원로원에 이양된 것은 사실이다. 호민관은 비토권을 사용하여 콘술 선거와 속주의 배정을 일시적으로 중단시키는 데 성공했지만, 국가를 작동하는 중요 절차를 계속 막는 것은 국정에 엄청난 부담을 초래할 수 있었다. 호민관이 이 문제들을 원로원에서 다시 토의하는 것에 동의할 수밖에 없는 이유다. 퀸크티우스 플라미니누스의 입후보 문제를 평민회에서 토의하다 원로원에 이양했던 사실이 암시하듯이, 콘술 선거 및 속주의 배정 등에 관한 결정들은 원로원에서 이미 있었던 논의의 결과이다. 그 때문에 원로원에서 관련 문제들을 재논의하는 것은 호민관이 자신들의 비토권을 자진해서 포기했음이 아니라 원로원이 호민관의 문제 제기를 수용했음을 의미한다.

그럼에도 불구하고, 현대 학자들은 호민관이 원로원의 결정을 받아들였다는 사실만을 강조한다. 정치적으로 중요한 문제를 로

---

72 Liv. 32.28.3-9.

마의 최고 협의체인 원로원에 상정하여 토의하는 것이 자연스러워 보이는 것처럼, 로마 국가의 통합과 조화가 잘 유지되었던 시기에 원로원의 결정을 존중하고 따르는 것도 이상하지 않다. 호민관에게서 부정적인 특징만을 발견하려는 것 자체가 편견이다. 사실 기원전 197년에 원로원이 내린 결정은 분명 호민관의 주장을 반영했다. 콘술 선거에서 헌정적 관례를 위반하는 사항들에 대한 호민관의 문제 제기가 비록 받아들여지지 않았지만, 원로원이 호민관을 철저하게 무시했던 것은 아니다. 호민관이 풀비우스 플라쿠스와 퀸크티우스 플라미니누스에 관해 문제를 제기한 후에 비슷한 사건들이 재발하지 않은 것은 우연이 아닐 것이다. "호민관의 항의는 플라미니누스에 대한 특별한 반대라기보다는 빌리우스 법(lex Villia)에 이르는 한 과정일 수 있다"는 존 브리스코(John Briscoe)의 주장은 생각해볼 가치가 있다.[73]

정무관의 선거와 관련된 관례를 수호하고 새로운 규칙을 만들어가는 호민관의 헌정적 역할은 개선식에 관한 논쟁들에서도 발견된다. 호민관은 개선식에 관한 논의에 적극적으로 참여하였다. 기원전 206년부터 히스파니아에서 프로콘술(proconsul)로 활동했던 코르넬리우스 렌툴루스(L. Cornelius Lentulus)가 기원전 201년 로마로 귀환했다. 그는 자신의 연장된 재임 기간과 업적에 관해서 원로원에 설명한 후, 로마로 개선식을 거행하면서 들어오도

---

[73]   John Briscoe, *A Commentary on Livy: Books XXXI-XXXIII* (Oxford, 1973)

록 허용해달라고 요청했다. 원로원은 딕타토르 또는 콘술 또는 프라이토르로서 군대를 지휘하지 않은 사람이 개선식을 거행한 선례가 없다고 결정했지만, 정식 개선식보다는 낮은 형태의 개선식인 오바티오(ovatio)를 거행하면서 로마로 들어오도록 제안했다.[74] 호민관 셈프로니우스 롱기누스(Ti. Sempronius Longinus)는 일반 개인(privatus)에게 오바티오를 허락하는 것은 조상의 관습이나 선례를 위반한다는 이유로 반대했지만, 원로원 의원들의 의견일치에 비토권을 철회했다. 코르넬리우스 렌툴루스는 결국 '원로원의 의결'에 따라 오바티오를 거행하면서 로마로 들어왔다.[75]

비슷한 사건이 기원전 191년에도 있었다. 보이이(Boii)인과의 전쟁에서 승리한 콘술 코르넬리우스 스키피오 나시카(P. Cornelius Scipio Nasica)는 벨로나(Bellona) 신전에서 원로원을 소집하여, 자신이 개선식을 거행하면서 도시로 들어가는 것을 허용해주길 요구했다. 이때 호민관 셈프로니우스 블라이수스(P. Sempronius Blaesus)가 개입하여 개선식을 거부하는 것이 아니라 연기해야 한다고 주장했다. 리구리아 전쟁이 아직 끝나기 전이기 때문에 코르넬리우스 스키피오 나시카가 리구리아인 정복을 돕도록 자신의 속

74　개선식과 오바티오의 차이에 관해서는 Larissa B. Warren, "Roman Triumphs and Etruscan Kings: the Changing Face of the Triumph," *Journal of Roman Studies*, Vol. 60(1970), p. 51; Hendrik S. Versenel, *Triumphus: An Enquiry into the Origin, Development and Meaning of the Roman Triumph* (Leiden, 1970), pp. 165-166; 김경현, 「공화정 중기의 개선식과 로마정치」, 『서양고대사연구』 제15집(2004), 57-78쪽을 참조하시오.

75　Liv. 31.20.2-6.

주로 귀환해야 한다는 것이 이유였다. 그러나 전체 원로원은 개선식에 찬성하였을 뿐만 아니라 호민관이 비토권을 철회하도록 하였다. 코르넬리우스 스키피오 나시카는 콘술로서 보이이인에 대한 개선식을 거행하였다.[76]

호민관이 관련 문제를 원로원에 이양하고 '원로원의 의결'에 따라 비토권을 철회하였다는 사실은 원로원이 정치적 우위를 유지하기 위해 호민관의 비토권을 일종의 정치적 도구로 이용한 것처럼 보이게 한다. 하지만 원로원이 호민관의 개입을 결정했다는 주장은 매우 의심스럽다. 리비우스는 이 문제들에 호민관이 개입한 이유를 상세하게 제시하였다. 이 문제들이 민감한 정치적 사안이란 사실 때문에 현대 학자들은 호민관의 동기를 개인적인 원한 또는 특정 그룹의 정치적 이해관계라는 맥락에서 탐색하였다.[77] 그러나 호민관이 개입하기 위해 제시했던 설명을 무시할 이유는 없다. 그들의 설명이 타당하다면, 그들의 행동은 원로원의 명령이 아니라 자신들의 주도로 이루어졌다고 할 수 있다. 다시 말해서, 호민관은 이들 논쟁에서 국가의 이익과 관습(mos maiorum)을 보호하려는 경향을 보여주었다. 반면 보통 전통을 고수하려는 경향이 강하다고 알고 있는 원로원이 오히려 관습과 전례를 깸으로써 일종의 정치·행정적 타협을 추구했다.[78]

---

76 Liv. 36.39.3-36.40.10.

77 Howard H. Scullard, op cit., 1973, pp. 95-96; John Briscoe, *A Commentary on Livy: Books XXXIV-XXXVII* (Oxford, 1981), p. 279.

78 폴리비오스(Polyb. 6.15.8)에 의하면, '원로원의 의결'이 없으면 개선

물론 호민관들은 원로원의 권위를 존중하여 자신들의 비토권을 철회하였다. 하지만 호민관이 항상 원로원의 결정을 따랐던 것은 아니다. 기원전 199년 만리우스 아키디누스(L. Manlius Acidinus)가 히스파니아에서 귀환하여 개선식을 요구했을 때, 원로원이 오바티오를 허락했지만, 호민관 포르키우스 라이카(P. Porcius Laeca)의 격렬한 반대에 부딪혀 결국 오바티오를 거행하지 못했다. 아마도 원 히스파니아의 프로콘술이었던 만리우스 아키디누스는 동료인 카토의 속주인 근 히스파니아에서 동료의 복점(auspicium)하에서 전투를 했기 때문에 호민관을 설득하지 못한 것 같다.[79] 기원전 197년의 콘술들인 코르넬리우스 케테구스(C. Cornelius Cethegus)와 미누키우스 루푸스(Q. Minucius Rufus)가 개선식을 요구하였지만, 호민관들은 미누키우스 루푸스는 리구리아 지방에서 언급할만한 가치가 있는 전투를 치르지 못했으며, 심지어 갈리아 지방에서는 많은 군사를 잃었다는 이유로 반대하였다. 미누키우스 루푸스는 자신의 동료와는 달리 알바(Alba) 산에서 개선식을 거행해야만 했다.[80]

식을 적절하게 조직할 수 없으며, 심지어 거행할 수도 없었다. 그러나 '원로원의 의결'이 개선식의 필수 조건인지는 분명하지 않다. 사실 가이우스 플라미니우스의 개선식은 원로원의 반대에도 불구하고 개최되었다.

79 Liv. 32.7.4. Howard H. Scullard, op cit., 1973, p. 96.

80 Liv. 33.23.4-9. 기원전 231년 알바 산에서 최초로 개선식을 거행한 파피리우스 마소(C. Papirius Maso)는 병력 손실로 정식 개선식을 거부당했던 것 같다. 알바 산에서의 개선식에 관해서는 Terry C. Brennan, "Triumphus in Monte Albano," in R.W. Wallace and E.M. Harris (eds),

호민관은 원로원의 권위를 존중하여 자신들의 주장을 철회하기도 때로는 자신들의 주장을 관철하기도 했다. 그러므로 이런 상반된 증거들에 따라 호민관을 원로원의 정치적 도구나 원로원을 견제하는 독립적인 정무관이라고 단정해서는 안 된다. 게다가 순전히 개인적인 이유로 비토권을 사용한 경우도 발견된다. 기원전 189년의 콘술이었던 풀비우스 노빌리오르(M. Fulvius Nobilior)가 아이톨리아(Aetolia)에서 전쟁을 마치고 귀환해서 개선식을 요구하자, 호민관 마르쿠스 아부리우스(Marcus Aburius)가 개선식을 반대하였다. 아마도 풀비우스 노빌리오르에게 개인적인 원한이 있었던 콘술 아이밀리우스 레피두스(M. Aemilius Lepidus)가 그 배후에 있었던 것 같다.[81] 하지만 호민관 셈프로니우스 그라쿠스(Ti. Sempronius Gracchus)를 포함하여 나머지 호민관들이 모두 반대하자 마르쿠스 아부리우스는 결국 자신의 비토권을 철회했고, 풀비우스 노빌리오르는 개선식을 거행했다.[82]

호민관이 비토권을 사용한 이유는 다양하다. 분명한 것은 호민관의 이런 활동이 개선식에 관한 헌정상의 정칙을 세우는 데 일조하였다는 점이다. 다만 흥미로운 것은 로마의 관례를 수호하는 경향이 강할 것으로 생각되었던 원로원이 오히려 관례를

Transitions to Empire: Essays in Greco-Roman History, 360-146 B.C., in honor of E. Badian (Norman and London, 1996), pp. 315–337을 참조하시오.

81   아이밀리우스 레피두스가 낙선했던 선거들을 주재했던 자가 풀리비우스 노빌리오르였기 때문이다. Liv. 37.47.7; 38.35.1.

82   Liv. 39.4.1–39.5.6.

깨는 일종의 정치적·행정적 타협안을 제시하고 있는 반면에 호민관이 오히려 기존의 법과 관례를 수호하려는 경향을 보여준다는 사실이다.[83]

위에서 언급한 사건들에 의하면, 호민관이 원로원의 주도하에서 비토권을 사용했음을 보여주는 증거는 거의 없는 것 같다. 또 원로원이 자신들의 권위에 도전하거나 심지어 위협하는 정무관을 통제하기 위해 호민관의 비토권을 이용했다는 사례를 발견하는 것도 어렵다. 콘술 선거를 주재하기 위해 로마에 왔던 기원전 211년의 콘술 발레리우스 라이비누스(M. Valerius Laevinus)는 카르타고가 공격할 것이라는 소문 때문에, 자신의 속주인 시킬리아로 귀환해야 했다. 선거를 대신 주재할 딕타토르를 임명하라는 요청을 받은 그는 발레리우스 메살라(M. Valerius Mesalla)를 임명하려 했지만, 원로원은 딕타토르를 이탈리아 밖에서 임명할 수 없다는 이유로 반대하였다.[84] 아마도 호민관 루크레티우스(M. Lucretius)가 주재한 원로원 회의에서, 원로원은 다음과 같이 결정했다. 콘술은 인민에게 누구를 지명하기를 더 원하는지를 묻고, 인민이 명령한 자를 딕타토르로 임명해야만 한다. 그리고 콘술

---

83 김경현, 앞의 글, 2004, 74-75쪽.

84 딕타토르(dictator)는 보통 독재관으로 번역지만, 그런 번역은 관직에 대한 오해를 낳을 수 있다. 따라서 이 책에서는 딕타토르로 번역한다. 딕타토르의 선출에 관해서는 김경현, 「한니발 전쟁과 헌정의 변칙적 운용: 대행정무관과 딕타토르의 선출을 중심으로」, 『서양고전학연구』 제23집 (2005), 165-169쪽을 참조하시오.

이 거부한다면, 프라이토르가 인민에게 물어야만 하고, 만약 프라이토르도 거부한다면, 호민관이 이 문제를 평민에게 상정해야 한다. 콘술이 원로원의 칙령을 따르기를 거부했을 뿐만 아니라, 프라이토르가 원로원의 칙령을 따르지 못하게 막자, 호민관이 평민에게 묻고, 평민은 당시 카푸아(Capua)에 있던 풀비우스(Q. Fulvius)가 딕타토르로 임명되어야 한다고 결정했다.[85] 사실 이 사건은 원로원이 호민관의 비토권을 조종한 사례로 언급되고 있지만, 사실 비토권이 실제로 사용되었는지는 불분명하다.

반면에 아래의 두 사건에서는 호민관의 비토권이 분명하게 사용되었다. 기원전 201년, 아프리카가 자신의 속주로 배정되길 원한 신임 콘술 코르넬리우스 렌툴루스(Cn. Cornelius Lentulus)는 아프리카가 자신에게 할당될 때까지 어떤 공적 활동도 허용하지 않겠다고 선언했다. 이때 두 명의 호민관 미누키우스 테르무스(Q. Minucius Thermus)와 아킬리우스 글라브리오(M'. Acilius Glabrio)가 개입했다. 논쟁 후에 결정은 결국 원로원에 맡겨졌다. 원로원은, 상호 간의 동의 또는 추첨을 통해, 한 콘술에게는 이탈리아를 그리고 다른 콘술에게는 50척의 함대를 배정한다고 결정했

---

85 Liv. 27.5.14-17. 평민의 투표결과에 불복한 발레리우스 라이비누스는 평민회가 개최되는 날 시킬리아로 떠났다. 원로원은 발레리우스 라이비누스의 동료인 클라우디우스 마르켈루스를 아풀리아(Apulia)에서 소환하여 평민이 선택한 자를 딕타토르로 지명하게 하였다. 클라우디우스 마르켈루스는 로마에 와서 평민회의 결정에 따라 풀비우스를 딕타토르로 선언했다.

다. 또 함대를 배정받은 콘술은 시킬리아로 그리고 다음에는 아프리카로 넘어가서 카르타고인과 평화조약을 체결할 수 없다면 바다에서 작전을 수행해야 한다고 결정했다.[86] 기원전 172년의 콘술, 포필리우스 라이나스(C. Popillius Laenas)와 아일리우스 리구스(P. Aelius Ligus)는 자신들의 속주인 리구리아를 향해 떠나지 않았다. 왜냐하면 그들은 원로원이 포필리우스 라이나스의 형인 마르쿠스 포필리우스(Marcus Popillius)와 관련된 칙령을 통과시키는 것을 따르려 하지 않았기 때문이다. 그러나 원로원의 만장일치에 자극을 받은 호민관 마르쿠스 세르모(M. Marcus Sermo)와 마르키우스 스킬라(Q. Marcius Scilla)는 먼저 콘술들이 자신들의 속주로 가지 않는다면, 벌금을 부과하겠다고 선언했다. 그런 뒤 리구리아의 스타텔라테스(Statellates)인에 대한 마르쿠스 포필리우스의 악행을 조사할 책임을 프라이토르인 리키니우스 크라수스(C. Licinius Crassus)에게 위임하는 법안을 통과시켰다.[87]

원로원의 명령에 불복하는 콘술들과 원로원 간의 갈등이 호민관의 개입으로 해결되었다. 그럼에도 불구하고, 호민관의 비토권을 제도화된 정치적 무기로 간파한 원로원이 반항적인 정무관을 제압하기 위해 비토권을 사용했다는 것은 의심스럽다. 사실 기원전 201년의 호민관들은 원로원보다는 스키피오 가문의 이익을 대변했던 것 같다.[88] 그들은 관련 문제를 원로원에 이양

---

86 Liv. 30.40.7: 30.40.10-16.

87 Liv. 42.21.1-5.

88 Howard H. Scullard, op cit., 1973, pp. 81-82.

함으로써 스키피오 가문을 도왔다. 그러나 원로원이 불복하는 콘술에게 양보했음을 고려하면, 호민관의 비토권은 콘술이 원로원에 도전하는 것을 막는 정치적인 도구가 아니라, 원로원과 콘술 간에 타협을 유도하는 제도적인 장치로 이용되었을 수 있다.[89] 반면에, 기원전 172년의 호민관들은 원로원에 의해 통제되었다고 할 수 있다. 그럼에도 불구하고, 리비우스의 "원로원의 만장일치에 자극을 받아(hoc consensu patrum accensi)"라는 표현은 호민관들이 원로원 내에서의 합의를 이용하여 문제에 개입했다는 인상을 준다.

혁명적인 평민의 지도자에서 로마 정체의 공식 정무관으로 성격이 변하였던 호민관의 다양한 행동이 원로원과 조화를 이루는 것은 놀랍지 않다. 그러나 우리는 그런 조화가 호민관이 원로원의 명령에 절대적으로 복종함으로써 가능했다고 가정해서는 안 된다. 사실 원로원이 자신들의 의지를 관철하기 위해 또는 불복하는 정무관을 억압하기 위해 호민관을 정치적 도구로 이용했을 것 같지는 않다. 물론 아래의 두 가지 사례는 원로원이 호민관들에게 영향을 미쳤다는 증거로 간주되어 왔다.

---

89 카르타고와의 평화조약으로 아프리카 전쟁 지휘권을 획득하지 못할 것을 염려한 코르넬리우스 렌툴루스는 토의 자체에 비토권을 행사하였다. 이때 호민관들이 개입하여, 원로원에서 토의된 문제들에 관해 인민이 투표하게 하였고, 결국 카르타고와의 평화조약 체결이 승인되었다. Liv. 30.43.1-4.

기원전 188년의 호민관 발레리우스 타포(C. Valerius Tappo)가 자치시에 시민권을 부여하는 법안을 제출하자, 네 명의 동료가 이 법안이 '원로원의 의결'이 없었다는 이유로 비토권을 행사했다. 그러나 발레리우스 타포가 참정권의 부여는 원로원의 특권이 아니라 인민의 특권이라고 주장하자 동료 호민관들은 비토권을 철회했다.[90]

기원전 167년의 프라이토르 페레그리누스 유벤티우스 탈나(M'. Iuventius Thalna)가 로데스(Rhodes)에 전쟁을 선포하는 법안을 선언하고, 자신이 함대를 이끌고 이곳에 파견되길 원했다. 그러나 두 호민관 마르쿠스 안토니우스(Marcus Antonius)와 마르쿠스 폼포니우스(Marcus Pomponius)의 비토권에 직면했다.[91]

원로원이 호민관들에게 영향을 미쳤다는 증거라는 주장은 유보되어야 한다. 우선 기원전 188년의 호민관들은 동료 호민관 발레리우스 타포의 법안이 '원로원의 의결' 없이 제출되었다는 이유로 반대했음이 분명하다. 그러나 이것이 호민관들이 원로원의 영향을 받았음을 의미하지 않는다. 원로원이 호민관의 비토권을 정치적 무기로 사용하려 했다면, 호민관들이 비토권을 철회한 사실은 이해가 되지 않는다. 그들은 비토권을 통해 헌정의

---

90   Liv. 38.36.7-8.
91   Liv. 45.21.1-4.

선례를 수호하려 했지만, 관습에 대한 호소가 인민 주권의 원칙보다 우선할 수 없었다. 이는 호민관들이 주도적으로 비토권을 사용하고 철회했음을 의미한다. 둘째, 리비우스는 기원전 167년의 호민관들과 프라이토르 페레그리누스인 유벤티우스 탈나 모두가 로마의 관습을 위배했다고 평가했다.[92] 왜냐하면, 유벤티우스 탈나는 전쟁 법안을 원로원의 자문 없이 또는 콘술들에게 통지 없이 민회에 직접 제출했던 반면, 호민관들은 그것에 관한 기회가 주어지기 전에도 비토권을 행사했기 때문이다. 호민관들은 유벤티우스 탈나의 법안이 '원로원의 의결'을 구하지 않고 제안되었기 때문에, 비토권을 행사했음이 분명하다. 원로원이 헌정적인 관행을 재확립하기 위해 호민관들을 이용했다는 주장은[93] 너무 단순해 보인다. 만약 그랬다면, 마찬가지로 관례에 어긋나는 호민관들의 행동들을 설명할 수 없다. 사실, 로데스인들에 대한 호민관의 분노와 적의를 고려하면,[94] 유벤티우스 탈나가 자신의 법안을 먼저 원로원에 상정하지 않을 이유가 없다.[95] 그의 이례적인 행동이 관습을 의도적으로 무시한 것이 아니라면,

---

[92] Liv. 45.21.4-8.

[93] Jochen Bleicken, op cit., 1968, p. 91 n.2; Howard H. Scullard, op cit., 1973, p. 216.

[94] Polyb. 30.4.1-8. cf. Diod. 31.5.3.

[95]   Terry C. Brennan, *The Praetorship in the Roman Republic, Vol. I* (Oxford, 2000), pp. 119-120. 유벤티우스 탈나는 해군 사령관직을 받기 위해 민회에 자신의 법안을 직접 제출했지만, 적법한 절차를 밟았다 하더라도, 그가 원하는 결과를 얻었을 것 같다.

그것은 즉흥적이고 충동적으로 보인다.[96] 그 때문에 호민관들의 행동도 즉각적이었다. 이는 그들의 행동이 원로원의 사주를 받은 것이 아니라 자신들의 독립적인 판단에 따른 것이었음을 의미한다.

기존의 관습을 고수하려는 호민관의 경향을 기원전 197년과 143년의 개선식과 관련된 논의에서도 발견할 수 있다. 위에서도 언급했듯이, 기원전 197년의 콘술이었던 미누키우스 루푸스는 호민관의 비토권 때문에 알바 산에서 개선식을 거행하는 굴욕을 감수해야만 했다. 미누키우스 루푸스가 갈리아에서 많은 병사를 잃었다는 호민관의 주장이 사실이라면, 호민관의 비토권은 개선식과 관련된 헌정적인 정칙에 따라 행사된 것일 수 있다. 원로원이 호민관들과 같은 의견이었음을 암시했던 리비우스가 호민관들이 이 논의에서 중요하고도 적극적인 역할을 하였음을 강조했다는 사실을 기억할 필요가 있다.[97] 이런 점에서, 기원전 143년의 한 호민관의 활동도 주목할만하다.

기원전 143년의 콘술 클라우디우스 풀케르(Ap. Claudius Pulcher)는 자신의 권위로 개선식을 거행했다. 베스타 여사제

---

96 그가 원로원에 의도적으로 저항한 것처럼 보이지 않기 때문에, 원로원도 그의 행동에 분개한 것 같지는 않다. 그가 기원전 163년에 콘술로 선출되는 것에 원로원이 반대하지 않았을 뿐만 아니라 코르시카에서의 승리에 대한 감사제(supplicatio)를 허용하였기 때문이다. App. *Bciv.* 1.17; Plut. *Ti. Gracch.* 1.1; Val. Max. 9.12.3.

97 Liv. 33.23.3; 33.22.10.

인 클라우디아(Claudia)가 개선식에 직접 참여함으로써, 호민관이 그녀의 아버지(또는 남자 형제)를 전차에서 끌어 내리는 것을 막았다.[98]

원로원에서 개선식을 거부당한 클라우디우스 풀케르가 호민관의 비토권에도 불구하고 개선식을 거행하는 데 성공했다.[99] 앨런 아스틴(Alan E. Astin)은 원로원이 호민관의 비토권 배후에 있다고 주장하지만, 그것은 호민관에 대한 기존의 편견에 기반을 두고 있다. 고대의 사료들은 비토권에 관한 원로원의 태도에 관해 언급하지 않았다. 반면에 수에토니우스는 클라우디우스 풀케르가 인민의 승인 없이 개선식을 거행하였기 때문에 호민관이 비토권을 행사했다고 분명하게 전한다.[100] 그의 개선식은 인민의 승인을 받지 않은 것이 분명하다. 사실 귀환하는 정무관이 개선식을 거행하면서 로마로 들어오는 당일에 임페리움을 보유할 수 있도록 허용하는 법안을 제안하는 것은 호민관의 직무였다.[101]

98　Cic. *Cael.* 34; Val. Max. 5.4.6; Suet. *Tib.* 2.4. 호민관이 클라우디아의 신성함을 더럽히면서 클라우디우스 풀케르의 신체에 손을 대는 것은 신성 모독이 될 수 있다.

99　Alan E. Astin, op cit., 1989, p. 192; T. Robert S. Broughton, op cit., p. 471.

100　Suet. *Tib.* 2.4.

101　Liv. 26.21.5-13; 45.36.1. Hendrik S. Versnel, op cit., p. 191; pp. 384-388; Jane E. Phillips, "Verbs Compounded with-trans in Livy's Triumph Reports," *Classical Philology*, Vol. 69(1974), pp. 54-55.

법안을 통과시키기 위해서 개선식을 요청한 자는 인민 앞에서 자신의 승리를 설명하고 입증해야만 했다. 클라우디우스 풀케르가 인민의 투표를 왜 피하려고 했는지는 분명하지 않지만, 그의 비정상적인 시도가 자연스럽게 호민관의 비토권을 초래했음이 분명하다. 따라서 원로원이 호민관들에게 비토권을 사용하도록 사주할 필요는 없어 보인다.

위에서 언급한 사례에서는 호민관이 비토권을 사용한 이유가 직간접적으로 기록되어 있다. 반면 다른 사례들은 그렇지 않다. 게다가 그것들은 정무관과 호민관이 서로 충돌하였던 사건으로서, 원로원의 정치적 입장이 무엇이었는지를 정확하게 가늠할 수가 없다. 이들 사례를 세밀하게 검토하는 이유다. 기원전 178년의 콘술 만리우스 불소(A. Manlius Vulso)는 갈리아 속주를 배정받았지만, 원로원의 허락 없이 이스트리아(Istria)를 침략했다. 아마도 그의 독단적인 행동 때문에 두 호민관 리키니우스 네르바(A. Licinius Nerva)와 파피리우스 투르두스(C. Papirius Turdus)가 개입했던 것 같다. 그들은 그를 재판에 회부하기 위해, 기원전 177년 3월 이후에는 그가 임페리움을 보유하지 못하도록 하는 법안을 제출했다. 그러나 이 법안은 동료 호민관인 퀸투스 아일리우스(Quintus Aelius)에 의해 비토되었다. 그는 격렬한 논의 끝에 법안의 통과를 막는 데 성공했으며, 만리우스 불소의 임페리움은 연장되었다.[102] 원로원의 동의 없이 이스트리아를 침공했다가 대

102　Liv. 41.6.1-3. 만리우스 불소가 자신의 임기를 마친 후에 호민관에

패했기 때문에, 그를 재판에 회부하려는 호민관들이 그의 임페리움을 중지하는 법안을 제출했음이 분명하다. 호민관들이 개입한 이유가 적법해 보이기 때문에, 다른 호민관 퀸투스 아일리우스가 비토권을 행사한 이유를 이해하기 어렵다. 하워드 스쿨라드(Howard H. Scullard)는 그의 행동을 정치적 경쟁 또는 적의의 관점에서 설명하지만,[103] 분명한 것은 없다. 마침내 만리우스 불소가 동료인 유니우스 브루투스(M. Iunius Brutus)와 함께 이스트리아에서 임페리움을 연장받았으며, 기원전 177년의 콘술 클라우디우스 풀케르도 이스트리아 지역을 속주로 배정받았다는 사실을 고려하면, 그 지역은 계속 전쟁 상태였음이 분명하다.[104] 따라서 호민관 퀸투스 아일리우스는 비록 패배했지만 작전 중인 군사령관을 재판에 회부하기 위해 전장에서 소환하는 것이 현명하지 않은 처사로 판단해 비토권을 사용했을 수 있다. 이 사건에서 퀸투스 아일리우스가 원로원에 의해 정치적 도구로 이용되었다는 증거는 없다.

푸리우스 푸르푸리오(L. Furius Purpurio)와 클라우디우스 마르켈루스(M. Claudius Marcellus)가 기원전 196년의 콘술로 선출되자, 원로원은 콘술들이 이탈리아를 속주로 배정받아야 한다고 결정했다. 콘술들은 이탈리아와 함께 마케도니아까지 추첨으로 결정해야 한다고 주장했다. 속주를 더욱 갈망했던 클라우디우스 마르

의해 기소되었던 것 같지는 않다.

103   cf. Howard H. Scullard, op cit., 1973, pp. 186-187.

104   Liv. 41.10.1-5; Polyb. 25.4.1.

켈루스는, 필리포스(Philippos)와 평화조약은 환상으로 로마 군대가 마케도니아에서 철수하면 반란이 재발할 것이라는 이유로, 원로원의 결정을 비난했다. 호민관 마르키우스 랄라(Q. Marcius Ralla)와 아티니우스 라베오(C. Atinius Labeo)가 관련 문제를 먼저 인민에게 이양하지 않으면 비토권을 행사하겠다고 선언하지 않았다면, 콘술의 주장이 관철되었을 것이다. 마침내, 35개의 트리부스(부족)가 마케도니아의 왕 필리포스와 평화조약을 체결해야만 한다고 만장일치로 찬성 투표했다.[105] 기원전 196년 콘술로 선출된 클라우디우스 마르켈루스가 마케도니아와 평화조약을 체결하는 것을 방해하였지만, 호민관의 비토권에 봉착했다. 기원전 197년 원로원은 퀸크티우스 플라미니누스가 필리포스와의 평화조약 체결을 돕기 위해 이미 10인의 사절을 임명했다.[106] 처음에 원로원은 평화를 원했기 때문에, 호민관의 행동이 원로원의 의지를 반영한 것처럼 보일 수 있다. 그러나 리비우스에 의하면, 클라우디우스 마르켈루스는 비토권이 행사되기 전에 이미 원로원 의원들의 마음을 돌려놓았다.[107] 그러므로 그에게 우호적으로 변한 원로원이 호민관을 사주해서 비토권을 사용했다는 것은 설득력이 약하다. 호민관들은 평화를 원하는 인민의 바람

105　Liv. 33.25.1-7. 레이첼 페이그 비쉬니아는 필리포스와의 평화 문제가 켄투리아회에서 다루어졌다고 주장하지만(Rachel Feig Vishnia, op cit., 1996, p. 125), 리비우스의 기록을 부인할만한 정당한 이유는 없다.

106　Liv. 33.24.7. cf. Polyb. 18.42.5.

107　Liv. 33.25.5-6. Erich S. Gruen, op cit., 1995, p. 68.

을 반영하여 비토권을 사용했을 것 같다. 사실 인민은 처음에 마케도니아와의 전쟁에 반대해서 이후 평화조약이 체결되었다는 소식을 듣고 크게 기뻐했다.[108] 그들의 독립적인 활동은 그들이 이 문제를 최종 결정자인 인민 앞에 상정했다는 사실에 의해 더욱 분명해진다.

기원전 193년, 선거를 주재하기 위해 로마로 귀환한 콘술 코르넬리우스 메룰라(L. Cornelius Merula)가 원로원에 자신을 위한 감사제와 개선식을 요구했다.[109] 그러나 공식적인 법안이 제출되기 전에, 유력 정치가인 카이킬리우스 메텔루스(Q. Caecilius Metellus)가 코르넬리우스 메룰라에 비판적인 클라우디우스 마르켈루스(M. Claudius Marcellus)의 편지가 사실인지를 확인하기 위해 그가 도착할 때까지 결정이 연기되어야 한다고 주장했다. 그럼에도 코르넬리우스 메룰라가 개선식 요구를 강요하자, 두 명의 호민관 마르쿠스 티티니우스(Marcus Titinius)와 가이우스 티티니우스(Gaius Titinius)가 이 문제와 관련하여 '원로원의 의결'이 통과되면 비토권을 사용할 것이라 선언했다. 개선식은 결국 거부되었다.[110] 기원전 193년 콘술의 개선식 요청이 호민관의 개입으로

---

108 Liv. 31.6.3; 33.25.8.

109 감사제를 거부당한 사령관은 개선식을 거행할 수 없었던 것 같지만, 감사제가 반드시 개선식을 보장하지는 않았다. Liv. 27.7.4. cf. Léon Halkin, *Les Supplications d'actions de graces chez les Romains* (Paris, 1953), pp. 93-97.

110 Liv. 35.8.1-9.

좌절되었다. 코르넬리우스 메룰라가 원로원이 불멸의 신들에게 경의를 표하지 않는다고 불평하였지만, 원로원은 그의 설명에도 불구하고 군사적 업적을 인정하지 않았다.[111] 얼핏 보면, 호민관들이 원로원의 결정을 따르고 있는 것 같다. 그러나 개선식에 관한 토론이 가열되는 동안, 호민관들은 개선식에 관한 '원로원의 의결'의 내용이 무엇이든 비토권을 행사할 것이라고 선언했다. 이것은 호민관들이 코르넬리우스 메룰라에게 개선식을 부여하는 것을 막기 위해 비토권을 사용한 것이 아님을 의미한다. 다시 말해서, 호민관들은 그에게 반대하는 클라우디우스 마르켈루스가 설명을 위해 로마에 도착할 때까지 개선식에 관한 어떤 결정이든 연기시키기 위해 자신들의 비토권을 사용했다.[112] 이것은 리비우스가 카이킬리우스 메텔루스의 제안을 자세하게 기록하고 있는 이유를 설명한다.[113]

위에서 고찰한 것처럼, 호민관의 비토권이 원로원의 집단적인 이익을 증진하고 그 권위에 반항하는 정무관들을 억압하기 위해 사용되었던, 원로원의 불가결한 정치적 수단이었다는 주장은

111　Liv. 35.8.

112　개선식에 대한 코르넬리우스 메룰라의 시도가 좌절된 것은 분명하다. 하지만 그가 자신의 요청을 자진해서 철회했는지 아니면 클라우디우스 마르켈루스가 도착한 이후에 그의 요청이 거부되었는지는 분명하지 않다.

113　카이킬리우스 메텔루스와 두 호민관 사이의 관계를 입증할 증거는 없다. 카이킬리우스 메텔루스의 입장에 관해서는 Howard H. Scullard, op cit., 1973, p. 122를 참조하시오. cf. John Briscoe, "Flamininus and Roman Politics, 200-189 B.C.," *Latomus*, Vol. 31(1972), p. 48.

재고되어야 한다. 오히려 호민관들은 자신들의 독자적인 판단과 주도로 비토권을 사용했다. 물론 호민관들이 가끔은 원로원의 결정들을 존중하고 종종 원로원과 같은 의견을 가졌음은 사실이다. 그러나 이것이 원로원이 주도권을 가지고 있었음을 반드시 의미하는 것은 아니다. 호민관들은 보통 관습과 국가의 이익을 고려하여 자신들의 권한을 사용했던 것 같다.

3. 호민관의 비토권과 정치적 유력자(또는 집단)

원로원은 다양한 가문과 씨족에 속한 귀족들의 협의체이기 때문에, 원로원을 위한 호민관의 행동은 자연스럽게 원로원 내의 특정 가문이나 씨족과 정치적으로 관련이 있는 것처럼 보이게 한다.[114] 유력가문 출신이 아닌 호민관은 자신의 정치적 경력에 도움이 될 만한 영향력 있는 정치가나 정치적 파벌(factio)을 위해 행동했을 수 있다. 하지만 이는 입증하기 어려운 가정에 불과하다. 물론 호민관이 정치적 진공상태에서 활동했다고 주장하는 것은 아니다. 어떤 의미에서 그들은 분명히 유력 정치가 또는 정치적 집단과 직간접적으로 관계를 맺고 있었을 것이다. 하지만 그런 정치적 제휴 관계에 관한 연구는 정치적 관계의 지속성을 지나치게 강조함으로써, 개별 정치가들이 독립적인 활동을 했을

---

114   Jochen Bleicken, op cit., 1968, pp. 94-95.

가능성을 원천 배제하였다.[115] 사실 다양한 가문들 간의 정치적 관계를 정확하게 보여줄 수 있는 정보는 거의 없다.[116] 게다가 호민관 대부분이 영향력 있는 정치가에게 의존해야만 하는 신인 출신이라고 단정 짓는 것도 단선적이다. 매년 열 개의 호민직에 평민만이 입후보할 수 있다는 사실을 고려하면, 상대적으로 많은 수의 신인이 호민관으로 선출된 것이 분명하지만, 앞에서도 언급했듯이 이름을 알고 있는 호민관 중에는 콘술, 프라이토르, 원로원 의원을 배출하였던 귀족 가문 출신도 많이 있었다. 그럼에도 불구하고, 아래에서 제시하는 세 사건은 유력 정치가 또는 그가 속한 정치 세력이 선거나 군 징집 관련 문제에서 자신들의 뜻을 관철하기 위해 호민관을 이용한 사례로 인용되었다.

---

115 정치적 엘리트에 관한 프리드리히 뮌쩌(Friedrich Münzer), 로널드 사임(Ronald Syme), 하워드 스쿨라드(Howard H. Scullard), 도널드 얼(Donald C. Earl), 에리히 그루엔(Erich S. Gruen)과 같은 집단전기학 학자들의 연구는 개별적인 정치가들의 독립적인 활동을 무시하고, 정치적 파벌의 존재와 그것의 지속성을 지나치게 강조하였다. 게다가 집단전기학의 방법을 지나치게 남용하였다. 집단전기학 학자들의 연구에 대한 비판을 위해서는 Dietmar Kienast, *Cato der Censor; seine Persöhnlichkeit und seine Zeit* (Heidelberg, 1954); Adolf Lippold, *Consules. Untersuchungen zur Geschichte des römischen Konsulates von 264 bis 201 v. Chr.* (Bonn, 1963); Christian Meier, op cit.,; Thomas F. Carney, "Prosopography: Payoffs and Pitfalls," *Phoenix*, Vol. 27(1973), pp. 156-179; Peter A. Brunt, op cit., 1988을 참조하시오.

116 호민관을 원로원의 도구로 간주하는 요켄 블라이켄도 이점을 인정한다. Jochen Bleicken, op cit., 1968, p. 96.

기원전 185년의 콘술 셈프로니우스 투디타누스(M. Sem-pronius Tuditanus)가 이듬해의 콘술 선거를 주재하기 위해 로마로 오기 전에, 동료 콘술인 클라우디우스 풀케르(Ap. Claudius Pulcher)는 자신의 동생 푸블리우스 클라우디우스 풀케르(Publius Claudius Pulcher)의 콘술 입후보를 지원하기 위해 서둘러 로마로 왔다.[117] 그는 동생을 위한 열성적인 선거 운동 때문에, 정적뿐 아니라 많은 원로원 의원의 비난을 샀다. 콘술의 지지자와 반대자 간의 논쟁에 동참하고 있던 호민관들도 서로 의견이 달랐다. 심지어 그들은 선거를 여러 번에 걸쳐 방해했다. 파비우스 라베오(Q. Fabius Labeo)의 당선이 유력했지만, 예상을 깨고 푸블리우스 클라우디우스 풀케르가 콘술로 선출되었다.[118]

기원전 184년의 신임 프라이토르인 테렌티우스 바로(A. Terentius Varro)와 셈프로니우스 롱구스(P. Sempronius Longus)는 자신들의 군단과 함께 고향으로 귀환하길 원하는 전임 프라이토르인 칼푸르니우스 피소(C. Calpurnius Piso)와 퀸크티우스 크리스피누스(L. Quinctius Crispinus)와 히스파니아의 군대 문제를

---

[117] 귀족에게 할당된 콘술 한 자리의 후보로는, 푸블리우스 클라우디우스를 제외하고, 아이밀리우스 파울루스(L. Aemilius Paullus), 파비우스 라베오(Q. Fabius Labeo), 술피키우스 갈바(Ser. Sulpicius Galba)가 있었다. 그중 당선 가능성이 가장 큰 후보는 파비우스 라베오였다고 한다. Liv. 39.32.5-9.

[118] Liv. 39.32.5-13.

두고서 충돌했다. 이는 지지자를 양분할 정도로 가열되었다. 양쪽 모두에 콘술과 호민관들이 포함되어 있었다. 한쪽은 원로원이 군대의 귀환을 결정하면 '원로원의 의결'에 비토권을 행사하겠다고 선언하였으며, 다른 쪽은 만약 비토권이 행사되면 자신들은 다른 칙령들을 모두 통과시키지 않겠다고 맞섰다. 신임 프라이토르들이 보충병을 징집해서 히스파니아의 네 개 군단에 배정한 뒤, 원래 그곳에 있었던 나머지 병사들을 제대시킨다는 '원로원의 의결'이 결국 통과되었다.[119]

기원전 184년의 프라이토르 우르바누스로 선출된 직후 사망한 데키미우스 플라부스(C. Decimius Flavus)를 대신하는 보궐선거에 네 명이 입후보했다. 유력 후보는 유피테르 신관(flamen Dialis)인 발레리우스 플라쿠스(C. Valerius Flaccus)와 신임 쿠룰리스 아이딜리스인 풀비우스 플라쿠스(Q. Fulvius Flaccus)였다. 후자가 우세한 것처럼 보였지만, 일부 호민관들은 누구든지 동시에 두 개의 직책에 입후보하거나 겸직을 해도 안 되기 때문에, 그의 입후보를 허용해서는 안 된다고 선언하였다. 하지만 다른 호민관들은 인민이 원하는 자를 프라이토르로 선출할 수 있도록 그를 그 법의 적용으로부터 면제해야 한다고 응수했다. 원로원은 처음부터 풀비우스 플라쿠스의 입후보를 반대했던 콘술 포르키우스 리키니우스(L. Porcius Licinius)가 그에게 입후

---

119 Liv. 39.38.8-11.

보 철회를 요청하라는 명령을 내렸다. 모호한 대답으로 콘술의 요청을 회피한 그는 선거 운동을 더욱 열정적으로 계속했다. '원로원의 의결'이 그에게 영향을 미치지 못하자, 원로원은 문제를 인민에게 이양했다. 그럼에도 그는 입후보를 철회하지 않았다. 마침내 원로원은 프라이토르의 보궐 선거를 중단하고 프라이토르 페레그리누스인 코르넬리우스 케테구스(P. Cornelius Cethegus)가 사망한 프라이토르 우르바누스의 직무도 맡아야 한다는 '원로원의 의결'을 반포했다.[120]

정무관의 선출과 군대 문제를 두고 충돌하였던 유력 정치가들의 정쟁에 호민관이 적극적으로 참여하였기 때문에, 현대 학자들은 호민관이 유력 정치가(또는 집단)의 영향력을 받고 있었다고 가정한다. 하지만 정치적 투쟁에서 호민관이 발견된다는 사실 자체가 호민관이 관련 정치가와 정치적 동맹 관계였음을 반드시 의미하지는 않는다. 사실 위의 호민관들이 누구인지 모를 뿐만 아니라 그들이 비토권을 행사했는지도 분명하지 않다. 아마도 호민관의 참여에 관한 리비우스의 묘사는 호민관의 일반적인 권리에 입각한 리비우스 자신의 추론에 불과할 수 있다. 호민관의 참여가 유력 정치가와 호민관 사이의 실제적인 정치적 제휴를 반영하는 것이 아니라면, 그것은 호민관이 자신들의 독자적인 판단에 따라 참여했을 논쟁들을 극적으로 윤색하기 위해 첨가되었

---

120 Liv. 39.39.

을 수 있다. 사실 리비우스는 극적 묘사를 위해 수사적인 방식으로 장식된 연설을 많이 소개한 것으로 유명하다.

미상의 호민관과 관련된 사례들이 암시하듯이, 호민관과 정치적 개인(또는 그룹) 간의 공고한 정치적 유대관계를 분명하게 보여주는 사례는 거의 없다. 몇 가지 사례는 오히려 호민관이 공동체의 '헌정적 수호자(Verfassungswächter)'의 역할을 했다는 테오도르 몸젠(Theodor Mommsen)의 견해에 더 부합하는 것 같다. 기원전 213년 코르넬리우스 스키피오 아프리카누스(P. Cornelius Scipio Africanus)가 아이딜리스에 입후보했을 때, 호민관은 그가 후보의 법적 나이에 도달하지 못했다는 이유로 개입했다. 스키피오 아프리카누스가 인민이 자신을 아이딜리스로 선출하길 원한다면 자신은 후보자가 될 충분한 나이를 가졌다고 응수했다. 호민관은 자신들의 비토권을 철회했으며, 스키피오 아프리카누스는 쿠룰리스 아이딜리스로 선출되었다.[121] 기원전 137년의 콘술 호스틸리우스 만키누스(C. Hostilius Mancinus)가 누만티아인과 굴욕적인 평화조약을 체결했기 때문에, 그는 '원로원의 의결'에 대

---

[121]   Liv. 25.2.6-7. 푸블리우스 스키피오가 자신의 형제인 루키우스 스키피오와 함께 쿠룰리스 아이딜리스로 선출되었다는 폴리비오스(Polyb. 10.4-5)의 주장은 거부되어야 한다. 푸블리우스 스키피오와 함께 선출된 사람은 코르넬리우스 케테구스(M. Cornelius Cethegus)다. Liv. 25.2.6. 폴리비오스가 제기한 주장의 부정확성에 관해서는 Frank W. Walbank, *A Historical Commentary on Polybius, Vol. II* (Oxford, 1967), pp. 199-200을 참조하시오.

스키피오 아프리카누스

한 민회에서의 투표를 통해서 누만티아인에게 양도되었다.[122] 누만티아인이 그를 받아들이길 거부하자, 그는 고향으로 돌아와 원로원에 들어가려고 했다. 이때 호민관 푸블리우스 루틸리우스(Publius Rutilius)는 "아버지나 인민이 매각한 또는 페티알리스(fetialis)가 양도한 사람은, 복권의 권리를 보유하지 못한다는 전통적인 규약에 따라, 시민이 아니다"라는 이유를 들어 호스틸리우스 만키누스가 원로원에 들어오는 것을 막았다.[123]

위의 사례들은 호민관이 공화정의 전통적인 관례와 규약에 따라 개입하고 있음을 분명하게 보여준다. 기원전 213년의 호민관들이 스키피오 아프리카누스의 입후보와 관련하여 법적 나이에 문제를 제기하고, 기원전 136년의 호민관이 호스틸리우스 만키누스의 시민권에 관한 법적 규약을 제시했다는 사실은 호민관의 의도가 공화정의 헌정적 전통을 고수하려는 것이었음을 암시한다. 이런 호민관들의 행동을 정치적인 제휴의 맥락에서만 설명하려는 것은 당시의 상황을 왜곡할 수 있다. 사실 호스틸리우스 만키누스의 원로원 입장을 막은 호민관 푸블리우스 루틸리

---

122 '원로원의 의결'에 따라, 기원전 136년의 콘술 푸리우스 필루스(L. Furius Philus)와 아틸리우스 세라누스(Sex. Atilius Serranus)는 호스틸리우스 만키누스를 누만티아인에게 양도하는 법안을 통과시켰다. 푸리우스 필루스는 그의 양도를 감독하였다. Cic. *Off*. 3.109; Alan E. Astin, op cit., 1967, pp. 132-133.

123 Cic. *De Or*. 1.181; *Off*. 3.109. 페티알리스(fetialis)에 관해 설명은 김경현, 「고대 로마의 페티알리스(fetialis)와 정당한 전쟁」, 『역사학보』 제216집(2012), 136-163쪽을 참조하시오.

우스가 누군가와 어떤 정치적인 관련성이 있었다면, 호민관에게 비우호적인 키케로가 이 사건을 언급할 때 빠뜨렸을 리가 없다.

공화정의 법과 전통을 고수하려는 호민관의 활동을 기원전 199년의 한 사건에서도 발견할 수 있다. 6년 동안 히스파니아에 있다가 로마로 귀환한 만리우스 아키디누스(L. Manlius Acidinus)가 원로원에서 개선식을 요구했다. 만리우스 아키디누스도 코르넬리우스 렌툴루스(L. Cornelius Lentulus)처럼 스키피오의 후임으로 히스파니아에서 프로콘술의 명령권을 가지고 지휘했기 때문에, 개선식과 관련하여 두 사람의 상황은 매우 유사했다. 원로원은 처음에는 만리우스 아키디누스에게 오바티오를 부여하려고 했던 것처럼 보인다. 하지만 호민관 포르키우스 라이카(P. Porcius Laeca)가 반대해서, 오바티오는 결국 거행되지 못하였다.[124] 코르넬리우스 렌툴루스의 경우와 비교할 때,[125] 만리우스 아키디누스가 거부당할 분명한 이유는 없다. 당시에는 임페리움의 보유 여부가 개선식 거행의 필수 조건이 아니었기 때문이다. 리비우스는 만리우스 아키디누스가 국고에 금 30파운드와 은 1,200파운드를 헌납했다고 전한다. 이 수치가 반드시 군사적 승리를 의

---

124 Liv. 32.7.4.

125 기원전 206년부터 거의 7년 동안 프로콘술로서 히스파니아에 있다가 로마로 귀환한 코르넬리우스 렌툴루스는 군사적 승리를 거두었지만, 사적인 개인의 자격으로 프로콘술의 임페리움을 가지고 있었기 때문에 관례상 개선식이나 오바티오를 거행할 수 없었다. 그렇지만 그는 원로원의 양보를 얻어내는 데 성공하여 오바티오를 거행하였다. Liv. 31.20.2-3.

미하지는 않지만, 원로원이 오바티오를 제안했다는 사실은 그의 주장이 처음에는 어느 정도 인정되었음을 의미한다. 그러므로 요켄 블라이켄은 포르키우스 라이카가 만리우스 아키디누스와 포르키우스 카토 사이의 개인적인 원한 관계 때문에 비토권을 사용했을 것이라고 주장했다.[126] 하지만 라이카와 카토가 같은 포르키아(Porcia) 씨족 출신이라는 사실을 제외하곤 그 둘 사이의 정치적 관계를 입증할 증거는 없다.[127] 이런 점에서, 만리우스 아키디누스가 원 히스파니아의 총독임에도, 근 히스파니아 총독의 복점(auspicium) 하에서 일레르게테스(Ilergetes)인의 지도자 인디빌리스(Indibilis)와 싸웠다는 주장을 고려해야 한다.[128] 특히 새점의 한 형태인 복점의 여부가 개선식을 거행하는 데 필요한 기본적인 전제조건이기 때문이다. 신임 콘술은 항상 자신의 임기를 시작하면서 재임 기간 신들의 보호를 받으려고 복점을 쳤다. 만약 그가 전쟁에 나간다면, 다른 복점이 또 필요했으며, 전투 당일에도 그날에 유효한 복점이 필요했다.

물론 호민관이 친인척 문제로 개입한 경우들도 있다. 칸나이 전투의 생존자들은 약속한 몸값을 내면 석방될 수 있는 조건으로 한니발에게 항복했다. 한니발은 다시 돌아온다고 약속한 열 명의 전쟁 포로로 구성된 대표단을 로마로 보냈다. 그들의 귀환이 늦어지자, 그는 세 명의 대표를―스크리보니우스(L.

---

126   Jochen Bleicken, op cit., 1968, p. 97.

127   John Briscoe, op cit., 1973, p. 179.

128   Jochen Bleicken, op cit., 1968, p. 97.

Scribonius), 칼푸르니우스(C. Calpurnius), 만리우스(L. Manlius) — 더 보냈다.[129] 이때 포로들의 대표로 온 스크리보니우스의 친척 중에 기원전 216년의 호민관 스크리보니우스 리보(L. Scribonius Libo)가 있었다. 그는 원로원에 국가가 칸나이의 전쟁포로 몸값을 지불할 것을 제안했지만 거부되었다.[130] 몇 년 후 기원전 212년에는 호민관 루키우스 카르빌리우스(Lucius Carvillius)와 스푸리우스 카르빌리우스(Spurius Carvillius)가 고대 에트루리아의 항구 도시 피르기(Pyrgi) 출신의 조세청부업자 마르쿠스 포스투미우스(Marcus Postumius)에게 원로원과의 계약을 악용했다는 죄목으로 200,000 아세스(asses)의 벌금을 부과했다.[131] 마르쿠스 포스투미우스는 자신의 친척이면서 호민관인 세르빌리우스 카스카(C. Servilius Casca)의 비토권을 이용하려 했지만, 인민의 항의에 두려움을 느낀 호민관은 원래의 계획과 달리 비토권을 행사하지 않았다.[132] 개인적인 원한 때문에 호민관이 개입했다고 믿는 사례도 있다. 기원전 169년에 켄소르로 선출된 클라우디우스 풀케르(C. Claudius Pulcher)와 셈프로니우스 그라쿠스(Ti. Sempronius

---

129 아피아노스(App. *Hann.* 28)는 그나이우스 셈프로니우스(Gnaeus Sempronius)가 이끄는 세 명으로 구성된 사절단을 언급하고 있다.

130 Liv. 22.58.5-6; 22.61.5-7.

131 마르쿠스 포스투미우스를 위시한 조세청부업자들이 가치 없는 물건을 실은 낡고 오래된 배를 바다에서 침몰시킨 후 선적물이 훨씬 값어치 있는 물건이었다고 거짓으로 보고하였다. 조세청부업자들이 원로원과 체결한 계약에 관해서는 리비우스(Liv. 23.48.5-23.49.4)를 참조하시오.

132 Liv. 25.3.13-17.

Gracchus)는 자신들이 계약을 체결한 공공사업을 감독하고 건물 수리 계획을 완수하도록 자신들의 임기 연장을 요청했다. 그러나 자신을 원로원 의원으로 등록하지 않은 데 앙심을 품고 있던 호민관 그나이우스 트레멜리우스(Gnaeus Tremellius)의 비토권 때문에, 켄소르들의 요청은 좌절되었다고 한다.

위의 사례들은 일견 호민관이 개인적인 이해관계에 따라 비토권이라는 강력한의 권한을 남용함으로써, 국가 이익에 반하는 행동을 한 증거처럼 보인다.[133] 그러나 이런 단순한 결론은 유보되어야 한다. 물론 세르빌리우스 카스카와 포스투미우스의 친척 관계만을 염두에 두면, 그가 개인적인 이유로 비토권을 행사했음을 부인할 수 없다. 하지만 세르빌리우스 카스카는 인민에 대한 두려움뿐만 아니라 자신에 대한 부끄러움 때문에, 비토권을 행사하지 않았다고 한다. 트레멜리우스의 경우는 조금 더 복잡하다. 전직 호민관에게 원로원의 문호를 개방한 아티니우스 법(lex Atinia)도 아직 통과되지 않은 시점에서 그나이우스 트레멜리우스가 원로원 의원이 되길 원했다는 언급은 시대착오적일 수 있다. 게다가 그가 개입한 이유가 개인적인 원한이었다면, 동료 호민관들이 개입하지 않은 것이 이상하다. 그가 다른 호민관의 비토권에 직면하지 않았다는 사실은 임기 연장을 원하는 켄소르들의 제안이 설득력을 갖지 못했음을 의미할 수 있다. 로마의 헌정을 무시하는 그들의 요청이 호민관의 관심과 적극적인 참여를

---

133   Jochen Bleicken, op cit., 1968, p. 98.

유도한 주요 원인일 수 있다. 마지막으로 스크리보니우스 리보가 자신의 친척 때문에 몸값에 관한 제안을 했다는 결론은 당시의 정치적 상황과 여론을 간과할 수 있다. 리비우스와 키케로가 놀랄 정도로 이 사건에 관한 다양한 설명은 전쟁포로의 몸값 지불을 두고 원로원에서 격렬한 논쟁이 진행되었으며 원로원의 논의는 인민에게 엄청난 관심이었음을 암시한다.[134] 물론 스크리보니우스 리보가 전쟁 포로의 친척이지만, 그의 행동을 좀 더 넓은 관점에서 고찰할 필요가 있다. 다시 말해서, 그는 인민을 위해서 원로원의 논의에 참여했다. 이런 추론은 스크리보니우스 리보 자신이 동료 호민관 마르쿠스 미누키우스(Marcus Minucius)가 제안한 법안에 따라 전쟁포로의 몸값을 국가가 빌려주기 위해 설치된 멘사리우스 3인 위원회(triumviri mensarii)의 위원으로 선출된 사실에 의해 입증될 수 있다.[135]

기원전 200년의 호민관 퀸투스 바이비우스(Quintus Baebius)가 사용한 비토권도 비슷한 맥락에서 이해할 수 있다. 그해 마케도니아를 속주로 배정받은 콘술 술피키우스 갈바(P. Sulpicius Galba)는 전쟁에 관한 법률을 켄투리아회에 제출했다. 거의 모든 켄투리아가 전쟁 반대에 투표했으며, 호민관 퀸투스 바이비우스도

---

134 Liv. 22.62.10; Cic. *Off.* 3.113.

135 리비우스는 이 위원회의 역할 범위에 관해 언급하지 않았다. 하지만 전쟁포로의 몸값을 국가가 빌려주는 업무를 수행하였다는 테로도르 몸젠의 주장이 광범위하게 수용되고 있다. Theodor Mommsen, op cit., 1887, 641 n.1.

카르타고와 길고도 파괴적인 전쟁을 끝낸 직후에 마케도니아와 다시 전쟁을 시작하는 것에 반대했다. 이에 분노한 원로원은 호민관이 권한을 남용했다고 공격했으며, 전쟁 법안을 재고하기 위해 민회를 재소집할 것을 콘술에게 명령하였다. 마침내 인민은 전쟁 법안을 통과시켰다.[136] 하지만 이것이 전쟁 결정에 있어서 인민이 명목상의 주권자에 불과했음을 의미할 필요는 없다. 인민이 콘술의 선전에 현혹이 되었든 안 되었든 간에, 이 사건에서는 간과해선 안 될 사항이 있다. 술피키우스 갈바는 스키피오가 아프리카에서 데려온 퇴역병 중에서 가능한 많은 자원자를 재징집하는 것을 허락받았지만, 원하지 않는 자를 징집할 수는 없었다. 이는 인민들이 징집되는 것뿐만 아니라 전쟁에 연루되는 것을 주저했음을 보여준다. 기원전 200년경 전쟁에 반대하는 분위기가 있었음을 부인할 이유는 없다.

위에서도 언급했듯이, 매우 제한된 정보에 근거하여 어떤 결론을 내리는 것은 경계해야 한다. 정치적인 호민관이 유력자 또는 파벌 세력과 정치적 관계를 맺는 것은 당연하다. 그럼에도 불구하고, 정치적인 제휴 관계가 호민관의 모든 행동을 결정했다고 결론 내리는 것은 단선적일 수 있다. 호민관과 유력 정치가 사이의 수직적인 정치적 상하관계를 입증할 증거는 없다. 유력 정치가나 집단이 원로원을 장악하고 자신들의 정치적 이익을 극대화하기 위해 호민관의 비토권을 이용했을 것이라는 가정은 유

---

136 Liv. 31.6-8.1.

보되어야 한다. 호민관이 자신들에게 부여된 막강한 권한인 비토권을 사용한 동기는 매우 다양하다. 사실 그것과 관련하여 전해지고 있는 증거들은 여전히 호민관이 인민의 의지를 대변하거나 관습을 수호하기 위해 비토권을 사용하였음을 가리킨다.

4. 호민관의 비토권: 역할과 정치적 함의

호민관의 비토권은 원로원의 지배체제에 반항적인 호민관이나 특히 정무관을 원로원이 견제하는 또는 유력 정치가(또는 집단)가 정치적 이익을 추구하기 위해 사용된 일종의 정치적 도구에 불과했다는 전통적인 견해는 수정되어야 한다. 기존의 주장은 위에서 검토했던 많은 사례에 적합하지 않을 뿐만 아니라 고대 저술가들의 의견에도 부합하지 않는다. 로마 공화정 중기에 활동했으며, 또 로마의 정체에 관해 가장 많은 정보를 제공하고 있는 폴리비오스에 따르면, "한 명의 호민관이라도 개입하면, 원로원은 어떤 문제에 대해서도 최종적인 결론을 내릴 수 없었으며, 심지어 원로원 회의를 개최하거나 소집할 수도 없었다."[137] 이는 호민관이 원로원 회의를 중단시킨 기록이 없다는 이유로 거부되었지만,[138] 그의 견해는 호민관의 비토권에 관한 일반적인 이론

---

137 Polyb. 6.16.5.

138 프랭크 월뱅크는 폴리비오스가 호민관직에 관한 이론뿐 아니라 심지어 그것의 실제에 관해서도 과장했다고 주장하였다. Frank W. Walbank,

에 기초한 것이 분명하다. 사실 그는 호민관을 원로원이 아닌 인민을 위한 직책으로 평가하였다. 원로원이나 원로원 귀족이 호민관의 비토권을 정치적 도구로만 활용했다면, 스키피오 아이밀리아누스(Scipio Aemilianus)의 친구로서 로마의 정치 상황을 근거리에서 직접 목격했던 폴리비오스가 그것을 인지하지 못했을 리없다.

호민관이 원로원의 지배체제에 필요한 직책이라는 견해는 아마도 키케로가 기원전 46년경에 저술했을 『법률론(de Legibus)』에서 처음 개진되었을 것이다. 그는 자신의 동생 퀸투스(Quintus)와의 대화를 통해 열 명의 호민관 중 정신이 똑바른 자가 있을 것이라고 말하였다.[139] 이는 키케로가 호민관의 비토권을 염두에 두고 한 언급이지만, 이것으로부터 호민관의 비토권이 원로원의 지배를 위한 필수 불가결한 도구였다는 결론을 내리는 것은 성급하다. 동생과의 대화에서 나타나는 호민관에 관한 그의 전반적인 인식은 부정적이었다. "호민관의 첫 번째 행동은 원로원 의원으로부터 그들의 모든 특권을 빼앗고, 모든 부분에서 최하층민을 상층계급과 동일하게 만들고 혼란과 무질서를 초래하는 것들이었다. 그러나 그들은 귀족의 권위를 짓밟은 이후에도 멈추지 않았다."[140] 또 키케로의 호민관에 대한 개인적인 적대감을 잊어서는 안 된다. 키케로에게 호민관은 원로원의 지배에 도전

---

op cit., 1970, p. 692.

139　Cic. *Leg*. 3.24.1-2.
140　Cic. *Leg*. 3.19.16-20.

하는 골치 아픈 존재였다.[141]

물론 이 글의 목적이 호민관은 원로원의 지배를 위협하기 위해 자신들의 비토권을 사용했다고 주장하는 것은 아니다. 이 또한 위에서 논의했던 사례들에 부합하지 않는다. 호민관이 비토권을 사용한 이유를 철저하게 살펴봄으로써, 그것이 로마의 정체에서 어떤 역할을 담당했는지를 숙고해야 하는 이유다. 물론 호민관이 개인적인 이익이나 관계에 따라 자신들의 권한을 남용했을 수도 있다. 하지만 비토권이 사용된 사건들을 정치적·군사적·경제적 맥락에서 재구성하는 작업은 호민관이 로마의 정체·법·관례 등과 관련하여 대체로 정당한 명분을 가지고 공화 정치에 개입하였음을 보여준다. 호민관이 비토권을 사용한 이유가 분명한 대략 24개의 사례 중에서 11건은 고대의 관습, 6건은 국가의 이익, 5건은 개인적인 관계, 그리고 4건은 인민의 바람과 관련이 있다.

제2차 로마-카르타고 전쟁과 로마의 계속된 팽창은 시민권, 공직 보유, 개선식과 관련된 로마의 헌정적 절차에 큰 부담을 안겼다. 특히, 공직 보유의 관례들이 위협받았으며, 군사적 성공에 대한 보상으로서 개선식에 대한 요구가 빈번하게 이어졌다.[142]

---

[141]   cf. Sall. *H*. 1.77.14.

[142]   John S. Richardson, "The Triumph, the Praetors and the Senate in the Early Second Century," *Journal of Roman Studies*, Vol. 65(1975), pp. 50-63. cf. Robert Develin, "Tradition and the Development of Triumphal Regulations in Rome," *Klio*, Vol. 60(1978b), pp. 427-438.

헌정적인 변칙들이 호민관의 간섭을 초래했음은 당연하다. 어떤 의미에서, 호민관의 중요한 기능이 입법이란 사실이 암시하듯이, 호민관은 관습과 법률에 정통한 법적 전문가였다. 물론 호민관이 관습의 후견인 또는 시대에 역행하는 고집 센 보수주의자의 후견인이었음을 의미하는 것은 결코 아니다. 호민관은 원로원이 정무관 후보자 및 귀환하는 장군과 정치적·행정적 타협을 시도하려 할 때, 종종 원로원을 존중하고 그들의 의견을 따랐다. 그럼에도 불구하고 그들은 관련 문제들의 법적·헌정적 측면들을 지적함으로써, 공화정을 구성하는 요소들, 즉 원로원, 정무관, 민회 중 한 요소가 일방적인 결정을 내리는 것을 지양하고 세 요소 간의 지속적인 대화와 타협을 유도하였다. 다시 말해서 호민관의 개입은 개선식이나 공직 보유 등과 관련된 문제들에 관해서 조화로운 헌정적인 규칙을 만들어내는 데 일조했다. 이는 기원전 180년 이후에 개선식의 부여와 관련된 논쟁이 왜 더 이상 발견되지 않았는지를 또 빌리우스 법(lex Villia)이 기원전 180년에 왜 통과되었는지를 설명할 수 있다. 호민관의 비토권은 로마 정체의 다양한 정치적 요소 중—원로원, 정무관, 인민—하나의 정치적 도구가 아니라 그 세 요소 사이의 타협과 조화를 유도하는 합리적인 정치적 과정의 일부분이다.

정치적 타협을 이루어내고 조화를 유지하는 수단으로서의 호민관의 비토권은 다른 곳에서도 발견된다. 공화정 중기에는 정치적 지위를 위해 군사적 명령권을 원했던 야심적인 정무관이 많이 등장한다. 결과적으로 그들은 지휘권과 속주의 배정과 같은 문제로 원로원과 그리고 전쟁과 평화의 문제와 관련하여 인민과 종종 충돌했다. 마찬가지로 이런 충돌은 호민관의 주의를 끌었다. 그들은 정무관을 압박하여 원로원의 의결 또는 인민의 바람을 따르도록 하는 데 성공했지만, 그들이 항상 한쪽만을 지지한 것은 아니었다. 호민관의 개입은 치열한 충돌이 초래할 정치적 교착상태를 미리 방지하고 양측 간에 협정을 체결하게 유도했을 수 있다. 예를 들어, 기원전 201년의 콘술 코르넬리우스 렌툴루스가 스키피오의 아프리카 지휘권을 대체하려고 하자, 코르넬리우스 렌툴루스와 원로원은 타협하였다.[143] 기원전 216년 원로원은 국가의 비용으로 칸나이 전투 포로의 몸값을 지불해야 한다는 호민관 스크리보니우스 리보의 제안에 반대했지만, 결국 멘사리우스 3인 위원회(triumviri mensarii)를 설치하는 법안을 통과시키는 데 양보하였다.

보통 호민관의 비토권은 로마 정무관의 활동이나 원로원에서 통과된 '원로원의 의결'을 포함한 공적 활동을 중단시키는 권한으로 이해되었다. 이러한 비토권의 부정적인 권한 또는 기능에 주목한 현대 학자들은 호민관의 비토권을 원로원 또는 유력 정치가가 자신들의 정치적 이익을 실현하기 위해 활용한 정치적 무기로 간주하였다. 하지만 호민관의 비토권이 부정적인 측면만을 가진 것은 결코 아니다. 지금까지 살펴본 것처럼, 공화정 중기의 호민관은 정치적 결정이 일방적으로 이루어지는 것을 또는

143　타협안을 위해서는 주) 89번을 참조하시오.

정치적 충돌의 격화로 정국이 교착상태에 빠지는 것을 방지하거나 완화하기 위해 비토권을 행사하였다. 다시 말해서 호민관은 로마 정체의 세 가지 요소가—원로원, 정무관, (평)민회—서로 정치적 대화를 나누고 타협하도록 유도하기 위해 비토권을 행사하였다. 물론 호민관의 비토권은 권력의 속성상 정치적 무기로 악용될 소지를 가졌지만, 공화정 중기에 그것은 국가의 정무관과 정치 기구들의 권한을 완화하고 제한하는 역할을 함으로써, 그것들이 서로 소통하고 타협하게 하는 일종의 정치적 조정 기능을 수행했다.

제5장 호민관의 사법권

호민관이 보유한 사법권의 기원과 발전에 관한 역사적인 재구성은 신뢰할만한 사료의 부족뿐만 아니라 '인민 법정(iudicium populi)'과 '인민으로의 상소(또는 '인민의 상소권', provocatio ad populum)'와 같은 법적 문제들로 인해 사실상 불가능한 것처럼 보인다.[1] 인민재판의 시작과 발전을 '인민으로의 상소'와 연결했던 테오도르 몸젠에 따르면, 신분 투쟁 당시 자의적인 귀족 정무관의 위협을 받던 평민이 행인에게 도움을 청했을 때, 호민관은 정무관의 즉결 심판과 그에 따른 처벌에 — 채찍질 형 또는 사형 — 개

---

1 '인민 법정' 또는 '인민으로의 상소'와 같은 법적인 문제들에 관한 개요는 Adalberto Giovannini, "Volkstribunat und Volksgericht," *Chiron*, Vol. 13(1983), pp. 545-566을 참조하시오.

입하여 공식적인 민회에서 재판을 받게 했다.[2] 하지만 볼프강 쿤켈(Wolfgang Kunkel)은 테오도르 몸젠의 이론을 철저하게 반박하면서, 호민관에 의한 재판은 '인민으로의 상소'와는 별개로 발전했다고 주장했다. 그 때문에 정무관의 강압적인 행위에 대항해 대중에게 물리적 도움을 요청하는 호소로서의 '인민의 상소권'이 재판을 위한 호민관의 간섭을 초래했는지는 분명하지 않다.[3]

기원전 5세기 초의 비운의 영웅인 마르키우스 코리올라누스(C. Marcius Coriolanus)의 사건을 언급한 할리카르나소스의 디오니시우스(Dionysius of Halicarnassus)는 이미 기원전 491년에 호민관이 귀족을 평민회에서 기소할 수 있는 권한을 갖고 있었다고 믿었다.[4] 하지만 마르키우스 코리올라누스 사건에 관한 극적인 이야기들은—예를 들어, 평민에게 빼앗겼던 권한을 되찾기 위해 곡물 가격을 정치적으로 이용했다는 내용[5] 및 기소 이후에 그가 보

---

2 Theodor Mommsen, op cit., 1887, 1.149-150. 유용한 개요를 위해서는 James L. Strachan-Davidson, *Problems of the Roman Criminal Law, Vol. I.* (Oxford, 1912), pp. 127-145; Wolfgang Kunkel, opcit., pp. 9-17; Arnold H.M. Jones, op cit., pp. 1-39를 참조하시오.

3 Wolfgang Kunkel, op cit., pp. 18-36.

4 Dion. Hal. 7.21-66.

5 Liv. 2.34.8-9; Dion. Hal. 7.20.4. 로버트 오길비는 리비우스가 전하는 마르키우스 코리알라누스의 연설에는 기원후 1세기에 유행했던 격렬한 수사법의 특징이 나타난다고 주장했다. Robert M. Ogilvie, op cit., 322. 곡물 위기의 원인에 관해서는 Peter Garnsey, op cit., pp. 172-174를 참조하시오.

앙겔리카 카우프만(Angelika Kauffmann), 「코리올라누스 그리고 퇴각을 간청하는 그의 어머니와 아내
(Coriolanus, his mother Veturia and his wife Volumnia begging him to give up the war)」(1765)

여주었던 행동들[6]—그의 재판에 관한 역사성을 반감시킨다. 12 표법의 한 구절을 설명하기 위해 사건이 조작되었다는 주장의 여부와 상관없이, 아직 로마 정체의 공식적인 정무관이 아니었던 호민관이 평민이 아닌 귀족에게까지 사법권을 가졌을 것 같지는 않다.[7] 하지만 호민관이 정무관의 자의적인 행동으로부터 평민의 권리를 보호하기 위해 선출되었음을 염두에 둔다면, 호민관의 원래 기능은 평민의 권리를 침해하는 정무관을 소환하고 고발하는 것이었을 것이다.[8] 또 호민관은 시민을 어떤 법적 절차 없이 명령과 법률에 복종시키기 위해, 임페리움을 보유한 정무관이 갖고 있었던 강제권(coercitio)을 똑같이 요구했을 것이다.[9] 호민관은 자신들이 금지한 것을 위반한 자를 체포하고, 벌금을

---

6 리비우스(Liv. 2.39-40)에 의하면, 마르키우스 코리올라누스는 볼스키인의 군대를 이끌고 로마의 성문까지 쳐들어 왔지만, 어머니 베투리아(Veturia)와 아내 볼룸니아(Volumnia)의 기도와 눈물 때문에 돌아섰다. cf. Edward T. Salmon, op cit., 1930, pp. 96-101; D.A. Russell, op cit., pp. 21-29; Tim J. Cornell, op cit., 1989, p. 288.

7 로버트 오길비는 호민관이 기소한 모든 사건이 후대의 연대기 작가들에 의해 조작된 것이라고 주장하였다. Robert M. Ogilvie, op cit., p. 325. cf. Giovanni Niccolini, op cit., p. 127; Arnold H.M. Jones, op cit., pp. 36-37.

8 Abel H.J. Greenidge, *The Legal Procedure in Cicero's Time* (Oxford, 1901), p. 328; Wolfgang Kunkel, op cit., pp. 62; Frank W. Walbank, op cit., 1970, p. 682.

9 강제권(ius coercitionis)에 관해서는 Jochen Bleicken, op cit., 1968, pp. 83-94; Lukas Thommen, op cit., 1989, pp. 187-191; Wifried Nippel, op cit., pp. 5-12; Andrew Lintott, op cit., 1999, pp. 97-99를 참조하시오.

부과 또는 투옥하거나 사형선고를 내릴 수 있었다.[10] 하지만 호민관의 강제권은 법적 개념의 발전과 완성의 결과가 아닌 집단적인 맹세가 보장하는 평민 모임의 단순한 결정에 기초했기 때문에, 호민관은 자신들의 신체불가침권이 침해받았음을 선언하기 위해서는 자신들만의 민회에 의존해야 했다. 이것이 정무관을 정식 재판에 넘길 수 있는 호민관의 권한으로 발전했을 것이다. 호민관의 기소권을 잘 알고 있던 후대의 연대기 작가들은 그런 권한이 공화정 초기부터 이미 존재했다고 주장하지만, 그런 주장을 입증할 근거를 발견하긴 어렵다.[11] 그럼에도 '신분 투쟁' 말엽 호민관은 엄격한 법적 의미에서는 아니더라도 국가의 정식 정무관이 되었기 때문에,[12] 로마의 정체를 위협하고 공적인 이해관계를 위험에 빠트리는 자들에 대해 공적 기소자의 역할을 수행할 수 있었다. 사실 호민관은 공화정 중기에 열렸던 대부분의 정치적 재판에 직간접적으로 연루되어 있었다.

보통 호민관이 정치적 기소에 관여하는 방법은 두 가지다. 하나는 호민관이 특별 법정(quaestio)을 설치하는 법을 제정하는 것이고,[13] 다른 하나는 민회에서 열리는 재판을 통해서다. 다만 이

10　Gell. *NA* 13.12.4; Dion. Hal. 7.17.5; Cic. *Sest.* 79; Dio Cass. 53.17.9; Cic. *Dom.* 123-125.

11　Edward T. Salmon, op cit., 1930, pp. 96-101; D.A. Russell, op cit., pp. 21-29; Tim J. Cornell, op cit., 1989, p. 288과 비교하시오.

12　Herbert F. Jolowicz, op cit., p. 323.

13　형사상의 범죄가 포메리움(pomerium) 밖에서 발생했을 때 또는 동맹 공동체에서의 착취나 불법행위가 현직 관리와 연관이 있을 때, 호민관

글은 후자만을 다룬다. 호민관의 기소는 권한이 인민에게 있는 민회를 통해서 시작되었다.[14] 먼저 호민관은 세 단계로 이루어진 심문(anquisitio)에 피고인을 소환하였는데, 그것들은 각각의 심문 사이에 하루의 간격을 두고 개최되는 공적인 콘티오(contio)에서 열렸다. 각 심문이 끝날 때, 호민관은 피고에게 벌금을 구형하면서 자신의 죄를 인정하는지를 물었다. 피고인이 그것을 세 번 부인하면, 그 사건은 최종적으로 네 번째 심문(quarta accusatio)으로 송치되었다.[15] 네 번째 마지막 심문은 선고된 날부터 장이 세 번 서는 기간(trinum nundinum)에 열렸다. 이것은 정무관의 결정에 대한 찬반의 투표만이 가능한 공식적인 민회(comitia)로서, 호민관이 마지막 심문에서 부여했던 형량의 경중에 따라 두 개로 구분된다. 전체 인민을 소집할 권한(ius agendi cum populo)을 보유하지 않은 호민관은 사형과 관련된 사건의 경우에는 켄투리아회 소집을 프라이토르에게 요청했던 반면에, 사형보다 낮은 형량의 경우에는 호민관이 직접 그 사건을 트리부스 인민회(comitia

---

은 특별 법정을 설치하는 법을 제정하였다. 기원전 2세기 이전에 설치된 특별 법정에 관해서는 Rachel Feig Vishnia, op cit., 1996, pp. 127-128을 참조하시오.

14   Herbert F. Jolowicz, op cit., pp. 325-326; Arnold H.M. Jones, op cit., pp. 6-15; Duncan Cloud, op cit., 1994, pp. 501-502; Richard A. Bauman, *Crime and Punishment in Ancient Rome* (London and New York, 1996), pp. 10-11.

15   아달베르토 조반니에게 법정(iudicium)은 호민관의 역할이 필요 없는 네 번째 심문(quarta accusatio)만을 의미했다. Adalberto Giovanni, op cit., pp. 556-559.

tributa)나 평민회(concilium plebis)에서 다루었다.[16]

위의 구분에도 불구하고, 형사소추를 위한 공식적이고 일관된 사법 체계는 미비한 것처럼 보인다.[17] 원래 기소를 개시한 것이 호민관인지 아니면 원로원 의원인지에 관한 증거가 결정적이지 않기 때문이다.[18] 게다가 범죄의 정의나 처벌을 규정하는 법이 따로 존재하지 않기 때문에, 기소의 죄목과 형량의 구형 등은 전적으로 호민관의 재량이었다.[19] 그러나 이런 불확실성이 호민관이 정무관을 기소하고 형량을 선고하는 법적 절차에 법칙이

---

16 고대 역사가들은 평민회와 트리부스 인민회를 구분하지 않고, 호민관이 주재하는 평민회를 트리부스 인민회로 지칭했다. 또 그들은 호민관이 주재하는 평민회의 유권자를 평민(plebs) 또는 인민(populus)으로 혼용하였다. 보통 호민관이 주재하는 평민회의 유권자는 평민 그리고 평민회에서 통과된 법안은 '평민의 의결(plebiscitum)'이라고 한다. 반면 콘술 또는 프라이토르가 주재하는 민회의 유권자는 인민 그리고 그 민회에서 통과된 법안은 '법(lex)'이라고 부른다. 물론 기원전 287년의 호르텐시우스 법의 통과로 인해, '평민의 의결'과 '법'은 자연스럽게 혼용되었지만, 두 민회 사이에는 분명 차이가 있다. 민회를 주재하는 정무관의 의상과 좌석 이외에도, 호민관 또는 아이딜리스가 주재하는 평민회는 귀족을 제외한 평민만 모이고, 콘술 또는 프라이토르가 주재하는 민회는 인민 전체가 모였다. 자세한 논의를 위해서는, Lily R. Taylor, *Roman Voting Assemblies from the Hannibalic War to the Dictatorship of Caesar* (Ann Arbor, 1966), pp. 74-75; Robert Develin, "Comitia tributa plebis," *Athenaeum*, Vol. 53(1975a), pp. 302-337; Joshep Farrell, op cit., pp. 407-438을 참조하시오.

17 Erich S. Gruen, *Roman Politics and the Criminal Courts 149-78 BC* (Cambridge Mass., 1968), p. 8.

18 Richard E. Mitchell, op cit., 1990, p. 180.

19 Richard A. Bauman, op cit., 1996, p. 11.

나 관례가 전혀 없었음을 의미하지는 않는다. 그와는 반대로 사료에서 발견되는 다양성이 사법 제도 또는 모든 법적 변칙들의 모순을 반영하지 않을 수 있다. 그러므로 이 장은 공화정 중기에 발생했던 재판들에서 호민관이 어떤 역할을 담당하였는지를 고찰하고자 한다. 호민관의 관심과 개입을 초래한 재판은 일차적으로는 호민관의 개인적 또는 정치적 동기에 관해 많은 정보를 제공한다. 하지만 사료에서 확인되는 재판은 대체로 정치적 재판이기 때문에, 그것에 관한 고찰은 당시의 정치적 상황과 호민관의 역할에 대한 통찰력을 제공할 것이다.[20] 정치적 재판에 관한 사료는 매우 한정적이지만, 본 장은 방법적 편의를 위해 사법에서의 호민관 활동을 네 개의 영역으로—대역죄, 정무관의 직무유기죄 또는 직권남용죄, 전리품의 횡령죄, 동맹 공동체에 대한 착취죄—구분해서 고찰한다.

1. 대역죄

로마에서 가장 오래된 범죄 중의 하나인 대역죄(perduellio)는 어원적으로 외부의 적(perduellis)이 연루되었음을 함축한다.[21] 하지만 그것은 국가나 공동체에 대한 모든 적대적인 행위를—예를

---

20   Rachel Feig Vishnia, op cit., 1996, p. 74.

21   Olivia F. Robinson, *The Criminal Law of Ancient Rome* (London, 1995), p. 74.

들어, 호민관 권한의 제한, 직무상 과실, 공적 권한의 남용, 국가에 해를 끼치는 악의적인 또는 나약한 행동 등 ─ 포함하였다.[22] 대역죄 재판은 공화정 후기에도 있었지만, 대역죄(perduellio)란 명칭은 거의 사용되지 않고, 모반(maiestas)죄나 다소 가벼운 모반죄(crimen laesae, imminutae, diminutae, minutae maiestatis)와 같은 이름으로 교체되었던 것처럼 보인다.[23]

요켄 블라이켄은 형법의 영역에서 호민관이 독립적인 주도권을 갖지 못했다고 주장하였다. 하지만 재판에 관한 정보는 자세하지 않고 일관적이지 않기 때문에, 사법에서 호민관이 어느 정도의 주도권을 갖고 있었는지를 분명하게 결정할 수는 없다. 그럼에도 불구하고, 기원전 212년의 호민관들이 취했던 행동을 주목할 필요가 있다. 호민관 루키우스 카르빌리우스(Lucius Carvilius)와 스푸리우스 카르빌리우스(Spurius Carvilius)는 조세청부업자 마르쿠스 포스투미우스(Marcus Postumius)에게 사기죄로 200,000 아세스(asses)의 벌금을 부과했다. 마르쿠스 포스투미우스는 자신의 친척이자 호민관인 세르빌리우스 카스카(C. Servilius Casca)의 비토권을 이용하려 했지만, 카스카는 인민의 항의를 두려워하여 원래 계획했던 비토권을 철회했다. 그러자 그는 다른 조세청부업자들과 함께 유죄판결을 피하려 폭력을 사용했으며, 민회에서

---

22   Jochen Bleicken, op cit., 1968, p. 121.
23   테오도르 몸젠에 의하면, 호민관의 신체불가침권을 침해하는 것은 원래 모반(maiestas)죄였다. Theodor Mommsen, op cit., 1899, p. 538.

투표가 진행되는 것을 방해하였다.[24] 호민관은 기소 형량을 벌금형에서 사형으로 변경해서,[25] 마르쿠스 포스투미우스가 재판에 출석할 날을 지정하였다. 그리고 만약 그가 출석 보증금을 내지 않으면, 투옥하겠다고 선언하였다. 그가 출석하지 않자 호민관들은 그 사건을 평민회에 상정하였다. 평민회는 마르쿠스 포스투미우스가 5월 1일 전에 소환에 응하지 않는다면, 망명하는 것으로 간주하여 그의 재산을 매각하고 그에게는 '물과 불의 사용을 금지(interdictio aquae et ignis)'할 것이라는 결정을 내렸다.[26]

사실 프라이토르인 마르쿠스 아이밀리우스(Marcus Aemilius)가 일 년 전에 조세청부업자들의 사기 행각을 이미 원로원에 보고했었다. 그러나 리비우스에 따르면, 원로원은 조세청부업자들의 눈치를 보면서 어떤 결정도 내리지 않았다.[27] 따라서 호민관이 원로원의 지시를 받고 행동했을 가능성은 희박하다. 조세청부업자들이 행사한 폭력 소식 때문에 소집된 원로원은 폭력이 국가

---

24   Liv. 25.3.18-19.

25   물론 리비우스는 호민관이 켄투리아회를 주재하는 프라이토르 우르바누스에게 사건을 위임했다고 언급하지 않았지만, 그 사건이 호민관에 의해 평민회에서 다루어졌을 것 같지는 않다. cf. Rachel Feig Vishnia, op cit., 1996, p. 75.

26   Liv. 25.4.8-9. 폴리비오스(Polyb. 6.14.7-8)에 의하면, 로마에서 사형죄의 죄목으로 기소된 피의자는 망명을 떠남으로써, 유죄판결을 피하였다. '물과 불의 금지'는 시민권을 간접적으로 박탈하는 방법으로 피고를 처벌하는 수단이 아니라, 로마 영토 밖으로의 망명을 보장하는 수단이었을 것이다. Cic. *Caec.* 100.

27   Liv. 25.3.11-12.

를 상대로 행해졌다고 선언하였지만, 이것은 폭력 행위에 대한 원로원의 당연한 반응에 불과했다. 이 원로원의 선언이 호민관 재판의 기폭제가 되었다는 가정은 사건의 실제 순서를 무시한 주장이다. 원로원이 기소 형량의 변경을 호민관에게 지시한 것은 아니었다. 호민관의 신체불가침권을 침해했다는 죄목으로 벌금형의 사건을 사형의 사건으로 변경한 주체는 바로 호민관이었다. 이는 재판의 주체가 원로원이 아니었음을 입증한다.

다음의 두 사건도 호민관이 소송 절차에서 중요한 역할을 담당하였음을 분명하게 보여준다. 기원전 184년의 호민관 마르쿠스 나이비우스(Marcus Naevius)는 다양한 죄목으로 스키피오 아프리카누스(P. Scipio Africanus)를 인민 앞에 기소하였다.[28] 호민관의 기소는 평민회에서 진행되는 벌금형의 재판을 암시한다.[29] 그러나 아마도 재판의 두 번째 심문 때 스키피오 아프리카누스가 자마 전투의 기념일을 축하한다는 명목으로 재판 참석자들을 카피톨리누스(Capitolinus) 언덕으로 인도함으로써, 호민관을 홀로 내

28　Liv. 38.56.2; Gell. *NA* 4.18.3. 폴리비오스(Polyb. 23.14.5-11)는 원로원에서 있었던 스키피오 아프리카누스에 대한 공격을 언급하였지만, 자세하게 설명하지 않았으며, 심지어 고소인이 누구인지도 밝히지 않았다. 리비우스(Liv. 38.56.1-3)는 발레리우스 안티아스와 네포스의 설명들을 소개하면서도, 그들 사이의 차이에 오히려 당황한 것처럼 보였다.

29　플루타르코스(Plut. *Cat. Mai.* 15.2)는 스키피오 아프리카누스의 기소 형량이 사형이었다고 분명하게 언급하였다. 만약 그가 틀리지 않았다면, 위에서 언급한 것처럼, 기소 형량의 변화가 있었을 가능성이 있다. cf. Howard H. Scullard, op cit., 1973, p. 302.

버려 두는 상황을 연출하였다.[30] 즉 스키피오 아프리카누스는 호민관에게서 평민회를 탈취하는 중대한 범죄를 저질렀다. 호민관의 신체불가침권을 침해한 이 범죄는 사형을 의미했다. 결과를 예견한 스키피오 아프리카누스는 캄파니아 지방의 소도시인 리테르눔(Liternum)으로 정치적 망명을 떠나 그의 여생을 불명예스럽게 보내야만 했다.[31]

기원전 169년의 켄소르 클라우디우스 풀케르(C. Cludius Pulcher)와 셈프로니우스 그라쿠스(Ti. Sempronius Gracchus)는 자신들의 임무를 지나치게 엄격하게 수행하였다. 센서스를 실시하던 그들은 많은 기사와 일곱 명의 원로원 의원의 신분을 강등했으며, 그들의 공마(equus publicus)를 회수하였다. 게다가 그들은 전임 켄소르들과 체결한 계약에 참여했던 모든 조세청부업자를 자신들이 실시하는 경매에서 배제하였다.[32] 원로원을 설득하여 켄소르의 결정을 되돌릴 수 없었던 조세청부업자들은 호민관 푸블리우스 루틸리우스(Publius Rutilius)에게 도움을 요청하였다. 그는 클라우디우스 풀케르와 셈프로니우스 그라쿠스가 특정의 국고 세입과 공적 사업을 시행하는 반면, 그들의 계약을 폐지해야 한다는 법안을 제안했다. 그리고 계약을 새로 체결하면 모든 사람이 제약 없이 계약할 권리를 가져야 한다고 규정하였다.[33] 이 법안에 대한

---

30 Liv. 38.51.7-14; Gell. *NA* 4.18.3.

31 cf. Plut. *Cat. Mai.* 15.2.

32 Liv. 43.16.1-3.

33 Liv. 43.16.6-7.

투표 당일 클라우디우스 풀케르는 평민이 자신의 연설을 조롱하자 전령에게 민회의 정비를 명령했다. 평민회를 자신의 손에서 탈취함으로써, 자신의 권한을 박탈했다고 불평하는 호민관 푸블리우스 루틸리우스는 프라이토르 우르바누스인 가이우스 술피키우스(Gaius Sulpicius)에게 요청하여 대역죄 재판을 위한 민회 개최일을 정하였다.[34] 제1등급의 많은 켄투리아들과 함께, 기사 계층의 여덟 개 켄투리아가 클라우디우스 풀케르의 유죄를 선언하자, 국가의 지도자들이 인민을 설득하기 위해 반지를 빼고 상복을 입었다. 감정에 호소하는 지도층의 행동과 함께 두 켄소르가 현직 정무관이란 사실 때문에 유죄판결을 피할 수 있었던 것 같다.[35] 하지만 여덟 개의 켄투리아가 부족해서 처벌을 겨우 모면했다는 사실은 시사하는 바가 크다.[36]

물론 바로 위에서 언급한 재판의 이유를 호민관 푸블리우스 루틸리우스의 개인적인 동기와 조세청부업자들로 구성된 특정 이익 단체의 이해관계로만 볼 수 있다.[37] 그러나 켄소르들이 자신들의 임무를 너무 엄격하게 수행했다는 그리고 심지어 푸블리

34　Liv. 43.16.8-11.

35　클라우디우스 풀케르가 무죄 판결을 받자, 호민관 푸블리우스 루틸리우스는 셈프로니우스 그라쿠스에 대한 기소를 철회하였다. 하지만 그는 호민관직을 마치자마자 기사 계층(equites)의 지위를 박탈당했으며, 자신의 트리부스(부족)에서 제명되었다. Liv. 44.16.8.

36　Liv. 43.16.16.

37　푸블리우스 루틸리우스와 켄소르들과의 개인적인 원한 관계에 대해서는 Liv. 43.16.43-45; Val. Max. 6.5.3을 참조하시오.

우스 루틸리우스가 호민관의 임기를 마치자마자 정치적 공격을 당했다는 사실들을 고려할 때, 호민관은 켄소르들에게 불만을 가진 자들의 상소에 따라 도움(auxilium)을 제공하기 위해 비토권을 행사했을 가능성이 크다. 하지만 켄소르들이 신체불가침권에 기반한 호민관의 비토권을 무시함으로써, 결국 대역죄로 재판을 받게 되었다. 호민관과 켄소르들 간의 개인적인 적대관계가 비록 사실이라 하더라도, 그들이 호민관의 신체불가침권을 침해한 것이 재판에 합법적인 명분을 제공했음이 분명하다.

기원전 248년 호민관 푼다니우스(C. Fundanius)와 풀리우스(Pullius)는 기원전 249년의 콘술 클라우디우스 풀케르(P. Claudius Pulcher)를 대역죄로 기소하였다. 복점을 무시한 그의 불경한 행동이 해전에서 함대 대부분을 상실하는 패배의 원인이 되었다는 죄목이었다. 전쟁이 시작할 때 복점을 위해 키운 신성한 닭들이 먹이를 먹지 않자, 클라우디우스 풀케르는 닭들을 바다에 던져 버리도록 명령했기 때문이다.[38] 갑작스러운 폭풍우로 중단되었던 재판을 호민관들이 재개하려 하자, 동료 호민관들이 개입하여 같은 정무관이 동일 인물을 대역죄로 두 번 기소해서는 안 된다고 선언하였다. 그 결과 클라우디우스 풀케르는 사형 구형 대

---

38 Cic. *Nat. D.* 2.3.7; *Div.* 2.71; Liv. *Per.* 19; Suet. *Tib.* 2.2. 클라우디우스 풀케르의 동료 콘술로서 카마리나(Camarina) 근처에서 함대를 잃어버린 유니우스 풀루스(L. Iunius Pullus)도 복점을 소홀히 했다. 발레리우스 막시무스(Val. Max. 1.4.3)에 의하면, 그는 유죄판결의 불명예를 피하려 자살했다.

신에 120,000 아세스(asses)의 벌금형을 받았다.[39]

기원전 211년의 호민관 셈프로니우스 블라이수스(C. Sempronius Blaesus)는 풀비우스 플라쿠스(Cn. Fulvius Flaccus)를 아풀리아(Apulia)에서의 패배에 대한 책임을 물어 기소하였다. 호민관이 처음 두 번의 심문에서는 벌금형을 구형했지만, 세 번째 심문을 했던 콘티오(contio)에서 사형을 구형하였다. 기소 형량을 바꾼 이유는 세 번째 심문 때 풀비우스 플라쿠스가 패배의 원인이라고 주장했던 공포가 바로 그에게서 비롯되었다는 증언이 있었기 때문이다. 다른 호민관들에게 요청했던 도움이 거부되자, 호민관은 프라이토르 우르바누스인 칼푸르니우스 피소(C. Calpurnius Piso)에게 켄투리아회를 개최할 날짜를 정하도록 요청하였다. 민회 개최일이 다가오자, 풀비우스 플라쿠스는 타르퀴니이(Tarquinii)로 망명하였다.[40] 기원전 146년의 프라이토르인 가이우스 플라우티우스(Gaius Plautius)는 루시타니아인 비리아투스(Viriathus)에게 대패했다.[41] 귀국해서 가벼운 모반죄(crimen imminutae maiestas)로 유죄판

---

39 *Schol. Bob.* p. 90 St; Cic. *Nat. D.* 2.3.7; Polyb. 1.52.2-3. cf. Val. Max. 8.1. abs.4. 클라우디우스 풀케르에 대한 고대 사료의 적대감에 관해서는, Timothy P. Wiseman, op cit., 1979, pp. 90-93을 참조하시오.

40 Liv. 26.2.7-26.3.12. 풀비우스 플라쿠스의 재판에 관해서는 Donald C. Earl, "Calpurnii Pisones in the Second Century B.C.," *Athenaeum*, Vol. 38(1960), p. 284; William V. Harris, *War and Imperialism in Republican Rome, 327-70 B.C.* (Oxford, 1979), pp. 92-93; Andrew Lintott, op cit., 1987, p. 44를 참조하시오.

41 App. *Hisp.* 64.

결을 받은 그도 로마를 떠나 망명하였다.[42]

호민관들이 정무관과 조세청부업자들에 대해 소송 절차를 시작한 이유는 복점의 무시, 사기 행위, 전쟁에서의 심각한 패배, 호민관의 신체불가침권 침해와 같이 대체로 로마의 법과 관례가 허용하는 범위 내에 있는 것 같다. 그리고 호민관이 원로원의 폭력적이고 체계적인 저항에 봉착한 것 같지는 않다. 하지만 이 사실로 인해 원로원이 호민관의 재판을 주도했다고 결론을 내려서는 안 된다. 원로원의 입장이 비교적 상세하게 기록되어 있는 조세청부업자[43] 및 그나이우스 풀비우스(Gnaeus Fulvius)와[44] 관련된 두 소송은 분명 원로원보다 인민에 의해 더 영향을 받은 것처럼 보이기 때문이다.

2. 정무관의 직무유기죄 또는 직권남용죄

호민관은 정무관의 직무유기 또는 직권 남용과 관련하여 사법권을 행사할 수 있었다. 사건의 특성상 많은 소송 절차가 예상되지

---

42 Diod. 33.2.

43 리비우스(Liv. 25.3.13-17)에 의하면, 조세청부업자의 사기에 분노한 인민이 재판에 큰 관심을 보였다. 인민은 무거운 세금과 장기간의 복무를 참고 있었던 반면, 군 복무를 면제받았던 조세청부업자들이 국고의 돈을 횡령했기 때문이다. Liv. 23.49.1-2.

44 호민관 셈프로니우스 블라이수스의 연설은 풀비우스 플라쿠스에 대한 인민의 분노를 잘 보여준다. Liv. 26.2-16.

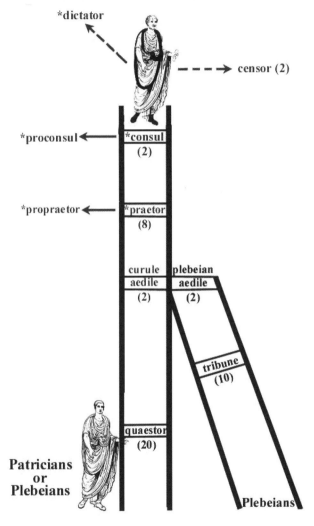

ROMAN CURSUS HONORUM

*dictator

censor (2)

*proconsul ← *consul (2)

*propraetor ← *praetor (8)

curule aedile (2)   plebeian aedile (2)

tribune (10)

Patricians or Plebeians

quaestor (20)

Plebeians

관직의 사다리(cursus honorum)

만, 재판에 관해 전해지는 사건은 여섯 개에 불과하다. 두 사건은 화재 문제를 책임지던 녹투르누스 3인 위원회(tresviri nocturni)의 직무유기와, 나머지 네 사건은 켄소르의 직권 남용과 관련되었다. 고대 로마에서 화재는 현대 세계와 마찬가지로 시민의 일상적인 생활을 심각하게 위협했지만, 화재를 통제하는 공적인 기구와 인력은 불충분하였다. 켄소르는 공공 도덕을 통제하고 시민명부를 작성하며 공공사업을 감독하는 책임을 지고 있었다. 이런 점들을 고려할 때, 여섯 개의 소송은 실제보다 훨씬 적은 수임이 분명하다. 게다가 주로 벌금형의 사건들이었기 때문에 고대의 작가들이 사형 관련 소송사건과 달리 별로 주목하지 않았을 수도 있다. 그럼에도 불구하고 호민관의 사법권을 정확하게 판단하기 위해서는 이 사건들을 재검토할 필요가 있다.

1세기의 라틴 작가 발레리우스 막시무스(Valerius Maximus)는 녹트루누스 3인 위원회와 관련된 두 개의 소송사건을 소개하였다. 아마도 기원전 241년에 호민관이 녹투르누스 3인 위원회의 위원인 물비우스(M. Mulvius), 롤리우스(Cn. Lollius), 그리고 섹스틸리우스(L. Sextilius)를 신성로(Sacra Via)에서 발생한 화재 진압에 늦게 도착했다는 죄목으로 기소하여 유죄판결을 받게 했던 것 같다.[45] 또 기원전 211년의 호민관 아퀼리우스(P. Aquilius)는 녹투르누스 3인 위원회의 위원인 빌리우스(P. Villius)를 야경 순환 근무

45　Val. Max. 8.1. damn. 5. 연도를 정확하게 말해주는 사료는 없다. 하지만 화재가 신성로에서 발생했다는 사실을 염두에 둔다면, 기원전 241년에 발발했던 화재일 것 같다. Liv. *Per.* 19; Oros. 4.11.5-9.

를 게을리했다는 죄목으로 기소해서 유죄판결을 받게 했다.[46] 고대 로마에서 거의 매년 대형 화재 사건이 발생하고 있었다는 사실을 염두에 둘 때, 재판에 관한 무미건조하고 짤막한 내용은 화재와 관련한 호민관의 기소가 일상적인 것처럼 보이게 한다.

켄소르는 비록 매년 선출되는 상설 정무관은 아니지만, 원로원 명부와 시민명부를 작성하고 공공 계약을 책임지고 있었기 때문에 자주 법적 분쟁의 대상이 되었을 것이다.[47] 사료는 켄소르의 직권 남용과 관련된 네 가지 재판을 소개하였다. 기원전 213년의 호민관 카이킬리우스 메텔루스(L. Caecilius Metellus)는 직무를 시작하자마자, 켄소르인 푸리우스 필루스(P. Furius Philus)와 아틸리우스 레굴루스(M. Atilius Regulus)를 기소하여 재판에 출석할 날짜를 정하였다. 켄소르들은 다른 호민관들에게 도움을 요청하였으며, 아홉 명의 호민관은 재임 중의 켄소르들이 법정에

46　Val. Max. 8.1. damn. 6. Giovanni Niccolini, op cit., p. 398.

47　보통 켄소르는 감찰관으로 번역되지만, 그것은 켄소르의 권한 중 특정 부분만을 가리킨다. 따라서 이 책에서는 켄소르라고 번역한다. 기원전 443년경 시민 명부 작성을 위해 선출된 켄소르는 처음에는 임페리움을 보유하지 못한 정무관에 불과했지만, 공공 도덕을 통제하고 공공 계약을 책임짐으로써 큰 권위를 가지게 되었다. 게다가 오비니우스 법(lex Ovinia)을 통해 원로원 의원 명부를 작성하게 됨으로써, 공화정 중기에는 '관직의 사다리' 맨 위에 위치하는 정무관이 되었다. 오비니우스 법에 관한 논의는 Tim J. Cornell, "The Lex Ovinia and the Emancipation of the Senate," in Christer Brunn (ed), *The Roman Middle Republic: Politics, Religion, and Historiography c. 400-133 B.C.* (Rome, 2000), pp. 69-90을 참조하시오.

스키피오 아이밀리아누스를 모델 삼은 것으로 추정되는 청동상

서 답변하는 것을 금지하였다. 소송은 기각되었다.[48] 호민관의 기소에는 분명 그의 개인적인 원한이 작용했다. 국고의 고갈로 공공 계약을 발주하지 못한 켄소르들은 도덕적 통제를 강화하고 칸나이(Cannae) 전투에서 패배한 후에 국가를 포기하려 했다고 의심되는 자들을 색출하여 처벌하는 데로 관심을 돌렸다.[49] 그때 고초를 겪은 자가 카이킬리우스 메텔루스다. 그는 기원전 214년의 콰이스토르로서 보유하던 공마를 빼앗기고, 자신의 트리부스에서도 제명되어 투표권이 없는 아이라리이(aerarii)로 강등되었다.[50]

비슷한 소송사건이 기원전 140년에도 있었다. 2년 전에 켄소르였던 스키피오 아이밀리아누스(P. Cornelius Scipio Aemilianus)는 비록 동료 켄소르인 뭄미우스(L. Mummius)의 반대로 실패했지만, 클라우디우스 아셀루스(Ti. Claudius Asellus)를 아이라리이로 강등하려 했었다.[51] 호민관으로 선출된 클라우디우스 아셀루스는 스키피오 아이밀리아누스를 기소하였다. 호민관의 개인적인 원한이 작용했음을 부인하기 어려워 보인다.

그럼에도 불구하고 위의 두 소송사건의 이유를 개인적인 분노와 원한으로만 설명해서는 안 된다. 사실 기원전 214년의 켄

---

48   Liv. 24.43.1-3.

49   Liv. 24.18.3-9.

50   Liv. 24.43.3.

51   Gell. *NA* 3.4.1; Cic. *De Or.* 2.268. cf. Erich S. Gruen, op cit., 1968, p. 31.

소르들은 카이킬리우스 메텔루스와 함께 음모를 꾸몄던 젊은 귀족들을 처벌하지 않았으며, 그들 중에는 켄소르의 아들도 포함되어 있었다. 켄소르들이 자신들의 권한을 공정하게 사용하지 않았음이 분명하다.[52] 흥미롭게도 클라우디우스 아셀루스가 스키피오 아이밀리아누스를 공격한 이유를 소개한 키케로에 따르면, 스키피오 아이밀리아누스는 켄소르로서 센서스 조사 마지막에 로마인의 이름으로 실시하는 정화의식(lustrum)을 잘못 치렀다.[53] 기원전 142년에 나타났던 기근, 전염병과 같은 사건들이 그 이유에서 비롯되었다는 클라우디우스 아셀루스의 고발은 성공적이었던 것 같다.[54] 스키피오 아이밀리아누스가 재판을 위해 평민 앞에 소환되었던 것이 분명하기 때문이다. 결과는 벌금형이었다.[55] 당대 최고 유력 정치가인 스키피오 아이밀리아누스를 성공적으로 기소했다는 사실은 호민관이 사법적인 영역에서 차지하는 위치와 권한을 잘 보여준다.

리비우스는 직권을 남용한 켄소르들과 관련된 두 개의 소송

52　Liv. 22.53.3-4.

53　Cic. *De Or*. 2.268.

54　Oros. 5.4.8-14; Obsequ. 22. cf. Alan E. Astin, op cit., 1967, pp. 175-177.

55　Gell. *NA* 6.11.9. 그해 말 스키피오 아이밀리아누스가 이집트와 동방의 사절로 파견되었다는 사실에 근거하여 그가 실제로 기소되지 않았다는 주장도 있다. 하지만 벌금형의 유죄판결을 받았다는 사실이 공적 업무에서의 완전한 배제를 의미하는지는 분명하지 않다. Diod. 33.18.1-4. Alan E. Astin, "Diodorus and the Date of the Embassy to the East of Scipio Aemilianus," *Classical Philology*, Vol. 54(1959), pp. 221-227.

사건을 소개하였다. 서로 사이가 좋지 않던 리비우스 살리나토르(M. Livius Salinator)와 클라우디우스 네로(C. Claudius Nero)가 기원전 204년에 켄소르로 함께 선출되자, 관계가 더욱 악화하였다. 그들은 기사 계층의 센서스를 실시하는 동안 서로에게 자신의 공마를 팔 것을 명령하였을 뿐만 아니라, 켄소르직을 마칠 즈음에는 서로의 참정권을 박탈하고 서로를 아이라리이로 강등하였다. 심지어 리비우스 살리나토르는 이전의 재판에서 자신에게 벌금을 부과했던 34개 트리부스 전체를 아이라리이로 강등하였다.[56] 호민관 바이비우스(Cn. Baebius)가 개입하여, 그들을 재판에 회부하였다. 하지만 원로원은 켄소르들이 인민의 변덕에 휘둘리지 않도록 소송 절차를 중단해야 한다고 결정하였다.[57]

기원전 184년의 켄소르 포르키우스 카토(M. Porcius Cato)도 직권을 남용한 것처럼 보였다. 그는 퀸크티우스 플라미니누스(L. Quinctius Flamininus)와 만리우스(Manlius)를 위시한 많은 원로원 의원을 제명하고, 루키우스 스키피오(Lucius Scipio)에게서 공마를 박탈하였다. 또 그는 일반 개인의 주택과 정원에 연결되어 있었던 공공 수도관을 차단하고, 공지를 침범한 모든 건물을 철거하였다. 게다가 그는 공공 공사의 비용을 가장 낮게 책정하면서, 공지를 가장 비싼 가격으로 임대하였다. 이 모든 일 때문에 그는 미움을 한 몸에 받았다. 포르키우스 카토에 반대하는 세력을 이

56　Liv. 29.37.8-15.
57　Liv. 29.37.7.

카토

끌던 티투스 플라미니누스(Titus Flamininus)는 가장 대담한 호민관을 선동하여 그를 재판에 회부해서 인민 앞에서의 해명을 요구하였으며, 결국 2탈렌트의 벌금을 부과하였다.[58]

기원전 214년의 켄소르들이 호민관의 도움을 통해 재판을 피했던 사실을 제외하고, 다른 켄소르들이 호민관의 기소를 피할 수 있었는지는 불분명하다. 기원전 213년의 호민관 카이킬리우스 메텔루스의 동료가 켄소르들이 재임 중에는 소송에 답변하는 것을 금하였으며 켄소르가 인민의 변덕에 휘둘리지 않도록 소송 절차를 중단하도록 명령했다는 리비우스의 기록을 고려할 때, 켄소르들이 현직에 있다는 사실 때문에 호민관이 기소를 계속 고집할 수 없었던 것 같다.[59] 그 결과 호민관은 원로원의 반대나 동료 호민관의 비토권에 굴복한 것처럼 보인다. 그러나 이것이 기소하는 호민관이 약한 정무관일 뿐임을 또는 반대하는 호민관이 원로원의 정치적 도구임을 의미하는 것은 아니다. 호민관은 보통 현직 정무관에 면책특권을 부여하는 조상의 관례(mos maiorum)를 따른 것처럼 보인다.[60] 비토권의 사용을 두고 호민관들 사이에서 충돌이 없었다는 점도 주목할 만하다.

---

58 Plut. *Cat. Mai.* 17-19.

59 Liv. 24.43.3.

60 동맹 공동체를 착취한 정무관들에 대한 재판은 아마도 그들이 현직에 있느냐의 여부에 따라 나누어졌던 것 같다. 현직 정무관은 특별 법정에서 기소되었던 반면에 대행 정무관은 호민관이 주재하는 평민회에서 기소되었다.

3. 전리품의 횡령죄

유스티니아누스 황제 시절에도 유효했던 횡령죄(peculatus)에 관한 기본적인 법령은 아우구스투스의 율리우스 법(lex Iulia)이다. 그것에 의하면, 국가에 속하는 것을 전용하고 공적자금을 착복하는 행위를 횡령죄로 다스린다. 또 군사령관이 전리품을 또는 그것의 판매를 통해 획득한 돈을 자신의 이익을 위해 전용하는 것도 횡령죄에 포함되었다. 이스라엘 쉐쯔만(Israel Shatzman)은 "로마의 사령관은 전리품을 원하는 대로 처리할 수 있다. 법적 제한은 없었으며, 제한하려는 시도는 모두 실패했다"라고 언급하였다.[61] 그럼에도 불구하고 공화정 중기의 사료는 전리품의 횡령과 관련한 유명한 세 가지 재판을 제공하였다.

기원전 219년의 콘술 리비우스 살리나토르(M. Livius Salinator)는 임기를 마친 후 제2차 로마-일리리아 전쟁(기원전 220~219년)에서 획득한 전리품을 병사들에게 공평하게 분배하지 않았다는 죄목으로 기소되었던 것 같다.[62] 그는 평민회에서 재판을 받았으며 35개의 트리부스(부족) 중 마이키우스(Maecius) 트리부스를 빼고 34개 트리부스에 의해 벌금형의 유죄판결을 받았다.[63] 그는 은

---

[61]　Israel Shatzman, "The Roman General's Authority over Booty," *Historia*, Vol. 21(1972), p. 177.

[62]　Frontin. *Str.* 4.1.45; Liv. 27.34.4 cf. *De Vir Ill.* 50.

[63]　Liv. 29.37.13-14; Suet. *Tib.* 3.2; Val. Max. 2.9.6; 9.3.12. cf. Jochen Bleicken, op cit., 1968, p. 122; Arnold H.M. Jones, op cit., p. 17.

252

퇴하였다가 기원전 210년에 정치적 무대로 다시 돌아왔다.[64] 사실 누가 기소했는지 모른다. 이스라엘 쉬쯔만은 죄목이 전리품과 관계가 있는지도 분명치 않다고 주장했다.[65] 하지만 재판이 평민회에서 이루어졌고, 벌금형을 선고받은 것으로 보아, 전직 콘술인 리비우스 살리나토르는 호민관(들)에 의해 고발당한 것이 분명해 보인다. 학자들은 재판의 이유를 파벌 간의 경쟁이나 개인적인 적의에서 찾았다.[66] 다시 말해서 리비우스 살리나토르가 스키피오의 지지자였기 때문에 기소되었다고 한다. 그에게 결정적으로 불리한 증언을 했던 자는 바로 그의 휘하에서 트리부누스 밀리툼 아니면 콰이스토르로 있었던 클라우디우스 네로(C. Claudius Nero)였기 때문이다.[67] 클라우디우스 네로가 스키피오의 지지자가 아니라는 사실이 그가 스키피오에 반대하는 파벌에 속해 있음을 의미하지는 않는다. 리비우스 살리나토르와 클라우디우스 네로 간의 무모한 적대관계는 사료에서 종종 발견되지만, 그가 이 기소의 배후에 있었던 것은 아니다. 사실 리비우스 살리나토르가 자신의 자발적인 망명에서 돌아오게 한 자는 스키피오

---

64 Liv. 27.34.5.

65 Israel Shatzman, op cit., p. 191. cf. K.H. Vogel, "Zur rechtlichen Behandlung der römischen Kriegsgewinne," *Zeitschrift der Savigny-Stiftung für Rechtsgeschichte*, Vol. 66(1948), p. 414.

66 Howard H. Scullard, op cit., 1973, p. 42; p. 65; pp. 67–68; John Briscoe, "The Second Punic War," in *Cambridge Ancient History VIII* (1989), p. 72.

67 Liv. 29.37.10.

가 아니라 클라우디우스 마르켈루스(M. Claudius Marcellus)와 발레리우스 라이비누스(M. Valerius Laevinus)였다.[68] 게다가 기원전 204년의 켄소르로 선출된 그는 스키피오의 정적인 파비우스 막시무스(Q. Fabius Maximus)를 원로원 의장으로 임명하였다.[69] 그러므로 리비우스 살리나토르가 개인적인 적의나 파벌 간의 정쟁 때문에 평민회에서 재판받았을 것이라는 개연성은 희박해 보인다.

반면 리비우스가 전하는 재미있는 이야기에 의하면, 기원전 207년 리비우스 살리나토르는 메타우루스(Metaurus) 전투에서 한니발의 형인 하스드루발 바르카(Hasdrubal Barca)에게 대승을 거둔 후, 병사들에게 전리품을 관대하게 분배하였다.[70] 그가 자신의 이전 재판에서 얻은 교훈을 잊지 않았음이 분명하다. 이는 리비우스 살리나토르가 자신의 병사에게 전리품을 공평하게 분배하지 않아 기소되었다는 프론티누스(Frontinus)의 주장을 입증한다. 물론 고대 사료들은 로마의 사령관이 전리품을 처리하는 데 있어 상당한 재량권을 갖고 있었음을 시사한다. 사령관에게 전리품의 특정 비율 또는 액수를 국고에 귀속하라고 강요하는 법은 없다.[71] 하지만 이것이 모든 전리품은 사령관과 국고(aerarium)에

---

68 Liv. 27.34.5.

69 Liv. 29.37.1. 파비우스 막시무스와 스키피오 아프리카누스 간의 불화에 관해서는 David F. Epstein, *Personal Enmity in Roman Politics 218-43 BC* (London et al., 1987), p. 143 n.136; p. 149 n. 77; p. 150 n.78을 참조하시오.

70 리비우스(Liv. 28.9.7)에 의하면, 병사당 56 아세스(asses)를 받았다.

71 Howard H. Scullard, op cit., 1973, pp. 292-293.

만 속한다는 것을 의미하지는 않는다. 병사에게도 전리품을 요구할 권리가 있었다.[72] 그들은 실제로 전쟁에서 허용되는 약탈을 기대하고 있었다. 전투에 지쳐 휴식이 필요했던 군인들이 제1차 로마-카르타고 전쟁을 위한 징집에 다시 응한 것도 사실 사령관이 약속했던 전리품 때문이었다.[73] 그러므로 군인에게 전리품을 공평하게 분배하지 않는 행위는, 전쟁에서 승리한 후 이루어지던 관례를 위반하고 전리품의 분배를 열렬하게 원하는 군인의 기대를 저버리는 자의적인 행동으로 보일 수 있다. 모든 전리품을 국고로 귀속하는 것도 불만을 초래했다. 제2차 로마-카르타고 전쟁 동안, 코르넬리우스 스키피오(P. Cornelius Scipio)가 지휘하고 있던 군대에서 발생했던 소요가 전리품과 관련이 있었다는 사실은 주목할 필요가 있다.[74]

기원전 219년 당시 로마 시민들은 카르타고의 위협도 감지하지 못한 채 일리리아와의 전쟁을 결정한 콘술들과 원로원에 대해 분노하고 있었다.[75] 설상가상 이 전쟁을 통해서는 일종의 보상이라 할 수 있는 전리품도 많이 획득하지 못했다. 그러므로 리비우스 살리나토르가 파루스(Pharus)의 데메트리우스(Demetrius)에

72   Erich S. Gruen, *The Hellenistic World and the Coming of Rome* (Berkeley et al., 1984), pp. 289-291.

73   Polyb. 1.11.2.

74   Stefan G. Chrissanthos, "Scipio and the Mutiny at Sucro, 206 B.C.," *Historia*, Vol. 46(1997), pp. 172-184.

75   Rachel Feig Vishnia, op cit., 1996, p. 79.

게서 약탈한 전리품을 병사들에게 분배하지 않았다는 의혹은 그를 상대로 소송을 제기하는 데 충분했을 수 있다.

병사도 전리품을 요구할 권리를 가지고 있다는 사실 때문에, 그것의 분배 여부는 이용하기에 좋은 정치적 쟁점이 되었다. 기원전 189년, 여섯 명의 전직 콘술들이 켄소르 직을 두고 치열한 선거전을 벌였다. 귀족 출신의 후보자는 퀸크티우스 플라미니누스(Ti. Quinctius Flamininus), 발레리우스 플라쿠스(L. Valerius Flaccus), 그리고 그나이우스(Gnaeus)의 아들인 코르넬리우스 스키피오(P. Cornelius Scipio)였다. 평민 출신의 후보자는 클라우디우스 마르켈루스(M. Claudius Marcellus), 포르키우스 카토(M. Porcius Cato) 그리고 테르모필라이(Thermophylae)에서 안티오코스와 아이톨리아(Aetolia)인에게 승리한 아킬리우스 글라브리오(M'. Acilius Glabrio)였다. 인민에게 많은 선물을 안겨준 아킬리우스 글라브리오의 선출이 유력해 보였다. 그러나 호민관 셈프로니우스 그라쿠스(P. Sempronius Gracchus)와 셈프로니우스 루틸루스(C. Sempronius Rutilus)가 아킬리우스 글라브리오를 기소하여 100,000 아세스의 벌금을 부과하였다.[76] 그가 안티오코스의 돈 일부와 그에게서 빼앗은 많은 전리품을 개선식에서 보여주지 않았을 뿐만 아니라 국고에 귀속하지도 않았다는 이유였다. 피고가 세 번째 심문에서 자신의 입후보를 철회하고 평민이 벌금과 관련하여 투표하려 하지 않았기

---

76 Liv. 37.57.9-12.

때문에, 호민관들도 소송을 취하했다.[77]

　아킬리우스 글라브리오 밑에서 트리부누스 밀리툼으로 복무했던 마르쿠스 카토가 가장 유명한 증인이었다.[78] 그는 왕실 전리품과 함께 함락된 병영에서 자신이 보았던 금은 그릇을 개선식 때 보지 못했다고 증언했다.[79] 원로원은 모든 전리품이 국고에 귀속되지 않는 것을 당연하게 여겼던 것처럼 보이지만, 인민의 감정이나 반응은 같지 않았을 것이다. 이는 인기가 있었던 아킬리우스 글라브리오가 자신의 입후보를 철회했다는 사실에 반영되어 있다. 군인이기도 했던 인민이 자신들이 복무했던 전쟁의 전리품 그리고 그것을 사령관이 어떻게 처리했는지에 관심을 보이는 것은 지극히 당연하다. 스스로 전리품을 모으고 분배할 수 없는 인민이 사령관에 전리품과 관련하여 절대적이고 무제한의 재량권을 허용하지 않았을 것이다. 그 때문에 전리품의 횡령과 관련된 혐의는 정무관직을 두고 경쟁하는 그리고 정치적 관심을 끌 정치적 이슈를 찾고 있는 정치가들에 의해 정치적 무기로 이용될 수 있었다.

　마그네시아(Magnesia)에서 안티오코스에게 결정적인 승리를 거두었던 코르넬리우스 스키피오(L. Cornelius Scipio)도 비슷한 이유

77　Liv. 37.58.1. 퀸크티우스 플라미니누스와 클라우디우스 마르켈루스가 기원전 189/8년의 켄소르로 선출되었다. Liv. 37.58.2.

78　Liv. 36.17-8; Plut. *Cat. Mai.* 12-14; App. *Syr.* 18-19; Zonar. 9.19.

79　Liv. 37.57.14.

에서 기원전 187년에 기소되었던 것 같다.[80] 물론 그를 고발한 죄목이 명시되어 있지 않지만, 안티오코스의 돈과 전리품의 전용 때문에 유죄판결을 받은 것 같다. 로마의 작가이자 문법학자인 아울루스 겔리우스(Aulus Gellius)가 인용한 코르넬리우스 네포스(Cornelius Nepos)에 따르면, 호민관 미누키우스 아우구리누스(C. Minucius Augurinus)가 스키피오 아시아티쿠스(L. Scipio Asiaticus)에게 벌금을 부과했으며 심지어 벌금 납부의 보증금을 내도록 요구하였다. 스키피오 아시아티쿠스가 보증금 납부를 거부하자, 호민관은 그를 체포하여 투옥하도록 명령하였다. 그러자 스키피오 아프리카누스가 개입하여 그라쿠스 형제의 아버지인 다른 호민관 티베리우스 그라쿠스를 설득함으로써, 동생의 투옥을 막았다.[81] 스키피오 아시아티쿠스에게는 벌금을 낼 충분한 재산이 없었기 때문에, 그의 친척, 친구, 피호민이 그를 위해 벌금을 모았다.[82]

피고가 스키피오 가문의 일원임을 염두에 둘 때, 일견 사건은 단순한 사법적 재판이 아니라 정치적 재판처럼 보인다. 현대 학자들은 이 재판을 정치적 영향력을 회복하고 있던 스키피오 가

---

[80] 설명은 매우 복잡하고 심지어 혼란스럽기까지 하다. 그 이유는 아마도 그의 형인 스키피오 아프리카누스의 재판과의 혼돈과 후대 연대기 작가들의 윤색 때문인 것 같다. cf. Liv. 38. 52. 3–10.

[81] Gell. *NA* 6.19.1–8.

[82] Liv. 38.60.9.

문에 대한 마르쿠스 카토의 정치적 공격으로 설명한다.[83] 여기서 호민관은 마르쿠스 카토의 정치적 하수인에 불과하다. 하지만 호민관 미누키우스 아우구리누스가 마르쿠스 카토를 위해 행동했다는 증거는 없다. 오히려 미누키우스 아우구리누스가 속한 씨족은 스키피오 가문과 관계가 깊다. 게다가 호민관 셈프로니우스 그라쿠스가 아시아티쿠스의 투옥을 막았다 할지라도, 그는 아시아티쿠스의 형 푸블리우스 스키피오의 개인적인 정적이었다.[84] 따라서 그가 개입한 이유는 스키피오 아시아티쿠스가 무죄임을 변호하기 위한 것이 아니라 그에게 가해지는 폭력적인 방법을 막기 위한 것이었다.

막강한 정치적 영향력과 인기를 누리던 스키피오 가문도 법적 심판을 피하지 못했다는 사실은 인민이 전리품에 대한 사령관의 상당한 재량권에 문제를 제기하고 제한하려는 경향을 보여주고 있음을 시사한다. 게다가 스키피오 아시아티쿠스가 기원전 184년 켄소르 선거에서 낙선한 사실은 위의 가정을 방증한다.

레이첼 페이그 비시니아는 전리품의 횡령과 관련한 재판들이 원로원의 집단적 가치가 성공했음을 대변한다고 주장한다.[85] 다시 말해서, 원로원은 동료 원로원 의원들을 능가하는 강력한 개인의 등장을 막기 위해 전리품 분배 문제를 호민관을 이용하여

---

83 Howard H. Scullard, op cit., 1973, pp. 137-138. cf. Alan E. Astin, op cit., 1978, pp. 63-73.

84 Liv. 38.57.1.

85 Rachel Feig Vishnia, op cit., 1996, pp. 131-132.

베르나르디노 체사리(Bernardino Cesari), 「스키피오 아프리카누스가 한니발을 패배시키다(Hannibal's Defeat by Scipio Africanus)」

정치적으로 이용했다는 것이다. 하지만 실체도 모호한 원로원의 집단적 가치를 원로원 의원들이 공유하였다는 가정은 매력적이지만, 그것은 원로원 내에서 일어나는 복잡한 정치를 너무 단순화하는 문제점을 내포하고 있는 듯하다. 사실 스키피오 아프리카누스의 재판에 관한 리비우스의 언급에는 당대 원로원 의원들의 상반된 견해가 잘 드러나 있다.

> 일부 원로원 의원들은 호민관이 아니라 이런 일이 일어나도록 내버려 두었던 국가 전체를 비난하였다. 그들은 세계의 가장 위대한 도시들이 거의 동시에 배은망덕했다고 말하였다. 왜냐하면, 정복당한 카르타고는 패배한 한니발을 망명길에 오르게 했고, 승리한 로마는 승리한 스키피오를 몰아냈기 때문이다. 다른 사람들은 어떤 시민도 법의 심리를 받지 않을 정도로 엄청난 명성을 누려선 안 된다고 주장하였다. 또 아무리 강력한 사람이라 할지라도 모든 사람이 소송에 답변해야만 하는 것처럼, 공평하게 분배된 자유에 필수적인 것은 없다고 주장했다. 설명을 요구할 수 없다면, 국가의 최고 지위는 말할 것도 없이 무엇을 사람에게 안전하게 위임할 수 있겠는가?[86]

물론 귀족들에게 권력이 분산되어 있는 공화정에서 강력한 정치가의 등장을 우려하는 의견은 항상 존재한다. 하지만 전리품의

---

86 Liv. 38.50.6-9.

처리에 관한 규정이 따로 없었다는 사실은 군사령관의 재량권에 원로원이 대체로 동의하고 있음을 반영한다. 원로원이 이 문제에 대해 치열하게 논의했다는 기록이 없는 것은 우연이 아닐 것이다. 하지만 인민의 생각은 다를 수 있다. 그들은 로마가 제국으로 팽창하는 데 중요한 근간이었을 뿐만 아니라 공화정체의 중요한 구성요소로서 정치적 의견을 표출할 수 있었다. 그들은 전리품이나 배상금에서 적절한 몫을 주장할 수 있는 청구인으로서 전쟁의 열매에 관한 사령관의 상당한 영향력을 제한함으로써, 자신들의 몫을 공평하게 분배받길 원하였을 것이다. 따라서 호민관이 전리품을 분배하지 않은 군사령관을 횡령죄로 재판에 회부한 것은 원로원의 의지를 따른 것이라기보다는 인민의 관심과 의지를 따른 것이라 할 수 있다. 하지만 호민관이 횡령죄로 기소된 군사령관들을 처벌하는 데 혈안이 되어 있었다고 가정해서는 안 된다. 그들이 구형한 형량은 벌금형이었으며, 또 피의자가 죄를 인정하고 그것에 상응한 행동을 취했을 때는 소송을 취하하였다. 그 때문에 전리품의 횡령과 관련한 호민관의 소송은 피의자를 단순하게 처벌하는 것이 아니라 전리품의 처리에 대한 인민의 의견을 전달함으로써, 관습적으로 허용되었던 전리품에 대한 군사령관의 자의적인 결정을 견제하는 역할을 하였을 것이다. 전리품을 횡령했다는 죄목으로 기소되었던 리비우스 살리나토르가 시간이 지난 후 다시 참가한 전쟁에서 획득한 전리품을 군인들에게 공평하게 분배했다는 사실은 시사하는 바가 크다.

4. 동맹 공동체에 대한 착취죄

과거 이탈리아반도에 한정되었던 로마는 기원전 264년 이후 대제국으로 빠르게 성장하였다. 하지만 로마의 공화 정부는 광활한 정복 지역을 통치할 정치·행정 제도를 정비하지 못했다. 헌정적 전통을 고수하려는 경향이 강한 로마 공화정은 정무관의 수를 증원하거나 새로운 정무관을 선출하는 방법 대신 주로 정무관의 임기를 연장하여 대행 정무관으로— 예를 들어 프로콘술(proconsul), 프로프라이토르(propraetor)— 활동하게 하는 방법을 선택하였다.[87] 임기는 비록 짧았지만, 속주 총독으로서 부여받은 절대적인 권한이 그들을 부패하게 했다. 속주에서의 그들의 착취는 개인적인 부의 축적 또는 정치 자금의 마련과 같은 개인적·정치적 이해관계 때문에 더욱 심해졌다. 물론 속주민이 이들을 고발할 방법이 전혀 없었던 것은 아니다. 원로원 또는 후견인(patronus) 역할을 하는 로마의 정치가들에게 도움을 요청할 수 있었다. 기원전 212년경 시킬리아에서 프로콘술로 있었던 클라우디우스 마르켈루스(M. Claudius Marcellus)가 시라쿠사(Syracusa)를 함락한 후 취했던 행동에 대해 시라쿠사인이 불만을 제기했다.[88] 물론 그는 기소되지 않았다. 하지만 대략 2년 후 시킬리아를 그

---

87 대행정무관의 선출에 관해서는 김경현, 앞의 글, 2005a, 153-165쪽을 참조하시오.

88 기원전 214년의 콘술로 선출된 클라우디우스 마르켈루스는 시킬리아에서 3년 동안(기원전 213-211년) 프로콘술로 임기를 연장했다.

의 속주로 배정했던 원래의 결정이 번복된 사실은 그에 대한 시라쿠사인의 불평이 고려되었음을 반영한다.[89] 물론 모든 대행 정무관이 마음대로 동맹 공동체들을 탄압하고 착취한 것은 아니었다. 최초의 상설법정을 설치하게 했던 기원전 149년의 칼푸르니우스 법(Lex Calpurnia)이 제정되기 전에는 속주의 정무관을 기소하는 일관적인 소송 절차가 없었던 것처럼 보인다. 그럼에도 불구하고 속주민 또는 외국인에 대한 착취 범죄는 세 가지 방법을 통해 심리했던 것처럼 보인다.[90] 집단이 저지른 범죄를 조사하는 특별 법정이 '원로원의 의결'이나 호민관 법에 따라 설치될 수 있었다.[91] 이 글은 호민관이 범죄와 관련된 자를 직접 민회로 소환하는 마지막 방법만을 주로 다루도록 하겠다. 리비우스의 기록이 사라진 기원전 167년 이후 속주에서 발생한 착취 사건들을 추적하기는 어렵다. 그러나 정복 지역에서 로마 정무관의 착취 행위가 중단되었다고 믿을 필요는 없다. 리비우스의 요약자(epitomator)는 기원전 150년대에도 해외에서의 착취로 인한 고발들이 계속되었으며, 심지어 몇몇 유죄판결 사건들을 전하고 있

---

89 Liv. 26.26.5-11; 26.29; Plut. *Marc.* 23; Val. Max. 4.1.7.

90 Erich S. Gruen, op cit., 1968, p. 9.

91 Richard A. Bauman, "The Suppression of the Bacchanals: Five questions," *Historia*, Vol. 39(1990), pp. 334-348; Duncan Cloud, op cit., 1994, p. 504. 분쟁 조정(recuperatores) 법정이 언제 그리고 왜 설치되었는지는 분명하지 않지만, 그 법정에서 보상 판결이 나올 수 있었다. 그것은 일종의 민사소송으로서 금전적 손해를 보상하기 위해 이용되었을 것이다.

다.[92] 우리가 가지고 있는 사료는 동맹 공동체의 착취와 관련한 호민관의 세 가지 소송사건을 전하였다.

기원전 170년 그리스의 도시국가 칼키스(Chalcis)에서 파견된 사절들이 제3차 로마-마케도니아 전쟁 동안 그곳에 있었던 전직 프라이토르 루크레티우스(C. Lucretius)와 그의 후임자인 호르텐시우스(L. Hortensius)에 대해 불만을 제기하였다.[93] 원로원은 호르텐시우스의 행동을 심하게 질책하였지만, 상황을 바로 잡으라는 편지를 보냈을 뿐 기소하지 않았다.[94] 하지만 루크레티우스는 달랐다. 그는 원로원에서 신랄한 공격을 받았을 뿐만 아니라 호민관 아우피디우스(Cn. Aufidius)와 유벤티우스 탈나(M'. Iuventius Thalna)에 의해 재판에 회부되어, 35개 트리부스의 만장일치로 백만 아세스의 벌금형을 받았다.[95] 아마도 피고들의 지위가 완전히 다른 사법적 결과를 초래한 것 같다. 호르텐시우스는 현직 정무관이었던 반면, 루크레티우스는 공적 지위가 없는 사적인 개인이기 때문이다. 이미 다룬 바 있는 켄소르들에 대한 재판들이 보여주듯이, 로마는 현직 정무관에게 기소를 면제하는 일종의 면책특권을 부여한 것처럼 보인다. 공동체의 착취에 관한 법적

---

92 기원전 154년 또는 153년에 여러 명의 프라이토르가 기소된 것처럼 보인다. Liv. *Per.* 47.

93 Liv. 43.7.5-11.

94 원로원의 명령에 따라 프라이토르 마이니우스(C. Maenius)는 칼키스의 사절들을 맞이하고 많은 선물을 제공했다. Liv. 43.8.4-7.

95 Liv. 43.8.10.

기소의 경우에도 예외는 아니었다. 기원전 170년에 관한 리비우스의 또 다른 기록이 이를 입증한다. 그해 동부 알프스의 갈리아인과 다른 부족들이 파견한 사절들이 원로원에서 일 년 전에 콘술이었던 카시우스 롱기누스(C. Cassius Longinus)에 대하여 불만을 제기하였다.[96] 원로원은 카시우스 롱기누스가 국가의 임무로 자리를 비우고 있어 당장 고발할 수는 없으니, 로마로 돌아오면 사건을 조사할 수 있을 것이라 응답하였다.[97] 콘술을 역임한 카시우스 롱기누스는 마케도니아와 그리스에서 콘술 호스틸리우스 만키누스의 휘하에서 군 지휘와는 관계없는 트리부누스 밀리툼이라는 직급이 낮은 직책을 유지하면서, 로마로 돌아오지 않았다. 그는 결국 법적 기소를 피했던 것 같다.[98] 물론 현직 정무관이라고 해서 무조건 법적 조치를 항상 피할 수 있었던 것은 아니었다. 위에서도 언급한 것처럼, 그들은 호민관 법이나 '원로원의 의결'에 따라 설치된 특별 법정에 회부된 것처럼 보이지만, 실제로 유죄판결을 받은 경우는 거의 없는 것 같다.[99]

---

96 Liv. 43.5.1-4.

97 Liv. 43.5.5-6.

98 카시우스 롱기누스의 행동에 대한 갈리아 부족들의 불만에 답하기 위해 파견되었던 사절들이 많은 선물을 지참했다는 사실은 흥미롭다.

99 Val. Max. 6.9.10; Fest. 360 L. 기원전 156년의 콘술 코르넬리우스 렌툴루스 루푸스(L. Cornelius Lentulus Lupus)도 기원전 154년의 호민관 카이킬리우스 메텔루스(Q. Caecilius Metellus)가 발의한 것으로 보이는 카이킬리우스 법(lex Caecilia)에 따라 착취의 죄목으로 기소되었다. 하지만 그가 이후에 켄소르로 선출되었다는 사실을 고려하면, 아마도 그 또한 기소 면책의 특권을 누렸을 것 같다.

하지만 속주 공동체가 불만을 제기한 로마의 정무관이 임기를 마치고 사적인 개인의 지위로 돌아오면, 원로원에서의 토의를 거친 후 호민관이 개입하여 관련 당사자를 재판에 회부했던 것 같다. 하지만 이런 절차가 반드시 호민관의 사법권이 원로원의 주도하에 있음을 의미하는 것은 아니다. 실제로 위에서 언급한 루크레티우스도 원로원에서 상당한 공격을 받은 것 같지만, 원로원이 그의 기소를 명령했다는 증거는 없다. 리비우스에 의하면, 원로원에서 여론을 주도하고, 강경하고 영향력 있는 법적 기소자로서 그를 재판에 회부한 자는 오히려 두 명의 호민관이었다.[100] 다음의 사건에서도 주도적인 호민관의 활동을 발견할 수 있다. 기원전 150년 프로프라이토르로서 원 히스파니아에 있었던 술피키우스 갈바(Ser. Sulpicius Galba)는 자신의 거짓 약속에 속아 무기를 내려놓은 루시타니아(Lusitania)인을 살육하고 나머지를 노예로 만들었다.[101] 로마로 귀환한 그에 대한 원로원의 의견이 정확하게 어땠는지는 모르지만, 아마도 그리 적대적이지는 않았던 것 같다. 2세기의 역사가 아피아노스는 그가 자신의 부를 이용해서 처벌을 면했다고 설명하였기 때문이다. 따라서 기원전 149년의 호민관인 스크리보니우스 리보(L. Scribonius Libo)의 기소는 원로원의 명령이 아닌 그의 독자적인 결정에 따른 것이라 할 수 있다. 또 그가 술피키우스 갈바에 의해 노예로 매각되

---

100   Liv. 43.8.2-3.
101   App. *Hisp.* 59-61.

었던 자들에게 자유를 회복해주는 법안을 제출했을 때도, 원로원 내에는 반대 의견들이 많았기 때문이다.[102] 물론 호민관이 주도권을 갖고 관련 당사자를 기소할 수 있었지만, 그것이 반드시 처벌로 귀결되지는 않았다. 평민회는 술피키우스 갈바의 아들들이 눈물을 흘리면서 탄원하는 것에 감동하여 무죄를 선언했기 때문이다.[103]

　　로마의 지배를 받는 공동체들은 로마에서 파견된 정무관의 착취 행위에 대해 이의를 제기하고 바로잡을 수 있는 일관된 통로를 갖고 있지 못했다. 물론 원로원이나 후견인을 통해 자신들의 불만을 토로할 수는 있었지만, 실제로 성공한 예는 별로 없는 것 같다. 다만 착취의 혐의가 있는 정무관이 현직에서 물러나면, 호민관이 로마 정체의 법적 기소자로서 소송 절차를 시작할 수 있다. 하지만 사료의 부족으로 인해 호민관이 개입하게 된 구체적인 이유를 분명하게 알 수는 없지만, 호민관의 주도권을 부인할 이유는 없는 것 같다.

102　리비우스의 요약자에 의하면, 카토가 가장 열렬하게 그 제안을 지지하였던 반면에 원로원에서 카토에게 종종 공격을 받았던 풀비우스 노빌리오르(Q. Fulvius Nobilior)는 술피키우스 갈바를 위해 행동하였다.

103　Liv. *Per.* 49; Cic. *Brut.* 89; Val. Max. 8.1.2.

5. 호민관의 사법권: 역할과 정치적 함의

호민관이 기소한 재판에 관한 기록은 많지 않다. 하지만 호민관 직을 설치한 이유를 고려할 때 호민관이 공적인 기소자로서 소송 절차를 시작한 실제 사례는 사료에서 발견되는 것들보다 훨씬 많을 것이다. 호민관의 기소는 민회를 통해서 시작되었다. 먼저 호민관은 피고인을 세 단계로 이루어진 심문(anquisitio)에 소환하였다. 호민관은 각각의 심문이 끝날 때마다, 피고에게 벌금을 구형하면서 자신의 죄를 인정하는지를 물었다. 피고인이 그것을 세 번 모두 부인하면, 그 사건은 최종적으로 네 번째 심문(quarta accusatio)으로 송치되었다. 네 번째 마지막 심문은 정무관의 결정에 대한 찬반의 투표만이 가능한 공식적인 민회(comitia)로서, 호민관이 심문에서 부여했던 형량의 경중에 따라 두 개로 구분된다. 기소 형량이 사형이 사건의 경우에는 프라이토르에게 켄투리아회를 소집하도록 요청하였던 반면에, 사형보다 낮은 형량의 경우에는 호민관이 직접 그 사건을 평민회나 트리부스 민회(comitia tributa)에서 다루었다.

기소의 죄목을 결정하고 형량을 구형하는 데 호민관이 가지고 있던 상당한 재량권과 기소의 광범위한 범위는 공화정 중기 호민관의 사법권도 다른 권한과 마찬가지로 공식적으로 인정되었음을 반영한다. 게다가 호민관의 사법 행위를 방해한 정무관과 유력자를 대역죄의 죄목으로 기소하여 사형을 구형함으로써, 특히 가장 영향력 있는 정치가였던 스키피오 아프리카누스를 몰락시켰다는 사실은 이를 방증한다. 사법적 영역에서 호민관이 차지하는 위치에도 불구하고 호민관의 사법권은 부정적으로 인식되어왔다. 즉 원로원은 동료 원로원 의원을 능가하는 강력한 개인의 등장을 막기 위해서 그리고 정치적 유력자나 파벌은 정적을 제거하기 위해서 호민관의 사법권을 이용하였다. 하지만 확인되는 재판들에서 원로원 또는 정치적 유력자들이 호민관을 배후에서 조종했다는 증거는 발견되지 않는다. 오히려 호민관은 인민의 관심이나 바람에 따라 소송 절차를 시작한 것 같다. 특히 조세청부업자인 마르쿠스 포스투미우스의 경우처럼 기소 형량이 벌금형에서 사형으로 바뀐 재판이나 군사적 패배로 인해 같은 운명을 겪은 풀비우스 플라쿠스의 재판에는 인민의 의지가 분명하게 반영되었다. 전리품 분배에 관한 군사령관의 권한에 이의를 제기한 세 개의 재판도 같은 맥락에서 이해할 수 있다. 로마 팽창의 주 근간이었던 평민은 전쟁의 열매에 대한 사령관의 자의적인 권한을 제한함으로써 자신들의 몫을 공평하게 분배받기를 원했을 수 있다. 그러므로 호민관은 자신들의 사법권을 평민의 이익을 대변하고 보호하기 위해 사용했다고 할 수 있다.

하지만 공화정 중기 호민관은 평민만을 대변하는 부정적이고 혁명적인 정무관이 아니었다. 호민관은 하급 관리의 직무유기부터 대역죄, 심지어 동맹 공동체에 대한 착취죄에 이르기까지 다양한 죄목으로 범죄자를 인민 앞에 소환하는 국가의 공적인 기소자 역할을 담당하였다. 그들의 활동은 호민관에 관한 선입견과는 달리 결코 비헌정적이지도 혁명적이지도 않았다. 그들이 제시했던 기소의 죄목은—종교적 범죄, 조세청부업자의 사기, 전쟁에서의 패배, 정무관의 직권 남용과 직무 유기, 전리품의 횡령, 동맹 공동체에 대한 착취 등—로마의 법과 관습이 허용하는 범위 내에서 벗어나지 않았다. 게다가 그들은 현직 정무관을 인민 법정(iudicium populi)으로 소환하지 않았으며, 비록 기소했다 하더라도 대체로 유죄판결을 피하는 관례를 무시하지도 않았다. 그러므로 호민관의 사법적 활동들은 원로원의 지배에 도전하는 것이라기보다는 오히려 도움이 되었다. 그러나 이것이 호민관의 기소가 원로원에 의해서 사전에 계획되고 명령을 받았음을 의미하지는 않는다. 호민관은 평민이나 원로원 또는 어떤 유력 정치가, 즉 특정 개인이나 기구의 이익만을 위해서 자신들의 사법권을 이용한 것은 결코 아니다. 호민관은 로마의 정체를 위협하고 공적인 이해관계를 위험에 빠뜨리는 자들을 처벌함으로써, 궁극적으로 로마 정체의 정상적인 작동에 이바지하였다. 즉 호민관은 로마 정체의 필요불가결한 정무관으로서 자신들의 사법권을 특정 개인이나 기구를 위해서가 아니라 로마 공화정의 국가적 이익을 수호하고 증진하는 데 사용하였다.

제6장 호민관의 입법권

호민관의 다른 중요한 기능은 평민으로만 구성된 평민회(concil-
ium plebis)의 소집과 주재다. 기원전 471년 푸블리리우스 법(lex
Publilia)의 통과로 호민관이 트리부스(부족)별로 재조직된 평민회
에서 선출됨으로써, 호민관과 평민회가 처음으로 공식적 인정
을 받았던 것 같다.[1] 평민 정무관을 선출하고 사법적 기능을 담
당하는 평민회의 가장 중요한 기능은 입법이다. 호민관이 소집
한 평민회에서 통과된 법안을 '평민의 의결(plebiscitum)'이라 한
다. 키케로가 공화정 초기의 모든 '평민의 의결'을 평민의 집단
선서에 기초하고 있는 신성법(lex sacrata)으로 간주하고 있는 것처
럼, 그것은 평민의 일방적인 결정에 불과하여 공화정 초기에는

---

[1] Kyunghyun Kim, op cit., 2009, pp. 25-31.

어떤 법적 효력을 갖고 있지 못했을 것이다. 물론 '평민의 의결'은 전체 인민이 아닌 평민만을 구속하기 때문에, 그것이 평민과만 관련된 일이라면 문제가 없었을 것이다. 그러나 그것이 평민만이 아닌 전체 공동체의 문제와 관련된다면 문제는 다르다. 실제로 호민관은 자신들의 관심을 평민과 관련된 일에로만 국한하지 않았다. 왜냐하면, 호민관은 개혁을 위한 선동에서 중요한 역할을 담당하였으며, 또 평민의 의결은 인민의 감정이라는 힘으로 지배계층을 지지하거나 강한 인상을 심어주는 분명하고도 필요한 수단이기 때문이다.[2] 공화정 전반에 걸쳐 논란이 되었던 정치적 쟁점 중의 하나는 공지(ager publicus) 분배이다. 정복으로 획득한 공지를 부자와 권력자가 독점했다는 사실은 평민지도자의 관심을 끄는 데 충분하였다. 토지 분배 요구가 비록 그라쿠스 형제 시대의 뜨거운 감자였다 하더라도, 공지 분배를 요구하는 공화정 초기의 호민관과 평민지도자의 노력을 모두 의심할 필요는 없다. 하지만 호민관의 관심과 노력에도 불구하고 공지 분배를 위한 시도들은 대체로 실패했다. 사료는 원로원이 다른 호민관의 비토권을 이용하여 좌절시켰다고 전하지만, 이는 시대착오적이다.[3] 팀 코넬(Tim J. Cornell)의 지적처럼 계속 이런 법안들을 제출한 평민이 성공하지 못한 이유는, 평민의 일방적인 결의를 진

---

2 A. Drummond, op cit., p. 219.

3 호민관이 동료 호민관에게 비토권을 행사할 수 있었는지는 불확실하다. Ibid., p. 224.

외젠 기욤(Jean-Baptiste Claude Eugène Guillaume),
「그라쿠스 형제(Les Gracques)」

정한 의미의 법(lex)으로 통과시킬 수 없기 때문이다.⁴ 처음에 '평민의 의결'은 평민의 요구를 관철하려는 압력 행사의 수단이었지 그것의 시행을 보장해주는 법적 장치가 아니었다. 그러나 이런 한계는 점진적으로 제거되었다. 기원전 449년 발레리우스-호라티우스 법(lex Valeria Horatia)이 평민의 일방적인 결정에 일종의 법적 타당성을 부여했음에도, '평민의 의결'은 '원로원의 의결

---

4 Tim J. Cornell, op cit., 1995, p. 278.

(auctoritas patrum)' 또는 트리부스 인민회(cmitia tributa)의 투표 아니면 양자 모두에 의해 제약을 받았을 수 있다. 하지만 이런 제약들도 기원전 339년과 기원전 287년의 입법을 통해 하나씩 제거되었던 것 같다.

특히 기원전 287년의 호르텐시우스 법이 평민회에서 통과된 '평민의 의결'에 완전한 법적 효력을 부여한 후에, 평민회는 입법뿐만 아니라 국가의 정무와 관련된 중요한 정책을 결정하는 기구로 자리매김하였다. 평민회를 소집하고 주재하는 호민관이 입법에서 더욱 중요한 위치를 점하게 되었음은 자연스럽다. 기록이 상대적으로 잘 보존된 기원전 217~134년의 시기 동안 통과된 법의 많은 부분을 차지하고 있는 것이 '평민의 의결'이란 사실이 이를 입증한다.[5] 입법에서 호민관과 평민회의 중요성이 증가했음에도 불구하고, 호민관의 입법권은 여전히 원로원의 정책이나 이해관계를 유지하고 강화하는 수단 정도로만 이해되었다. 호민관은 입법에 있어 독자성을 갖고 있지 못했기 때문에, 호민관 입법의 주도권은 거의 원로원, 정무관 또는 스키피오 가문과 같은 유력 가문의 수중에 있었다는 것이다. 호민관을 원로원이

---

5 이 시기와 관련하여 조반니 로톤디가 제시한 대략 120개 정도의 법률목록 중 3/4 정도는 '평민의 의결'이다. Giovanni Rotondi, *Leges Publicae Populi Romani* (Milan, 1912), pp. 250-298. 공화정 중기에 고위 정무관은 입법행위를 하지 않았다는 카이 샌드버그의 주장이 옳다면, 이 비중은 훨씬 높을 것이다. Kaj Sandberg, op cit., 2000, pp. 121-140. '평민의 의결'에 관해서는 Giovanni Niccolini, op cit., pp. 90-142; pp. 396-413; Jochen Bleicken, op cit., 1968, pp. 46-73을 참조하시오.

상정한 법안을 평민회에 제출하는 절차상의 기능만을 담당하는 정무관으로 이해하는 견해는 대체로 요켄 블라이켄의 다소 일방적인 연구에 기초하고 있는 것처럼 보인다. 그러므로 이 장은 통계자료를 이용하는 그의 방법과 광범위하게 수용하고 있는 결론을 철저하게 재검토함으로써, 공화정 중기의 입법 절차에서 호민관이 과연 어떤 역할을 담당했는지를 그리고 그것이 무엇을 의미하는지를 논할 것이다.

1. 원로원과 호민관

입법에 관한 주도권이 호민관이 아닌 원로원에 있다고 주장하는 이유는 입법과 관련하여 리비우스가 사용하는 표현—'호민관은 원로원의 의결(auctoritas patrum)에 따라 법안을 평민(회)에 제출했다'— 때문이다.[6] 왕정기의 로마까지 거슬러 올라가는 '원로원의 의결'은, 원래 '지지'를 뜻하는 아욱토리타스(auctoritas)가 암시하듯이, 왕의 칙령을 완성하는(또는 보완하는) 역할을 하였다. 왕정이 무너지고 공화정이 들어서도 '원로원의 의결'은 법안과 선거에 관한 인민의 결정을 완성하는(또는 보완하는) 역할을 계속 이

---

6 리비우스는 '원로원의 의결'을 표현하기 위해 '아욱토리타스 파트룸(auctoritas patrum)', '아욱토리타스 세나투스(auctoritas senatus)', '센텐티아 세나투스(sententia senatus)', '세나투스 콘술툼(senatus consultum)'과 같은 용어를 혼용하였다.

어갔던 것 같다. 이때 파트룸(patrum)은 원로원 내의 귀족 출신 원로원 의원을 연상하기 때문에, '원로원의 의결'을 쿠리아회 또는 켄투리아회에서 입법이나 선거가 종교적으로 문제가 없는지를 조사하는 장치로 이해할 수 있다.[7] 그러나 리비우스가 원로원 내의 귀족 출신 원로원 의원을 지칭하기 위해 파트룸이란 용어를 사용한 것 같지 않다. 사실 공화정 중기에 원로원은 평민 출신의 원로원 의원들로 채워져 있었기 때문에, 귀족 출신과 평민 출신을 구분하는 것은 의미가 없다. 리비우스는 이미 '원로원의 의결'을 나타낼 때, 귀족을 의미하는 듯한 아욱토리타스 파트룸(auctoritas patrum)과 원로원을 분명하게 의미하는 아욱토리타스 세나투스(auctoritas senatus)란 용어를 혼용하였다.

'원로원의 의결'은 원래 왕이 소집한 원로원이 왕의 칙령에 권위를 부여하는 것으로, 법적 구속력을 가진 원로원의 최종 결정은 아니었다. 그것은 공화정기에도 마찬가지였다. 그럼에도 귀족이 평민과 이른바 '신분 투쟁'을 벌일 때, '원로원의 의결'을 일종의 거부권으로 사용했던 것 같다.[8] 귀족의 특권을 제한하기 위해 기원전 339년의 딕타토르 푸블리리우스 필로(Q. Publilius Philo)가 통과시켰던 법에 따라, 켄투리아회에서 법안이 투표에 부쳐

---

[7] 기원전 339년 이전에 관한 리비우스의 기록에서 '아욱토리타스 파트룸'이란 용어가 간헐적으로 나타나지만, 이것은 연대기적 윤색의 결과일 뿐이다. Robert M. Ogilvie, op cit., p. 609; Stephen P. Oakley, op cit., pp. 526-527.

[8] Cic. *Rep.* 2.56; *Planc.* 8.

지기 전에 '원로원의 의결'이 선행되어야 했기 때문이다.[9] 그리고 아마도 기원전 279~219년경에 마이니우스 법(lex Maenia)이 통과됨으로써, 푸블리리우스 필로의 규정이 정무관 선거에도 확대 적용되었다.[10] 물론 위의 두 법이 천명했던 원칙들이 평민회에도 적용되었는지는 불분명하다. 그럼에도 기원전 287년 '평민의 의결'이 모든 시민을 구속하는 법으로 인정받았을 때, '원로원의 의결'은 원로원에서의 형식적인 절차로 전락한 것이 분명해 보인다.[11]

리비우스가 소개하고 있는 한 흥미로운 이야기에 따르면, 기원전 188년의 호민관 발레리우스 타포(C. Valerius Tappo)가 포르미아이(Formiae)를 위시한 세 자치시에 완전한 시민권을 부여하는 법안을 제안하였다. 이에 법안이 '원로원의 의결' 없이 제안되었다는 이유에서 네 명의 동료 호민관이 비토권을 행사했다. 그러

---

9 전반적인 논의를 위해서는 Kurt Von Fritz, "The Reorganization of the Roman Government in 366 B.C. and the so-called Licinio-Sextian Laws," *Historia*, Vol. 1(1950), pp. 26-31; Endre Ferenczy, op cit., pp. 59-60; Robert Develin, "Provocatio and Plebiscites: Early Roman Legislation and the Historical Tradition," *Mnemosyne*, Vol. 31(1978a), pp. 55-60; Karl-Joachim, opcit., 1987, pp. 110-113을 참조하시오. 딕타토르 푸블리리우스 필로의 다른 두 법 중 하나는 평민의 의결에 법적 구속력을 부여하는 것이고, 다른 하나는 켄소르직 중의 하나를 평민에게 허용하는 것이었다. Liv. 8.12.5-6.

10 '원로원의 의결'이 선거 시작 전에 선행되어야 한다는 마이니우스 법도 원로원이 선거에 간섭하는 것을 막고자 하는 장치였다. Cic. *Brut*. 55.

11 Tim J. Cornell, op cit., 1995, p. 341; Stephen P. Oakley, op cit., p. 526.

나 발레리우스 타포가 참정권 부여는 원로원의 권한이 아니라 인민의 권한이라고 응수하자, 호민관들은 자신들의 비토권을 철회하였고, 결국 법안은 통과되었다.[12] 호민관은 보통 법안을 평민회에서 제출하기 전에 '원로원의 의결인'을 미리 받아야 했지만, 그것이 반드시 준수되어야 하는 필수 조항은 아니었던 것 같다. 사실 앞에서도 다루었던 플라미니우스 법과 클라우디우스 법도 '원로원의 의결'을 받은 것 같지는 않다. '원로원의 의결'은 원로원이 호민관의 입법을 방해하기 위해 사용할 수 있는 정치적 무기가 아니었다.

그럼에도 리비우스가 '원로원의 의결'을 계속 사용하는 이유는, 그것이 입법에서 비록 형식적이지만 하나의 중요한 절차였기 때문일 것이다. 기원전 167년의 호민관 셈프로니우스(Ti. Sempronius)는 개선장군이 개선식을 거행하면서 도시로 들어오는 당일 임페리움을 보유해야만 한다는 법안을 '원로원의 의결'에 따라 평민에게 제출했다.[13] 이는 호민관의 활동이 개선식과 관련한 형식적인 헌정 절차로 제한되었음을 의미하는 것이 아니다. 위의 기사를 통해서는 기원전 167년 개선식과 관련된 원로원의 토의에서 호민관이 정확하게 어떤 역할을 했는지는 알 수

---

12 Liv. 38.36.7-8. 이들 공동체는 코르넬리아(Cornelia) 부족과 아이밀리아(Aemilia) 부족에 등재되었다. 자세한 논의는 Lily R. Taylor, *The Voting Districts of the Roman Republic* (Rome, 1960), p. 93; Rachel Feig Vishnia, op cit., 1996, pp. 156-157을 참조하시오.

13 Liv. 45.35-36.

없다. 하지만 원로원이 자체의 결정 사항을 민회에 직접 상정할 수 없다는 점을 고려할 때 입법에서 호민관이 차지하는 역할을 과소평가해서는 안 된다. 호민관은 원로원에서 벌어지는 논의에 자주 주도적으로 참여하였다. 호민관은 원로원의 의결을 막겠다고 위협함으로써 개선식이 거행되는 것을 차단할 수 있었으며, 또 평민회에서의 투표를 통해 원로원이 반대하는 개선식을 허용할 수도 있었다.[14]

물론 호민관의 활동에 직접적인 관심이 적었던 리비우스는 입법에 관한 내용을 전할 때, 호민관의 이름이나 호민관 자체에 대한 언급을 자주 생략하였다. 기원전 217년의 콘술인 가이우스 플라미니우스(Gaius Flaminius)가 트라시메누스(Trasimenus) 호수 전투에서 전사하자, 전쟁이 이탈리아에서 수행되는 동안 인민은 이미 콘술을 역임한 자도 콘술로 재선출할 권리를 보유해야만 한다는 법안이 '원로원의 의결'에 따라 평민에게 제출되었다.[15] 기원전 209년 '원로원의 의결'에 따라 켄소르들이 캄파니아 지역에서 토지를 임대해야만 한다는 법안이 평민에게 제출되었다.[16] 물론 평민에게 법안이 제출되었다고 언급하였기 때문에, 호민관의 활동을 부정한 것은 아니다. 하지만 호민관을 직접 언급하지

14　개선식에 관한 논의는 Hendrik S. Versnel, op cit., p. 191; pp. 384-388; Jane E. Phillips, op cit., pp. 54-55; 김경현, 앞의 글, 2004, 57-78쪽을 참조하시오.

15　Liv. 27.6.7.

16　Liv. 27.11.8.

실베스트르(Joseph-Noël Sylvestre), 「트라시메누스 호수 전투에서 참수당하는
가이우스 플라미니우스(Ducarius decapitates Flaminius at the Battle of Lake
Trasimene)」(1882)

않은 것은 호민관이 '원로원의 의결'에 따라 법안을 평민회에 기계적으로 제출하는 정무관이라는 인상을 줄 수 있다. 하지만 호민관의 입법 제안이 단순히 형식적인 절차만은 아니다.

> 기원전 210년의 호민관 아틸리우스(L. Atilius)는 원로원에 캄파니아 인의 운명을 결정할 권리를 부여하는 법안을 '원로원의 의결'에 따라 평민에게 제출했다.[17]

위의 짤막한 기사는 호민관의 이름을 제외하곤 호민관의 역할에 관해 자세히 언급하지 않았다. 하지만 리비우스는 이 사건과 관련하여 자세한 내용을 소개하고 있다. 당시 카푸아에 있었던 사람 중 가장 영향력이 있었던 아틸리우스 레굴루스(M. Atilius Regulus)는 기원전 319년의 호민관 안티스티우스(M. Antistius)의 전례를 들어 원로원이 관련 문제를 다루기 위해서는 호민관을 설득해서 법안을 제출해야 한다고 주장하였다.[18] 이는 '원로원의 의결'은 일종의 원로원의 의견 또는 충고로서 호민관이 그것을 반드시 평민회에 상정해야 할 의무가 없음을 보여준다. 입법에서 호민관의 역할은 원로원이 결정한 사항을 기계적으로 민회에 상정하는 것이 아니다. 그것은 원로원과 민회 간의 소통을 원활하게 하는 일종의 가교의 역할이다. 하지만 호민관의 역할을 가

---

17 Liv. 26.33.12-14.

18 호민관 안티스티우스는 사트리쿰(Satricum)에서 반란을 일으킨 로마인의 문제를 원로원에 이양하는 법안을 통과시켰다. Liv. 26.33.10.

교의 역할로 한정해서도 안 된다.

기원전 193년의 호민관 셈프로니우스(M. Sempronius)는 '원로원의 의결'에 따라 차용금과 관련하여 동맹과 라틴인도 로마인과 같은 법의 적용을 받아야 한다는 법안을 평민에게 제출했다.[19] 리비우스가 당시 고율의 이자로 고통을 겪던 채무자가 많았음을 강조한 사실을 고려하면, 이 법의 목적은 고리대금업자가 로마 시민에게 라틴인과 동맹의 이름으로 고율의 이자를 받고 돈을 빌려주는 편법을 막으려는 것처럼 보인다. 물론 호민관 셈프로니우스가 법안을 제안했다는 내용 외에 알 수 있는 것은 없다. 그럼에도 공화정 초기의 역사에서 '신분 투쟁'의 가장 장 큰 원인이 부채였음을 염두에 둔다면, 평민의 견해를 대변하는 호민관 셈프로니우스가 원로원의 논의에서 중요한 역할을 담당했을 가능성이 크다. 리비우스가 호민관의 이름을 제시하고 있는 것이 우연이 아닐 수 있다.

리비우스는 호민관이 일찍부터 원로원 회의에 참석했다고 하지만, 확실하지 않다.[20] 그럼에도 불구하고 로마의 정치제도를 재정비한 기원전 367년경부터는 호민관의 원로원 참석이 허용되었으며, 때론 원로원 회의를 소집하고 주도했던 것 같다.[21] 기

---

19   Liv. 35.7.4-5. cf. Emilio Gabba, "Rome and Italy in the Second Century BC," in Alan E. Astin *et al.*, *Cambridge Ancient History VIII* (Cambridge, 1989), pp. 224-225.

20   Liv. 3.9.6-11; 4.48.

21   Andrew Lintott, op cit., 1999, p. 38; 김경현, 앞의 글, 2018, 214-

원전 172년, 포필리우스 라이나스(M. Popilius Laenas)에 관한 문제를 두고 원로원과 의견의 차이를 보이던 신임 콘술들이 부임지로 출발하지 않자, 호민관 마르키우스 세르모(M. Marcius Sermo)와 마르키우스 스킬라(Q. Marcius Scilla)가 개입하여 콘술들에게 임지로 출발하지 않으면 벌금을 부과하겠다고 위협하였다. 또 그들은 '원로원의 의결'에 따라 항복한 리구리아(Liguria)인에 관한 법안을 통과시켰다.[22] 일견 이 사건은 호민관이 원로원을 위해 활동한 것처럼 보이게 한다. 하지만 리비우스는 호민관들이 원로원과 신임 콘술들 사이의 의견 충돌에 자극을 받아 개입하였으며, 리구리아인에 관한 안건을 원로원에서 낭독했다고 분명하게 전하고 있다. 아마도 원로원은 호민관이 제안한 안건을 논의하여 결정한 것처럼 보인다.[23] 다음의 법안도 호민관이 주도적으로 제출한 것 같다. 기원전 193년의 호민관 아일리우스 투베로(Q. Aelius Tubero)는 '원로원의 의결'에 따라 두 개의 라틴 식민시를 하나는 브루티(Brutti) 사이에, 다른 하나는 트뤼이(Truii) 주변에 건설하는 법안을 평민회에서 통과시켰다.[24] 호민관의 제안을 두

215쪽.

22   Liv. 42.21-22.

23   그 법안에 따라 원로원은 노예가 된 리구리아인을 해방하는 업무를 담당할 조사관을 임명하였다. 호민관들은 포필리우스 라이나스를 재판에 회부하는 데 성공했지만, 유죄판결을 받아내지는 못했다. Howard H. Scullard, op cit., 1973, pp. 194-198.

24   Liv. 34.53.1. 아일리우스 투베르가 호민관직을 역임한 연도에 관해서는 Thomas R.S. Broughton, op cit., p. 346을 참조하시오. cf. Jochen

고 어떤 논의가 이루어졌는지를 알 수는 없다. 그렇지만 라틴 식민시가 라틴인뿐만 아니라 로마 시민으로 구성된다는 사실을 고려할 때 호민관이 적극적으로 개입했을 가능성이 크다. 게다가 법안에 관해 간단하게 언급했던 리비우스가 그 이후에는 행적이 묘연한 호민관의 이름을 굳이 제시했다는 사실이 이를 입증하는 것 같다.

물론 원로원에서 논의를 주도하는 정무관이 호민관만은 아니다. 기원전 210년, '원로원의 의결'에 따라 호민관이 제출한 법안으로 인해 로마에 도움을 준 무티네스(Muttines)가 그 보상으로 로마 시민권을 부여받았다.[25] 전쟁에서 귀환한 콘술 발레리우스 라이비누스(M. Valerius Laevinus)가 원로원에서의 논의를 주도했음이 분명하다. 기원전 186년, 바쿠스 축제(Bacchanalia)에 관한 정보를 제공한 푸블리우스 아이부티스(Publius Aebutis)와 히스팔라 파이케니아(Hispala Faecenia)에게 보상하는 법안이 '원로원의 의결'에 따라 평민에게 제출되었다.[26] 이 논의도 콘술인 포스투미우스 알비누스(Sp. Postumius Albinus)가 주도한 것 같다.

Bleicken, op cit., 1968, p. 155.

25 Liv. 27.5.7.

26 Liv. 39.19.3-7. 기원전 2세기 초반 상당한 인기를 누리던 주신(酒神) 바쿠스에 대한 숭배가 광신, 비도덕 등의 혐의로 금지당했다. Liv. 39.8; *CIL* 1.2.581=*ILS* 18. 바쿠스 축제의 탄압을 로마 종교 정책의 전환점으로 보는 견해에 관해서는 John A North, "Religious Toleration in Archaic Rome," *Proceedings of the Cambridge Philosophical Society*, Vol. 25(1979), pp. 85-103을 참조하시오. cf. Richard A. Bauman, op cit., 1990, pp. 334-348.

그렇다고 입법에서 원로원이 차지하는 역할을 부인하는 것은 아니다. 기원전 211년, 호민관은 '원로원의 의결'에 따라 클라우디우스 마르켈루스(M. Claudius Marcellus)가 오바티오(ovatio)를 거행하면서 도시로 들어오는 당일 완전한 임페리움을 보유해야 한다는 법안을 평민에게 제출했다.[27] 시킬리아 동부에서 프로콘술로서 임페리움을 계속 연장했던 클라우디우스 마르켈루스가 거둔 놀라운 승리에도 불구하고, 원로원은 그가 군대를 귀환시키지 않았다는 이유를 들어 개선식의 부여를 거부하였다. 물론 원로원 내에 존재하는 정치적 파벌 간의 대립이 그 같은 결과를 초래했을 수도 있겠지만,[28] 원로원에서 격렬한 논쟁이 있었음은 분명하다. 사실 군대가 없는 개선식은 전례가 없으므로, 이 사실을 인지한 클라우디우스 마르켈루스도 결국 오바티오에 만족해야만 했을 것이다. 여기서 우리는 귀족들로 구성된 지배계층을 의미하는 원로원과 국가의 중대사를 논하는 정치적 공간으로서의 원로원을 구분해야 한다. 사실 리비우스는 원로원이 누구에 의해 소집되었으며, 어떤 논의가 이루어졌는지, 어느 원로원 의

---

27   Liv. 26.21.5. 로마 공화정 초기에 매우 제한적으로 시행되었던 오바티오(ovatio)는 기원전 211년 클라우디우스 마르켈루스(M. Claudius Marcellus) 때 와서 부활했다. 오바티오에 관해서는 Terry C. Brennan, "M'. Curius Dentatus and the Praetor's right to Triumph," *Historia*, Vol. 43(1994), pp. 423-439; 김경현, 앞의 글, 2004, 68-71쪽을 참조하시오.

28   정치적 적대관계에 관해서는 Arthur M. Eckstein, *Senate and General: Individual Decision Making and Roman Foreign Relations, 264-194 BC* (Berkeley *et al.*, 1987), pp. 169-171을 참조하시오.

원이 참석하였는지에 대한 상세한 내용을 제공하고 있지 않음을 기억할 필요가 있다.

리비우스는 호민관의 입법에 관해 언급할 때, 세나투스 센텐티아(senatus sententia) 또는 세나투스 콘술툼(senatus consultum)이란 용어도 혼용하였다. 센텐티아(sententia)는 원래 투표의 결과, 즉 최종 결정을 의미함으로, 세나투스 센텐티아는 '원로원의 최종 결정'을 의미한다. 반면 콘술툼(consultum)은 고위 정무관의 요청에 따른 일종의 충고를 의미하기 때문에, 세나투스 콘술툼은 '원로원의 충고'를 의미한다. 하지만 리비우스가 그것들을 구분하기 위해서 또는 앞에서 언급했던 '원로원의 의결(auctoritas patrum 또는 auctoritas senatus)'과 구분하기 위해 사용한 것 같지는 않다. 따라서 이 장에서는 세나투스 센텐테아와 세나투스 콘술툼 모두를 '원로원의 의결'로 해석한다.

> 기원전 212년, 프라이토르 우르바누스르는 '원로원의 의결(senatus sententia)'과 '평민의 의결'에 따라 벽들과 탑들의 복구를 책임지는 5인 위원회(quinqueviri) 그리고 세 명으로 구성된 두 개의 위원회(triumviri)의 — 하나는 신성한 선박을 복원하고 신전의 선물을 등록하는 일을 맡고 다른 하나는 기원전 213년의 화재로 인해 파괴된 신전들을 재건하는 일을 맡는다 — 위원들을 선출하는 선거를 주재했다.[29]

---

29 Liv. 25.7.6.

기원전 192년의 프라이토르인 바이비우스 탐필루스(M. Baebius Tamphilus)와 아틸리우스 세라누스(A. Atilius Serranus)는 각각 근 히스파니아와 원 히스파니아를 속주로 배정받았다. 그러나 이 배정은 '원로원의 의결(senatus consultum)'과 '평민의 의결'에 따라 변경되었다. 그래서 함대와 마케도니아가 아틸리우스 세라누스에게 브루티(Brutti)가 바이비우스 탐필루스에게 할당되었다.[30]

기원전 192년 식민시가 '원로원의 의결(senatus consultum)'과 '평민의 의결'에 따라 비보(Vibo)에 건설되었다.[31]

이처럼 입법의 절차만을 아주 간단하게 전하고 있는 리비우스는 입법에서 원로원과 평민회가 차지하는 역할을 분명하게 인정하고 있다. 하지만 원로원과 평민회를 연결하는 가교의 역할을 담당하는 또 법안에 대한 최종적인 투표가 행해지는 평민회를 소집하고 주재하는 정무관, 즉 입법에서 핵심적인 역할을 하는 호민관을 언급하지 않음으로써, 입법에서 주도적인 역할을 하는 것은 원로원임을 우회적으로 표현하려 했던 것 같다. 물론 로마의 입법 과정에서 차지하는 원로원의 중요한 역할을 부정해서는 안 된다. 그러나 원로원 내에서 토의가 진행되고 그 결과가 원로

---

30 Liv. 35.20.9-11.
31 Liv. 35.40.5.

원의 이름으로 반포되었다는 것이 입법과 관련된 사실을 그대로 이야기하는 것은 아니다. 예를 들어, 정확하게 누가 제안을 시작했고, 원로원 내에서 토의가 어떻게 진행되었는지는 분명치 않다. 원로원은 국가의 이익을 위해 단일한 목소리를 낼 수 있지만, 항상 통일된 견해를 가지고 있는 단순한 정치적 기구가 아니다. 원로원은 다양한 개인적인 배경과 의견을 가진 정치가들이 국가의 문제를 두고 활발한 토의를 벌이는 정치적 공간일 뿐 아니라[32] 개인별 투표의 원칙이 적용되는 유일한 정치 기구였다.[33] 게다가 원로원은, 임페리움을 보유한 정무관이 소집할 때만(이 권리는 후에 호민관도 획득하였다), 개최될 수 있었다. 또 입법권을 보유하지 못한 원로원은 호민관을 포함한 다른 정무관에게 도움을 주는 자문기관에 불과했다. 다시 말해서, 정무관 또는 특히 호민관의 도움이 없이 원로원은 회의를 소집할 수도 없었으며 입법을 하거나 입법안에 법적 효력을 부여할 수도 없었다.[34]

리비우스가 입법에 관해 언급할 때 자주 사용하는 "(호민관은) 원로원의 의결에 따라 법안을 평민(회)에 제출했다"는 표현이 입법에서의 주도권이 원로원에 있음을 반드시 의미하지 않는다.

---

32 로마 정치가들의 이합집산은 분명하지만, 로마의 정치를 파벌의 관점에서만 설명하려는 시도들은 현재 거부되고 있다. Peter A Brunt, op cit., 1988, pp. 443-502; Alexander Yakobson, *Elections and Electioneering in Rome: A Study in the Political System of the Late Republic* (Stuttgart, 1999).

33 Rachel Feig Vishnia, op cit., 1996, p. 177.

34 퍼거스 밀러는 원로원의 집단적 지배를 거부하였다. 원로원의 절차에 관한 개요는 Herbert F. Jolowicz, op cit., pp. 41-43을 참조하시오.

그럼에도 학자들은 리비우스가 호민관의 이름을 제공하지 않는 경향을 입법 주도권이 원로원에 있었음을 보여주는 증거라고 믿는다. 이런 익명성이 호민관이 입법에서 중요한 역할을 담당하지 못했음을 반영할 수도 있다. 해당 호민관이 '원로원의 의결'을 평민 앞에 제출하는 절차상의 형식적인 기능을 수행하는 데 그쳤을 수도 있다. 그러나 이미 앞에서 봤듯이, 원로원은 자체적으로 모일 수도, 안건을 제출할 수도, 독자적으로 입법을 추진할 수 없었기 때문에, 입법을 위해서는 반드시 호민관을 포함한 정무관의 도움을 받아야 했음을 기억해야 한다.

기원전 212년의 콘술들이 징집을 완결하지 못하자, 원로원은 다음과 같이 결정했다. 무기를 들 수 있을 만큼 강인한 사람은 누구든지 심지어 그들의 나이가 징집연령보다 어려도 징집되어야만 한다. 또 호민관은 적합하다고 판단되면, 17세 미만의 나이에 군사적 맹세를 했던 자들의 경우에, 그들이 마치 17세 또는 그 이상의 나이에 징집된 것처럼, 전투가 수행되어야 한다는 법안을 평민에게 제출해야 한다.[35]

---

35   Liv. 25.5.5-8. 기원전 180년에 빌리우스 법(lex Villia)이 제정되기 전에 로마인이 정치적 경력을 시작하는 최저연령이 정해져 있었던 것 같지는 않다. 그러나 기원전 212년의 법으로 추정해보면, 로마인은 적어도 27세에 공직에 출마한 것 같다. cf. Alan E. Astin, op cit., 1958; Robert Develin, op cit., 1979.

기원전 200년의 쿠룰리스 아이딜리스로 선출된 발레리우스 플라쿠스(C. Valerius Flaccus)는 유피테르 신관이기 때문에, 선서 의식을 치를 수 없었다. 선서 없이는 직무를 시작할 수 없었던 그는 선서 의식의 면제를 요청하였다. 이에 원로원은 신임 쿠룰리스 아이딜리스 대신 선서할 그러면서 콘술이 인정하는 사람을 발견한다면, 콘술들은 적합하다고 판단되면 호민관에게 법안을 평민에게 제출하도록 요청한다는 결정을 하였다. 그의 형제 루키우스 발레리우스 플라쿠스가 대신 선서를 했다.[36]

호민관이 원로원의 결정을 실행에 옮기는 단순한 도구에 불과함을 입증하는, 즉 원로원과 호민관 사이에 어떤 수직적인 상하 관계를 발견할 수 없다. '원로원의 의결'에 나오는 표현, 즉 '호민관들이 적합하다고 판단되면 인민에게 제출한다(tribuni plebis, si iis videretur, ad populum ferrent)'와 같은 표현은 오히려 원로원이 호민관의 도움을 요청하는 데 주의를 기울였다는 인상을 준다.[37] 게다가 원로원은 가끔 어떤 합의에 도달하지 못하고 관련 문제를 호민관에게 이양하곤 했다. 아프리카 속주를 배정받길 열렬하게 원했던 기원전 202년의 두 콘술은 원로원에서 속주에 관한 문제를 제기했다. 하지만 원로원은 메텔루스(Q. Metellus) 때문에 확실한 결정을 내리지 못하고, 콘술들이 호민관과 조율해서, 그들

---

36   Liv. 31.50.7-9.

37   Liv. 25.5.5-8; 30.27.1-4; 31.50.7-9.

이 찬성하면, 아프리카에서의 전쟁 법안을 평민회에 제출할 것을 결정하였다. 모든 트리부스(부족)는 스키피오 아프리카누스(P. Cornelius Scipio Africanus)에게 찬성투표를 던졌다.[38]

호민관의 활동에 거의 관심이 없었던 리비우스지만, 호민관의 이름을 전혀 소개하지 않은 것은 결코 아니다. 오직 하나의 사례에만 근거하고 있는 것처럼 보이는 현대 학자들의 주장에 따르면, 호민관의 이름이 알려진 경우는 원로원의 결정을 따르길 주저하는 정무관과의 투쟁에서 호민관이 원로원을 위해서 중요한 역할을 했을 때다. 그리고 그런 행동은 호민관의 독자적인 판단에 따른 것이 아니라 원로원의 주도로 나타났다.[39]

기원전 201년의 신임 콘술 코르넬리우스 렌툴루스(Cn. Cornelius Lentulus)는 자마(Zama)에서 결정적으로 패배한 카르타고인에게 쉽게 승리하기 위해 아프리카를 속주로 배정받길 원했다. 그래서 그는 아프리카가 지신의 속주로 배정되기 전까지 다른 공적 활동을 허용하지 않겠다고 선언했다. 두 명의 호민관 미누키우스 테르무스(Q. Minucius Thermus)와 아킬리우스 글라브리오(M'. Acilius Glabrio)가 개입했다. 논쟁 후에 원로원은 다음과 같이 선언했다. "평화협정 조건에 동의하면, 호민관들은 신임 콘술과 스키피오 아프리카누스 중 누가 평화조약을 체결해

---

38 Liv. 30.27.1-4.

39 Jochen Bleicken, op cit., 1968, p. 51.

앙기아리 마스터(Anghiari Master)로 알려진 익명의 화가, 「자마 전투(The Battle of Zama)」(1470)

야 하는지의 문제를 평민 앞에 상정해야만 한다." 그러나 카르타고인이 평화협정 조건에 동의함으로써 아프리카 지휘권에 관한 바람이 좌절될 찰나에 놓인 코르넬리우스 렌툴루스는 자신의 권한 내에 있는 평화협정 조건에 관한 논의에 비토권을 행사하였다. 호민관은 인민에게 원로원이 선언한 제안에 투표하라고 요청했으며, 평민은 평화를 인준하였다.[40]

호민관 미누키우스 테르무스와 아킬리우스 글라브리오는 카르타고와의 평화조약 체결을 막으려 한 콘술의 시도를 좌절시키는

40　Liv. 30.40.14; 30.43.1-4.

데 성공하였으며, 결국 평화 법안을 평민회에 제출하였다.[41] 보통 평화조약에 관한 논의는 사령관의 권한이었다. 이 호민관들이 원로원을 위해서 활동하도록 명령을 받았다는 증거는 없다. 원로원이 호민관에게 그 문제를 평민회에서 상정하라는 칙령을 반포했지만, 그들은 분명 원로원이 결정을 내리기 전에 참여했다. 사실 호민관은 원로원의 토의에 참여했을 뿐 아니라, 정확하게 언제부터인지는 모르지만, 상당히 일찍부터 원로원을 소집할 수도 있었다. 두 호민관이 참여한 원로원의 토의는 오히려 호민관들에 의해 촉발되었던 것 같다.

41　cf. Polyb. 6.4.10; Liv. 29.12.15; 37.45.14.

기원전 197년 말 퀸크티우스 플라미니누스(T. Quinctius Flamininus)에게 패한 마케도니아의 왕 필리포스 5세는 평화조약을 논하기 위해 사절을 로마에 파견했다. 원로원은 퀸크티우스 플라미니누스의 평화협정 체결을 돕기 위해, 열 명으로 구성된 위원회를 임명했다. 하지만 신임 콘술 클라우디우스 마르켈루스(M. Claudius Marcellus)는 원로원의 결정에 반대했다. 그는 필리포스와의 평화조약은 환상에 불과해서 로마 군대가 마케도니아에서 철수하면 왕이 다시 반란을 일으킬 것이라는 이유를 제시했다. 원로원이 결정을 내리지 못하고 신임 콘술이 자신의 주장을 관철하려 할 때, 두 호민관 마르키우스 랄라(Q. Marcius Ralla)와 아티니우스 라베오(C. Atinius Labeo)가 개입하여 문제를 먼저 평민에게 상정하지 않으면 모든 행동에 비토권을 행사하겠다고 선언하였다.[42] 마침내 필리포스 왕과 평화조약을 체결해야만 한다는 것에 35개 트리부스(부족)가 만장일치로 찬성하였다.[43]

기원전 217년 초 딕타토르 파비우스 막시무스(Q. Fabius Maximus)는 한니발과 가까운 거리에 있었음에도 교전을 피하였

---

42 호민관이 콘술 또는 콘술들의 시도를 좌절시켰다는 사실을 호민관이 원로원의 의지를 대변하는 정무관이었다는 증거로 간주해서는 안 된다. 여기서 원로원이 어떤 의견을 가졌는지는 분명하지 않다. 콘술이 원로원을 거의 설득했음을 고려할 때, 호민관이 원로원과 같은 의견을 가졌던 것 같지는 않다. cf. Polyb. 18.42.
43 Liv. 33.25.6-7.

을 뿐만 아니라, 한니발이 마음대로 팔레르누스 공지(ager Falernus)를 약탈하도록 방관하였다. 이 유명한 지연 작전은 분명 원로원과 인민의 미움을 샀다. 반면 파비우스 막시무스의 지연 작전에 반대했던 마기스테르 에퀴툼(magister equitum) 미누키우스 루푸스(M. Minucius Rufus)는 상관의 허락 없이 한니발과 싸워 작은 승리를 거두었다.[44] 파비우스 막시무스의 명백한 실패 때문에, 호민관 메틸리우스(M. Metilius)는 과감하게 파비우스 막시무스의 사령관 해직 법안을 제안했다.[45] 물론 원로원은 호민관의 제안을 거부했을 뿐만 아니라 마기스테르 에퀴툼을 불복종의 죄목으로 기소해야 한다는 파비우스 막시무스의 요구도 거절했다. 그러나 호민관 메틸리우스는 미누키우스 루푸스를 딕타토르와 대등한 지위로 격상하는 법안을 성공적으로 통과시켰다.[46] 파비우스 막시무스는 군대를 교대로 지휘하자는 미누키우스 루푸스의 제안을 거부하고, 자신의 군대를 양분하였다.

위의 두 사례도 해당 정무관과 호민관이 충돌하고 있었음을 분명하게 보여준다. 그러나 호민관이 취했던 행동의 배후에 원로원이 있었다고 단정하기는 어렵다. 클라우디우스 마르켈루스는 기원전 196년의 호민관이 개입했을 당시 원로원을 설득하는 데

---

44 John Briscoe, op cit., 1989, pp. 50-51.

45 Liv. 22.25.10. cf. Plut. *Fab*. 9.3.

46 Liv. 22.25-26.

거의 성공했음을 기억해야만 한다. 또 원로원이 한니발과의 전투를 피하는 파비우스 막시무스의 지연 작전에 동의한 것 같지는 않지만, 그렇다고 한니발과 대치하고 절체절명의 순간에 호민관을 이용하여 로마 최고의 원로 정치가이자 군사령관을 모욕하려고 했을 것 같지도 않다. 호민관은 원로원의 명령을 받아서가 아니라 자신의 판단에 따라 행동하였음이 분명하다. 그러므로 리비우스가 예외적으로 호민관의 이름을 언급한 사실은 호민관이 아주 주도적으로 입법권을 행사했음을 의미할 수 있다. 원로원의 집단적 의지를 거스르면서 통과된 대부분의 대중적인 법안을 발의한 호민관의 이름이 사라지지 않고 남아 있는 것은 우연이 아닌 것 같다. 독자적인 입법권을 보유하지 못한 원로원이 자신들의 결정 사항을 평민 앞에 법안으로 상정하는 정치적 수단으로만 호민관을 활용했다는 전통적인 견해는 수정되어야만 한다.

유사한 사례를 하나 더 살펴보자. 기원전 216년 호민관 미누키우스(M. Minucius)는 자금 부족 때문에, 멘사리우스 3인 위원회(triumviri mensarii)를 발족하는 법안을 제안했다. 공영 은행가의 역할을 하는 멘사리우스(mensarius) 세 명은 기원전 225년과 기원전 220년에 각각 콘술직과 켄소르직을 역임한 아이밀리우스 파푸스(L. Aemilius Papus), 콘술을 기원전 227년과 기원전 217년에 두번 지낸 아틸리우스 레굴루스(M. Atilius Regulus), 그리고 당시 호민관이었던 스크리보니우스 리보(L. Scribonius Libo)였다. 리비우스가 멘사리우스 위원회의 활동 범위를 언급하지 않았지만, 위원회가 국가 대출을 통해 전쟁포로의 몸값 마련에 도움을 주었을 것이라는 몸젠의 추론이 광범위하게 수용되고 있는 것처럼 보인다.[47] 이 경우 원로원이 호민관 미누키우스를 시켜 위원회를 설치했다고 주장할 수 없다.[48] 사실 칸나이 전투에서 대승을 거둔 한니발이 전쟁포로의 몸값을 받기 위해 열 명의 로마 포로로 구성된 대표단을 파견했을 때, 원로원은 그의 요구를 거절했다.[49] 따라서 포로의 송환을 위해 국가가 돈을 빌려주는 위원회를 구성하는 것은 원로원의 기본 노선에 부합하지 않는다. 전쟁 포로가 된 친척을 위해 몸값을 낼 형편이 되지 않는 보통 시민에게 대출을 해주기 위해 이 위원회가 조직되었음을 고려한다면, 호민관 미누키우스는 원로원을 위해서라기보다는 몸값을 낼 여력을 갖추지 못한 평민을 위해서 법안을 제안했다는 것이 더 설득력이 있다. 당시 로마가 포로의 몸값을 개별적으로 지급하는 것을 허용했다는 사실이 이를 방증한다.[50]

47　Theodor Mommsen, op cit., 1887, p. 2.641. n.1. 그의 주장은 기원전 352년에 멘사리우스 5인 위원회(quinqueviri mensarii)를 설치했던 법에 기초한다. 그 법의 역사성에 관해서는 Karl-Joachim Hölkeskamp, op cit., 1987, pp. 100-101을 참조하시오. cf Martin W. Frederiksen, "Caesar, Cicero and the Problem of debt," *Journal of Roman Studies*, Vol. 56(1966), p. 140. n.86.

48　Jochen Bleicken, op cit., 1968, p. 47.

49　Liv. 22.59-61.

50　Rachel Feig Vishnia, op cit., 1996, p. 89. 예를 들어, 칸나이의 포로 중에는 기원전 210년에 프라이토르를 역임한 킨키우스 알리멘투스(L. Cincius Alimentus)의 친척도 있었던 것 같다. Liv. 21.38.3.

물론 호민관이 원로원의 집단적 이익을 보호하는 법안을 제출하기도 하였다. 기원전 180년의 호민관 루키우스 빌리우스(Lucius Villius)가 고위 정무관직에 선출될 수 있는 최저연령을 규정하는 법안을 통과시켰다.[51] 정무관직을 둘러싼 치열한 선거와 정치적 신인의 고속 등장을 억제함으로써, 그 법은 분명 원로원 내의 새로운 정치적 균형을 창출하려고 하였을 것이다. 또 기원전 149년의 호민관 칼푸르니우스 피소(L. Calpurnius Piso)는 원로원의 의지를 따르지 않는 속주 총독에 대한 원로원의 통제를 강화하기 위해 속주에서의 착취 문제를 다루는 상설법정의 설치를 위한 법안을 제안하였다.[52] 원로원의 집단적 이익에 도전하는 정무관이나 총독의 등장을 차단하려는 두 법의 목적이 호민관의 역할을 과소평가한다. 그러나 원로원이 호민관에게 법안의 제출을 명령했다는 증거는 없다. 오히려 그 법 때문에 빌리우스 가문이 아날레스(Annales)라는 별명을 얻었다는 사실은 호민관의 주도적인 역할을 암시한다.[53] 칼푸르니우스 피소 또한 콘술을 배출한 가문 출신으로 원로원이 단순하게 조종할 수 있는 호민관은 아니었던 것 같다. 사실 로마에서 입법행위와 관련하여 핵심적

---

51 Liv. 40.44.1. 빌리우스 법에 관해서는 Alan E. Astin, op cit., 1958; Günther Rögler, "Die Lex Villia Annalis," *Klio*, Vol. 40(1962), pp. 76-123; Robert Develin, op cit., 1979를 참조하시오.

52 Cic. Verr. 1.14.42. Erich S. Gruen, op cit., 1968, pp. 14-15. cf. John S. Richardson, "The Purpose of the Lex Calpurnia de Repetundis," *Journal of Roman Studies*, Vol. 77(1987), pp. 1-12.

53 Liv. 40.44.2.

인 요소인 호민관의 역할을 부정하는 것은 호민관을 여전히 혁명적인 정무관으로 보는 편견에서 비롯된 것 같다. 호민관은 공화정 중기에는 로마의 공식 정무관으로 확실하게 자리를 잡았다. 따라서 호민관이 원로원과 특정의 정치적 의견을 공유했을 가능성을 배제해서는 안 된다. 게다가 앞에서도 언급했듯이 원로원보다 호민관이 로마의 관습과 전통을 고수하려는 경향이 더 컸던 사실을 기억할 필요가 있다. 사실 칼푸르니우스 피소는 이후 가이우스 그라쿠스의 곡물법에도 반대했던 것처럼, 원로원의 이익을 지지하는 보수적인 정치가였다.

카르타고와 평화를 체결하려는 아킬리우스-미누키우스 법(lex Acilia Minucia)외에, 기원전 210년에 제출된 딕타토르 선출 법안도 호민관의 주도적인 입법행위를 보여준다.

콘술 발레리우스 라이비누스(M. Valerius Laevinus)가 이듬해의 콘술 선거를 주재하기 위해 부임지인 시킬리아에서 로마로 돌아왔지만, 카르타고인이 시킬리아를 탈환하기 위해 대규모 함대를 설립한다는 소문 때문에 자신의 속주로 귀환해야만 했다. 발레리우스 라이비누스가 선거를 기다려서는 안 된다고 깨달은 원로원은 콘술에게 대신 선거를 주재할 딕타토르를 임명하고 속주로 돌아가라고 요청했다. 발레리우스 라이비누스는 자신의 함대 사령관(praefectus classis) 발레리우스 메살라(M. Valerius Messalla)를 딕타토르로 임명하길 원했지만, 원로원은 발레리우스 메살라가 로마의 영토 밖에 있다는 이유로 반대했다. 콘술은 원로원의 충고를 거부하고 프라이토르가 같은 일을 수행하는 것을 방해하였다. 마침내 호민관이 문제를 인민에게 상정했으며, 인민은 당시 카푸아에 있었던 풀비우스 플라쿠스(Q. Fulvius Flaccus)가 딕타토르로 리키니우스 크라수스(P. Licinius Crassus)가 마기스테르 에퀴툼으로 임명되어야 한다고 결정했다.[54]

호민관의 주도권을 인정하는 요켄 블라이켄은 이 법들이 원로원의 이익을 위한 활동이었다고 주장하였다.[55] 그에게 공화정 중기의 호민관은 평민의 대변자가 아니고 단지 원로원과만 이해관계를 공유하는 정무관이었다. 그 때문에 원로원은 호민관의 도움을 받아 무제한의 권력을 행사할 수 있었다. 하지만 이런 결론은 일방적이다. 토지의 분배, 부채 문제, 식민시의 건설 등 평민의 경제적 상황과 직접적인 관련이 있는 입법들을 통해 호민관은 본래 자신들에게 기대되었던 역할을 잊지 않았음을 분명하게 보여주었다.[56] 사실 평화조약 체결에 관한 법안이 원로원의 의

---

54   Liv. 27.5.11-19.

55   Jochen Bleicken, op cit., 1968, p. 54.

56   Polyb. 6.16.4. 기원전 196년의 호민관 아티니우스(C. Atinius)는 다섯 개의 식민시를 해안에 건설하는 법안을 제안하였다. 두 개는 불투르누스(Vulturnus) 강과 리테르누스(Liternus) 강어귀에, 그리고 푸테올리(Puteoli)와 카스트룸 살레르니(Castrum Salerni)에 각각 한 개씩 건설하고, 북센툼(Buxentum)을 추가하였다. Liv. 32.29.3-4. 식민시 건설의 결정에 관해서는 Edward T. Salmon, op cit., 1969, p. 19를 참조하시오.

지를 반영한다는 결론은 작위적일 수 있다. 호민관의 활동이 원로원을 위한 것인지 아니면 인민을 위한 것인지를 결정하긴 어렵지만, 인민의 뜻이 반영되었을 가능성을 배제할 이유는 없다. 로마는 공화정 초기부터 거의 항구적인 전쟁 상태에 있었고, 로마인은 자신들의 인생의 활동적인 시기의 대부분 동안 군 복무의 의무를 지고 있었다. 게다가 로마 군대가 기원전 264년에 처음으로 이탈리아 밖으로 파견된 이후부터 계속되는 해외에서의 전쟁은 로마에 엄청난 부담이 되었음이 틀림없다. 제2차 로마-카르타고 전쟁이 끝난 후에도 로마는 보통 일곱 개 군단을 유지하였다. 또 기원전 195~168년에 히스파니아에 파견된 군인들의 복무 기간은 보통 6~7년이었다.[57] 로마인이 전쟁과 군 복무를 피하길 원했다고 가정하는 것이 합리적일 것이다.[58] 마케도니아와의 평화조약을 인민이 환영했다는 리비우스의 기록은 시사하

---

[57] Richard E. Smith, *Service in the Post-Marian Roman Army* (Cambridge, 1958), pp. 3-6; Frank W. Walbank, op cit., 1970, p. 698; Peter A. Brunt, pp. 422-434; John Rich, "Fear, greed and glory: the causes of Roman war-making in the middle Republic," in John Rich and Graham Shipley, *War and Society in the Roman World* (London and New York, 1993), pp. 44-55.

[58] 로마인이 전쟁과 군 복무를 싫어했을 것이라는 가정에 대한 반대 의견을 위해서는 William V. Harris, op cit.를 참조하시오. cf. Adrian N. Sherwin-White, "Rome the Agressor?," *Journal of Roman Studies*, Vol. 70(1980), pp. 177-181; *Roman Foreign Policy in the East 168 BC to AD 1* (London, 1984); Erich S. Gruen, 1984; Stephen L. Dyson, *The Creation of the Roman Frontier* (Princeton, 1985); Arthur M. Eckstein, op cit.

는 바가 크다.[59]

한동안 선출되지 않았던 딕타토르의 임명이 암시하는 것처럼, 기원전 218년에 발생한 제2차 로마-카르타고 전쟁이 로마 공화정의 정체에 큰 부담을 안겼음은 분명하다. 게누키우스 법을 위반하고 10년 이내에 동일한 직책을 두 번 이상 보유하는 자들이 자주 등장하였을 뿐만 아니라, 정무관의 '1년 임기제'란 대원칙을 거스르면서 1년 또는 2년 이상 연장되기도 하였다. 심지어 정무관이 아닌 사적인 개인들이 프로콘술 또는 프로프라이토르와 같은 대행 정무관으로 선출되기도 했다.[60]

기원전 212년 히스파니아로 파견된 스키피오 형제들이 기원전 212년 말 또는 기원전 211년 초에 전투에서 전사한 후에,[61] 기원전 218년에 콘술을 역임했던 스키피오의 아들인 코르넬리우스 스키피오(P. Cornelius Scipio)가 쿠룰리스 아이딜리스만을 역임했음에도 불구하고 기원전 211년에 히스파니아의 사

---

59   Liv. 33.25.8.

60   일반 개인임에도 대행정무관의 지위를 부여받은 자는 클라우디우스 마르켈루스(M. Claudius Marcellus)였다. 그의 정확한 직책에 관해서는 Robert Develin, "The Roman Command Structure and Spain 218-190 B.C.," *Klio*, Vol. 62(1980), p. 357; Roberta Stewart, *Public Office in Early Rome: Ritual Procedure and Political Practice* (Ann Arbor, 1998), pp. 207-208을 참조하시오.

61   스키피오 형제들이 전사한 연도에 관해서는 G.V. Sumner, "The Legion and the Centuriate Assembly," *Journal of Roman Studies*, Vol. 60(1970), p. 86; p. 98. n.2를 참조하시오.

령관으로 임명되었다.[62] 스키피오 형제의 죽음으로 인한 임페리움 보유자의 상실은 히스파니아에서 로마 군대의 완전한 패배를 초래할 수 있었다. 그 결과, 원로원은 호민관이 가능한 한 빨리 문제를 평민 앞에 상정해야 한다는 데 만장일치로 동의하였다.[63]

기원전 210년에 히스파니아에 함께 파견된 스키피오와 유니우스 실라누스(M. Iunius Silanus)는 기원전 206년에 코르넬리우스 렌툴루스(L. Cornelius Lentulus)와 만리우스 아키디누스(L. Manlius Acidinus)에 의해 대체되었다.[64] 그들은 이전에 기원전 211년과 210년에 각각 프라이토를 역임한 적이 있었지만, 당시 일반 개인이었음이 분명하다.[65] 리비우스는 그들이 프로프

---

62   Liv. 25.2.6. 리비우스(Liv. 26.18.6-9)는 켄투리아회가 스키피오를 히스파니아 사령관으로 선출하였다고 언급했지만, 이유를 제시하지 않았다. 레이첼 페이그 비쉬니아(Rachel Feig Vishnia, op cit., 1996, p. 67)에 따르면, 스키피오가 젊고 임페리움을 가진 정무관직을 역임하지 못했지만 중요한 프로콘술의 임페리움을 받을 찰나에 있었던 사인이기 때문에, 이런 변칙을 위해 상급 민회의 승인을 얻는 것이 현명해 보인다고 주장했다. 그러나 이는 스키피오가 켄투리아회에서 선출된 이유를 충분히 설명하지 못한다. 분명히 히스파니아 지휘권을 둘러싼 논의는 평민회에서 이루어졌다. 그러므로 스키피오는 호민관이 주재하는 평민회에서 프로콘술의 지위를 가진 사령관으로 선출되었을 것 같다. Jochen Bleicken, op cit., 1968, pp. 48-49.

63   Liv. 26.2.5.

64   Liv. 28.38.1.

65   Liv. 25.41.12; 26.23.1; 27.4.4.

라이토르로 파견되었다고 분명하게 언급하면서, 다음과 같이 부연하였다. "(기원전 204년) 히스파니아에서의 지휘권에 관해서 프로콘술로서 그 속주에 누가 파견되어야 하는 문제가 인민 앞에 상정되었다. 호민관은 같은 사람들인 코르넬리우스 렌툴루스와 만리우스 아키디누스가 전해에 했던 것처럼 프로콘술로서 이 속주들을 가져야 한다고 명령하였다."[66]

기원전 200년 코르넬리우스 렌툴루스(L. Cornelius Len-tulus)가 로마로 돌아와서 기원전 199년의 콘술로 선출되자 코르넬리

---

[66] Liv. 28.38.1. 현대 학자들은 히스파니아 지휘관들의 임페리움이 격상되었다고 믿고 있다. Robert Develin, op cit., 1980, p. 361; Rachel Feig Vishnia, op cit., 1996, p. 67. cf. G.V. Sumner, op cit., 1970, p. 90. 기원전 204년, 카르타고인이 히스파니아에서 철수하였기 때문에 로마 장군들이 지금까지 비공식적으로 행사하고 있었던 영토의 구분을 공식화하려는 결정이 있었다. 이것이 두 새로운 프로콘술의 지휘권을 만들었다. 그러나 근 히스파니아와 원 히스파니아가 공식적인 속주로 조직된 연도는 기원전 197년이었다. 그러므로 기원전 204년에 임페리움이 격상되었다는 믿음의 근거는 희박하다. 그해에 관한 리비우스의 기록을 재고할 필요가 있다. 그는 다음과 같이 기술하였다. "같은 사람들이 이 속주들을 프로콘술로서 보유해야만 한다. 왜냐하면, 그들이 그 전해에도 그랬기 때문이다." 그것은 그들이 기원전 205년에 프로콘술로서 활동했음을 의미한다. 게다가 리비우스(Liv. 28.45.10)에 따르면, "(기원전 205년) 군대와 속주를 지휘하게 된 사람들은 — 콘술과 프라이토르를 제외하고 — 자신들의 지휘권을 연장한다." 다시 말해서, 모든 대행정무관은 기원전 205년에 임기가 연장되었다. 그들은 프로콘술이었기 때문에 임명 처음부터 프로콘술의 지휘권을 받았음이 분명하다. John S. Richardson, *Hispaniae, Spain and the Development of Roman Imperialism 218-82 BC* (Cambridge, 1986), p. 65.

우스 케테구스(C. Cornelius Cethegus)가 프로콘술의 임페리움을 가진 후임자로 파견되었다.[67]

기원전 199년 평민은 코르넬리우스 블라시오(Cn. Cornelius Blasio)와[68] 스테르티니우스(L. Stertinius)가 히스파니아에서 프로콘술의 지위를 행사하여야만 한다고 명령했다.[69] 두 사령관이 프로프라이토르의 임페리움을 받았다가 기원전 198년에 프로콘술로 격상되었을 것 같지는 않다.[70]

제2차 로마-카르타고 전쟁의 비상사태는 매년 선출되는 콘술

---

67 Liv. 31.49.7. 반면에 로버트 데블린은 코르넬리우스 케테구스가 기원전 201년에 프로프라이토르의 권위를 받았는데, 기원전 200년에 격상되었다고 주장하고 있다. Robert Develin, op cit., 1980, p. 362. 그러나 그가 프로콘술이든 프로프라이토르이든 기원전 201년에 임명되었다는 증거가 없다. 리비우스(Liv. 30.41.4-5)에 따르면, "(기원전 201년) 히스파니아 속주에는 이미 코르넬리우스 렌툴루스와 만리우스 아키디누스가 있었으며, 그 콘술들은 호민관을 촉구하여 히스파니아에서 누가 사령관이 되어야만 하는가의 문제를 평민 앞에 상정하도록 했다고 한다."이런 이유만으로 평민이 만리우스 아키디누스를 그의 직책에 머무르게 하고 코르넬리우스 렌툴루스를 기원전 201년에 로마로 돌아오게 하였다는 결론을 내릴 수 없다. 물론 케테구스가 프로콘술의 지위를 부여받은 절차에 관한 증거는 없지만 프로콘술의 임페리움을 부여받은 다른 사인처럼 그가 임기를 연장받았다고 가정하는 것이 더 안전할 것이다.

68 리비우스는 그를 코르넬리우스 렌툴루스로 잘못 기록하고 있다. cf. Robert Develin, op cit., 1980, pp. 362-363.

69 Liv. 31.50.11.

70 Robert Develin, op cit., 1980, pp. 362-363.

과 프라이토르 외에도 전투를 수행할 수 있는 임페리움 보유자를 절실하게 필요로 했다. 특히 임페리움을 보유한 정무관이 아닌 일반 개인에게도—그들이 전에 콘술 또는 프라이토르를 역임했든 간에—임페리움이 부여되었다. 공화정의 헌정적 전통을 위반하는 예외적 현상은 제도적 보완을 통해 합법성을 부여할 필요가 있었다. 전통적인 법률이나 관습에 법적 예외를 둘 수 있는 권한을 보유한 기관은 평민회였다. 그럼에도 불구하고, 현대 학자들은 호민관 법은 원로원에 의해 유도되었으며, 원로원의 집단적인 이익을 위한 것이었다고 주장한다. 하지만 호민관이 원로원의 명령을 받았다는 증거는 없다. 심지어 원로원은 어떤 결론에 도달하지 못하고, 관련 문제를 평민회에 이양하였다. 원로원이 프로콘술의 임명과 관련된 문제에 있어 평민과 생각이 달랐다고 가정하는 것은 비합리적일 뿐만 아니라 계급적 편견에 불과하다. 도시국가에서 지중해 제국으로 발전하는 로마에서, 종종 평민과 호민관은 원로원과 이해관계를 공유했을 것이다.

원로원이 입법 과정을 완전하게 통제했다고 믿는 현대 학자들은 원로원의 의지와 다르게 통과된 호민관의 법안이 없음을 강조한다. 하지만 아래의 두 법은 분명 원로원의 의지에 반하는 것이었다.

기원전 148년 스키피오 아프리카누스 아이밀리아누스(P. Scipio Africanus Aemilianus)가 아이딜리스에 입후보하기 위해 로마로 돌아왔지만, 기원전 147년의 콘술로 선출되었다. 그는 콘술로 선출될 수 있는 법적 나이에 도달하지 못했기 때문에, 그를 지지하는 평민과 반대하는 원로원 사이에 큰 정쟁이 있었다. 하지만 그는 '평민의 의결'에 따라 면제를 허용받아 콘술로 선출되었다.[71]

기원전 134년 누만티아 전쟁이 지루하게 이어지고 있었기 때문에, 원로원과 로마 인민의 주도로 스키피오 아프리카누스에게 콘술직이 부여되었다. 그는 콘술의 연임을 금하고 있는 법에 따라 콘술이 될 수 없었지만, 첫 번째 콘술 때처럼 법적 제한을 받지 않았다.[72]

마지막으로 요켄 블라이켄은 통과되지 못한 법안들도 원로원이 입법 과정을 주도하였다는 증거라고 주장한다. 그가 제시한 네 가지 법안은 다음과 같다.[73]

기원전 209년, (플루타르코스와 리비우스 간에 약간의 차이가 있지만), 클라우디우스 마르켈루스(M. Claudius Marcellus)가 카누시움(Canusium)에서 한니발에게 패배한 후, 호민관 푸블리키우스 비불루스(C. Publicius Bibulus)가 민회에서 그를 기소하였다기

---

71 Liv. *Per.* 50.
72 Liv. *Per.* 56.
73 Jochen Bleicken, op cit., 1968, pp. 61-63.

보다는 사령관직을 박탈하는 법안을 제안한 것 같다.[74] 하지만 그는 자신을 변호하는 데 성공한 것 같다. 호민관 법안은 통과되지 않았고, 심지어 그는 오선 콘솔로 선출되었기 때문이다.

기원전 177년 두 명의 호민관 리키니우스 네르바(A. Licinius Nerva)와 파피리우스 투르두스(C. Papirius Turdus)는 만리우스 불소(A. Manlius Vulso)의 연장된 임페리움을 철회하는 법안을 제출하였다. 그가 자신에게 배정된 갈리아 속주를 떠나 이스트리아(Istria)로 넘어갔다는 죄목으로, 재판에 소환하기 위해서였다. 그러나 그들의 시도는 동료 호민관인 퀸투스 아일리우스(Quintus Aelius)의 비토권에 막혀 좌절되었다.[75] 만리우스 불소의 임페리움은 연장되었다.[76]

기원전 169년의 호민관 푸블리리우스 루틸리우스(Publilius Rutilius)는[77] 켄소르인 클라우디우스 풀케르(C. Claudius Pulcher)와 셈프로니우스 그라쿠스(Ti. Sempronius Gracchus)가 공공 세

---

74 Liv. 27.21.1. cf. Plut. *Marc*. 27.

75 Liv. 41.6.1-3; 41.7.4-10.

76 Liv. 41.10.1.

77 리비우스(Liv. 43.16.43-45)는 푸블리리우스 루틸리우스가 해방 노예 출신의 피호민 문제로 켄소르들에게 개인적인 감정을 가졌다고 언급했지만, 그들의 갈등 배후에 조세청부업자가 있었던 것이 분명하다. 게다가 푸블리리우스 루틸리우스는 조세청부업자 가문 출신인 것처럼 보인다. Ernst Badian, op cit., 1972, p. 49.

원과 사업을 분명하게 발주해야 하지만, 이들의 발주는 무효가 되어야만 한다는 법안을 제출했다.[78] 이 법안의 투표 당일 연설 중 인민의 야유를 받던 클라우디우스 풀케르는 전령에게 민회의 질서를 바로잡으라고 명령하였다. 민회가 자신의 수중에서 탈취되었으며 자신의 권리가 박탈당했음에 불만을 가진 푸블리리우스 루틸리우스가 프라이토르 우르바누스인 술피키우스 갈루스(C. Sulpicius Galus)에게 대역죄 재판을 열 수 있는 민회 일정을 잡아달라고 요청했다.[79] 두 켄소르는 재판을 겨우 모면했다. 이후에 푸블리리우스 루틸리우스의 원래 법안에 대한 투표가 있었던 것 같지는 않다.

기원전 145년의 호민관 리키니우스 크라수스(C. Licinius Crassus)는 성직자들의 선출 문제를 동료 성직자에게서 인민에게 이양하는 법안을 제안했지만 실패했다.[80]

위의 네 법안이 '원로원의 의결'에 따른 것이라 가정하지만, 분명하지는 않다. 사실 원로원의 공식적인 결정에도 불구하고, 원

---

78 Liv. 43.16.6-7.

79 Liv. 43.16.8-11.

80 그의 법안이 거부된 이유는 분명하지 않다. Mary Beard *et al.*, *Religions of Rome Vol. I* (Cambridge, 1998), p. 109. 리키니우스 크라수스는 원로원 의사당을 뒤로하고 포룸에서 직접 인민을 향해 연설한 첫 번째 인물이다. Cic. *Amic.* 96: Varro *RR* 1.2.9. cf. Plut. *C. Gracch.* 5.

로원이 무엇을 결정하려고 했는지도 불확실하다. 더욱이 원로원 내에서도 의견이 달랐다. 클라우디우스 마르켈루스의 친구들이 부재중인 그의 지휘권을 박탈하는 문제를 논의하는 것에 반대하는 동안, 그가 로마로 귀환해서 인민에게 자기를 변호하는 데 성공했다는 사실은, 호민관을 포함한 그의 정치적 반대자들이 처음에 원로원에서 목적을 달성했음을 암시한다.[81] 그래서 우리의 예상과 달리 원로원이 클라우디우스 마르켈루스에게 불리한 결정을 내렸을 가능성이 있다. 그러므로 원로원이 이 네 가지 호민관의 법안에 대해 어떤 태도를 보였는지는 분명하지 않다.[82]

그렇다면 이 호민관 법안들이 거부되거나 포기되었던 이유는 무엇일까? 현대 학자들은 호민관은 원로원이나 정무관의 분명한 뜻을 거스르면서 자신들의 법을 통과시키지 않았다고 주장함으로써, 이 법안들이 원로원에 의해 좌절되었다고 믿는다.[83] 그러나 우리는 원로원의 의지가 무엇인지 모르기 때문에, 원로원이 이들 제안을 차단했다고 주장하는 것은 합리적이지 않다. 이 네 법안 중 푸블리키우스 비불루스와 리키니우스 크라수스의 법안들은 투표를 위해 평민 앞에 상정되었던 것처럼 보인다. 키케로가 리키니우스 크라수스의 법안이 투표를 통해 거부되었음을

---

81 Liv. 27.20.13.

82 만리우스 불소가 원로원의 의결 없이 이스트리아를 공격했다 된서리를 맞았음을 염두에 두면, 원로원은 그에게 결코 호의적이지 않았을 것이다.

83 Jochen Bleicken, op cit., 1968, p. 63.

암시하고 있는 것처럼,[84] 호민관의 법안을 거부한 것은 원로원이 아니라 평민이다. 평민이 오히려 보수적이어서 당대 가장 뛰어난 웅변가인 리키니우스 크라수스도 설득하지 못했을 수 있다. 평민과 호민관이 고대의 법과 관습을 존중하고 지키려는 경향을 보이는 것에 놀랄 필요는 없다. 현직 정무관을 재판에 직간접적으로 소환하는 것은, 자신들이 보존하길 원하는 고대의 이상적인 전통과 관습을 위배하는 것일 수 있다.

결론적으로, 원로원이 호민관의 입법 과정에서 완전한 주도권을 장악함으로써, 호민관은 원로원이 이미 승인한 입법안을 평민회에 상정하거나 아니면 원로원이 반대하는 법안이 통과되는 것을 막는 정치적 수단에 불과하다는 주장은 입법과 관련한 역사적 사실에 부합하지 않는다. 물론 호민관이 입법의 주도권을 완전하게 장악했다고 주장해서도 안 된다. 입법에서 어떤 호민관은 중요하고도 독립적인 역할을 하였던 반면에 어떤 호민관은 기능적 역할을 하는 데 만족했을수 있다. 그러므로 호민관은 원로원을 위한 정무관인가 또는 평민을 위한 정무관인가라는 질문은 로마의 정체에서 호민관이 담당한 역할은 무엇인가라는 질문으로 대체되어야 한다. 다시 말해서, 로마가 주요 강대국으로 성장함으로써 발생하는 문제들에 대처하는 데서 그리고 동시에 전통적인 관습들을 새로운 형태의 법으로 전환하는 데서 호민관이 담당했던 헌정적인 역할을 고찰할 때다.

---

84 Cic. *Amic.* 96.

2. 정무관과 호민관

호민관이 법안을 제출할 때 정무관의 권위와 명령에 따라 활동
했다는 주장도 강력한 증거나 논리적인 일관성이 아닌 호민관에
관한 오래된 가정이나 편견에 기반을 두고 있다.[85] 기원전 196년
과 기원전 172년의 두 법은 각각 성직자와 켄소르(또는 콘술)의 지
시에 따라 호민관이 평민회에서 통과시킨 법으로 평가되었다.

> 기원전 196년의 호민관 리키니우스 루쿨루스(C. Licinius
> Lucullus)는 신들을 위한 축제의 개최를 책임지는 에풀로 3인
> 위원회(tresviri epulones)를 설치하는 법안을 발의했다.[86] 만리우
> 스(P. Manlius)와 포르키우스 라이카(P. Porcius Laeca)가 이 법안
> 을 발의했던 호민관과 함께 위원으로 선출되었다.[87]

희생제의 수가 많아서 옛 신관들이 에풀로(epulo) 3인 위원회의
설치를 결정했다는 키케로(Cicero)의 언급은,[88] 호민관의 법 배후
에 신관들이 있는 것처럼 보이게 한다. 그러나 그들이 호민관에

---

85 Jochen Bleicken, op cit., 1968, pp. 64-67.
86 그들의 임무는 유피테르 축제와 비슷한 공공 연회와 관련이 있었던
것 같다. 후에 그들의 수는 일곱 명으로, 카이사르 때에는 열 명으로 증가하
였다. Dio Cass. 43.51.9.
87 Liv. 33.42.1.
88 Cic. *De Or*. 3.73.

키케로

게 정치적 영향력을 일방적으로 행사할 수 있었는지는 분명하지 않다. 성직자들은 일종의 자문단으로서 자신들의 교령(decretum)을 반포할 수 있지만, 그것은 법적 효력이 없었다. 교령이 법적 구속력을 가지려면, 호민관의 도움이 절대적으로 필요했다. 그러므로 호민관이 신관들의 지시를 단순히 따랐다기보다는 새로운 성직의 설치에 필요한 법적 지원을 제공했을 가능성이 더 크다. 게다가 이 법이 호민관의 이름을 갖고 있다는 사실은 호민관 리키니우스 루쿨루스의 적극적인 참여를 암시할 수 있다. 게다가 리키니우스 루쿨루스 자신이 초대 에풀로로 선출되었다는 사실은 시사하는 바가 크다.[89] 따라서 에풀로 3인 위원회를 설치하는 법은 점점 증가하는 희생제를 책임질 전문가가 필요한 상황에 대처할 수 있는 법적 권한이 없었던 성직자와 상황을 충분히 인지했을 뿐만 아니라 법적 권한을 보유한 호민관이 서로 소통하고 협조한 결과였을 것이다.

기원전 172년의 호민관 마르쿠스 루크레티우스(Marcus Lucretius)는 켄소르가 강제로 캄파니아 지방의 공지를 임대하는 법안을 제출하였다.[90]

---

89 에풀로 3인 위원회가 네 개의 중요 위원회 중의 하나였음을 고려하면, 위원들은 '법과 권위'에 관해 심오한 지식을 갖고 있었을 것이다. Mary Beard *et al.*, op cit., pp. 100-101. 로마의 성직자들에 관한 간략한 개요를 위해서는 John A. North, *Roman Religion* (Oxford, 2000), pp. 23-24를 참조하시오.

90 Liv. 42.19.1.

일견 호민관이 켄소르의 명령에 따라 법안을 제출했을 것처럼 추측할 수 있지만, 분명하지는 않다. 요켄 블라이켄은 법을 켄소르가 아닌 콘술 포스투미우스 알비누스(L. Postumius Albinus)가 배후에서 조종했다고 주장하였다.[91] 그가 콘술 재임 시 캄파니아 지방에서 공지와 사유지의 경계를 구분하는 업무를 담당했기 때문인 것 같다.[92] 물론 그의 활동이 호민관의 입법에 도움이 될 귀중한 정보를 제공했을 수 있지만, 그것이 호민관 마르쿠스 루크레티우스가 콘술의 명령에 따라 법안을 발의했다는 증거는 아니다. 포스투미우스 알비누스가 원로원의 명령에 따라 임무를 수행했음을 고려하면, 원로원이 그 지역의 공지를 일반 개인들이 점유한 사실을 인지했던 것처럼 보인다.[93] 따라서 원로원이 법의 제정에 깊이 관련했다고 주장하는 것이 더 설득력이 있다. 하지만 원로원은 자체적으로는 입법권을 보유하지 못했다. 게다가 공지의 무단 점유 문제는 토지 분배를 갈망하는 로마의 소농과

91　Jochen Bleicken, op cit., 1968, p. 64. 루키우스 포스투미우스 알비누스는 켄소르인 아울루스 포스투니우스 알비누스의 동생이었지만, 아울루스 포스투미우스 알비누스는 동료였던 퀸투스 풀비우스 플라쿠스(Quintus Fulvius Flaccus)와 사이가 좋지 않았던 것처럼 보였다. 퀸투스 풀비우스 플라쿠스의 동생인 마르쿠스 풀비우스 플라쿠스(Marcus Fulvius Flaccus)는 원로원에서 제명되었다(Liv. 41.27.2). 퀸투스 풀비우스 플라쿠스가 공공계약을 체결할 때, 아울루스 포스투미우스 아비누스는 그것이 원로원과 인민의 승인을 받지 않았다는 이유로 반대하였다(Liv. 41.27.11-13) Howard H. Scullard, op cit., 1973, pp. 190-192.

92　Liv. 42.1.6.

93　Liv. 42.1.6.

빈민에게는 최대 관심사이기 때문에, 그들의 대변자인 호민관이 개입하는 것은 당연하다. 입법과 관련하여 리비우스가 호민관의 이름을 알려주고 있는 사실은 우연이 아닐 수 있다. 호민관 마르쿠스 루크레티우스는 '원로원의 의결'을 평민회에 제출하는 단순한 기능적 역할을 했다기보다는 원로원의 토의에 적극적으로 참여하면서 원로원과의 조율을 통해 법안을 제출함으로써 원로원과 평민 간의 정치적·법적 조정자의 역할을 했을 것 같다.[94]

요켄 블라이켄은 더 나아가 사유 재산(res privatus)에 관한 네 개의 법은 호민관이 사법적 권한을 가진 프라이토르의 명령에 따라 통과시킨 증거라고 주장하였다.[95]

기원전 209년의 프로콘술인 클라우디우스 마르켈루스(M. Claudius Marcellus)의 임페리움을 박탈하려 했던 호민관 푸블리키우스 비불루스(C. Publicius Bibulus)는 누구도 자기 자신보다 부유한 사람에게 밀랍 양초를 제외한 어떤 것도 보내서는 안 된다는 법안을 통과시켰다. 이는 많은 후견인(patronus)이 자신들의 피호민(cliens)에게 사투르누스 축제(Saturnalia)를 구실로

---

94 이 호민관 법의 효과에 관해서는 Arnold J. Toynbee, op cit., p. 233 을 참조하시오.

95 요켄 블라이켄은 다섯 개의 법을 제시했지만, 이 글은 도량형에 관한 실리우스 법(lex Silia)를 다루지 않았다. 그 법의 연도와 내용에 관해서는 Duncan Cloud, "Lex Papiria," in Michael H. Crawford, *Roman Statutes Vol. II* (London, 1996), pp. 737-739를 참조하시오.

앙투안 프랑수아 칼레(Antoine-François Callet),
「사투르누스 축제(Saturnalia)」(1783)

선물을 요구했기 때문이다.[96]

기원전 204년의 호민관 킨키우스 알리멘투스(M. Cincius Ali-
mentus)는 선물과 의무에 관한 법안을 통과시켰다. 법안 조항
중 하나는 연설가가 사건 변호로 수수료를 받는 것을 금하고

---

96 Macrob. *Sat.* 1.7.33.

있다. 두 번째 조항은 부자가 자신들의 서비스로 인해 자신들보다 하층 계급의 사람들로부터 특정 가치 이상의 선물을 받지 못하도록 규정하고 있다.[97]

기원전 169년의 호민관 보코니우스 삭사(Q. Voconius Saxa)는 유증(testamentum)에 관한 법을 통과시켰다. 그 법에 따르면, 첫 번째 센서스 계급에 속한 로마 시민은 자신의 토지를 여인에게 상속할 수 없으며, 다른 개인은 상속자가 상속할 수 있는 것보다 더 많은 재산을 상속하지 못하였다.[98]

기원전 242년(또는 기원전 124년), 파피리우스(Papirius)라는 이름의 호민관이 공탁금(sacramentum)에 관한 법을 통과시켰다. 그것의 내용은 다음과 같다. 카피탈리스 3인 위원회(tresviri

---

[97]　Tac. *Ann.* 11.5. 파비우스가 킨키우스 법에 자문했다는 짤막한 기사가 파비우스가 킨키우스 법의 배후에 있었다는 증거는 아니다. 킨키우스 자신이 그 법 때문에 공격을 받았다는 사실은 오히려 그가 주도권을 가졌음을 암시하는 것 같다(Cic. *De Or.* 2.286). 그리고 그 법이 평민이 원로원에 종속되는 것을 막았다는 리비우스의 언급을 기억할 필요가 있다(Liv. 34.4.9). 게다가 파비우스는 그 법에 대한 지지로 인민의 인기를 누렸다고 한다(Plut. *Fab.* 27). 법에 관해서는 Peter Stein, "Lex Cincia," *Athenaeum*, Vol. 73(1985), pp. 145-153; Michael H. Crawford (ed), op cit., 1996, pp. 741-744를 참조하시오.

[98]　Liv. Per. 41. 보코니우스 법(lex Voconia)의 내용과 성격에 관해서는 Richard A. Bauman, *Lawyers in Roman Republican Politics. A study of the Roman jurists in their political setting, 316-82 BC* (München, 1983), pp. 176-178을 참조하시오.

capitales)의 위원은 프라이토르 우르바누스의 제안에 따라 선출되어야 하며, 선출된 위원들은 법에 따라서 공탁금에 관한 임무를 맡았다.[99]

호민관이 사유 재산에 관한 네 가지 법을 분명 평민회에서 통과시켰음에도 불구하고, 로마 민법의 발달 과정에서 호민관이 차지했던 역할은 과소평가되었다. 사실 호민관이 프라이토르의 명령에 따라 법안을 제출했다는 분명한 증거는 없다. 입법의 주도권이 호민관에게 없음을 주장하는 이유는 호민관이 정치적 경력을 막 시작한 평범한 가문 출신의 정무관일 뿐만 아니라,[100] 민법의 영역에서는 프라이토르의 명령을 받을 수밖에 없는 법적 초심자라는 가정에 근거한 것 같다. 하지만 그런 가정에는 몇 가지 문제가 있다. 첫째, 호민관은 고위 정무관의 권한에 도전하는 부정적이고 혁명적인 역할을 멈추고 국가의 구조 내로 편입되었기 때문에, 자연스럽게 유력 가문의 구성원들이 매력을 갖는 공식적인 정무관이 되었다. 위에서도 언급했듯이, 사료에 등장하는 많은 호민관은 원로원 의원과 고위 정무관을 배출한 적이 있는 유명 가문 출신이었다. 또 호민관의 젊은 나이가 로마법에 대한 지식이 부족하다는 증거는 될 수 없다. 로마인은 일찍부터 아버지나 아버지가 없는 경우에는 가까운 친척을 따라 법적 청문

---

99   Fest. 468 L; Duncan Cloud, "The Lex Papiria de sacramentis," *Athenaeum*, Vol. 80(1992), pp. 159-186; op cit., 1996, pp. 733-735.

100   Jochen Bleicken, op cit., 1968, pp. 65-66.

회나 재판에 빈번하게 참석함으로써, 법률가나 정치가로서의 훈련을 받곤 했다.[101] 카토(Cato)는 심지어 아들이 집에서도 사회의 옛 관습이나 전통에 친숙하도록 큰 글자로 쓰여진 책을 집필하였다.[102] 호민관은 이미 입후보할 때부터 충분한 법적 지식이나 경험을 가졌을 것이다. 입법과 사법권에서 호민관이 매우 적극적으로 참여하고 있는 사실이 이를 방증한다. 마지막으로 무엇보다도 중요한 것은 호민관이 프라이토르의 직접적인 명령에 따라 행동하였음을 보여주는 고대 사료를 발견할 수 없다는 점이다. 게다가 그런 법의 제정은 이제 프라이토르 우르바누스의 책임 영역이 아니었다.

또 공화정 중기에 호민관에 의해 제정된 네 개의 사치법도 같은 맥락에서 주장되었다. 즉 호민관은 정무관의 명령에 따라 평민 앞에 법안을 제출하는 법률적 도구에 불과하다는 것이다.[103]

기원전 215년의 호민관 가이우스 오피우스(Gaius Oppius)는 어떤 여성도 반 온스(ounce) 이상의 금을 소유해서도, 다색의 드레스를 입어서도, 그리고 공적 의식을 제외하고 도시 로마의 일 마일 내에서 동물이 끄는 마차를 타서도 안 된다는 법을 통과시켰다.[104]

101　Tac. *Dial.* 34.1-5. Pliny *NH* 7.100; 7.140.

102　Plut. *Cat. Mai.* 20.7.

103　Jochen Bleicken, op cit., 1968, p. 67.

104　Liv. 34.1.3. 앨런 아스틴에 의하면, 오피우스 법은 여성의 사치를 제

기원전 182년의 호민관 가이우스 오르키우스(Gaius Orchius)는 식사에서 허용되는 손님의 수를 규정하는 법안을 '원로원의 의결'에 따라 제안하였다.[105]

기원전 195년의 호민관 마르쿠스 푼다니우스(Marcus Fundanius)와 루키우스 발레리우스(Lucius Valerius)는 오피우스 법(lex Oppia)을 폐지하는 법안을 평민회에 제출했다. 다른 두 명의 호민관 유니우스 브루투스(M. Iunius Brutus)와 유니우스 브루투스(P. Iunius Brutus)가 반대했지만, 오피우스 법은 제정된 지 20년 만에 결국 폐지되었다.[106]

기원전 143년의 호민관 디디우스(T. Didius)가 법안을 제안했다. 그 법안의 목적은 판니우스 법(lex Fannia)의[107] 규정을 이탈리아 전체로 확대 적용하고, 연회에 관한 법적 제한을 초과하

어하기보다는 로마-카르타고 전쟁으로 인한 재정적 어려움을 타개하기 위해 제정되었다. Alan E. Astin, op cit., 1989, p. 184. cf. Phyllis Culham, "The lex Oppia," *Latomus*, Vol. 41(1982), pp. 786-793.

105　Macrob. *Sat.* 3.17.2-3.

106　Liv. 34.8.1-3; Tac. *Ann.* 3.33.4; Val. Max. 9.1.3; Zonar. 9.17.

107　기원전 161년 콘술 가이우스 판니우스는 호민관이 제정한 최초의 사치법인 오르키우스 법보다 더 엄격한 법을 제정했다. Macrob. *Sat.* 3.13.3; 3.17.3-5; Pliny *NH* 10.139; Gell. *NA* 2.24.1-6; Lucil. 1172 M. 판니우스 법의 내용과 성격에 관해서는 Vincent J. Rosivach, "The LEX FANNIA SUMPTUARIA of 161 BC," *Classical Journal*, Vol. 102(2006), pp. 1-15를 참조하시오.

는 사람들뿐만 아니라 초대된 사람들 또는 직접 참석한 사람들도 처벌하는 것이었다.[108]

이 사치법들이 호민관과 정무관 간의 수직적인 상하 관계를 직접 암시하는 내용을 가지고 있는 것은 아니다. 이런 상황이 요켄 블라이켄의 논지에 어려움을 제공한 것처럼 보인다. 예를 들어, 오르키우스 법이 원로원의 주도로 통과되었다는 그의 주장은 메틸리우스 법(lex Metilia)이 켄소르인 가이우스 플라미니우스의 명령에 따라 제안되었을 것이라는 단순한 가정에 근거하고 있다. 하지만 주지하듯이, 사치법으로 보이지도 않는 메틸리우스 법이 가이우스 플라미니우스의 명령으로 통과되었다는 증거는 없다. 그럼에도 불구하고, 그는 신귀족이 이 사치법을 반대하지 않았음을 강조한다. 그러나 그들의 암묵적 동의가 호민관의 수동적인 역할을 반증하는 것은 아니다. 사실 기원전 195년의 법을 두고선 호민관들 사이의 이견이 팽팽하게 맞서고 있었다. 장-폴 모렐(Jean-Paul Morel)의 주장을 빌리면 다음과 같다. "제2차 로마-카르타고 전쟁 때부터 기원전 2세기 중엽까지의 시기에는 기원전 215년의 오피우스 법부터 기원전 140년의 리키니우스 법에 이르기까지 사치법이 많이 제정되었는데, 이는 로마가 새로운 변화에 직면하여 지배계층 사이에 의견이 격렬하게 나뉘고 있었

---

108 Macrob. *Sat*. 3.17.6.

음을 암시한다."[109]

호민관이 고위 정무관이나 성직자의 지시를 받고 입법 활동을 하였음을 입증할 수 있는 확실한 증거는 없다. 입법에서 호민관이 차지하는 역할과 기능을 재고찰해야 하는 이유다. 지금 논의했던 모든 법에서 발의자인 호민관의 이름을 확인할 수 있다는 사실은 시사하는 바가 크다.

3. 스키피오 가문과 호민관

요켄 블라이켄은 호민관 법의 대부분이 원로원이나 정무관의 영향력에 따라 통과되었다고 주장하면서도, 원로원의 반대에도 불구하고 평민회에서 통과되었던 법이 있었음을 인정하지 않을 수 없었다. 하지만 그는 이 법들이 모두 스키피오 아프리카누스(P. Cornelius Scipio Africanus)와 스키피오 아이밀리아누스(P. Cornelius Scipio Africanus Aemilianus)의 선동으로 제정된 것이기 때문에, 호민관들은 여전히 정치적 하수인으로서 입법의 도구라고 주장하였다.[110] 그에 의하면, 원로원에서 자신들의 의견을 관철하기 위해 호민관의 도움이 필요하다는 사실을 스키피오 가문은 직시하였

---

109   Jean-Paul Morel, "The transformation of Italy, 300-133 B.C. The evidence of archaeology," in Alan E. Astin *et al.*, *Cambridge Ancient History VIII* (Cambridge, 1989), p. 495.

110   Jochen Bleicken, op cit., 1968, pp. 68-72.

다.**111** 스키피오 아프리카누스가 기원전 211년과 기원전 202년에 각각 히스파니아와 아프리카에서 군대 지휘권을 받았을 때, 그리고 기원전 201년에 카르타고와 평화조약을 체결하는 권한을 부여받았을 때, 호민관이 관여했다. 아프리카누스의 양손자인 아프리카누스 아이밀리아누스 때도 마찬가지였다. 그는 평민회에서 통과된 법에 따라 '관직의 사다리(cursus honorum)'와 관련된 규칙을 깨고 기원전 148년 콘술로 선출되었다. 아래의 두 가지 사례도 그와 관련되어 있다.

> 기원전 147년 스키피오 아이밀리아누스의 동료 콘술인 리비우스 드루수스(C. Livius Drusus)가 스키피오와 자신 중 누가 아프리카를 관할구역으로 배정받는가를 결정하기 위해 제비뽑기를 제안했을 때, 한 호민관이 이 임명은 인민이 해야 한다고 제안하였다. 인민은 스키피오를 선택하였다.**112**

> 기원전 146년의 호민관 리비우스(Livius)는 아마도 아프리카를 조직하는 데, 스키피오 아이밀리아누스를 돕도록 10인 위원회를 설치하는 법안을 통과시켰던 것 같다.**113**

호민관의 활동이 스키피오 아프리카누스와 그의 양손자인 스키

---

111 Ibid., pp. 70-71.

112 App. *Pun.* 112.

113 cf. App. *Pun.* 135.

피오 아이밀리아누스에게 유리하게 작용했다는 것은 분명한 사실이다. 하지만 이것이 스키피오 가문과 호민관 사이에 정치적 상하관계가 있었음을 반드시 의미하지는 않는다. 주지하듯이, 원로원은 스키피오 아프리카누스와 관련된 이슈들을 두고 어떤 결론을 내리지 못하고, 정치적 상황을 안정시키기 위해 인민에게 관련 문제들을 이양해야만 했다. 민회를 소집할 권한을 보유하지 못한 원로원은 국정의 교착상태를 타개하기 위해선 호민관의 도움이 절실했다. 호민관도 군대의 지휘와 평화조약의 체결 같은 국가의 중대사를 조속하게 해결해야 하는 필요성을 충분히 알고 있었기 때문에, 로마 정치의 조정자로서 원로원과 평민회가 정치적 소통을 원활하게 할 수 있도록 활동하였다. 스키피오 아이밀리아누스의 아프리카 지휘권도 비슷한 방식으로 부여된 것처럼 보인다.

다음의 네 가지 법도 호민관이 스키피오 가문에 의해 조종된 증거로 많이 제시되었다.

기원전 189년의 호민관 테렌티우스 쿨레오(Q. Terentius Culleo) 는 켄소르 퀸크티우스 플라미니누스(T. Quinctius Flamininus) 와 클라우디우스 마르켈루스(M. Claudius Marcellus)가 자유민 (ingenuus)으로 태어난 모든 사람을 로마 시민으로 등록하는 법을 통과시켰다.[114]

---

114   Plut. *Flam.* 18.1. cf. Susan Treggiari, *Roman Freedmen during the*

기원전 188년의 호민관 발레리우스 타포(C. Valerius Tappo)가 포르미아이(Formiae)를 위시한 세 자치시에 완전한 시민권을 부여하는 법안을 제안하였다. 이에 법안이 '원로원의 의결' 없이 제안되었다는 이유에서 네 명의 동료 호민관이 비토권을 행사했다. 그러나 발레리우스 타포가 참정권 부여는 원로원의 권한이 아니라 인민의 권한이라고 응수하자, 호민관들은 자신들의 비토권을 철회하였고, 결국 법안은 통과되었다.[115]

무명의 하층계급 출신으로 기원전 139년에 호민관으로 선출된 아울루스 가비니우스(Aulus Gabinius)는 정무관 선거에서 비밀투표를 시행하는 것에 관한 첫 번째 법을 통과시켰다.[116]

기원전 137년의 호민관 카시우스 롱기누스(L. Cassius Longinus)는 평민회에서 주관하는 모든 재판에서(반란과 관련된 재판은 제외하고) 비밀투표를 시행하는 것에 관한 두 번째 법안을 제안하였다.[117]

Late Republic (Oxford, 1969), p. 43.

115   Liv. 38.36.7-8. 이들 공동체는 코르넬리아(Cornelia) 부족과 아이밀리아(Aemilia) 부족에 등재되었다. 자세한 논의는 Lily R. Taylor, op cit., 1960, p. 93; Rachel Feig Vishnia, op cit., 1996, pp. 156-157을 참조하시오.

116   Cic. *Leg.* 3.35; Liv. *Per. Oxy.* 54.

117   Cic. *Brut.* 97; 106; *Leg.* 3.35-37; *Sest.* 103.

먼저 스키피오 아프리카누스는 자신의 피호민을 증가시키기 위해 호민관 테렌티우스 쿨레오를 조종하여 법을 통과시켰다고 한다.[118] 그러나 테렌티우스 쿨레오의 법안이 다른 귀족의 반발을 초래했다는 사실은 차치하더라도, 그 법에 따라 누가 시민권을 받았으며, 어떤 부족에 등재되었는지도 모른다. 테렌티우스 쿨레오가 스키피오 아프리카누스의 명령에 따라 활동했다는 주장은 기원전 201년 스키피오 아프리카누스가 카르타고 포로를 해방할 때, 테렌티우스 클레오가 원로원 의원으로서 포함되어 있었으며, 그가 여생 동안 스키피오 아프리카누스를 자신의 해방자로 칭송했다는 리비우스의 짤막한 언급에 기반을 두고 있다.[119] 하지만 위 두 사람의 우호적인 관계를 암시했던 리비우스는 전혀 다른 관계를 이야기하는 발레리우스 안티아스(Valerius Antias)의 주장도 같이 소개하였다.[120] 그에 따르면, 테렌티우스 쿨레오는 스키피오 가문에 우호적이지 않았기 때문에 스키피오 아시아티쿠스(L. Cornelius Scipio Asiaticus)를 조사할 때 임명되었다고 한다. 스키피오의 재판들에 관한 발레리우스 안티아스의 설명은 논쟁의 여지가 있지만,[121] 리비우스가 테렌티우스 쿨레오

---

118 Jochen Bleicken, op cit., 1968, p. 69; Lily R. Taylor, op cit., 1960, p. 308.

119 Liv. 30.43.11; 30.45.5.

120 Liv. 38.55.3.

121 스키피오의 재판들에 관한 설명은 매우 복잡하고 혼란스럽다. 하워드 스쿨라드는 재판을 세 가지로 구분하였다. 1) 기원전 187년의 스키피오 아프리카누스(P. Cornelius Scipio Africanus) 2) 기원전 187년의 루

티에폴로(Giovanni Battista Tiepolo),
「마시바를 풀어주는 스키피오 아프리카누스(Scipio Africanus Freeing Massiva)」(1719-1721)

의 당파에 관해 혼동했을 수도 있다.[122] 그러므로 그가 스키피오 아프리카누스를 위해 활동했는지를 확신하기는 어렵다.

리비우스는 발레리우스 타포(C. Valerius Tappo)와 스키피오 아프리카누스 사이의 관계에 관해 언급하고 있지 않지만, 학자들은 발레리우스 타포가 스키피오 아프리카누스의 지지자였기 때문에 그의 법안은 스키피오에 의해 조종되었음이 분명하다고 주장한다.[123] 그들의 주장은 집단전기학 연구와 그 법의 정치적 해석에 기초하고 있다. 첫째, 그들은 발레리우스 타포가 스키피오의 최대 정적인 카토가 반대했던 오피우스 법 폐지를 제안했던 루키우스 발레리우스 타포(L. Valerius Tappo)의 형제라고 주장한다. 그러나 스키피오와 카토의 정적 관계가 발레리우스 타포 그리고 그의 형제가 스키피오와 어떤 관계였는지를 설명하지는 못한다. 무엇보다도 발레리우스 타포의 정치적 성향은 분명하지 않다. 그는 스키피오의 또 다른 정적인 파비우스 막시무스(Q. Fabius Maximus)를 지지한 것처럼 보이기 때문이다.[124] 게다가 발레리우스 타포 형제가 같은 정치적 노선을 취했다는 것도 단순한 추측에 불과하다. 둘째, 학자들은 참정권이 없는 시민권(civitas sine

---

키우스 코르넬리우스 스키피오(L. Cornelius Scipio) 3) 기원전 184년 코르넬리우스 스키피오(P. Cornelius Scipio) Howard H. Scullard, op cit., 1973, pp. 290-303.

122   David F. Epstein, op cit., p. 81.

123   Lily R. Taylor, op cit., 1960, p. 93; p. 307; Jochen Bleicken, op cit., 1968, p. 69.

124   Howard H. Scullard, op cit., 1973, p. 136.

suffragium)을 보유했던 포르미아이(Formiae), 푼디(Fundi), 아르피눔 (Arpinum) 공동체들이 완전한 시민권을 받고 코르넬리아(Cornelia) 부족과 아이밀리아(Aemilia) 부족에 등재되었다는 법 조항에 주목한다. 이 공동체들을 오우펜티나(Oufentina) 부족과 테렌티아 (Terentia) 부족이 아닌 스키피오 가문의 영향력이 강한 부족에 할당하는 것은 스키피오의 정치적 영향력을 증가시킬 수 있다. 이점이 원로원 내에서의 반대를 설명할 수 있다.[125] 부족 할당에 관한 절차를 호민관이 침해했다는 사실이 원로원의 반감을 샀을 수 있지만, 원로원의 반대가 부족의 표를 통제하려는 스키피오의 의도에 대한 것이라는 주장은 설득력이 없어 보인다. 레이첼 페이그 비시니아도 주장하고 있는 것처럼, 아이밀리아 부족과 코르넬리아 부족이 이미 스키피오 가문의 영향력을 받고 있었다면, 새로운 유권자들을 영향력이 다소 약한 지역의 부족에 등록하는 것이 정치적으로 더 현명해 보이기 때문이다.[126]

기원전 139년과 137년에 제정된 투표법(lex tabellaria)의 정치적 중요성에도 불구하고, 그것들에 관한 정보는 매우 단편적이다.[127] 우리가 알고 있는 것 중 한 가지는 기원전 137년의 호민관

---

125 Lily R. Taylor, op cit., 1960, p. 93; Jochen Bleicken, op cit., 1968, p. 69.

126 Rachel Feig Vishnia, op cit., 1996, p. 156.

127 비밀투표법에 관한 자세한 논의를 위해서는 Alexander Yakobson, "Secret Ballot and its Effects in the Late Roman Republic," *Hermes*, Vol. 123(1995), pp. 426-442; id., op cit., 1999, pp. 126-133을 참조하시오.

인 카시우스 롱기누스가 스키피오 아이밀리아누스의 지원을 받았다는 사실이다. 왜냐하면 스키피오가 다른 호민관인 안티우스 브리소(M. Antius Briso)가 비토권을 행사하는 것을 만류했기 때문이다.[128] 이 사건은 비밀투표법의 진정한 입안자가 스키피오 아이밀리아누스였다는 증거로 활용되었다.[129] 그러나 이런 추론은 호민관이 고위 정무관이나 영향력 있는 정치가에 항상 예속되어 있다는 단순한 선입견에 기초할 뿐이다. 스키피오 아이밀리아누스가 배후에 있었다는 증거는 없다. 그가 귀족의 정치적 이해관계를 침해하는 법의 진짜 입안자였다면, 첫 번째 비밀투표법 제안자인 아울루스 가비니우스와 스키피오 아이밀리아누스의 관계를 발견할 수 없는 이유를 이해하기 어렵다. 우리는 법이 지향하는 목적과 법을 지지한 자들의 목적을 혼동해서는 안 된다. 그렇다면 스키피오 아이밀리아누스는 왜 카시우스 롱기누스의 비밀투표법을 지지했을까? 그것에 관한 암시는 그 법이 통과되기 이전의 정치적 상황에서 얻을 수 있다. 기원전 138년 초 곡물 가격의 급상승으로 인해, 그 해의 호민관인 쿠리아티우스(C. Curiatius)는 콘술들에게 곡물의 구매 및 사절의 파견과 같은 적절한 조처를 시행할 것을 강권하였다. 하지만 스키피오 가문의 일원인 콘술 스키피오 나시카(P. Cornelius Scipio Nasica Serapio)는 그 제

---

128 Cic. *Brut.* 97.

129 Alan E. Astin, op cit., 1967, pp. 130-131; Jochen Bleicken, op cit., 1968, p. 69.

334

안에 반대했다.[130] 심지어 그는 동료 콘술과 함께 매우 엄격한 징병을 시행하고, 심지어 탈영병들을 매질하고 노예로 매각하기까지 했다. 그 때문에 호민관들이 개입하였다. 이는 스키피오 가문의 정치적 영향력을 약화하였을 것이다. 가문의 지도자인 스키피오 아이밀리아누스는 자신과 가문의 떨어진 인기를 회복하기 위해 결단을 내릴 필요가 있었을 것이며, 이런 상황이 투표법에 대한 지지로 이어졌을 수 있다. 즉 스키피오 아프리카누스가 비밀투표법을 지지한 것은 투표에서의 자유를 쟁취하려는 것보다 인민의 호의를 얻으려는 의도였을 것이다.[131]

지금까지 살펴본 것처럼, 위의 네 가지 호민관 법이 스키피오 가문에 의해 지시되었음을 확인할 수는 없었다. 이제 호민관의 입법권에 대한 기존의 편견을 벗겨낼 필요가 있다. 호민관이 항상 정치적 제휴 관계에 따라 좌우되었을 것이라는 결론은 공화정 중기의 정치적 역학관계를 너무 단순화시키는 경향이 있다. 사실 이 호민관이 자신들의 입법에서 주도적인 역할을 했을 가능성을 부인할 적절한 이유도 없다. 예를 들어, 로마 시민권에 관한 테렌티우스 쿨레오 자신의 관심은 후에 그가 보여준 행동에서 분명하게 나타난다. 그는 로마에 불법으로 체류하고 있던 12,000명 정도의 라틴인을 성공적으로 찾아서 그들의 고향으로

130　Val. Max. 3.7.3.

131　Erich S. Gruen, "The Exercise of Power in the Roman Republic," in Anthony Molho (eds), *City States in Classical Antiquity and Medieval Italy* (Stuttgart, 1991), p. 258.

되돌려 보냈다.[132] 게다가 고대의 사료들은 변함없이 네 호민관의 활동들에 대해 반감을 표하였다. 이런 적대감은 이 호민관의 법안들이 심각한 논쟁을 초래했을 뿐 아니라[133] 지배계층의 통제를 직간접적으로 위협하고 있었음을 의미할 수 있다. 그러므로 이런 종류의 법안이 통과되었다는 사실에 비추어볼 때, 호민관은 보통 알고 있는 것보다 더 자유롭게 또는 독립적으로 입법권을 사용했다고 볼 수 있다.

4. 호민관의 입법권: 역할과 정치적 함의

호민관을 원로원, 고위 정무관 또는 스키피오 가문의 일원과 같은 유력 정치가들이 자신들에게 유리한 법을 통과시키기 위해 이용하는 단순한 입법 도구로 간주해서는 안 된다. 입법에서 호민관이 담당했던 역할은 기존의 편견과는 다르게 매우 활동적이고 독립적이었음이 분명하다. 물론 호민관이 어떤 제약도 받지 않는 절대적인 입법권을 행사했고, 또 그들의 입법이 항상 원로원의 집단적인 이해나 의지에 도전하는 것은 결코 아니다. 이제 호민관이 로마의 헌정 및 로마인의 권리에 관계되는 법규를 정립하는 입법 절차에서 어떤 역할을 담당하였는지를 숙고할 때다.

---

132 Liv. 39.3.4-6.

133 Alexander Yakobson, op cit., 1999, p. 127 n.10.

로마의 입법 과정은 보통 두 단계로 구분할 수 있다. 모든 법안이 원로원의 동의 또는 승인을 암시하는 '원로원의 의결'을 법적으로 필요로 하는 것은 아니다. 하지만 원로원에서 먼저 토의를 거친 후에 투표를 위해 '원로원의 의결'을 평민회에 상정하는 것이 관례이다. 처음에는 평민회에서 통과된 평민의 의결이 평민과 귀족 모두를 구속하는 법적 효력을 가지고 있지 못했기 때문에, 입법에서의 호민관의 역할은 매우 제한적이었다. 그러나 일반적으로 알려진 것처럼, 기원전 287년 호르텐시우스 법(lex Hortensia)이 통과됨으로써 평민회는 입법에서 매우 중요한 역할을 부여받게 되었다. 게다가 호민관은 원로원 토의에 참여했을 뿐 아니라 원로원 회의를 소집할 권한도 보유하게 되었다. 그 결과 호민관은 공화정의 어엿한 공적인 필수 요소로서, 평민회뿐만 아니라 원로원에서 지도적 위치를 차지하게 되었다. 원로원은 자체적으로 법을 통과시킬 수 없었으며, 평민회 자체는 호민관이 없이 법안을 발의하지 못한다는 사실을 염두에 둘 때, 호민관의 참여는 이해할만하다. 그러므로 호민관이 원로원 및 평민회와 협조하면서 또 원로원과 평민회 사이에서 중재자의 역할을 하는 것은 당연해 보인다. 인민의 이해를 반영하는 법안들이, 호민관이 그것들에 동의하든 동의하지 않든 간에, 원로원에서 토의되는 것은 호민관을 통해서였다. 원로원에서 결정한 또는 결정하지 못한 이슈들이 투표에 부쳐지는 것도 호민관을 통해서였다.

호민관의 중재자적인 역할은 로마 공화정 중기의 입법기구로서 중요한 역할을 담당했던 평민회를 좀 더 철저히 조사하면 더욱 분명해진다.[134] 우리는 평민회를 호민관이 법안을 제안하고 평민이 투표하는 일종의 장소 정도로만 여긴다. 이런 생각이 틀리지는 않지만, 그것은 역설적으로 입법 과정의 전체적인 이해를 방해한다. 평민회는 두 개의 과정으로 ─ 코미티아(comitia)와 콘티오(contio) ─ 구분되어 있다는 사실을 강조해야 한다. '함께 간다'라는 의미를 지닌 전자는 선거나 입법 또는 사법적 평결을 위해서든 어떤 실질적인 결정을 내리기 위해 개최되는 민회를 가리킨다. 반면 '함께 온다'라는 의미를 지닌 후자는 어떤 결정을 내릴 수 없는 회의(예비공청회)를 가리킨다. 모든 법안은 투표에 회부되기 이전 적어도 27일 동안 게시되어야만 했다.[135] 평민들은 그 기간 개최되는 콘티오(예비공청회)에 참가한 뒤 자신들이 속한 트리부스별로 모여 투표하였다. 예비공청회는 법을 제정하는 민회는 아니지만, 평민은 그곳에 모여 공적인 발표 또는 정치적·사법적 토론을 듣거나 자신들의 의견을 표출할 수 있었다. 키케로는 자신의 연설문 『세스티우스를 위한 변호(Pro Sestio)』에서 로마인의 여론은 코미티아, 극장, 검투 경기에서의 공연을 포함해

134　켄투리아회의 입법권은 호르텐시우스 법이 통과된 이후에도 유효하였다. 하지만 켄투리아회는 정치적 중요성을 점차 상실하여 기능은 주로 고위 정무관의 선출에 국한되었다.

135　사전 공청회에 해당하는 콘티오는 투표를 하는 마지막 콘티오를 위한 날들(dies comitiales)을 제외하곤 장날을 포함해 날짜에 거의 구애받지 않았다. 심지어 공적 업무를 이행할 수 없고 신에게 봉헌하는 날들(dies nefasti)에도 개최될 수 있었다. Lily R. Taylor, op cit., 1966, p. 118 n. 4; Howard H. Scullard, op cit., 1981, p. 44.

서 콘티오에서 잘 측정할 수 있다고 분명하게 언급하였다.[136] 호민관이 예비공청회를 개최하지 못하도록 방해하는 시도들은 콘티오에서 형성되는 공감대가 정치적 중요성을 가지고 있음을 암시한다.[137]

법안 통과의 여부를 제외하고 입법 과정에 관해 구체적으로 설명하지 않는 것으로 유명한 리비우스가 재미있는 이야기 하나를 상세하게 소개하였다. 기원전 167년 외국인과 관계된 법을 집행하는 권한을 보유한 프라이토르 페레그리누스(praetor peregrinus)인 유벤티우스 탈나(M'. Iuventius Thalna)가 로데스(Rhodes)에 대해 전쟁을 선언했지만, 두 호민관 안토니우스(M. Antonius)와 폼포니우스(M. Pomponius)의 반대에 봉착했다.[138] 프라이토르와 호민관 모두에게 문제가 있음을 지적한 리비우스는 다음과 같은 관례를 언급하였다. "법안에 관한 논쟁의 기회가 모든 시민에게 제공될 때까지는 누구도 법안에 대해 비토권을 행사할 수 없다."[139] 모든 법안이 반드시 격렬한 공적 토론을 유발하는 것은 아니지만, 토론이 입법 과정의 중요한 요소였음을 간과해서는 안 된다.

전장에서 돌아온 콘술이 개선식을 승인받기 위해선 원로원과 그리고 아마도 평민회에서 자신의 승리에 관해 설명해야만 했

136　Cic. *Sest* 106-107.

137　Liv. 38.51.7-14; 43.16.8-11; Gell. *NA* 4.18.3.

138　Liv. 45.21.1-3.

139　Liv. 45.21.6.

다.**140** 원로원이 콘술의 요청에 동의하면, 호민관은 개선식 당일 콘술이 도시 내에서 임페리움(imperium)을 계속 보유하는 법안을 평민회에 제출하였다. 그러나 개선식을 부여하는 절차가 보이는 것처럼 그렇게 단순하진 않다. 위에서 언급한 절차는 호민관과 평민의 역할을 과소평가할 수 있다. 리비우스는 기원전 167년 아이밀리우스 파울루스(L. Aemilius Paullus)의 개선식에 관해서 상세하게 기술하였다. 원로원은 마케도니아에서 로마로 귀환한 그에게 개선식을 부여하는 데 동의하였으며, 나아가 호민관이 그의 개선식 날 임페리움을 보유할 수 있게 하는 법안을 제안해야만 한다고 선언했다. 호민관 셈프로니우스(Ti. Sempronius)가 '원로원의 의결(auctoritas senatus)'에 따라 법안을 제출했을 때, 한 개인에게 연설할 기회가 주어졌다. 아이밀리우스 파울루스에 대한 찬반 연설을—술피키우스 갈바(Ser. Sulpicius Galba), 세르빌리우스(M. Servilius), 카토(Cato)—포함해서 열띤 논의가 진행된 후에 평민은 법안을 통과시켰다.**141** 이 문제는 귀환한 콘술, 원로원 의원, 그리고 인민 사이의 공적인 토론의 과정을 거친 후에야 비로소 해결되었다고 가정하는 것이 안전하다.

또 콘술은 평화조약이 평민회에서 인준되도록 했다. 기원전

---

140 기원전 167년의 호민관 안토니우스는 아이밀리우스 파울루스를 평민회에 소개했지만(Liv. 45.40.9), 이는 그의 개선식 후에 일어났다. 호민관이 개선식을 거행할 사령관의 임페리움에 관한 법안을 제안해야 했음을 고려하면, 그에 관한 연설은 아마도 평민회에서 이루어졌을 것이다.

141 Liv. 45.35.4-45.39.20.

197년 말경, 퀸크티우스 플라미니누스(T. Quinctius Flamininus)는 마케도니아의 필리포스와 체결한 평화조약 내용이 담긴 승리의 편지를 원로원에 보냈다. 원로원은 그의 요청에 동의한 것처럼 보였지만, 신임 콘술 클라우디우스 마르켈루스(M. Claudius Marcellus)가 반대했다. 두 명의 호민관이 나서 이 문제를 먼저 평민회에 상정하지 않으면 모든 행동에 비토권을 행사하겠다고 선언했다. 리비우스의 설명은 여기서 중단되었지만, 이 문제에 관한 공적인 토론이 평민회에서 진행되었던 것은 분명하다. 호민관이 주요 연사였는지는 분명하지 않지만, 그들은 평민이 투표권을 행사하는 평민회에서 그 문제를 토의하도록 정치가들을 유도하였음이 분명하다. 마케도니아와의 평화조약이 마침내 인준되었다.[142]

그러므로 호민관은 콘술, 원로원, 인민 간의 정치적 대화를 가능하게 하는 그리고 로마 정체를 구성하고 있는 위의 세 가지 요소가 서로 조화를 이루게 하는 정무관으로 간주되어야 한다. 이런 점에서 법의 통과를 언급할 때 리비우스가 종종 사용했던 구절들을 다시 살펴보는 것은 가치가 있다.[143] 이 구절들을 호민관이 입법에서 원로원의 의지에 항상 복종하였음을 보여주는 증거로 간주해서는 안 된다. 오히려 그것들은 호민관이 원로원과 인민이 정치적 대화를 나누도록 하고 공화정 내에서 서로 협조하

---

142   Liv. 33.24.3-33.25.8.
143   구절을 순서대로 제시하면 다음과 같다. Liv. 26.21.5; 26.33.12; 27.5.7; 27.11.8; 35.7.4; 34.53.1.

게 하였음을 보여주는 증거인 것처럼 보인다.

1) 호민관은 '원로원의 의결'에 따라 평민에게 (법안을) 제출했다.

(Tribuni plebis ex auctoritas senatus ad populum tulerunt.)

2) 호민관은 '원로원의 의결'에 따라 평민에게 법안을 제출했다.

(Tribunus plebis ex auctoritate senatus plebem ... rogavit.)

3) 법안이 '원로원의 의결'에 따라 호민관에 의해 평민에게 제출되었다.

(Rogatione ab tribunis plebis ex auctoritate patrum ad plebem lata.)

4) '원로원의 의결'에 따라 (법안이) 평민에게 제출되었고, 평민은 명령하였다.

(Ex auctoritate patrum latum ad plebem est plebesque scivit.)

5) 호민관은 '원로원의 의결'에 따라 평민에게 (법안을) 제출했다.

(Tribunus plebis ex auctoritate patrum plebem rogavit.)

6) 호민관은 '원로원의 의결'에 따라 (법안을) 평민에게 제출했다.

(Tribunus plebis ex senatus consulto tulit ad plebem.)

그럼에도 불구하고, 어떤 결론을 내리기 전에 일반적으로 수용되고 있는 가정, 즉 코미티아의 기능은 주재 정무관의 권위, 단위 투표와 같은 제도적 장치 때문에 구조적으로 제약을 받았다는 가정을 검토해야만 한다. 평민의 민회 참여를 과소평가하는 전통적인 견해는 호민관을 중재자로 보는 견해를 부정할 수 있기 때문이다.

첫째, 평민회는 호민관 없이 소집되거나 개최될 수 없으므로, 평민의 정치 참여는 제한될 수밖에 없다는 주장이 자주 제기되었다. 평민의 역할은 호민관이 제안하는 법안에 대해서 '예' 또는 '아니오'로 대답하는 것뿐이라는 것이다.[144] 그러나 평민회는 다른 민회와 마찬가지로 두 가지 요소로—평민회를 소집하는 정무관, 특히 호민관 그리고 호민관의 부름에 응하여 시민의 권리를 행사하려고 모여든 평민—구성되었음을 간과해서는 안 된다.[145] 물론 평민은 자신들의 계급에서 지도자를 선출하지 못하고 정무관직에 입후보할 수 있는 정치적 엘리트 중에서 선거로 지도자를 선출하였다. 또 그들은 하층 계급을 하나로 통합하는 혁신적인 이데올로기를 제공할 수 있는 자신들만의 정치적 그룹을 발전시키지도 못했다. 그러나 민회에서의 투표결과가 투표자의 정치적 견해와 바람을 반영하지 않고 대신 보호제(clientela)를 이용하여 평민을 통제하는 정치적 지도자들의 의지만을 반영한다는 견해는 거부될 수 있다. 평민이 전통적인 유대관계에서 완전히 자유로웠을 것 같지는 않지만, 이 시기에 통과된 법의 대부분을 전통적인 준거 틀로만 설명할 수 없다. 퍼거스 밀러(Fergus

---

144 Tim J. Cornell, op cit., 1995, pp. 378-379; Andrew Lintott, op cit., 1999, pp. 40-41.

145 로마 시민이 정치적 권리를 행사하는 것을 법적으로 차단할 수 있는 장치는 없다. 평민의 참여에 관해서는 Kyunghyun Kim, "Popular Participation in Comitia and Contiones in the Middle Roman Republic,"『서양고대사연구』제33집(2012), pp. 165-190을 참조하시오.

Millar)도 올바르게 지적했듯이, 과거 우리는 입법의 과정에만 주목하였지, 인민이 통과시켰던 법들의 내용에 별로 관심을 가지지 않았다.[146] 릴리 테일러(Lily R. Taylor)는 호르텐시우스 법이 통과되었던 기원전 287년부터 가이우스 플라미니우스가 호민관으로 선출되었던 기원전 232년까지, 귀족이 트리부스들을 잘 관리하고 있었다고 주장하였다.[147] 그녀는 급진적인 자들이 보통 호민관이 되지 못해, 혁명적인 입법들이 사전에 걸러졌던 것처럼 이해한 것 같다. 그러나 이 시기에 관해서는 어떤 체계적인 연대기적 설명이 없음을 기억할 필요가 있다. 국내외 문제들에 관해 균형 있는 설명을 제시하고 있었던 리비우스의 제11-19권이 상실되었기 때문이다.

공화정 중기에는 오히려 인민의 이해관계를 반영하는 법들이 많이 통과되었던 것처럼 보인다. 예를 들어, 식민시를 건설하는 법과 고리대금업에 관한 로마법을 이탈리아에 확대하는 법은 로마인에게 매우 이익이었음이 분명하다. 사유 재산에 관한 법과 귀족들을 겨냥하고 있는 사치법은 상층계급에 대한 평민의 잠재적인 적의를 자극하는 데 충분하였다. 게다가 평화에 관한 법, 군사적 임페리움을 부여하는 법, 딕타토르를 선출하는 법도 인민의 이해관계를 반영하고 있었던 것 같다. 기원전 2세기 말엽

---

146   Fergus Millar, op cit., 1986, p. 1.

147   Lily R. Taylor, "The Centuriate Assembly before and after the Reform," *American Journal of Philology*, Vol. 78(1957), p. 348.

에는 비밀투표를 보장하는 일련의 투표법들이 통과되었다.[148] 인민에게 도움이 되는 일련의 법들이 제안되었다는 사실은 인민이 이를 위해 비록 정치적 지도자에게 의존하였다 할지라도, 정치적 과정에서 인민의 적극적인 역할을 배제할 수 없음을 암시한다.

팀 코넬(Tim J. Cornell)은 보통 시민은 자신들의 견해를 밝힐 수 있는 그리고 정치적 주도권을 취할 수 있는 모든 공식적인 수단에 접근할 수 없었다는 기본적인 의미에서 연설의 자유를 보유하지 못했다고 주장하였다.[149] 물론 아테네에서 나타나는 그리스식 민주주의에서처럼 토론에 참여할 수 있는 시민의 일반적인 권리를 로마에서 발견하지는 못하였다. 또 정치적 토론에서 연설할 기회는 일반적으로 관직 보유자나 아니면 공식적인 직책을 갖고 있지 않더라도 주요한 정치적 지도자임이 분명한 개인들에게 부여되었던 것이 확실하다.[150] 그렇다 하더라도 평민이 정치적 결정 과정에서 완전하게 배제되었다고 결론 내리는 것은 성

---

148 비밀투표에 관한 논의는 U. Hall, "Greeks and Romans and the Secret Ballot," in Elisabeth M. Craik (ed), *Owls to Athens: Essays on Classical Subjects Presented to Sir Kenneth Dover* (Oxford, 1990), pp. 191-199; Alexander Yakobson, op cit., 1995, pp. 426-442; ibid., op cit., 1999, pp. 124-127을 참조하시오.

149 Tim J. Cornell, op cit., 1995, p. 379.

150 Andrew Lintott, op cit., 1987, p. 44. cf. Fergus Millar, opcit., 1998, p. 46; Francisco Pina Polo (tr. by E. Leiss), *Contra Arma Verbis: Der Redner vor dem Volk in de späten römischen Republik* (Stuttgart, 1996), pp. 34-35.

급할 수 있다. 인민을 대상으로 연설할 기회는 주어져 있지 않았지만, 그들이 정치적 연설을 듣기 위해 모여들고 또 찬반의 소리를 냄으로써 정치적 과정에 영향을 미쳤다는 것은 의심의 여지가 없다. 게다가 키케로도 지적하고 있듯이, 플루트 연주자가 플루트 없이 연주할 수 없는 것과 연설가가 청중 없이 연설을 잘할 수 없는 것은 매한가지이다.[151] 연설가에게 가장 중요한 것은 청중의 호의다. 연설의 궁극적인 목적인 청중을 설득하기 위해서, 연설가는 인민이 진정으로 원하는 것이 무엇인지를 이해하고 그것을 공공 포럼에서 잘 표출해야만 한다.[152] 좋은 연설은 관중 앞에서 연설가가 일방통행식의 연기를 하는 것이라기보다는 서로를 연결할 수 있는 공감에 기초한 일종의 지속적인 의사소통이다.

현대 학자들이 주장하고 있는 두 번째 쟁점은 투표의 결과가 민회에 참석한 자들의 단순 과반수에 의해서가 아니라 인위적인 투표 단위에 의해 결정된다는 사실이다. 트리부스(tribus) 민회에서 투표 단위이기도 한 트리부스(부족)의 수는 마지막 두 트리부스가 첨가된 기원전 241년에 35개가 되었다. 로마의 인민을 대표하는 35개의 트리부스는 도시의 토지 없는 거주민이 주로 등재된 네 개의 도시 부족과 많은 소농을 포함한 토지 소유자들이

---

151 Cic. *De Or*. 2.338.

152 George A. Kennedy, "Historical Survey of Rhetoric," in Stanley E. Porter, *Handbook of Classical Rhetoric in the Hellenistic Period, 330 B.C.-A.D. 400* (Leiden et al., 1997), p. 7.

등재된 31개의 농촌 트리부스로 이루어져 있다. 팀 코넬은 이런 제도적 장치는 도시에 살면서 농촌에 토지를 가지고 있는 부유한 토지 소유자를 배려한 그리고 도시 프롤레타리아와 실질적인 이유로 민회에 참석할 수 없는 로마에서 멀리 떨어진 지역에 사는 소농을 차별한다고 주장하였다.[153]

그러나 이런 결론은 재고의 여지가 있다. 부유한 토지 소유자가 수적 열세에도 불구하고 소유자들은 어떻게 트리부스 민회를 통제할 수 있을까? 도시 트리부스의 수가 적다는 사실을 강조할 수 있겠지만, 인구 대다수가 농촌 트리부스에 등재된 시기에 농촌 거주자들과 도시 거주자들의 이해관계가 아주 다르다는 것은 사실 의심의 여지가 있다. 도시 프롤레타리아가 투표하러 민회에 참석하는 것이 매우 유리하였다는 사실은 주목할 필요가 있다. 농촌 트리부스에 등재된 소농들이 민회에 참석하는 것이 물리적으로 어려웠다는 것은 짐작이 가지만, 그것을 그들의 참여가 원천 봉쇄되어 있었다는 증거로 활용해서는 안 된다. 정치가에게 최대의 관심은 자연스럽게 최대의 지지자가 민회에 나타나게 하는 것이었다.[154] 티베리우스 그라쿠스(Tiberius Gracchus)의 농지법을 위해 투표하러 온 지지자들은 실제로 농촌에서 왔다.[155] 도시에 거주하면서 여전히 농촌 트리부스에 등재된 자들도 많이 있었다. 그들은 경제적 기회를 찾아 또는 도시적인 삶의 매력 때

153　Tim J. Cornell, op cit., 1995, p. 379.
154　Claude Nicolet, op cit., 1980, p. 291.
155　Diod. 34-35.6.

문에 도시 로마로 이주한, 토지를 상실한 농민이나 퇴역군인이었음이 틀림없다.

물론, 부유한 토지 소유자는 전통적인 보호제를 통해서 트리부스 민회를 지배할 수 있을지도 모른다.[156] 그러나 그런 오래된 관계는 로마가 지중해 세계의 강력한 세력이 되면서 와해하였음이 분명하다. 로마는 로마 시민의 이주와 새로운 시민의 로마로의 이주 등으로 인해 유권자의 구성에 있어서 커다란 변화를 경험하였다. 로마인은 일부 이탈리아 공동체에 완전한 시민권을 부여하였다.[157] 이런 정책은 기원전 2세기 초에 중단된 것 같지만, 기원전 188년에도 참정권을 대규모로 부여하는 일이 있었다. 그해 호민관 발레리우스 타포는 포르미아이(Formiae), 푼디(Fundi), 아르피눔(Arpinum) 공동체에 완전한 시민권이 부여되는 법안을 제안하였다. 호민관들 사이에서 격렬한 토론이 벌어진 후에 이 공동체들은 결국 완전한 시민권을 부여받고 코르넬리아 부족과 아이밀리아 부족에 등재되었다.[158]

보통 로마는 노예를 해방하고 그들에게 완전한 시민권을 부

---

156 로마 시민단의 엄청난 규모, 치열한 선거전, 그리고 연설의 중요성 등 때문에 전통적인 보호제는 더 이상 정치적 과정의 중요한 기제로 작동하지 못했다. Fergus Millar, op cit., 1984, p. 2.

157 Adrian Sherwin-White, *The Roman Citizenship* (Oxford, 1973), pp. 38-95.

158 Liv. 38.37.7-9. 자세한 논의를 위해서는 Lily R. Taylor, op cit., 1960, p. 93; Jochen Bleicken, op cit., 1968, p. 69; Rachel Feig Vishnia, op cit., 1996, pp. 156-157을 참조하시오.

여하는 데 관대했다고 한다. 기원전 4세기 말까지 해방된 노예의 지위에 대해서 잘 모르지만, 그들은 공화정 초기부터 참정권을 부여받은 것처럼 보인다.[159] 리비우스에 의하면, 기원전 169년의 켄소르인 클라우디우스 풀케르(C. Claudius Pulcher)와 셈프로니우스 그라쿠스(Ti. Sempronius Gracchus)는 과거 노예였던 자들을 네 개의 도시 트리부스 중의 하나에 등재하기 위해 리베르타스(Libertas) 신전의 본당에서 공개적으로 제비뽑기를 했다.[160] 그러나 공화정 후기의 증언들과[161] 공화정 중기 켄소르의 행동들을 고려할 때, 해방 노예는 보통 네 개의 도시 트리부스에 등재되었다고 말하는 것이 안전하다. 하지만 그들의 제한적인 등록에도 불구하고, 그들이 도시에 있다면 그들의 영향력이 엄청날 수 있음을 고려해야 한다.

게다가 기원전 169년의 사건에 대한 리비우스의 기록은 5살 이상의 아들이 있고 농촌에 30,000 세스테르케스(sesterces) 이상의 재산을 가지고 있는 일부 해방 노예는 농촌 트리부스에 등재되었음을 보여준다. 이미 기원전 312년에 귀족 출신의 켄소르 아피우스 클라우디우스(Appius Claudius)는 하층 계급들을(아마도 해방 노예를 포함해서) 모든 트리부스에 등재하였다.[162] 기원전 174년의

159　Susan Treggiari, op cit., p. 38.

160　Liv. 45.15.1-7.

161　Cic. *De Or.* 1.38; *De Vir. Ill.* 57.

162　Liv. 9.46.13-14. Susan Treggiari, opcit., 39-42; Tim J. Cornell, opcit., 1995, p. 374. cf. Paul J.J. Vanderbroeck, *Popular Leadership and*

체사레 마카리(Cesare Maccari), 「아피우스 클라우디우스(Appius Claudius Caecus in the Senate)」(1881)

켄소르들도 일부 해방 노예가 농촌 트리부스에 등재되는 것을 허용하였던 것 같다.

마지막으로, 유권자 중의 새로운 변수로 등장하는 세력은 라틴인이었다. 그들은 완전한 시민은 아니었지만, 투표가 있을 때 로마를 방문하고 있으면 추첨에 따라 선출된 한 개의 투리부스에서 투표할 수 있었다. 또 그들은 로마에 정착함으로써 완전한 시민권을 부여받기도 했다. 로마는 기원전 187년, 177년, 173년 라틴 동맹들의 불평을 받아들여, 라틴인이 로마를 떠나도록 강제하였다.[163] 하지만 로마도 당시 인력을 두고 라틴 동맹들과 경쟁하고 있었기 때문에 위의 조처가 얼마나 효과적이었는지는 분명하지 않다.[164]

기원전 2세기의 전반부 동안 로마는 전례 없는 인구 이동을 경험하였으며, 그것은 유권자들에 있어 큰 변화를 초래했다. 로마 정부는 종종 토지를 잃은 농민을 돕기 위해 그리고 로마의 지배를 강화하기 위해 두 가지 정책을 펼쳤다. 로마는 기원전 232년의 플라미니우스 법(lex Flaminia) 이후 기원전 200년과 173년에 개인들에게 공지를 분배했으며, 기원전 200~180년에 19개의 식

Collective Behavior in the Late Roman Republic (Amsterdam, 1987), pp. 88-90.

163 Liv. 39.3.4-6; 41.8.7-12; 42.10.3.

164 cf. Arnold J. Toynbee, op cit., pp. 136-154. 아놀드 토인비에 의하면, 기원전 183-177년 로마는 라틴 식민시 대신 로마 식민시를 건설함으로써, 로마 시민이 시민권을 상실하는 것을 방지하였다.

민시를 건설하였다. 게다가 로마는 인구가 줄어든 식민시들에 새로운 정착자들을 보내기도 했다.[165] 개인 분배의 혜택을 누린 자들과 시민권을 상실하지 않고 로마 식민시로 이주했던 로마인들은 계속 시민의 권리를 행사할 수 있었던 반면 라틴 식민시에 정착한 이주자들은 자신들의 시민권을 포기해야만 했다.

그러므로 우리가 이제까지 살펴본 것처럼, 평민회의 역할이 주재 정무관의 권위 그리고 평민회의 제도적 장치로 인해 제약을 받았을 것이라는 가정은 거부되어야만 한다. 평민회는 로마 공화정 중기 로마의 주요 입법기구라는 중요한 역할을 담당하였음이 분명하다. 그 결과 국정 및 로마인의 자유와 권리를 규정하는 입법에서 원로원과 평민회는 서로 호혜적인 관계를 맺어야만 했다. 이로 인해 호민관은 원로원과 민회에서 중재자의 역할을 담당했다. 호민관은 로마 평민이라는 특별한 계층만을 대변하는 정무관이 아니었다. 물론 이런 결론이 호민관이 이제 평민의 이해관계를 무시했음을 의미하는 것은 결코 아니다.

165　인구 이동에 관해서는 Peter A. Brunt, op cit., 1971a, p. 69; Keith Hopkins, *Conquerors and Slaves* (Cambridge, 1978), pp. 56-57을 참조하시오.

제7장 결론

로마 공화정 중기의 호민관은 명칭과는 다르게 평민만을 위한 혁명적인 평민의 지도자가 아니었다. 로마인 전체를 위한, 즉 로마 공화정을 운용하는 데 필요불가결한 정무관이었다. 하지만 20세기 초 독일의 역사가 마티아스 켈쩌(Matthias Gelzer)와 프리드리히 뮌쩌(Friedrich Münzer)의 영향을 받아 공화정을 신귀족이 지배하는 과두적인 지배체제로 보는 학자들은 호민관을 원로원의 지배를 위한 정치적 도구 정도로만 평가하였다. 하지만 그들의 결론은 원로원과 민회에서 국가의 주요 정책들이 결정되는 과정에 관한 구체적이고 종합적인 검토를 통해 또는 호민관의 활동에 대한 직접적인 고찰을 통해 도출된 것이 아니다. 최근 공화정체에 관한 전통적인 견해가 상당한 비판을 받는 동시에 그동안 간과되었던 평민의 정치적 역할이 재조명되고 있다. 호민관의

헌정적·정치적 역할과 성격을 재평가하는 작업은 필연적이다.[1]

사료에 등장하는 호민관의 권한과 역할은 하루아침에 만들어진 것이 아니다. 기원전 494년 평민이 집단 철수했을 때 설치되었던 호민관(tribunus plebis)직과 평민회(concilium plebis)는 귀족이 인정하길 계속 주저했던 비공식 기구에 불과했다. 평민회는 정식 민회가 아니라 평민의 모임이었으며, 심지어 호민관은 평민회가 아닌 쿠리아회(comitia curiata)에서 선출되었던 것 같다. 기원전 471년 푸블리리우스 법(lex Publilia)이 통과되면서부터 트리부스(부족)별로 조직된 평민회가 호민관을 선출하였다. 그럼에도 호민관과 평민회의 권한과 기능이 확실하게 규정된 것은 아니었다. 기원전 449년의 발레리우스-호라티우스 법(lex Valeria Horatia)이 호민관의 신체불가침권(sacrosanctitas)을 재확인하고 평민회의 결정인 '평민의 의결(plebiscitum)'에 법적 구속력을 제공함으로써, 호민관과 평민회가 로마 공화정의 공식적인 기구로 한층 더 발전하였다. 그리고 마지막 제약들은 기원전 339년의 푸블리리우스 법(lex Publilia)과 기원전 287년의 호르텐시우스 법(lex Hortensia)을 통해 최종적으로 제거되었다. 공화정 중기에 평민회는 호민관을

---

1   로마 공화정을 원로원이 지배하는 과두체제로 보는 견해에 대한 비판을 위해서는 Peter A. Brunt, op cit., 1969, pp. 1-20; op cit., 1982, pp. 1-17; op cit., 1988; Keith Hopkins and Graham Burton, op cit., p. 32; Fergus Millar, op cit., 1984, pp. 1-19; op cit., 1986, pp. 1-11; op cit., 1989, pp. 138-150; op cit., 1998을 참조하시오. 특히 퍼거스 밀러의 가설에 대한 비판을 위해서는 Timothy P. Wiseman, op cit., 1999, pp. 537-540; R. Brilliant, op cit., pp. 443-445를 참조하시오.

비롯한 평민 정무관을 선출하였을 뿐만 아니라 일종의 법정과 입법기구로 자리매김하였다. 평민회를 소집하고 주재하는 호민관도 비토권, 사법권, 입법권을 보유한 로마 공화정의 공식 정무관이 되었다. 국가정책과 관련된 거의 모든 분야에서 호민관의 활동이 발견되는 사실이 이를 방증한다. 공화정 중기의 호민관은 평민만의 정무관이 아니었다. 실제로 정치적인 기소, 해외정책, 시민권, 공지의 분배, 재정, 종교·사회적 문제들을 위시한 광범위한 이슈들을 다루었다. 공화정 중기는 제2차 로마-카르타고 전쟁에서 승리한 로마가 서부 지중해 지역을 장악했을 뿐만 아니라 헬레니즘 세계로 팽창하는 시기였기 때문에, 호민관은 전쟁과 평화의 선언, 군 징집, 사령관의 개선식, 토지분배, 식민시 건설 등과 같은 문제들에 항상 연루되었다.

호민관의 활동에 대한 직접적이고 종합적인 고찰은 상대적으로 간과되었던 호민관에 관심을 환기할 뿐만 아니라 공화정체의 정무관으로서 공화정의 다른 요소들과의—원로원, 정무관, 평민—관계를 숙고하는 기회를 제공한다. 로마 정체에서 호민관이 담당했던 정치적·헌정적 기능과 역할에 대한 재평가는 궁극적으로는 공화정 중기 공화정체의 작동을 이해하는 데 도움을 줄 것이다.

호민관은 대체로 원로원의 결정을 존중했지만, 항상 그것을 수동적으로 이행한 것은 결코 아니었다. 또 정치가이기도 한 호민관이 과두적 귀족과 제휴 관계를 맺고 있음을 부인할 수 없지만,[2] 반드시 그런 정치적 제휴 관계가 호민관 활동의 방향을 결정지은 것도 아니었다. 호민관은 원로원, 정무관, 유력 정치가(또는 집단)의 단순한 정치적 하수인이 결코 아니었다. 다양한 모습을 가진 유례가 없는 독특하고도 독립적인 로마 공화정만의 정무관이었다. 에른스트 베이디언(Ernst Badian)이 지적했던 것처럼, 우리가 가진 증거들은 호민관을 '조상의 관례(mos maiorum)'의 보호자로 간주하는 테오도르 몸젠(Theodor Mommsen)의 주장이나 아니면 평민의 대변자라는 폴리비오스(Polybios)의 주장에 더 부합하는 것 같다.[3]

하지만 이 책의 목적은 호민관을 원로원의 정치적 도구로 보는 견해를 대신해서 호민관을 테로도르 몸젠처럼 '로마 정체의 보호자'로 또는 폴리비오스처럼 '평민의 대변자'라고 다시 주장하려는 것은 결코 아니다. 전해지는 단편적인 사료에 근거하여, 호민관의 역할과 성격에 관해 어떤 결론을 내리는 것은 다소 위험하다. 실제 그들의 활동은 예상하는 것보다 훨씬 다양하다. 그들은 자신들의 정치적 신념이나 이해관계 또는 개인적인 이해관계에 따라 원로원의 의지에 협조했으며 개인적인 정치가들을 위해 활동하기도 했다. 또 그들은 원로원과 정무관들과 충돌하였으며, 평민의 이익을 위해 활동했다. 물론 헌법과 법률이 호민관

---

2 개선식과 정치적 재판에서 나타난 호민관의 활동은 보통 정치적 제휴 관계에서 이해되어 온 것이 사실이지만, 이런 접근을 위한 증거가 충분한지는 의심스럽다.

3 Ernst Badian, op cit., 1996, p. 213.

에게 특정의 권한과 역할을 부여한 것은 아니다. 사실 로마는 헌법과 법률에 해당하는 성문법을 갖고 있지 않았다. 하지만 혁명적 성격의 호민관이 로마의 공식적인 정무관으로 수용되는 역사가 그리고 호민관이 민회 및 원로원과 맺고 있는 밀접한 관계 등이 바로 호민관의 역할과 성격을 결정했음이 분명하다. 공화정 중기의 호민관은 공화정의 어느 한 요소의 이익만을 위해 활동하는 정무관이 결코 아니었다. 호민관은 완전하지 않은 정치적 기구들이, 즉 원로원, 평민회, 정무관이 서로 조화와 균형을 이루도록 하는, 즉 공화정의 순조로운 작동을 위한, 공화 정치의 조정자 역할을 떠안게 되었던 것 같다.

로마로 끌려온 볼모이자 역사가인 폴리비오스는 로마가 어떻게 세계적인 강대국으로 성장하였는지를 설명하기 위해 로마의 정체를 분석하였다.[4] 그는 로마 정부에 존재하는 세 가지 요소, 즉 콘술, 원로원, 인민이 상호 간에 어떻게 대응하고 협조하면서 균형을 이루는지를 보여주려고 했지만, 그는 세 가지 요소 간의 '상호의존 이론'을 설명하는 데 어려움을 느낀 것처럼 보인다. 그는 원로원이 콘술에 어떻게 의존하는지를 설명하지 못했다. 또 인민이 원로원에 의존하는 부분을 토의할 때, 그는 주로 제도적 측면 대신 사회적 경제적 측면만을 지적하였으며, 그가 언급한

---

4 폴리비오스의 분석은 로마의 정치적 실체보다 그리스의 정치철학에 기반을 두었다고 하지만, 그의 분석을 간과해서는 안 된다. 혼합정체에 관해서는 Frank W. Walbank, op cit.; Andrew Lintott, op cit., 1987, pp. 34-52를 참조하시오.

인민은 조세청부업자에 더 가까워 보였다.[5] 그런 점에서 세 가지 요소 간의 특히 원로원과 평민 사이의 소통을 중재함으로써 조화와 균형을 유지하는 데 중요한 역할을 한 실체는 호민관인 것처럼 보인다. 공화정 중기에 호민관은, 주로 국외 문제만을 담당했던 콘술 등의 고위 정무관, 법적 효력은 없지만 상당한 정치적 영향력을 가진 '원로원의 의결(senatus consultum)'을 반포하는 원로원, 그리고 마지막으로 호민관이 없으면 제출된 법안에 대해 투표할 수 없었던 평민이, 즉 완전하지 않은 공화정체의 요소들이 상호 간에 정치적 대화를 나누도록 조정하는 역할을 하였다. 폴리비오스가 호민관은 항상 인민의 의지에 따라 행동하고 인민의 바람에 주목해야만 했다고 언급했지만, 호민관은 이제 평민만을 대변하는 정무관은 아니었다.[6]

사실 호민관의 역사는 그 직책의 조정자적 역할을 잘 설명할 수 있다. 우선 호민관이 로마 정체에 점진적으로 수용되는 과정을 언급해야 한다. 귀족 출신 정무관의 자의적인 권력 남용으로부터 평민을 보호하기 위해 선출되었던 호민관은 평민의 도움뿐만 아니라 귀족의 양보를 통해서 그들의 권력을 점진적으로 획득했다.[7] 비록 평민운동이 자발적이고 의식적인 정치 그룹으로

---

5 Frank W. Walbank, op cit., 1970, p. 692.

6 Polyb. 6.16.5.

7 평민지도자들은 자신들이 귀족들과 권력 공유의 원칙을 실현하지 못했을 뿐만 아니라 보수적이고 배타적인 귀족들이 강력하게 반대하였기 때문에, 오랫동안 자신들의 목적을 달성할 수 없었다. 그 때문에 그들은 평민

서의 혁명적인 정체성을 상실했지만 말이다. '신분 투쟁' 기간에
나타난 소통과 화합으로 인해 호민관은 정체의 세 가지 요소들
사이를, 특히 원로원과 평민 사이를 중재하는 데서 존재 이유를
발견하였다.

이런 호민관의 역할은 공화정의 한 부분으로서 작동했던 공
적 무대를 살펴봄으로써 확인될 수 있다. 호민관이 보유한 가장
중요한 기능 중의 하나는 평민으로만 구성된 평민회를 소집해서
법안을 제안하고 통과시키는 것이다. 사실 이것에만 주목하는
것은 호민관의 역할을 오해하게 한다. 무엇보다도 호민관은 민
회(comitia)뿐만 아니라 콘티오(contio)를 관장한다. 투표 전에 개최
되는 일종의 공청회 역할을 하는 그곳에서는 전쟁과 평화, 군사
령관의 임명, 정치 지도자들의 기소 외에도 수많은 국가의 주요
이슈들에 관한 열띤 연설과 토론이 전개되었다.[8] 국가의 중대사
를 결정하는 과정에서 격렬한 토론이 허용되는 제도적 장치는,
클로드 니콜레(Claude Nicolet)가 정확하게 간파한 것처럼, 대중과
정치 계급 간의 일방적이지 않은 양방향의 의사소통을 암시한
다.[9] 그 결과 호민관은 원로원과 평민 사이의 정치적 대화를 중

대중을 귀족과의 투쟁에 유인해야만 했다. 리키니우스-섹스티우스 법, 게
누키우스 법, 호르텐시우스 법 등이 평민의 경제적 부담을 완화하는 조항
들을 포함하고 있는 것은 결코 우연이 아니다.

8   퍼거스 밀러는 콘티오를 공화 정치의 중요한 요소로 보지 않는 견해
가 로마 공화정에 관한 전체 개념을 왜곡한다고 주장하였다. Timothy P.
Wiseman, op cit., 1999, p. 537.

9   Claude Nicolet, op cit., p. 397.

재하는 데서 자신들의 기능을 발견하였을 것이다. 이런 호민관의 역할은 호민관이 원로원 회의에 직접 참여하고 심지어 원로원을 소집할 수 있게 되었을 때부터는 더욱 자연스럽게 수행되었을 것이다.[10]

마지막으로, 호민관의 정치적·사회적 지위도 정체에서 그들이 담당할 역할을 결정하는 데 기여했을 것이다. 호민관은 하층 평민 계급이 아닌 평민이지만 정치적 엘리트 집안 출신이다.[11] 게다가 공적 봉사에 대한 금전적 보상이 제공되지 않는 정부의 일은 부유한 사람에 의해서만 수행될 수 있었음을 고려하면, 호민관도 귀족과 같은 경제 계급에 속하였다. 그러나 호민관이 여러 문제에 있어서 항상 원로원 계급과 이해관계를 공유함으로써 평민의 대변자라는 자신들의 책무를 완전하게 망각했다고 가정하는 것은 너무 단순하다.[12] 평민에게만 허용되었던 호민관직은 지위의 표식도 없는 그리고 '관직의 사다리(cursus honorum)' 밖에 위치한, 엄밀하게 말해 국가의 정규 정무관이 아니었다. 게다

10　임기를 마친 호민관은 아티니우스 법에 따라 자동으로 원로원 의원이 된 것 같다(Gell. *NA* 14.8.2) 그 법이 통과된 시기와 내용에 관해서는 Ernst Badian, op cit., 1996, pp. 202-206; Andrew Lintott, op cit., 1999, p. 69 를 참조하시오.

11　기원전 218~134년, 이름을 알 수 있는 100명의 호민관 중 대략 40퍼센트는 귀족 가문 출신인데, 그중에서도 절반은 콘술을 배출한 가문이었다.

12　호민관은 공화정 후기에도 자주는 아니지만 반대의 형태의 취하고 있었음을 기억할 필요가 있다. Robin Seager, "Populares in Livy and the Livian Tradition," *Classical Quarterly*, Vol. 27(1977), pp. 380-381.

가 매년 열 명의 호민관이 선출되었기 때문에, 상당히 많은 수의 호민관은 조상 중에 원로원 의원이 없었던 신인 출신이었다. 다시 말해서, 호민관은 귀족과 똑같은 정치적·사회적 계급은 아니었다. 이런 특징이 호민관의 역할과 성격에 영향을 미쳤을 수 있다.

그러므로 호민관은 원로원, 인민 또는 개인적인 정치가들을 대신해서 자신들의 고유 권한을 사용했던 정무관보다, 콘술, 원로원, 인민 사이의 정치적 대화를 중재하고 촉진하는 정무관으로 간주되어야 한다. 그리고 그것이 로마 정체의 세 가지 부분들이 서로 조화를 이루도록 했다. 이런 호민관의 역할은 개선식의 부여와 관직의 보유에 관한 정치적 토론들이 보여주는 것처럼, 호민관이 조상의 관례(mos maiorum)를 지키기 위해 노력했던 이유를 그리고 프로콘술과[13] 딕타토르의 명령권[14] 부여로 변화를 맞이한 관습에 법적인 타당성을 부여했던 이유를 설명해준다.

물론 이런 호민관의 역할이 법적으로 확실하게 부여된 것은 결코 아니었다. 공화정 중기에 로마인은 가장 위대한 조화로운 시기를 경험했다는 살루스티우스(Sallustius)의 언급이 암시하는

13　히스파니아에 파견된 일부 프라이토르들이 임기가 끝날 때, 프로프라이토르가 아니라 프로콘술의 임페리움을 그리고 일반 개인들도 프로콘술의 임페리움을 받는 변칙적인 현상이 발생했다.

14　딕타토르는 원래 콘술이 지명하지만, 제2차 로마-카르타고 전쟁 동안 투표를 통해 선출되는 예외적인 현상들이 나타났다.

것처럼,[15] 그것은 정체를 구성하는 요소들의 상호 협조와 양보에 기반을 두고 수행되었다. 하지만 로마 정체에서 유지되던 조화는 영원하지 않았기 때문에, 이것이 호민관의 역할에 틀림없이 영향을 미쳤을 것이다. 이런 맥락에서, 그동안 계속 증가했던 평민과 호민관의 권한의 논리적인 귀결로 간주되었던 기원전 133년은 로마 정치제도를 설명하는 데 도움이 되는 전환점이 될 수 있다. 그해 전례 없는 두 가지 사건이 발생했기 때문이다. 호민관 티베리우스 그라쿠스(Tiberius Gracchus)가 원로원의 반대에도 불구하고 농지법을 제안했을 때, 그의 동료 마르쿠스 옥타비우스(Marcus Octavius)는 자신의 비토권을 계속 행사하다 특별 법률에 따라 호민관직에서 제명되었다.[16] 폴리비오스가 주목하고 있는 것처럼,[17] 호민관의 비토권(ius intercessionis)은 원로원 회의를 포함한 국정을 중단하는 권한을 갖고 있지만, 공화정 중기에 비토권은 조상의 관례를 지키기 위해서였다. 더욱이 몇 가지 사건들은 (기원전 232, 188, 137년) 평민회에서 법안이 통과되는 것을 막기 위해 동료 호민관이 비토권을 사용한 사례가 결코 없었음을 분명하게 보여준다.[18] 비슷하게, 마르쿠스 옥타비우스가 동료에 의해서 면직되는 것도 전례가 없었다. 물론 티베리우스 그라쿠스의

---

15 August. *De civ. D.* 2.18.

16 Liv. *Per.* 58; Plut. *Ti. Gracch.* 8-20; Cic. *Leg.* 3.24; *Brut.* 95.

17 Polyb. 6.16.4.

18 Peter A. Brunt, op cit., 1988, p. 24.

연설이 그것을 정당화하고 있지만 말이다.[19] 그 결과 기원전 133년은 로마 정체를 구성하는 요소들 사이의 정치적 갈등을 호민관이 조정하고 합의를 끌어낼 가능성이 사라지는 것을 목격하였다. 이후 호민관직은 정치적 야심가 (또는 집단) 또는 정치적으로 무능한 원로원이 자신들의 정치적 이익을 위해 이용하는 정치적 도구로 빠르게 전락하였다. 호민관이 원로원과 평민 사이의 갈등을 중재하는 데 실패했던 역사적 사건이 로마 공화정의 몰락에서 첫 번째 단계를 촉발했다는 사실은 매우 시사적이다.

---

19 Plut. *Ti. Gracch.* 15.2-3.

보론 공화정(공화국)의 역사적 기원[1]

1. '공화정(공화국)'의 의미: 고대 그리스 · 로마

"대한민국은 민주공화국이다." 이는 우리의 정체성을 간결하게 압축한 대한민국 헌법 1장 1조 1항이다. 하지만 민주공화국, 특히 공화국의 의미는 모호하다. '공화(共和)'라는 용어는 중국 주나라의 열 번째 왕인 여(厲)왕이 폭정으로 쫓겨나고 주공(周公)과 소공(召公)이 함께 화합하면서 정치를 했다는 데서 기원한다. 그리하여 '공화'는 군주가 없음을, 동시에 '함께 화합하면서 정치함'을 함의한다. 이런 정치체제를 공화정 그리고 공화정체를 채택하고 있는 국가를 공화국이라 한다. 『군주론』의 저자로 유명한

NICCOLÒ MACCHIAVELLI

마키아벨리

마키아벨리(Machiavelli)도 군주가 없는 이탈리아 북부의 국가들을 표현하기 위해 라틴어 '레스 푸블리카(res publica)'를 사용하였고, 이것이 영어의 '리퍼블릭(Republic)', 즉 '공화국'으로 발전하였다. 그렇다면 공화국은 단순하게 군주 없이 함께 화합하면서 정치하는 국가만을 의미할까? '공공의 것(궁극적으로는 국가)'을 의미하는 '레스 푸블리카'는 '정체'를 의미하는 그리스어 '폴리테이아(politeia)'를 번역한 것이다. 따라서 고대의 정치철학자들이 위의 용어들을 어떤 의미로 사용했는지를 탐색하는 것이 '공화정(공화국)'의 의미를 이해하는 첫 번째 순서다. 다만 이야기는 '공화정'이 어떤 형태의 정체인가로 국한한다.

'정치학'의 시조 아리스토텔레스(Aristoteles)는 스승 플라톤과 달리 많은 폴리스(보통 도시국가로 번역한다)의 정치 형태를 직접 연구한 후, 먼저 정부의 운용 목적에 따라 정체를 구분했다. 즉 정부가 공공의 이익을 위해 운용되면 올바른 정체, 사적 이익을 추구하면 왜곡된 정체였다. 그리고 지배자의 수에 따라, 일인이 지배하는 왕정, 소수가 지배하는 귀족정, 다수가 지배하는 (민주정이 아니라) '폴리테이아'를 올바른 정체에 포함하였다. 아리스토텔레스는 참주정을 일인이 사익을 추구하는 최악의 정체로 간주했으며, 다수가 지배하는 민주정에 대해서도 부정적이었다. 민주정은 공공의 이익보다 가난한 다수의 사적 이익을 추구하는 정체로 생각했기 때문이다. 그는 개인적으로는 귀족정을 선호했다. 하지만 귀족이 소수의 특권 계급이 아니라 탁월한 능력자인 소수의 정치 엘리트를 의미한다는 것을 빼면, 귀족정에 대한 그의 논의는 분명하지 않다. 그래서인지 그는 현실적으로 실현 가능한 최선의 정부로 귀족정이 아닌 다수가 지배하는 '폴리테이아'를 제시했다.

그렇다면 아리스토텔레스가 주장하는 '폴리테이아'는 어떤 형태의 정체인가? 흥미롭게도 그는 왜곡된 정체인 과두정과 민주정의 혼합정을 가장 이상적인 정체로 보았다. 여기서 우리는 보통 정체를 의미하는 '폴리테이아'가 혼합정을 그리고 다시 공화정을 의미함을 유추할 수 있다. 그는 정치적 안정을 위협하고 혼란을 초래하는 과두정과 민주정을 혼합함으로써, 사적 이익을 추구하는 소수의 부자와 다수의 빈민에 휘둘리지 않고 그들의 요구를 조정하면서 정치적 안정과 지속성을 유지할 수 있다고 보았다. 그렇다면 혼합정에서 다수는 누구인가? 아리스토텔레스는 혼합정의 사회적 기반을 중간 계층에서 찾았다. 그들은 귀족정과 민주정의 지배자인 부자와 빈자 간의 정치적 갈등과 대립을 조정할 수 있는 계층이었다. 이처럼 아리스토텔레스는 최선의 정체를 재산의 보유 형태와 연결했지만, 중간 계층이 꼭 경제적인 계층만을 의미하는 것은 아니다. 그들은 윤리적인 덕이나 정치적 정의에서도 중용의 상태에 있는 사람들이다. 아리스토텔레스에게 가장 이상적인 정체는 다수의 중간 계층이 지배하는 혼합정(폴리테이아)이었다.

철학적 주장을 위해 역사적 증거를 소개하는 아리스토텔레스의 방법론을 더욱 심화한 사람은 그리스 출신의 폴리비오스(Polybios)이다. 정치철학자보다는 역사학자에 더 가까운 그는 당시 로마의 발전 원인을 정체에서 찾았다. 그는 왕정, 귀족정, 그리고 (아리스토텔레스와 달리) 민주정을 단순 정체로서는 가장 이상적이라고 하였지만, 각 정체는 장점과 동시에 단점을 가지고 있다고 보았다. 그는 정체를 생물체의 출생, 성장, 노쇠, 죽음의 과정과 같은 것으로 파악하여, 한 국가의 정체도 탄생, 성장, 번영 그리고 쇠퇴와 몰락의 과정을 거치는 것으로 이해하였다, 또한 그는 정체순환론(anacyclosis)에 따라 정체도 자연의 법칙처럼, 왕정 → 참주정 → 귀족정 → 과두정 → 민주정 → 중우정 → 다시 왕정으로 순환한다고 주장했다. 그리고 정체의 끊임없는 순환으로 야기되는 위험과 혼란을 막기 위해서는, 아리스토텔레스를 포함한 고대 그리스의 사상가들처럼, 혼합정이 필요하다고 생각하였다. 하지만 폴리비오스에게 정치의 기능은 만장일치를 창출하는 것이 아니라 안정을 통해 자유를 보존하는 것이었다. 그에게 자유를 위협하는 정체의 순환을 막는 이상적인 혼합정은 로마의 공화정이었다. 하지만 그에게 로마 공화정은 왕정, 귀족정, 민주정의 단순한 혼합정이 아니었다. 그에게 이상적인 정체는 여러 정체가 혼합하여 변한 하나의 정체를 의미하지 않았다. 반대로 각 정체는 분리되고 각각 다른 역할과 기능을 가지는 것이었다. 그는 여기서 기원한 권력 분립의 원칙이 로마가 세계를 지배하게 된 성공의 열쇠라고 주장하였다.

아리스토텔레스와 그의 제자들 그리고 폴리비오스의 정치철학을 이용하여 혼합정을 더욱 정교하게 주장한 정치사상가는 키케로(Cicero)다. 그는 그리스어인 '폴리테이아'를 라틴어 '레스 푸블리카'로 번역한 로마인이었다. 정치에 관한 그의 논의는 국가에 대한 정의에서 출발한다. 그에게 국가는 인민의 재산이었다. 그 때문에 국가의 목적은 사유 재산의 보호였다. 이는 자신의 '이상 국가'에서 사유 재산을 철폐한 플라톤이나, 재산을 국가에 있어서 배경적 조건으로만 제시한 아리스토텔레스와는 구별된다. 키케로는 왕정, 귀족정, 민주정을 인민의 자유와 재산을 보장하는 올바른 정체로, 참주정, 과두정, 중우정을 잘못된 정체로 구분했다. 그 또한 순수한 형태의 단순 정체는 자체적으로 정치적 안정성을 담보하지 못하고, 타락된 형태로 변할 수 있음에 동의하였다. 하지만 그는 폴리비오스처럼 고정된 정체의 순환을 주장하지는 않았다. 즉 참주정 이후에 반드시 귀족정이 도래하는 것은 아니고, 귀족정이나 민주정이, 아니면 다른 형태의 정부가 올 수도 있었다. 이런 국가의 근본적인 불안정을 해소하는 해결책이 혼합정이었다. 로마의 공화정은 세 가지 순수한 형태의 좋은 단순 정체가 혼합된 가장 이상적인 제4의 정체였다. 하지만 혼합정의 강점은 견제와 균형에 있는 것이 아니었다. 사회의 다른 요소들이 각각의 다른 능력을 적절하게 사용하는 데 있다. 키케로는 인민의 자유가 보장되어야 한다고 했지만, 다른 한편으로 그것이 중우 정치를 초래할 위험성을 내포하기 때문에 통제될 필요가 있다고 주장했다. 그 때문에 키케로의 혼합정은 귀족정의 성격을 강하게 가지고 있는 것이 특징이다.

고대 그리스와 로마에서 활동한 정치철학자들이 주장한 공화정의 세부적인 내용은 비록 다르지만, 단순화하면 그것은 혼합정을 의미한다. 하지만 그들이 교조주의적 입장에서 혼합정만이 영원한 이상적인 정체라고 주장한 것은 결코 아니다. 그들에게 중요한 것은 정체가 아니라 정체를 만들어가는 인간이었음을 기억해야 한다. 공화정을 의미하는 그리스어 '폴리테이아'는 도시국가를 의미하는 '폴리스'와 시민으로서 행동한다는 의미를 가진 '폴리테우오(politeuo)'에서 비롯되었다는 사실은, 현재 민주공화국에 사는 우리에게 시사하는 바가 크다.

2. 아테네 민주정에 대한 도전과 비판

현재의 그리스는 고대 그리스와 다르다. 과거 그리스에는 하나의 통합국가가 아닌 크고 작은 폴리스(도시국가)가 대략 700개 정도 존재했다. 그중 가장 유명한 폴리스가 스파르타와 아테네이다. 한때 식스팩 열풍을 일으켰던 영화「300」이 보여주었던 것처럼, 스파르타는 강력한 전사들의 국가로, 반면 아테네는 서양 문명과 민주주의의 요람으로 인식되었다. 그런데 아리스토텔레스(기원전 384~322년)는 서양 문명의 결정체인 민주정을 왜 왜곡된 정체로 간주하고 그 대안으로 혼합정(공화정)을 제시했을까?

그리스 북부의 스타게이라(Stageira)라는 작은 폴리스에서 태어난 아리스토텔레스는 17세에 아테네로 와서 플라톤이 세운 '아카데미아(Academia)'에서 수학했지만, 마케도니아 왕국과 친하다는 혐의 때문에 거의 20년이나 살았던 아테네를 떠나야만 했다

(플라톤이 자신의 조카에게 '아카데미아'를 물려준 것에 불만을 가졌을 수도 있다). 마케도니아가 그리스에 대한 지배권을 장악하자, 그는 다시 아테네로 돌아와 '리케이온(Lykeion)'을 설립하고 12년 동안 학생들을 가르쳤다. 하지만 기원전 323년 알렉산드로스가 사망하자, 다시 위험에 처하게 되었다. 소크라테스처럼 아테네인을 타락시킨다는 혐의로 기소되었다. 그는 현실주의자답게, "나는 아테네인이 철학에 두 번 다시 죄짓는 것을 원치 않는다"라고 말한 뒤, 아테네를 떠났다. 아테네 시민의 권리를 보유하지 못한 외국인으로 아테네 민주정 하에서 겪었던 개인적 경험도 민주정에 대한 그의 판단을 형성하는 데 기여했을 것이다.

하지만 그가 아테네 민주정을 반대한 주된 이유는 아테네의 역사적 변화와 밀접한 관련이 있다. 그리스-페르시아 전쟁에서 승리하는 데 주도적인 역할을 한 아테네는 델로스 동맹을 통해 그리스의 신흥 강자로 부상했다. 그뿐만이 아니었다. 아테네 해군의 수병, 즉 노잡이로 복무하여 큰 공을 세운 노동자 계층이 참정권을 부여받았다. 장군(strategos)과 신관을 제외한 모든 공직자는 추첨으로 선출되고, 공무 담당자뿐만 아니라 민회에 참석하는 시민에게 수당이 지급되는 등 아테네의 직접민주정이 크게 발전하였다. 하지만 기존의 패권 국가인 스파르타는 신흥 세력인 아테네를 시기하고 두려워하여, 이른바 '투키디데스의 함정(오늘날 미국과 중국 간의 무역 전쟁을 일컫는 표현으로도 사용된다)'에 빠져 펠로폰네소스 전쟁(기원전 431~404년)이 발발하였다. 아테네는 전쟁뿐 아니라 전쟁 중에 발생한 '아테네 역병(아테네 민주정의 완성자로 평가받는 페리클레스도 전염병으로 사망한다)'으로 인해 막대한 인적·물적 손실을 겪었다. 장기적인 전쟁과 정책은 시민단을 크게 분열시켰으며, 빈부 간의 갈등을 더욱 고조시켰다. 물론 아테네는 코린토스 전쟁(기원전 395~387년)에서 승리하고 제2차 해상동맹을 결성함으로써, 과거의 주도권을 잠시 회복했지만, 테베가 새로운 강자로 등장하면서 힘을 다시 상실하기 시작했다. 그리스 세계의 혼란을 틈타 침입한 마케도니아에 기원전 338년의 카이로네아(Chaeronea) 전투에서 패함으로써 아테네를 위시한 그리스의 도시국가들은 정치적 자유를 상실했다.

아테네의 정치·군사적 쇠퇴는 민주정에 대한 직접적인 도전을 초래하였다. 펠로폰네소스 전쟁 중 페르시아의 도움을 원한 과두주의자들이 기원전 411년 쿠데타를 일으켜 민주정을 폐지하고 '400인 과두정'을 수립했고, 중도파가 '5,000인회'라는 과도적인 정부를 출범했지만, 1년 만에 민주정이 회복되었다. 기원전 404년 펠로폰네소스 전쟁에서 아테네가 패배하자, 크리티아스(Critias, 소크라테스의 제자) 등이 스파르타의 지원을 받아 과격한 '30인 과두정'을 다시 수립했다. 과두정(잔인하고 과격한 정책 때문에, '30인 참주'라고도 불린다)은 아테네 시민 중 시민명부에 이름을 올린 3,000명에게만 무기를 소지하고 재판을 받을 권리를 부여했다. 민주적인 협의체와 배심원 법정(시민 법정)을 폐지했으며, 정적을 무자비하게 탄압하고, 부자들의 재산을 몰수하였다. 기원전 402년 트라시불루스(Thrasybulus)가 주도한 쿠데타로 결국 과두정이 해체되고 민주 정부가 다시 들어섰다.

장-프랑수아 피에르 페이론(Jean-François Pierre Peyron), 「소크라테스의 죽음(The Death of Socrates)」(1787)

민주정을 전복했던 시도가 예외적인 현상은 아니다. 민주정에 대한 의구심과 비판의 역사는 오래되었다. 펠로폰네소스 전쟁에 관한 역사를 서술한 '과학적 역사학의 아버지' 투키디데스(Thucydides), 희극작가 아리스토파네스(Aristophanes), 철학자 소크라테스와 플라톤, 수사학자 이소크라테스(Isocrates) 등등. 하지만 민주정에 대한 혐오와 비판이 지식인들만의 전유물은 아니었다. 기원전 399년에 발생한 소크라테스의 재판이 그 증거다. 민주정의 옹호자들은 민주주의 정부를 향한 직접적인 도전과 광범위한 비판을 불식하기 위해 소크라테스를 재판에 회부했다. 그것은 민주주의자들이 연출한 정치적 재판이었다. 소크라테스 자신이 민주정에 반대했을 뿐만 아니라 많은 과두주의자들의 정신적 스승이었기 때문이다. 민주주의자들은 아테네의 청년을 타락시키고 신을 믿지 않는다는 죄목으로 소크라테스를 기소하였다. 그들은 그에게 유죄판결을 내림으로써, 민주정의 정당성을 선언하려 했다. 하지만 소크라테스는 민주주의자들이 만든 무대의 조연이 되길 거부하고, 주연으로 기꺼이 독배를 들었다. 그가 선택한 죽음은 정치적 재판을 기획한 민주주의자들에 대한 조롱이자 민주정에 대한 문제 제기가 틀리지 않았음을 보여주는 자기희생이었다.

누군가 철학자는 '태어나서, 생각하다, 죽는' 단순한 삶을 산다고 했다. 아리스토텔레스도 평생을 생각하다 죽었다. 하지만 그의 사유는 결이 다르다. '이데아'를 향한 추상적이고 사변적인 사유를 강조했던 스승 플라톤과 달리, 그는 실재론자로서 경험과 현실에 기반을 둔 사유를 더 중시했다. 여기에 그가 아테네 민주정을 반대한 이유가 있다.

3. 아리스토텔레스의 혼합정(폴리테이아)

아리스토텔레스는 정치가나 정치학자처럼 현실적인 문제에 관심을 가진 최초의 철학자다. 정체에 관한 그의 사유는 기원전 4세기에 정치·군사적 쇠퇴와 경제적 혼란에 처한 아테네의 상황을 타개하는 데 일조하려는 바람에서 비롯되었다. 그의 해결책은 과거에 있었다. 즉, 그는 기원전 6세기 아테네의 정치가 솔론(Solon)과 클레이스테네스(Cleisthenes)가 시행했던 개혁에 주목했다.

기원전 7세기 말 아테네는 사회·경제적 어려움으로 인해 귀족과 빈민의 대립과 반목이 극심했다. 소수 귀족의 대토지 소유와 토지의 생산성 하락으로, 농민의 상황은 계속 악화하였다. 게다가 귀족에게 빌린 부채를 상환하지 못한 농민은 노예와 다름없는 신분으로 전락했다. 문제 해결의 책임이 있는 귀족은 권력 다툼에만 열중하고 하층 계급에 자의적인 권력만을 행사했다. 기원전 594년경 아테네의 최고 정무관인 아르콘(archon)으로서 비상대권을 부여받은 솔론은 사적 권력에 제동을 걸고 공적 권력을 확립하는 개혁을 시행하였다. 먼저 그는 '세이삭테이아(seisachtheia, '부담을 덜다'라는 의미)'라는 빈민 구제책을 실시했다. 부

아리스토텔레스

채를 갚지 못해 노예가 된 자들을 해방하고, 그들의 부채를 탕감하였으며, 부채노예제 자체를 폐지했다. 그는 귀족이 권력과 경제적 부를 무기로 농민을 노예화하는 것을 중단시켰다.

하지만 솔론이 빈민의 요구를 일방적으로 수용한 것은 아니다. 그는 빈민의 토지 재분배 요구를 단호하게 거부했다. 힘의 균형이 어느 한쪽으로 치우치면 국가적 혼란이 발생할 것으로 판단했던 솔론은 중도 노선을 취했다. 귀족이든 빈민이든 어느 한쪽의 사적 권한이 비대해지는 것을 막으려는 그의 입장은 정치적 개혁에서도 발견된다. 그는 아테네 시민을 재산 상태에 따라 네 개의 계급으로 구분하여, 서로 다른 정치적 권리와 군사적 의무를 부여했다. 그리하여 최하층 계급인 빈민은 민회(ecclesia)에 참석하고 시민 법정(heliaea)의 배심원으로 활동할 권리를 부여받았다. 하지만 공직에 나가는 것은 여전히 금지 당했다.

그러나 귀족과 빈민 모두의 불만을 사게 된 솔론은 아테네를 떠났으며, 페이시스트라토스(Peisistratos)가 정치적 혼란을 이용하여 참주(tyrannos)로서 권력을 장악했다. 그가 죽은 후 그의 아들들이 참주정을 계승하였지만 오래가지 못했다(참주는 귀족에 대항해서 다수의 이익을 보호하는 정치가를 의미하지만, 한편으로는 불법적인 방법을 통해 권력을 잡은 비정상적인 형태의 정치가를 지칭한다).

반참주 운동을 주도한 클레이스테네스는 기원전 508년 귀족의 정치적 기반이었던 전통적인 네 개의 부족을 폐지하였다. 대신 그는 아테네의 도시지역, 해안지역, 내륙지역을 각각 열 개의 트리티스(trittys)로 구분한 뒤, 각 지역에서 한 개씩의 트리티스를 추첨으로 뽑아 세 개의 트리티스를 하나의 부족으로 구성함으로써, 거주지에 기반한 순수한 행정적 의미의 열 개의 부족을 창안하였다. 또 클레이스테네스는 새로운 부족에서 추첨으로 각각 50명씩을 선출하여 총 500명으로 구성된 새로운 500인회(Boule)를 발족하였다. 500인회는 당시 1년에 대략 40차례 정도 소집되는 민회에 상정할 안건을 미리 조정하고, 결정된 사항을 집행하는 업무를 담당했다. 그는 공무의 담당을 위해 추첨제를 도입했지만, 여전히 최하층 계급에는 참여의 기회를 주지 않았다. 그는 자신의 개혁을 민중의 지배를 의미하는 '데모크라티아(democratia)'가 아닌 법 앞에서의 평등을 의미하는 '이소노미아(isonomia)'라 명명했다. 모두에게 똑같은 법을 적용하는 것은 어느 한쪽의 지배가 없는 상태를 의미한다. 지배의 부재는 권력이 없음을 의미하는 것이 아니라 권력 간의 균형을 의미한다. 솔론과 마찬가지로 클레이스테네스도 국가를 구성하는 어느 한쪽의 권력이 커지는 것을 경계했던 것 같다.

현대 학자들은 솔론을 민주정의 토대를 제공한 입법가로 클레이스테네스를 민주정의 아버지로 평가한다. 하지만 아리스토텔레스는 그들의 개혁에서 민주정과 과두정이 합쳐진 혼합정(폴리테이아)의 모습을 발견했다. 물론 그가 과거를 단순 모방한 것은 아니다. 과두정과 민주정을 혼합한 그의 방법은 독특하다. 1) 민주정은 시민 법정에 배심원으로 참여하는 빈민에게 수당을 지급하지만, 참여하지 않는 부자에게 벌금을 부과하지는 않는다. 반면 과두정은 시민 법정에 참여하지 않는 부자에게 벌금을 부과하지만, 참여하는 빈민에게 수당을 지급하지 않는다. 두 정체에서 긍정적인 요소를 추출하여 결합한 아리스토텔레스의 혼합정은 시민 법정에 배심원으로 참여하는 빈민에게 수당을 지급하고, 참여하지 않는 부자에게는 벌금을 부과하였다(민회 참석에 관해서도 같은 원칙을 적용한다). 2) 민주정은 정치 참여에 재산 자격을 두지 않는 반면, 과두정은 빈민이 정치에 참여하는 것을 허용하지 않는다. 아리스토텔레스는 재산 자격에 관한 두 정체의 규정 사이의 중간 부분을 채택하여 정치 참여의 자격에 광범위하지만 중간 정도의 재산 자격을 두었다. 3) 민주정에서는 공무를 담당하는 정무관이 추첨으로 선출되지만, 과두정에서는 선거를 통해 선출된다. 또 민주정은 정무관의 재산 자격을 정하지 않지만, 과두정은 재산 자격을 둔다. 아리스토텔레스는 두 정체의 헌정적 규정을 그대로 혼합하여, 정무관의 재산 자격을 철폐하는 대신 정무관은 선거로 선출하게 했다.

중간 또는 중용을 최고의 가치로 보는 아리스토텔레스의 관점은 재산의 소유에서도 그대로 드러난다. 그에 의하면, 귀족은 계속 권력을 남용하여 빈민을 예속하려 하였고, 빈민은 사소한 이익 때문에 귀족에게 자발적으로 복종하거나 때론 지나친 요구를 하였다. 이때 귀족과 빈민의 과도한 주장을 제어하고, 그들 사이에서 균형을 잡을 수 있는 계층이 바로 중간층(hoi mesoi)이었다. 중간층이 많은 국가가 사람들이 다른 사람들의 부를 원하지 않고, 다른 사람들이 탐낼 수 있는 부를 소유한 사람들이 없는 '동등한' 국가다. 아리스토텔레스가 중간층이 국가를 안전하게 만든다고 생각한 이유다.

아리스토텔레스의 혼합정은 민주정과 과두정을 단순하게 결합한 정체만은 아니다. 그는 분명 두 정체의 이념을 정교하게 혼합하려 하였다. 그는 민주정과 과두정 어느 한쪽의 주장을 받아들이는 것을 거부하고 혼합함으로써, 오히려 조화를 증진하고 시민 간의 투쟁(stasis)을 피할 수 있다고 보았다. 그가 혼합정을 강조했던 진정한 이유는 그것이 다른 정체와 달리 한쪽의 이익이 아니라 공동의 이익을 추구했기 때문이다. 국가의 안정과 발전을 위해서는 어느 한쪽의 주장만을 수용해서도 또 어느 한쪽을 차별하고 배제해서도 안 된다. 차별과 배제는 구성원 간의 극단적 대립을 초래해 국가를 위험에 빠트릴 수 있기 때문이다.

4. 로마 공화정의 대두와 신분 투쟁

공화국(Republic)의 라틴어 어원은 레스 푸블리카(res publica)다. 그것은 도시(국가)를 의미할 때 또는 왕정이 폐지된 후 나타났던 로마인의 특별한 헌정 체제인 공화정을 나타낼 때 사용되었다. 하지만 로마는 성문 헌법을 가지고 있지 않았기 때문에, 로마의 공화정이 어떤 정치체제인지를 명확하게 정의하기 어렵다. 사실 로마인은 자신들의 헌정 체제를 성문화할 필요성을 느끼지 못했다. 그들은 정체가 하나의 입법을 통해서가 아니라 선조들이 축적한 지혜를 통해 오랜 세월에 걸쳐 발달했다고 믿었기 때문이다. 로마 공화정의 형성에 가장 중요한 역할을 한 역사적 사건은 '신분 투쟁(Struggle of the Orders)'이다. 그것은 기원전 494~287년에 발생했던 귀족과 평민 두 신분 간의 치열한 정치 투쟁이었다.

늑대의 젖을 먹고 자랐다는 로물루스(Romulus)가 자신의 쌍둥이 동생 레무스(Remus)를 살해하고 건국한 도시국가 로마의 처음 정치체제는 왕정이었다. 마지막 왕 타르퀴니우스 수페르부스(L. Tarquinius Superbus)가 축출되자, 권력은 귀족에게 집중되었다. 그들은 토지 분배, 부채, 정무관의 억압, 군 복무의 부담 등과 관련된 평민의 불만을 적절하게 처리하지 못했을 뿐만 아니라, 평민과의 약속을 계속 어기는 등 그들의 영향력을 과소평가했다. 기원전 494년 결국 평민은 로마시에서 3마일 정도 떨어진 아니오(Anio)강 건너편의 성산(Mons Sacer)으로 철수함으로써, 귀족의 양보를 끌어냈다. 그 결과 평민의 이익을 대변하고 옹호할 평민만의 정무관인 호민관(tribunus plebis)이 선출되었으며, 평민으로만 구성된 회의체인 평민회(concilium plebis)가 설치되었다.

하지만 평민의 집단행동으로 허용된 평민조직이 처음부터 평민에게 완전한 정치적 자유를 제공한 것은 아니다. 게다가 평민은 법 앞에서 여전히 불평등하였다. 당시 로마에는 성문법이 없었다. 그 때문에 문서화되지 않은 불문법에 평민이 접근하는 것은 상대적으로 차단되어 있었던 반면, 귀족은 법을 자의대로 해석하고 집행할 수 있었다. 평민은 제2차 철수의 방법을 통해 기원전 450~449년 로마 최초의 성문법인 12표법(Twelve Tables)을 제정하는 데 성공하였다. 로마의 역사가 리비우스(Titus Livius)에

늑대의 젖을 빨고 있는 로물루스와 레무스
(Romulus and Remus suckling their wolf foster mother)

의하면, 시민의 권리와 의무 등을 명시한 12표법이 동판에 새겨져 로마의 광장인 포룸(Forum)에 게시되었다고 한다. 12표법은 이전에 존재했던 불문법을 편찬한 것에 불과할 수 있다. 하지만 성문법의 제정은 귀족이 법을 독점하던 관행에 제동을 걸음으로써, 비록 형식적이지만 법 앞에서의 평등을 선언했다는 점에서 의미가 있다. 기원전 445년 호민관 가이우스 카눌레이우스(Gaius Canuleius)가 귀족과 평민 간의 통혼을 금지하는 조항을 철폐한 것도 같은 맥락에서 이해할 수 있다.

공화정 초기에 평민은 정무관직에 입후보할 수 없었다. 사실 호민관은 평민만 선출되었기 때문에, 엄밀하게 말해서 로마의 정규 정무관은 아니다. 기원전 367년 호민관 가이우스 리키니우스(Gaius Licinius)와 루키우스 섹스티우스(Lucius Sextius)가 로마 최고의 정무관인 두 명의 콘술(consul) 중 반드시 한 명은 평민 중에서 선출되어야 한다는 법안을 통과시켰다. 평민이 정치 무대에서 귀족과 동등할 수 있다는 원칙이 확립되자, 모든 정무관직이 차례로 평민에게 개방되었다. 심지어 기원전 300년 호민관 오굴니우스 형제가 통과시킨 오굴니우스 법(lex Ogulnia)은 귀족이 끝까지 양보하려 하지 않았던 성직마저 평민에게 개방하게 하였다. 평민 정무관의 선출로 평민 지도자들이 지배계층에 편입됨으로써, 평민 운동은 혁명적인 성격을 상실하였다. 그들도 귀족과 마찬가지로 일반 평민의 경제적 빈곤과 불평등에 관한 관심이 부족했기 때문이다. 하지만 평민 지도자들은 자신들의 정치적 목적을 위해서는 평민 대중의 적극적인 지지가 필요하다는 사실을 잘 알고 있었다. 부채나 농지에 관한 법안들이 계속 제안되었던 이유다.

기원전 287년경 경제적 상황이 다시 악화하였다. 평민은 자신들의 개혁 요구를 귀족이 거부하자, 로마시 서쪽에 있는 야니쿨룸(Ianiculum) 언덕으로 다시 철수하였다. 문제의 심각성을 깨달은 귀족은 사태 해결을 위해 평민인 퀸투스 호르텐시우스(Quintus Hortensius)를 딕타토르(dictator)로 임명하였다. 그는 평민회에서 의결된 사항, 즉 평민의 결의(plebiscitum)가 원로원의 동의 없이도 로마 시민 전체에 대해 법적 구속력을 가진다는 호르텐시우스 법(lex Hortensia)을 통과시킴으로써, 귀족과 평민의 투쟁을 종식하였다. 호르텐시우스 법은 평민회의 독자적인 입법권을 보장함으로써, 평민조직의 법적 인정을 위한 오랜 투쟁을 마무리했다. 평민회를 소집하고 주재하는 권한을 지닌 호민관은 로마 정체의 정규 정무관으로 인정되었다. 또 평민은 정치적 참여를 법적으로 보장받았다. 그들은 정무관을 선출하는 것 말고도, 법률을 제정하고, 범죄 행위에 대한 사법적 판단을 내리게 되었다.

거의 200년에 걸친 신분 투쟁을 통해서 귀족과 평민 간의 완전한 정치적·경제적·법적 평등이 실현된 것은 결코 아니다. 하지만 신분 투쟁은 귀족의 권력 독점을 제어함과 동시에 평민에게 정치적 자유를 보장함으로써, 각각 소수와 다수의 지배를 함축하는 귀족정도 민주정도 아닌, 특정 계층의 지배가 없는 체제인 공화정을 창출하였다. 또 로마의 신분 투쟁은 귀족과 평민의 갈등을 힘에 의해서가 아니라 상호 간의 타협과 양보를 통해 현명하게 해결함으로써, 로마인을 공동체적인 일체감으로 견고하게 결속하였다. 특정 세력의 권력 독점을 방지하고 공동체의 유대감을 강화한 '신분 투쟁'으로 인해 로마는 국가의 '필연적 팽창(마키아벨리에 의하면, 국가는 이익과 생존을 위해서는 팽창할 수밖에 없었다)'에 효과적으로 대처할 수 있었다. '신분 투쟁'의 시기와 로마가 이탈리아반도를 통일하는 시기가 거의 일치하는 점은 결코 우연이 아니다.

5. 폴리비오스와 로마 공화정의 정치 구조

기원전 3세기 말엽 루비콘강 이남의 이탈리아반도를 통일한 로마 공화국은 여세를 몰아 지중해 지역으로 진출하여 카르타고 및 헬레니즘 강국들을 차례로 굴복시키고 초강대국으로 부상하였다. 로마는 제3차 로마-마케도니아 전쟁 때 그리스의 아카이아 동맹이 보인 의심스러운 행보에 대한 보복으로 1,000명 정도의 유력인사를 인질로 삼았다. 로마로 압송된 볼모 중에 아카이아 동맹 회원국이었던 아르카디아(Arcadia) 지역의 도시국가 메갈로폴리스(Megalopolis)에서 태어난 역사가 폴리비오스(Polybios)가 있었다. 하지만 그는 로마 최고 명문 가문인 스키피오 가문의 가정교사로서 수도 로마에 머무는 행운을 누렸다. 게다가 당시 로마에서 가장 영향력 있는 정치 모임인 '스키피오 그룹'의 일원으로 받아들여져 로마 정체가 작동하는 방식을 직접 목격하였다. 폴리비오스가 던진 질문은 조그만 도시국가였던 로마가 어떻게 제국으로 발전했는가이다. 그는 자신이 발견한 답을 동료 그리스인과 공유하기 위해 『역사(Historiai)』를 기술했다(고대 그리스에서 '역사(historia)'라는 용어는 질문하고, 탐구하여 답을 구한 뒤, 기록한다는 의미를 내포한다).

　폴리비오스가 탐구하여 구한 답은 바로 로마의 독특한 공화정체였다. 그에 의하면, 공화정은 왕정적 요소와 귀족정적 요소 그리고 민주정적 요소가 결합한 혼합정체이기 때문에, 로마인도 자신들의 정체에 대해 확신하지 못했다고 한다. 그는 공화정의 정치 기구인 콘술, 원로원, 민회가 각각 왕정, 귀족정, 민주정의 요소들을 대변한다고 보았다. 왕정이 폐지되고 선출된 두 명의 콘술(consul)은 로마 최고의 정무관이다. 먼저 그들은 전쟁 준비 및 군대 지휘와 관련하여 무소불위의 권한을 보유했다. 징집할 병사의 명부를 작성하고 군 복무에 적합한 자들을 선발할 권한을 가지고 있었을 뿐만 아니라 전쟁과 관련하여 필요하다고 생각되는 모든 것을 동맹에게 요구할 수도 있었다. 또 그들은 자신들의 지휘 하에 있는 병사를 처벌하고 전쟁 경비를 국고에서 얼마든지 꺼내 쓸 수 있었다. 게다가 콘술은 국정과 관련하여 최고의 권한을 행사하였다. 그들은 외국에 파견할 사절을 포함한 중요 안건들을 원로원과 협의하고, 법령의 상세 조항들을 집행하였다. 또 그들은 민회를 소집하여, 법안을 상정하고 통과된 법령의 집행을 주관하였다.

원로원(senatus)은 보통 고위 정무관을 역임한 종신 원로원 의원들로 구성된 이론적으로는 로마 최고의 자문기구다. 하지만 재정, 행정, 해외문제 등과 관련해서 제시되는 원로원의 자문은 막강한 정치적 영향력을 지녔다. 원로원은 국고를 관리하고, 모든 수입과 지출을 결정하였다. 그 때문에 재정 관련 업무를 담당하는 콰이스토르(quaestor)도 (콘술이 허가한 지출만을 제외하고) 원로원의 허락 없이는 어떤 항목에 대해서도 지출할 권한을 갖지 못했다. 또 원로원은 반역, 음모, 독살, 암살처럼 공적 조사가 필요한 사건들을 관장하였으며, 콘술과 프라이토르(praetor)에게 군사적 임무를 할당하였다. 심지어 일반 개인이나 이탈리아 동맹 도시의 문제에도 개입하였을 뿐만 아니라 이탈리아반도 밖에 있는 국가들의 문제를 처리하기 위한 사절을 파견할 책임도 지고 있었다. 마찬가지로 외국의 사절이 로마에 도착했을 때, 영접하는 방법과 어떤 대답을 해야 할지를 결정하는 것도 원로원이었다.

로마의 성년 남자 시민만 참여할 수 있는 정치 협의체인 민회(comitia)는 재산에 따라 켄투리아회(comitia centuriata), 거주지에 따라 트리부스회(comitia tributa)로 구분된다. 민회는 국가와 사회의 유대를 공고히 하는 데 필요한 상벌을, 즉 명예를 부여하고 벌을 주는 권한을 가진 유일한 기구이다. 민회는 자격을 갖춘 자를 정무관으로 선출함으로써, 일종의 정치적 보상을 하였다(콘술, 프라이토르, 콰이스토르 등은 모두 민회에서 선출된다). 게다가 민회는 벌금형이 선고되는 경범죄뿐만 아니라 사형이 내려질 수 있는 매우 중요한 범죄들도 심리하고 판결하는 법정의 역할을 하였다(물론 폴리비오스 이후부터 로마에서는 주요 범죄들을 다루는 전문 법정들이 설치된다). 마지막으로 민회는 법들을 승인하거나 거부할 수 있어서, 전쟁과 평화, 동맹이나 조약의 체결 등과 같은 문제들에 대해서도 중요한 결정을 내렸다.

폴리비오스는 혼합정체가 단순 정체의 끊임없는 순환으로 야기되는 위험과 혼란을 방지할 수 있다고 주장했다. 사실 혼합정체가 평화로운 사회를 구축할 것이라는 주장은 고대 그리스 세계에서는 결코 새로운 것이 아니다. 하지만 폴리비오스는 로마의 공화정이 왕정적 요소와 귀족정적 요소 그리고 민주적 요소가 단순하게 결합한 혼합정체였음을 강조하지 않았다. 그에게 이상적인 것은 여러 정체가 하나의 정체로 통합되는 것보다 각각 철저하게 분리되어 서로 견제하고 균형을 이루는 것이었기 때문이다. 폴리비오스는 반드시 일치된 의견을 끌어내는 것이 정치의 기능이라 보지 않았다. 안정을 통해 자유를 보존하는 것이 더 중요하다고 판단하였다. 그런 점에서 로마 공화정은 어느 한쪽의 요소가 강해져 균형이 깨지려면 다른 요소들이 견제하고 제약을 가하는 이상적인 '혼합정'이었다. 그 때문에 로마는 내적으로는 한 요소의 권력 독점으로 발생하는 분열과 부패를 사전에 방지하고, 외부의 위협에 봉착했을 때 공동체 구성원의 힘을 하나로 결집할 수 있었다.

그렇다고 폴리비오스가 '혼합정'으로서의 로마 공화정을 영원할 수 있는 이상적인 정체라고 생각하지는 않았다. 그는 정체를 생물체의 출생, 성장, 노쇠, 죽음의 과정과 같은 것으로 파악하여, 한 국가의 정체도 탄생, 성장, 번영 그리고 쇠퇴와 몰락의 과정을 거치는 것으로 이해하였기 때문이다. 카르타고가 파괴되는 기원전 146년에 대단원의 막을 내리는 자신의 『역사』에서 폴리비오스는 제자인 스키피오 아이밀리아누스(Scipio Aemilianus)가 불타는 카르타고를 바라보면서 "언젠가 로마도 카르타고처럼 멸망할 것"을 예상했다는 일화를 소개하였다(스키피오 아프리카누스는 카르타고의 명장 한니발을 자마 전투에서 물리친 스키피오 아프리카누스의 손자다). 제국의 원동력이었던 로마 공화정의 이상적인 혼합정체도 영원할 수 없다는 그의 경고를 곰곰이 반추할 필요가 있다.

6. 공화정의 쇠퇴와 키케로의 혼합정체론

기원전 146년 지중해의 서쪽과 동쪽에 각각 위치한 카르타고와 코린토스가 몇 달의 간격을 두고 로마에 의해 철저하게 파괴되었다. 이제 도시국가 로마는 명실공히 지중해제국이 되었다. 하지만 제국의 열매는 원로원을 장악하고 있는 귀족과 부유한 에퀴테스(equites) 계층이 독차지하고, 제국 팽창의 근간인 중소 자영 농민층은 오히려 급격하게 몰락하였다. 하지만 로마의 지배계층은 당대의 사회·경제적 문제를 해결하지 못하고, 원로원을 중심으로 기득권을 지키려는 옵티마테스(optimates, 귀족파)와 평민의 힘을 이용하여 권력을 잡으려는 포풀라레스(populares, 평민파)로 분열되어 치열한 정권투쟁만을 벌였다. 설상가상으로 로마를 위협하는 대외적 위기까지 발생하면서, 마리우스(Gaius Marius)와 술라(Lucius Corenelius Sulla)와 같은 군인 정치가들이 사병화된 군대를 가지고 정치무대에 대거 등장하였다. 공화정 후기는 이른바 내전 상태에 빠지게 되었다. 옥타비아누스(Octavianus)가 최종적으로 승리함으로써, 내전은 종식되었지만, 공화정은 무너지고 제정이 시작되었다.

이 혼란과 격동의 시기를 온몸으로 직접 겪었던 자가 바로 로마의 정치가이자, 뛰어난 웅변가이며 철학자인 키케로(Marcus Tullius Cicero)다. 기원전 106년 로마에서 대략 100km 정도 떨어진 소도시 아르피눔(Arpinum)의 기사계층 집안에서 태어난 그는 로마와 그리스에서 수사학, 법률, 철학 등을 수학하였다. 30세에 콰이스토르(quaestor)로서 정치적 경력을 시작하여 기원전 63년에는 로마의 최고 정무관인 콘술(consul)에 선출되었다. 그는 로마 정부를 전복하려는 카틸리나(Lucius Sergius Catilina)의 음모를 사전에 차단한 공로를 인정받아 '국부(pater patriae)'의 칭호까지 부여받는 명예를 누렸다. 하지만 키케로는 카틸리나 사건의 공모자를 로마 시민임에도 불구하고 재판 없이 처형했다는 이유로 기원전 58년 로마에서 추방되었다. 이듬해 원로원의 도움으로 로마로 귀환했지만, 정치무대에서 더는 적극적인 역할을 할 수 없게 되었다. 로마가 철학적·정치적 문제로 쇠퇴하고 있다고 진단한 키케로는 저술 활동을 통해 로마를 국가적 위기에서 구하고자 하였다. 그리하여 특히 기원전 55년부터 51년 사이에 플라톤의 대화체를 모방한 『웅변론(De Oratore)』,『국가론(De Re Publica)』,『법률론(De Legibus)』을 집필함으로써, 로마의 전통적인 정치적 가치를 회복하는 방법에 관하여 논하였다.

정치에 관한 그의 논의는 국가에 대한 정의에서 출발한다. 키케로에게 국가는 정의(justice)와 공동선을 위한 협력에 동의한 '인민의 재산(res populi)'이었다. 여기서 정의는 법을 통해 인민의 권리를, 그리고 공동선을 위한 협력은 정치 참여를 통해 인민의 이익을 보장한다. 그 때문에 국가의 목적은 인민의 사유 재산과 자유를 보호하는 것이었다. 그는 왕정, 귀족정, 민주정을 인민의 자유와 재산을 보장하는 올바른 정체로, 참주정, 과두정, 중우정을 그렇지 못한 잘못된 정체로 구분했다. 하지만 키케로는 올바른 정체의 장점뿐만 아니라 약점에 관해서도 서술한 뒤, 올바른 정체도 자체적으로 정치적 안정성을 담보하지 못하고, 타락된 형태로 변할 수 있음을 강조하였다. 이런 국가의 근본적인 불안정을 해소하는 해결책은 혼합정이었고, 로마의 공화정은 세 가지 순수한 형태의 좋은 단순 정체가 혼합된 가장 이상적인 정체였다.

키케로는 아리스토텔레스를 위시한 그리스 학자들 특히 폴리비오스의 주장을 수용해서 발전시켰지만, 단순하게 모방하는 데 그치지 않았다. 폴리비오스와 키케로의 주장은 비슷하면서도 분명 다르다. 국가의 기원을 인간의 약점에서 발견했던 폴리비오스와 달리 키케로는 자연이 인간에게 부여한 사회성에서 찾았다. 또 폴리비오스는 세 개의 단순 정체 간의 견제와 균형을 로마 혼합정, 즉 공화정의 강점으로 파악하고 있지만, 키케로는 이 단순 정체들의 각 요소가 각각의 능력을 적절하게 사용하는 데서 강점을 찾고 있다. 그리고 마지막으로 폴리비오스는 이상적인 정체인 혼합정도 생물체처럼 탄생, 성장, 번영, 그리고 쇠퇴와 몰락의 과정을 거친다고 보았지만, 키케로는 로마의 혼합정은 조상들이 물려준 완전한 형태의 정부로 영원히 지속할 것이라는 애국주의적인 관점을 보여준다.

키케로는 공화정 후기에 발생한 위기를 분명하게 목격한 정치철학자로서 문제의 해결책을 제시하였지만, 윤리적이고 이상주의적인 그의 이론은 로마의 정치적 현장에서 외면 받았다. 실제로 자신의 시대에 일어나고 있던 공화정의 헌정상의 구조적 위기를 정확하게 인식하고 있었는지도 의문이다. 그는 그라쿠스

체사레 마카리(Cesare Maccari),
「카틸리나를 고발하는 키케로(Cicero Denounces Catiline)」(1888)

형제 이전의 공화정을 전통적인 가치를 지닌 완전한 형태의 혼합정으로 파악하여, 그 시대의 혼합정을 회복하면 로마는 국가적 위기에서 자연스럽게 벗어날 수 있다는 다소 도식적인 해결책을 제시했기 때문이다. 물론 현실 정치가였던 그가 실제로 선호한 정체는 원로원에 기반을 둔 귀족정의 성격을 띠고 있지만, 이것도 귀족의 자질과 덕성에 지나치게 의존하는 문제점을 드러낸다. 게다가 인민의 자유를 보장해야만 한다고 주장하면서도, 그것이 중우 정치를 초래할 위험성을 내포하기 때문에 통제되어야 한다고 주장하는 모순을 보이기도 하였다.

물론 키케로의 주장은 당시 받아들여지지 않았다. 심지어 안토니우스(Marcus Antonius)에 의해 처참하게 살해되기까지 했다. 그럼에도 그의 영향력은 중세와 르네상스 시대를 거쳐 현재에도 유효하다. 그는 혼합정체론뿐만 아니라 국가와 정치를 구성하는 자유, 정의, 평등, 재산, 자연법 등과 같은 핵심 개념들을 발전시켰다. 특히 완전한 형태의 혼합정을 회복하는 데 필요하다고 강조했던 그의 두 가지 전제는 곱씹어볼 필요가 있다.

먼저 키케로는 견제와 균형이 아닌 협조와 통합을 강조하였다. 동등한 권력의 분할 가능성을 의심한 키케로에게 견제와 균형은 국가의 각 요소가 전체의 이익보다는 자체의 이익을 추구하는 것에 불과했다. 그 때문에 키케로의 공화정은 국가의 각 요소가 서로 경쟁하지 않고 권력을 공유하면서 소통하고 협조하여 통합을 이루는 혼합정이었다. 두 번째 전제는 단순 정체 간의 성공적인 통합을 이루어낼 수 있는 덕을 갖춘 정치가의 필요성이다. 정치는 열정이 아니라 도덕적인 책임이라고 믿는 키케로에게 정치가는 단순히 권력이나 직책을 보유한 자가 아니다. 국가의 다른 요소들이 위임한 역할을 담당하는 자로서, 자신이나 자신이 속한 집단의 정치적 이익이 아닌 국가 전체의 이익을 위해 활동해야 하는 책임을 인식하고 있는 자가 진정한 정치가였다.

현재 대한민국은 길고 어두운 터널을 지나고 있지만, 상황이 낙관적이지만은 않다. 경제적 양극화, 주택 가격의 급등, 인플레이션과 같은 경제적 문제뿐만 아니라 북핵 문제, 주변국의 민족주의, 미국과 중국 간의 그레이트 게임(Great Game) 등 수많은 문제가 산적해 있다. 하지만 대한민국은 우리도 미처 인지하지 못하는 수많은 장점과 잠재력을 가지고 있다. 특히 국민의 정치의식과 도덕적 기준은 상당히 높다. 소통과 협조에 의한 통합의 필요성을 인식하고, 국가의 이익을 위해 자신과 자신이 속한 집단의 이익을 희생할 수 있는 책임 있는 정치가가 절실하게 필요한 이유다.

부록
공화정 중기(기원전 286~134년)
호민관의 활동 연대기

〈기원전 286년〉

— 아퀼리우스(Aquilius): 누군가의 잘못으로 재산상의 피해를 본 소유주에게 보상하는 법을 통과시켰다. (Theop. 4.3.15)

〈기원전 285년〉

— 가이우스 아일리우스(Gaius Aelius): 투리이(Thurii)인들이 루카니아(Lucania)의 한 지도자에 대한 그의 행동에 감사하여 그를 기리는 동상을 로마에 세웠다. (Pliny *NH* 34.32)

〈기원전 279/219년〉

— 마이니우스(Maenius): '원로원의 의결(patrum auctoritas)'이 선거 시작 전에 선행되어야 한다는 마이니우스 법(lex Maenia)을 통과시켰다. (Cic. *Brut.* 55; *Planc.* 3.8)

〈기원전 270년〉

— 풀비우스 플라쿠스(M. Fulvius Flaccus): 로마 시민을 조상의 관례에 어긋나는 처벌을 해서는 안 된다고 선언하였다. (Val. Max. 2.7.15f)

〈기원전 252년〉

— 익명의 호민관: 기사에게 매년 봉급을 지급해선 안 된다는 법안을 통과시킨 것 같다. (Front. *Str.* 4.1.22; cf. Val. Max. 2.7.15d)

〈기원전 248년〉

— 푼다니우스 푼둘루스(C. Fundanius Fundulus)와 풀리우스(Pullius): 복점을 무시했다는 죄목으로 클라우디우스 풀케르(P. Claudius Pulcher)를 기소했다. (Cic. *Nat. D.* 2.7; Val. Max. 8.1; Liv. *Per.* 19)

〈기원전 242년〉

— 마르쿠스 플라이토리우스(Marcus Plaetorius): 프라이토르 우르바누스가 땅거미가 질 때까지 온종일 시민을 위해 법을 집행하도록 하는 플라이토리우스 법(lex Plaetoria)을 통과시켰다. (Censorinus, *D.N.* 24.3)

〈기원전 241년〉

— 익명의 호민관: 녹투르누스(noctunus) 3인 위원회의 위원인 물비우스(M. Mulvius), 롤리우스(Cn. Lollius), 그리고 섹스틸리우스(L. Sextilius)를 신성로(Sacra Via)에서 발생한 화재 진압에 늦게 도착했다는 죄목으로 기소하여 유죄판결을 받게 했던 것 같다. (Val. Max. 8.1. damn. 5; Liv. Per. 19; Oros. 4.11.5-9)[1]

〈기원전 232년〉

— 가이우스 플라미니우스(Gaius Flaminius): 세노네스(Senones)인에

---

1 토마스 브로톤(Thomas R.S. Broughton, op cit., 1951, p. 219)은 게누키우스(Genucius)란 이름을 소개하였다. Plut. *C. Gracch.* 3.3

게서 탈취한 갈리아 지역의 공지(ager publicus)를 로마 시민에게 개별 분배하는(assignatio viritim) 법안을 평민회에서 통과시켰다. (Liv. 21.63.2; Polyb. 2.21.7-8; Val. Max. 5.4.5)

〈기원전 220년〉

— 마르쿠스 메틸리우스(Marcus Metilius): 축융공(fullo)에 관한 메틸리우스 법(lex Metilia de fullonibus)을 통과시켰다. (Pliny *NH* 35.197)

〈기원전 218년〉

— 퀸투스 클라우디우스(Quintus Claudius): 원로원 의원과 그들의 아들이 300 암포라(amphora) 이상의 해양 선박을 소유하는 것을 금지하는 법안을 평민회에서 통과시켰다. (Liv. 21.63.3; cf. Cic. *Verr*. 2.5.45; Plaut. *Merc*. 73-78)

〈기원전 217년〉

— 마르쿠스 메틸리우스(Marcus Metilius): 딕타토르 파비우스 막시무스(Q. Fabius Maximus)를 사령관직에서 해직하는 법안을 제출했지만 실패했다. 하지만 마기스테르 에퀴툼인 미누키우스 루푸스(M. Minucius Rufus)를 딕타토르와 대등한 지위로 격상하는 법안은 성공적으로 통과시켰다. (Liv. 22.25-26; Plut. *Fab*. 7-9; Val. Max. 5.2.4; Zonar. 8.26)

〈기원전 216년〉

— 바이비우스 헤렌니우스(Q. Baebius Herennius): 친척인 테렌티우스 바로(C. Terentius Varro)의 콘술 당선을 위해 선거 운동을 하였다. (Liv. 22.34.3-11)

— 마르쿠스 미누키우스(Marcus Minucius): 국가가 전쟁포로의 몸값을 빌려주도록 멘사리우스 3인 위원회(triumviri mensarii)를 설치하는 법안을 통과시켰다. (Liv. 23.21.6)

— 스크리보니우스 리보(L. Scribonius Libo): 원로원에 국가가 칸나이의 전쟁포로 몸값을 지불할 것을 제안했지만 거절당했다. 하지만 이후 멘

사리우스(mensarius) 3인 위원회의 위원으로 선출되었다. (Liv. 22.61.7; 23.21.6)

〈기원전 215년〉

— 가이우스 오피우스(Gaius Oppius): 어떤 여성도 반 온스(ounce) 이상의 금을 소유해서도, 다색의 드레스를 입어서도, 그리고 공적 의식을 제외하고 도시 로마의 일 마일 내에서 동물이 끄는 마차를 타서도 안 된다는 법을 통과시켰다. (Liv. 34.1.3; Val. Max. 9.1.3)

〈기원전 213년〉

— 카이킬리우스 메텔루스(L. Caecilius Metellus): 직무를 시작하자마자, 켄소르인 푸리우스 필루스(P. Furius Philus)와 아틸리우스 레굴루스(M. Atilius Regulus)를 기소하여 재판에 출석할 날짜를 정하였다.

— 아홉 명의 동료 호민관들: 비토권을 행사하여, 켄소르들이 법정에서 답변하는 것을 금하였다. (Liv. 24.43.3)

— 익명의 호민관: 스키피오 아프리카누스(P. Cornelius Scipio Africanus)가 쿠룰리스 아이딜리스(curulis aedilis)에 입후보했을 때, 후보가 법적 나이를 갖고 있지 않다는 이유에서 비토권을 행사했지만, 철회했다. (Liv. 25.2.6-7)

〈기원전 212년〉

— 루키우스 카르빌리우스(Lucius Carvilius)와 스푸리우스 카르빌리우스(Spurius Carvilius): 조세청부업자 마르쿠스 포스투미우스(Marcus Postumius)에게 원로원과의 계약을 악용했다는 죄목으로 200,000 아세스(asses)의 벌금을 부과했다. (Liv. 25.3.8-25.5.1)

— 세르빌리우스 카스카(C. Servilius Casca): 친척인 마르쿠스 포스투미우스를 위해 비토권을 행사하려 했지만, 마음을 바꿔 사용하지 않았다. (Liv. 25.3.15-17)

— 익명의 호민관들: 17세 미만의 젊은이들을 징집할 수 있는 법안을 통과시켰다. (Liv. 25.5.5-9)

— 익명의 호민관들: 벽들과 탑들의 복구를 책임지는 5인 위원회

(quinqueviri)와 세 명으로 구성된 두 개의 위원회(triumviri)를—하나는 신성한 선박을 복원하고 신전의 선물을 등록하는 일을 맡고 다른 하나는 기원전 213년의 화재로 인해 파괴된 신전들을 재건하는 일을 맡는다—설치하는 법안을 통과시켰다. (Liv. 25.7.5-6)

〈기원전 211년〉

— 익명의 호민관들: 일반 개인이었던 스키피오 아프리카누스(P. Cornelius Scipio Africanus)에게 프로콘술의 임페리움을 부여하는 법안을 통과시켰다. (Liv. 26.2.5; 26.18.6-10)

— 푸블리우스 아퀼리우스(Publius Aquilius): 녹투르누스(nocturnus) 3인 위원회의 위원인 빌리우스(P. Villius)를 야경 순환 근무를 게을리했다는 죄목으로 기소해서 유죄판결을 받게 했다.(Val. Max. 8.1. damn. 6)

— 셈프로니우스 블라이수스(C. Sempronius Blaesus): 전투에서 도망쳤던 풀비우스 플라쿠스(Cn. Fulvius Flaccus)를 기소했다. (Liv. 26.2.7-26.3.2)

— 익명의 호민관들: 풀비우스 플라쿠스의 도움 요청을 거절하였다. (Liv. 26.3.8)

— 익명의 호민관(또는 호민관들): 풀비우스 플라쿠스의 망명을 합법화하는 법안을 통과시켰다. (Liv. 26.3.12; Val. Max. 2.8.3)

— 익명의 호민관들: 클라우디우스 마르켈루스(M. Claudius Marcellus)가 오바티오를 거행하면서 도시 로마로 들어오는 날 임페리움을 보유하는 법안을 통과시켰다. (Liv. 26.21.5)

— 세르빌리우스 게미누스(C. Servilius Geminus): 호민관으로서의 활동에 관한 기록은 없지만, 기원전 203년에 콘술직을 역임하였다. (Liv. 27.21.9)

〈기원전 210년〉

— 익명의 호민관들: 로마를 도운 무티네스(Muttines)에게 로마 시민권을 부여하는 법안을 통과시켰다. (Liv. 27.5.7)

— 가이우스 아레니우스(Gaius Arrenius)와 루키우스 아레니우스(Lucius Arrenius): 콘술을 선출하는 투표에서 첫 번째로 투표하게 된 갈레리아

(Galeria) 트리부스(부족)의 한 켄투리아(centuria)가 풀비우스 플라쿠스
(Q. Fulvius Flaccus)를 이듬해의 콘술로 찬성 투표하자, 비토권을 행사하
였지만, 철회하였다. (Liv. 27.6.1-11)

— 루키우스 아틸리우스(L. Atilius): 원로원에 캄파니아(Campania)인의
운명을 결정할 권리를 부여하는 법안을 '원로원의 의결'에 따라 평민에게
제출했다. (Liv. 26.33.12)

— 마르쿠스 루크레티우스(M. Lucretius): 딕타토르의 임명에 관한 원로원
토의에 참여해서, 이 문제를 평민회에 이양해야 한다는 제안을 한 것 같다.
(Liv. 27.5.16)

— 익명의 호민관들: 당시 카푸아(Capua)에 있던 풀비우스(Q. Fulvius)를
딕타토르로 임명하는 법안을 제출했다. (Liv. 27.5.17)

〈기원전 209년〉

— 푸블리키우스 비불루스(C. Publicius Bibulus): 클라우디우스 마르켈
루스(M. Claudius Marcellus)의 사령관직을 박탈하려는 법안을 제안하였
지만, 실패하였다. (Liv. 27.20.11-27.21.4; Plut. *Marc.* 27). 또 그는 누구도
자기 자신보다 부유한 사람에게 밀랍 양초를 제외한 어떤 것도 보내서는 안
된다는 푸블리키우스 법(lex Publicia de cereis)을 통과시켰다. (Macrob.
Sat. 1.7.33)

〈기원전 204년〉

— 마르쿠스 실리우스(Marcus Silius)와 푸블리우스 실리우스(Publius
Silius): 도량형에 관한 실리우스 법(lex Silia)을 통과시켰다. (Fest.
288L)[2]

— 킨키우스 알리멘투스(M. Cincius Alimentus): 사건 변호와 관련하여
수수료와 선물을 받는 것을 금지하는 킨키우스 법(lex Cincia)을 통과시켰
다. (Cic. *Sen.* 10; *De Or.* 2.286; *Att.* 1.20.7; Tac. *Ann.* 11.5)

---

2 사실 연도는 불확실하다. 법의 연도와 내용에 관해서는 Duncan
Cloud, "Lex Papiria," in Michael H. Crawford, *Roman Statutes Vol. II*
(London, 1996), pp. 737-739를 참조하시오.

— 클라우디우스 마르켈루스(M. Claudius Marcellus): 호민관 킨키우스 알리멘투스와 함께 스키피오 아프리카누스와 퀸투스 플레미니우스(Quintus Pleminius)에 대한 죄목을 조사하기 위해 파견되었다. (Liv. 29.20.4.11; Diod. 27.4.6)

— 리키니우스(Licinius): 스키피오를 대역죄로 기소해서 프라이토르에게 민회를 개최할 날짜를 정하도록 부탁하였다. (Gell. *NA* 6.9.9)

— 익명의 호민관들: 스키피오의 지휘권을 박탈하는 법안을 제출하였지만, 아마도 동료 호민관들의 비토권에 봉착했던 것 같다. (Liv. 29.13.7)

〈기원전 203년〉

— 그나이우스 바이비우스(Gnaeus Baebius): 켄소르였던 리비우스 살리나토르(M. Livius Salinator)와 클라우디우스 네로(C. Claudius Nero)의 싸움에 개입하여 재판에 회부하였지만 실패하였다. (Liv. 29.37.17; Val. Max. 7.2.6)

〈기원전 202년〉

— 익명의 호민관(또는 호민관들): 아프리카에서의 전쟁 법안을 평민회에 제출하였다. (Liv. 30.27.3-4)

〈기원전 201년〉

— 익명의 호민관(또는 호민관들): 누가 히스파니아 사령관이 되어야 하는지에 관한 법안을 제안했던 것 같다. (Liv. 30.40.4)

— 아킬리우스 글라브리오(M.' Acilius Glabrio)와 미누키우스 테르무스(Q. Minucius Thermus): 아프리카를 속주로 배정받길 원하는 코르넬리우스 렌툴루스(Cn. Cornelius Lentulus)에 반대하여 개입하였으며, 카르타고와의 평화를 확인하는 법안을 통과시켰다. (Liv. 30.40; 30.43)

〈기원전 200년〉

— 퀸투스 바이비우스(Quintus Baebius): 마케도니아와 다시 전쟁을 시작하는 것에 반대했다. (Liv. 31.6.4-6)

— 셈프로니우스 롱구스(Ti. Sempronius Longus): 코르넬리우스 렌툴루스에게 오바티오를 부여하는 것에 반대하였다. (Liv. 31.20.5-6)

— 익명의 호민관들: 루키우스 발레리우스 플라쿠스(Lucius Valerius Flaccus)가 쿠룰리스 아이딜리스로 선출된 자신의 형제 가이우스 발레리우스 플라쿠스를 대신해서 선서하는 법안을 통과시켰다. (Liv. 31.50.7-9)

— 익명의 호민관들: 히스파니아에서의 임페리움에 관한 문제를 제기했다. (Liv. 31.50.10)

〈기원전 199년〉

— 포르키우스 라이카(P. Porcius Laeca): 원 히스파니아의 프로콘술이었던 만리우스 아키디누스(L. Manlius Acidinus)가 오바티오를 거행하지 못하도록 막았다. (Liv. 32.7.4)

〈기원전 198년〉

— 마르쿠스 풀비우스(Marcus Fulvius)와 마니우스 쿠리우스(Manius Curius): 퀸크티우스 플라미니누스(T. Quinctius Flamininus)가 콰이스토르직을 마친 후에 '관직의 사다리' 내에 있는 아이딜리스와 프라이토르를 역임하지 않았다는 이유를 들어 콘술직에 입후보하는 것을 반대했다. (Liv. 32.7.8-11; Plut. *Flam*. 2.1-2)

〈기원전 197년〉

— 퀸투스 풀비우스(Quintus Fulvius)와 루키우스 오피우스(Lucius Oppius): 마케도니아 사령관의 교체를 반대하였다. (Liv. 32.28.3-8)

〈기원전 196년〉

— 아티니우스 라베오(C. Atinius Labeo): 해안가에 다섯 개의 식민시를 건설하는 법을 통과시켰다. (Liv. 32.29.3)

— 가이우스 아프라니우스(C. Afranius): 아티니우스 라베오와 함께, 기원전 197년의 두 콘술이 개선식을 요구하는 것에 대해 원로원이 분리해서 고려하도록 요구하였다. (Liv. 33.22.1-10)

— 마르키우스 랄라(Q. Marcius Ralla): 아티니우스 라베오와 함께, 필리포스와의 평화조약 체결을 막으려는 클라우디우스 마르켈루스의 시도에 비토권을 행사하였다. (Liv. 33.25.6-7)

— 리키니우스 루쿨루스(C. Licinius Lucullus): 신들을 위한 축제의 개최를 책임지는 에풀로 3인 위원회(tresviri epulones)를 설치하는 법을 통과시켰다. (Liv. 33.42.1)

— 익명의 호민관들: 기원전 196년의 콰이스토르들이 전쟁 때 내지 않은 세금을 내도록 요구받은 로마의 복점관들과 사제들이 상소했지만 받아들이지 않았다. (Liv. 33.42.5)

〈기원전 195년〉

— 루키우스 발레리우스(Lucius Valerius)와 마르쿠스 푼다니우스(M. Fundanius): 오피우스 법(lex Oppia)을 폐지하는 법안을 평민회에 제출했다. (Liv. 34.1-2; 34.5.1; Val. Max. 9.1.3; Zonar. 9.17)

— 마르쿠스 유니우스 브루투스(Marcus Iunius Brutus)와 푸블리우스 유니우스 브루투스(Publius Iunius Brutus): 오피우스 법의 폐지에 반대했지만, 결국 자신들의 비토권을 철회했다. (Liv. 34.1-2; 34.5.1; Val. Max. 9.1.3; Zonar. 9.17)

〈기원전 193년〉

— 아일리우스 투베로(Q. Aelius Tubero): '원로원의 의결'에 따라 두 개의 라틴 식민시를 하나는 브루티(Brutti) 사이에, 다른 하나는 트뤼이(Truii) 주변에 건설하는 법안을 평민회에서 통과시켰다. (Liv. 34.53.1)

— 마르쿠스 셈프로니우스(Marcus Sempronius): '원로원의 의결'에 따라 차용금과 관련하여 동맹과 라틴인도 로마인과 같은 법의 적용을 받아야 한다는 법안을 평민에게 제출했다. (Liv. 35.7.4-5)

— 익명의 호민관들: 콘술 미누키우스 테르무스(Q. Minucius Thermus)의 징집 명령을 받은 많은 군인이 질병 또는 복무 기간의 만료와 같은 이유를 들어 소집면제를 주장하면서 도움을 요청했지만, 거부한 것 같다. (Liv. 34.56.1-11)

〈기원전 192년〉

— 익명의 호민관(또는 호민관들): 비보(Vibo)에 식민시를 건설하는 법안을 통과시켰다. (Liv. 35.40.5-6)

— 가이우스 티티니우스(Gaius Titinius)와 마르쿠스 티티니우스(Marcus Titinius): 코르넬리우스 메룰라(L. Cornelius Merula)에게 개선식을 부여하는 것에 반대하였다. (Liv. 35.8.9)

— 익명의 호민관들: 배정된 속주를 변경하는 법안을 통과시켰다. (Liv. 35.20.9)

〈기원전 191년〉

— 셈프로니우스 블라이수스(P. Sempronius Blaesus): 스키피오 나시카(P. Cornelius Scipio Nasica)의 개선식을 연기하려고 개입했지만, 결국 비토권을 철회했다. (Liv. 36.39-40)

〈기원전 189년〉

— 익명의 호민관들: 대사제(pontifex maximus)인 리키니우스 크라수스(P. Licinius Crassus)에 의해 임지로의 출발이 금지되었던 파비우스 픽토르(Q. Fabius Pictor)의 상소를 수용하여, 그 문제를 평민회에 이관하였다. (Liv. 37.51.5)

— 셈프로니우스 그라쿠스(P. Sempronius Gracchus)와 셈프로니우스 루틸루스(C. Sempronius Rutilus): 켄소르직에 입후보한 아킬리우스 글라브리오(M'. Acilius Glabrio)를 전리품의 횡령죄로 기소하여 100,000 아세스의 벌금을 부과하였다. (Liv. 37.57.12-37.58.1)

— 테렌티우스 쿨레오(Q. Terentius Culleo): 켄소르 퀸크티우스 플라미니누스(T. Quinctius Flamininus)와 클라우디우스 마르켈루스(M. Claudius Marcellus)가 자유민(ingenuus)으로 태어난 모든 사람을 로마시민으로 등록하는 법을 통과시켰다. (Plut. *Flam.* 18.1)

〈기원전 188년〉

— 발레리우스 타포(C. Valerius Tappo): 자치시인 포르미아이(Formiae),

푼디(Fundi), 그리고 아르피눔(Arpinum)에 완전한 시민권을 부여하는 법안을 제출했다. (Liv. 38.36.7)

— 익명의 네 명의 호민관들: 발레리우스 타포의 법안에 반대했지만, 결국 비토권을 철회했다. (Liv. 38.36.8)

〈기원전 187년〉

— 미누키우스 아우구리누스(C. Minucius Augurinus): 스키피오 아시아티쿠스에게 벌금을 부과하고 심지어 벌금 납부를 위한 담보 제공을 요구했다. (Gell. *NA* 6.19.1-8)[3]

— 셈프로니우스 그라쿠스(Ti. Sempronius Gracchus): 비토권을 행사하여 스키피오 아시아티쿠스의 투옥을 막았다. (Liv. 38.60.3-6; Gell. NA 6.19.8)

— 익명의 호민관들: 스키피오 아프리카누스가 자신의 동생을 위해 도움을 요청했지만 거부한 것 같다. (Gell. *NA* 6.19.5)[4]

— 마르쿠스 아부리우스(Marcus Aburius): 기원전 189년의 콘술이었던 풀비우스 노빌리오르(M. Fulvius Nobilior)가 아이톨리아(Aetolia)에서 전쟁을 마치고 귀환해서 요구했던 개선식에 반대했지만, 결국 비토권을 철회했다. (Liv. 39.4-6)

〈기원전 186년〉

— 익명의 호민관들: 바쿠스 축제에 관한 정보를 제공한 푸블리우스 아이부티스(Publius Aebutis)와 히스팔라 파이케니아(Hispala Faecenia)에게 보상하는 법안을 '원로원의 의결'에 따라 평민회에 제출하였다. (Liv. 39.19.4-5)

------

3 발레리우스 막시무스는 스키피오 아시아티쿠스를 기소한 호민관으로 두 명의 페틸리우스(Petillius)를 소개하였다. Val. Max. 3.7.1

4 리비우스는 스키피오 아시아티쿠스에 대한 기소에 비토권을 행사했다 철회한 호민관으로 두 명의 뭄미우스(Mummius)를 소개하였다. Liv. 38.54.

〈기원전 184년〉

— 마르쿠스 카일리우스(Marcus Caelius: 이름만 전해지고 있다.[5]
— 가이우스 판니우스(Gaius Fannius): 프라이토르가 자신의 업무를 진행하는 것을 방해하지 않겠다고 선언하였다. (Liv. 38.60.3)
— 마르쿠스 나이비우스(M. Naevius): 스키피오 아프리카누스를 기소하였다. (Liv. 39.52.3-5; Gell. *NA* 4.18.3-6)

〈기원전 182년〉

— 가이우스 오르키우스(Gaius Orchius): 식사에서 허용되는 손님의 수를 규정하는 법안을 통과시켰다. (Macrob. *Sat.* 3.17.2-3 and 5)

〈기원전 180년〉

— 루키우스 빌리우스(Lucius Villius): 고위 정무관직에 선출될 수 있는 최저연령을 규정하는 빌리우스 법(lex Villia Annalis)을 통과시켰다. (Liv. 40.44.1)

〈기원전 177년〉

— 리키니우스 네르바(A. Licinius Nerva)와 파피리우스 투르두스(C. Papirius Turdus): 만리우스 불소(A. Manlius Vulso)의 연장된 임페리움을 철회하는 법안을 제출하였다. (Liv. 41.6.1-2; cf. 41.7.4-10)
— 퀸투스 아일리우스(Quintus Aelius): 리키니우스 네르바와 파피리우스 투르두스의 법안에 비토권을 행사하였다. (Liv. 41.6.3)

〈기원전 172년〉

— 마르쿠스 루크레티우스(Marcus Lucretius): 켄소르가 강제로 캄파니아 지방의 공지를 임대하는 법안을 제출하였다. (Liv. 42.19.1-2)
— 마르키우스 스킬라(Q. Marcius Scilla)와 마르키우스 세르모(M.

---

5 Henrica Malcovati, *Oratorum Romanorum Fragmenta* (Torino, 1953), p. 46.

Marcius Sermo): 자신의 속주로 출발하지 않는 콘술들에게 벌금을 부과하겠다고 선언하였으며, 그런 다음 리구리아의 스타텔라테스(Statellates)인에 대한 포필리우스 라이나스(M. Popillius Laenas)의 악행을 조사할 책임을 프라이토르인 리키니우스 크라수스(C. Licinius Crassus)에게 위임하는 법안을 통과시켰다. (Liv. 42.21.4-5)

〈기원전 171년〉

— 클라우디우스 마르켈루스(M. Claudius Marcellus)와 풀비우스 노빌리오르(M. Fulvius Nobilior): 재징집되었던 백인 대장을 역임한 23명의 퇴역 군인은 자신들이 같은 계급으로 징집되지 않았다는 이유를 들어 도움을 요청받아, 그 문제를 콘술들에게 이양했다. (Liv. 42.32.6-42.35.2)

〈기원전 170년〉

— 그나이우스 아우피디우스(Cn. Aufidius)와 유벤티우스 탈나(M'. Iuventius Thalna): 전직 프라이토르인 루크레티우스(C. Lucretius)를 동맹 공동체의 착취죄로 기소했다. (Liv. 43.8.2-10)

〈기원전 169년〉

— 푸블리리우스 루틸리우스(Publilius Rutilius): 켄소르들이 공공 세원과 사업을 분명하게 발주해야 하지만, 이들의 발주는 무효가 되어야만 한다는 법안을 제출했다. 이후 두 켄소르들을 대역죄로 기소했다. (Liv. 43.16; Cic. Rep. 6.2)
— 보코니우스 삭사(Q. Voconius Saxa): 유증(testamentum)에 관한 보코니우스 법(lex Voconia)을 통과시켰다. (Cic. *Verr.* 2.1.106-108; *Sen.* 14; Liv. *Per.* 41; Gai. *Inst.* 2.226)

〈기원전 168년〉

— 그나이우스 트레멜리우스(Cn. Tremellius): 임기의 연장을 요청한 켄소르들에 대해 비토권을 행사하였다. (Liv. 45.15.9)

〈기원전 167년〉

— 마르쿠스 안토니우스(Marcus Antonius)와 마르쿠스 폼포니우스(M. Pomponius): 로데스(Rhodes)에 대해 전쟁을 선언한 프라이토르 페레그리누스(praetor peregrinus)인 유벤티우스 탈나(M'. Iuventius Thalna)에게 반대하였다. (Liv. 45.21.1-8)

— 티베리우스 셈프로니우스(Tiberius Sempronius): 마케도니아에서 귀환한 아이밀리우스 파울루스(L. Aemilius Paullus)가 개선식을 거행하는 날 임페리움을 보유하는 법안을 제출했다. (Liv. 45.35-36)

〈기원전 154년〉

— 아울렐리우스 코타(L. Aurelius Cotta): 자신의 신체불가침권을 이용하여 부채를 갚지 않으려 하였다. (Val. Max. 6.5.4)

— 익명의 호민관(또는 호민관들): 아우렐리우스 코타의 채권자들의 상소 요청을 수용한 것 같다. (Val. Max. 6.5.4)

— 카이킬리우스 메텔루스(Q. Caecilius Metellus); 기원전 156년의 콘술 코르넬리우스 렌툴루스 루푸스(L. Cornelius Lentulus Lupus)를 착취의 죄목으로 기소하게 한 카이킬리우스 법(lex Caecilia)을 통과시켰다. (Val. Max. 6.9.10; Fest 360 L; cf. Liv. *Per*. 47)

〈기원전 153년〉

— 아일리우스(Aelius)와 푸피우스(Fufius): 흉조선언(obnuntiatio)의 사용 및 입법과 정무관 선출을 위한 민회의 날짜를 규정하는 아일리우스 법(lex Aelia)과 푸피우스 법(lex Fufia)를 통과시켰다. (Cic. *Dom*. 39; *Att*. 1.16.3; Asc. *Corn*. 8; *Schol. Bob*. 148)

〈기원전 151년〉

— 익명의 호민관들: 콘술인 리키니우스 루쿨루스(L. Licinius Lucullus)와 포스투미우스 알비누스(A. Postumius Albinus)을 투옥하였다. (Liv. *Per*. 48)

〈기원전 149년〉

— 아티니우스(Atinius): 전직 호민관에게 원로원의 문호를 개방한 아티니우스 법(lex Atinia)을 통과시켰다. (Liv. *Per.* 50)[6]

— 칼푸르니우스 피소(L. Calpurnius Piso Frugi): 속주에서의 착취 문제를 다루는 상설법정을 설치하는 칼푸르니우스 법(lex Calpurnia)을 통과시켰다. (Cic. *Brut.* 106; *Verr.* 2.3.195; 2.4.56; *Off.* 2.75; Tac. *Ann.* 15.20; cf. Val. Max. 6.9.10)

— 스크리보니우스 리보(L. Scribonius Libo): 원 히스파니아의 프로프라이토르로서 루시타니아인을 살육하고 노예로 매각한 술피키우스 갈바(Ser. Sulpicius Galba)를 재판에 회부하였다. (Liv. *Per.* 49; Cic. *Brut.* 80, 89; *De Or.* 1.227; *Mur.* 59; *Att.* 12.5b)

〈기원전 146년〉

— 리비우스(Livius): 코르넬리우스 스키피오가 아프리카를 재조직하는 것을 돕기 위한 10인 위원회를 설치하는 법안을 통과시켰다. (the lex agraria 111 BC, line 81; cf. App. Pun. 135)

〈기원전 145년〉

— 리키니우스 크라수스(C. Licinius Crassus): 원로원 의사당을 뒤로하고 포룸에서 직접 대중을 향해 연설한 첫 번째 연설가로, 성직자들의 선출 문제를 동료 성직자에게서 인민에게 이양하는 법안을 제안했지만 실패했다. (Cic. *Amic.* 96; cf. Varro, *Rust.* 1.2.9; Plut. *C. Gracch.* 5.3)

---

6 사실 아티니우스 법이 통과된 시기는 불확실하다. 그것의 시기에 관해서는 Ernst Badian, "*Tribuni Plebis* and *Res Publica*," in Jerzy Linderski (ed), *Imperium sine fine: T. Robert S. Broughton and the Roman Republic* (Stuttgart, 1996), pp. 202-206; Andrew Lintott, *The Constitution of the Roman Republic* (Oxford, 1999), p. 69를 참조하시오.

〈기원전 143년〉

— 디디우스(T. Didius); 연회에 대한 법적 제한을 이탈리아 전역으로 확대하는 사치법인 디디우스 법(lex Didia)을 통과시켰다. (Macrob. *Sat.* 3.17.6; cf. Pliny *NH* 10.139)

〈기원전 142년〉

— 판니우스(C. Fannius): 이름만 남아 있음. (Cic. *Att.* 16.13 b.2; cf. *Brut.* 100)

〈기원전 141년〉

— 무키우스 스카이볼라(P. Mucius Scaevola): 전직 프라이토르인 호스틸리우스 투불루스(L. Hostilius Tubulus)를 뇌물 수수의 죄목으로 기소하였다. (Cic. *Fin.* 2.54; 4.77; *Att.* 12.5.3; *Nat.* D. 74)

〈기원전 140년〉

— 클라우디우스 아셀루스(Ti. Claudius Asellus): 콘술 세르빌리우스 카이피오(Q. Servilius Caepio)가 임지인 히스파니아로 떠나는 것을 지연시켰다. 또 정화의식을 잘못 치렀다는 이유로 켄소르인 스키피오 아이밀리아누스(P. Cornelius Scipio Aemilianus)를 기소하였다. (Liv. *Per.* 54; Cic. *De Or.* 2.258, 268; Gell. *NA* 2.20.6; 3.4.1; 4.17.1; 6.11.9)

〈기원전 139년〉

— 아울루스 가비니우스(Aulus Gabinius): 정무관 선거에서 비밀투표를 시행하는 것에 관한 첫 번째 법을 통과시켰다. (Cic. *Leg.* 3.35; Liv. *Per.* 54)

〈기원전 138년〉

— 가이우스 쿠리아티우스(Gaius Curiatius): 곡물 가격의 인하를 위해 곡물의 구매 및 사절의 파견과 같은 적절한 조처를 시행하도록 콘술들에게 강권하였다. (Val. Max. 3.7.3)

— 리키니우스(S. Licinius): 가이우스 쿠리아티우스와 함께, 징집 시 면제

를 허용하지 않는 콘술들을 투옥하였다. (Cic. *Leg.* 3.20; Liv. *Per.* 55)

— 익명의 호민관(또는 호민관들): 탈영의 죄목으로 기소된 마티에누스(C. Matienus)가 상소했지만, 거부했던 것 같다. (Liv. *Per.* 55)

〈기원전 137년〉

— 카시우스 롱기누스(L. Cassius Longinus): 평민회에서 주관하는 모든 재판에서(반란과 관련된 재판은 제외하고) 비밀투표를 시행하는 것에 관한 두 번째 법안을 제안하였다. (Cic. *Brut.* 97; 106; *Leg.* 3.35-37; *Sest.* 103)

— 안티우스 브리소(M. Antius Briso): 자신의 동료인 카시우스 롱기누스에게 비토권을 행사했지만, 철회하였다. (Cic. *Brut.* 97)

〈기원전 136년〉

— 푸블리우스 루틸리우스(Publius Rutilius): 기원전 137년의 콘술 호스틸리우스 만키누스(C. Hostilius Mancinus)가 원로원에 들어가려 할 때, 시민권을 상실했다는 이유로 금지하였다. (Cic. *De Or.* 1.181)

참고문헌

- 金炅賢.「로마공화정 후기 정치사 연구의 동향-법(제도), 권력엘리트, 그리고 대중참여」.『서양사론』. 제42집, (1994).

- 김경현.「호민관 권한(Tribunicia Potestas) 부활의 배경에 관하여」.『서양고대사연구』. 제3집, (1995).

- _____.「가이우스 플라미니우스의 농지법 통과에 관한 연구」.『서양고대사연구』. 제9집, (2001).

- _____.「평민의 철수(Secessio Plebis)와 호민관직의 설치」.『서양고대사연구』. 제10집, (2002).

- _____.「공화정 중기의 개선식과 로마정치」.『서양고대사연구』. 제15집, (2004).

- _____.「신분 투쟁의 마지막 시기(기원전 366~287년)에 대한 고찰」.『역사학연구』. 제25집, (2005).

- _____.「한니발 전쟁과 헌정의 변칙적 운용: 대행정무관과 딕타토르의 선출을 중심으로」.『서양고전학연구』. 제23권, (2005a).

• _____.「고대 로마의 페티알리스(fetialis)와 정당한 전쟁」.『역사학보』. 제 216집, (2012).

• _____.「로마 공화정 초기 호민관의 기원과 발전」.『서양고전학연구』. 제 57권, (2018).

• 김창성.「로마공화국의 조세징수정책 연구」.『서울대학교 문학박사 학위 논문』. 1992.

• 하이켈하임, 프리츠 외. 김덕수 옮김.『로마사』. 서울: 현대지성사, 1999.

• 허승일.『로마사 입문: 공화정편』. 서울: 서울대학교출판부, 1993.

• Aili, Hans. "Livy's Language. A Critical Survey of Research." *Aufstieg und Niedergang der römischen Welt* II. 30. 2. 1982.

• Alföldi, Andreas. *Early Rome and the Latins.* Ann Arbor, 1965.

• Astin, Alan, E. "The Lex Annalis before Sulla: I." *Latomus.* Vol. 16, (1957).

• _____. "The Lex Annalis before Sulla: II." *Latomus.* Vol. 17, (1958).

• _____. "Diodorus and the Date of the Embassy to the East of Scipio Aemilianus." *Classical Philology.* Vol. 54, (1959).

• _____. "Leges Aelia et Fufia." *Latomus.* Vol. 23, (1964).

• _____. *Scipio Aemilianus.* Oxford, 1967.

• _____. *Cato the Censor.* Oxford, 1978.

• _____. "Roman Government and Politics, 200-134 B.C." In Alan E. Astin *et al.* (eds). *Cambridge Ancient History VIII.* Cambridge, 1989.

• _____ *et al.* (eds). *Cambridge Ancient History VIII.* Cambridge, 1989.

• Badian, Ernst. *Foreign Clientelae 264-70 BC.* Oxford, 1958.

• _____. "The Roman Annalists," In Torrey A. Dorey (ed). *Latin Historians.* London, 1966.

• _____. "The Sempronii Aselliones." *Proceedings of the African Classical*

Associations. Vol. 2, (1968).

• _____. "The Family and Early Career of T. Quinctius Flamininus." *Journal of Roman Studies* Vol. 61, (1971).

• _____. *Publicans and Sinners.* Oxford, 1972.

• _____. "Tribuni Plebis and Res Publica." In Jerzy Linderski (ed). *Imperium sine fine: T. Robert S. Broughton and the Roman Republic.* Stuttgart, 1996.

• Barnes, Timothy D. "The Composition of Cassius Dio's Roman History." *Phoenix.* Vol. 38, (1984).

• Baranowski, Donald W. "Roman Treaties with Communities of Citizens" *Classical Quarterly* Vol. 38, (1988).

• Bauman, Richard A. "The lex Valeria de provocatione of 300 BC." *Historia.* Vol. 22, (1973).

• _____. *Lawyers in Roman Republican Politics. A study of the Roman jurists in their political setting, 316-82 BC.* München, 1983.

• _____. "The Suppression of the Bacchanals: Five questions." *Historia.* Vol. 39, (1990).

• _____. *Crime and Punishment in Ancient Rome.* London and New York, 1996.

• Beard, Mary *et al. Religions of Rome Vol. I.* Cambridge, 1998.

• Bleicken, Jochen. *Das Volkstribunat der klassischen Republik: Studien zu seiner Entwicklung zwischen 287 und 133 v. Chr.* Munich, 1968.

• _____. *Lex Publica: Gesetz und Recht in der römischen Republik.* Berlin, 1975.

• _____. "Das römische Volkstribunat: Versuch einer Analyse seiner politischen Funktion in republikanischer Zeit." *Chiron.* Vol. 11, (1981).

• Botsford, George W. *The Roman Assemblies.* New York, 1909.

• Brennan, Terry C. "M'. Curius Dentatus and the Praetor's right to Triumph." *Historia.*, Vol. 43 (1994).

• _____. "Triumphus in Monte Albano.," In R.W. Wallace and E.M. Harris (eds), *Transitions to Empire: Essays in Greco-Roman History, 360-146 B.C., in honor of E. Badian.* Norman and London, 1996.

• _____. *The Praetorship in the Roman Republic, 2 Vols.* Oxford, 2000.

• Brilliant, R. "Interactive rhetoric." *The Journal of Roman Archaeology.* Vol. 13, (2000).

• Briscoe, John. "The First Decade." In Thomas A. Dorey, *Livy.* London and Toronto, 1971.

• _____. "Flamininus and Roman Politics, 200-189 B.C." *Latomus.* Vol. 31, (1972).

• _____. *A Commentary on Livy: Books XXXI-XXXIII.* Oxford, 1973.

• _____. *A Commentary on Livy: Books XXXIV-XXXVII.* Oxford, 1981.

• _____. "Livy and Senatorial Politics, 200-167 B.C.: The Evidence of the Fourth and Fifth Decades" *Aufstieg und Niedergang der römischen Welt II. 30. 2.* 1982.

• _____. 1989, "The Second Punic War," In Alan E. Astin *et al. Cambridge Ancient History VIII.* Cambridge, 1989.

• Broughton, Thomas R.S. *The Magistrates of the Roman Republic, vol. I.* New York, 1951.

• Brunt, Peter A. "Amicitia in the late Roman Republic" In Robin Seager (ed), *The Crisis of the Roman Republic.* Cambridge and New York, 1969.

• _____. *Social Conflicts in the Roman Republic.* London and New York, 1971.

• _____. *Italian Manpower 225 BC-AD 14.* Oxford, 1971a.

• _____. "Cicero and Historiography." In M.J. Fontana & F.P. Rizzo (eds).

Philias Charin: Miscellana di studi classici in onore di E. Manni. Rome, 1980.

• _____. "Nobilitas and Novitas." *The Journal of Roman Studies.* Vol. 72, (1982).

• _____. *The Fall of the Roman Republic.* Oxford, 1988.

• Bruun, Christer (ed). *The Roman Middle Republic: Politics, Religion, and Historiography c. 400-133 B.C.* Rome, 2000.

• Burck, Erich. "The Third Decade." In Thomas A. Dorey, *Livy.* London and Toronto, 1971.

• Burckhardt, Leonhard A. "The Political Elite of the Roman Republic: Comments on recent discussion of the Concepts Nobilitas and Homo Novus." *Historia.* Vol. 39, (1990).

• Carney, Thomas F. "Prosopography: Payoffs and Pitfalls." *Phoenix.* Vol. 27, (1973).

• Cassola, Filippo. *I gruppi politici romani nel III secolo a.c.* Trieste, 1962.

• Chrissanthos, Stefan G. "Scipio and the Mutiny at Sucro, 206 B.C." *Historia.* Vol. 46, (1997).

• Cloud, Duncan. "The Lex Papiria de sacramentis." *Athenaeum.* Vol. 80, (1992).

• _____. "The Constitution and Public Criminal Law." In John A. Crook *et al. Cambridge Ancient History IX.* Cambridge, 1994.

• _____. "Lex Papiria." In Michael H. Crawford (ed). *Roman Statutes Vol. II.* London, 1996.

• Cook, S.A. *et al.* (eds). *Cambridge Ancient History IX.* Cambridge, 1932.

• Cook, S.A. *et al.* (eds). *Cambridge Ancient History VII.* Cambridge, 1954.

• Corbett, J.H. *C. Flaminius and Roman Foreign Policy in North Italy.* Diss.: Toronto, 1968.

• Cornell, Tim J. "The Formation of the Historical Tradition of Early

Rome." In I.S. Moxon *et al.* (eds). *Past Perspectives: Studies in Greek and Roman Historical Writing.* Cambridge, 1986.

• _____. "The Value of the Literary Tradition Concerning Archaic Rome." In Kurt Raaflaub (ed). *Social Struggles in Archaic Rome: New Perspectives on the Conflict of the Orders.* California, 1986a.

• _____. "Rome and Latium to 390 B.C." in Frank W. Walbank *et al.* (eds). *Cambridge Ancient History VII.2.* Cambridge, 1989.

• _____. *The Beginnings of Rome: Italy and Rome from the Bronze Age to the Punic Wars (c.1000-264BC).* London, 1995.

• _____. "The Lex Ovinia and the Emancipation of the Senate." In Christer Bruun (ed). *The Roman Middle Republic: Politics, Religion, and Historiography c. 400-133 B.C.* Rome, 2000.

• _____ and Bispham, Edward (eds). *The Fragments of the Roman Historians.* Oxford, 2013.

• Craik, Elisabeth M. (ed). *Owls to Athens: Essays on Classical Subjects Presented to Sir Kenneth Dover.* Oxford, 1990.

• Crawford, Michael H. *Coinage and Money under the Roman Republic.* London, 1985.

• _____. *The Roman Republic.* London, 1992.

• _____ (ed). *Roman Statutes Vol. II.* London, 1996.

• _____. "Lex Cincia." In Michael H. Crawford (ed). *Roman Statutes Vol. II.* London, 1996.

• Crook, John A. *et al.* (eds). *Cambridge Ancient History IX,* Cambridge, 1994.

• _____. "Lex Aquilia." In Michael H. Crawford (ed), *Roman Statutes Vol. II.* London, 1996.

• _____. "Lex Plaetoria." In Michael H. Crawford (ed), *Roman Statutes Vol.*

II. London, 1996a.

- Culham, Phyllis. "The lex Oppia." *Latomus.* Vol. 41, (1982).

- David, Jean-Michel. (tr. A. Nevill). *The Roman Conquest of Italy.* Oxford, 1996.

- De Ligt, Luuk. *Fairs and Markets in the Roman Empire: Economic and Social Aspects of Trade in a Pre-Industrial Society.* Amsterdam, 1993.

- Derow, Peter. "Historical Explanation: Polybius and his Predecessors." In Simon Hornblower (ed). *Greek Historiography.* oxford, 1994.

- Develin, Robert. "Prorogation of imperium before the Hannibalic War," *Latomus.* Vol. 34, (1975).

- _____. "Comitia tributa plebis." *Athenaeum.* Vol. 53, (1975a).

- _____. "C. Flaminius in 232 B.C." *L'Antiquite Classique.* Vol. 45, (1976).

- _____. "Comitia Tributa Again." *Athenaeum.* Vol. 55, (1977).

- _____. "The Third Century Reform of the Comitia Centuriata." *Athenaeum.* Vol. 56, (1978).

- _____. "Provocatio and Plebiscites: Early Roman Legislation and the Historical Tradition." *Mnemosyne.* Vol. 31, (1978a).

- _____. "Tradition and the Development of Triumphal Regulations in Rome." *Klio.* Vol. 60, (1978b).

- _____. *Patterns in Office-Holding 366-49 B.C.* Bruxelles, 1979.

- _____. "The Political Position of C. Flaminius." *Rheinisches Museum für Philologie.* Vol. 122, (1979a).

- _____. "The Roman Command Structure and Spain 218-190 B.C." *Klio.* Vol. 62, (1980).

- Doody, Aude. *Pliny's Encyclopedia: The Reception of the Natural History.* Cambridge, 2010.

- Dorey, Thomas A. (ed). *Livy*. London and Toronto, 1971.

- Drummond, A. "Rome in the Fifth Century. I: The Social and Economic Framework." In Frank W. Walbank et al. (eds). *Cambridge Ancient History VII. 2*. Cambridge, 1989.

- Dyson, Stephen L. *The Creation of the Roman Frontier*. Princeton, 1985.

- Earl, Donald C. "Calpurnii Pisones in the Second Century B.C." *Athenaeum*. Vol. 38, (1960).

- Eckstein, Arthur M. *Senate and General: Individual Decision Making and Roman Foreign Relations, 264-194 BC*. Berkeley, Los Angeles and London, 1987.

- Eder, Walter. "The Political Significance of the Codification of Law in Archaic Societies: An Unconventional Hypothesis." In Kurt Raaflaub (ed). *Social Struggles in Archaic Rome: New Perspectives on the Conflict of the Orders*. California, 1986.

- _____ (ed.). *Staat und Staatlichkeit in der Frühen Römischen Republik*. Stuttgart, 1990.

- Epstein, David F. *Personal Enmity in Roman Politics 218–43 BC*. London *et al.*, 1987.

- Farrell, Joshep. "The Distinction between Comitia and Concilium." *Athenaeum*. Vol. 64, (1986).

- Feig Vishnia, Rachel. "C. Flaminius and the lex Metilia de fullonibus." *Athenaeum*. Vol. 65, (1987).

- _____. *State, Society and Popular Leaders in Mid-Republican Rome 241-167 BC*. London and New York, 1996.

- _____. "Cicero De Senectute 11, and the Date of C. Flaminius' Tribunate." *Phoenix*. Vol. 50, (1996a).

- Ferenczy, Endre. *From the Patrician State to the Patricio-Plebeian State*. Amsterdam, 1976.

- Fontana, M.J. & Rizzo, F.P. (eds). *Philias Charin: Miscellana di studi classici in onore di E. Manni*. Rome, 1980.

- Forsythe, Gary. "Some Notes on the History of Cassius Hemina." *Phoenix*. Vol. 44, (1990).

- _____. "The Roman Historians of the Second Century B.C." In Christer Bruun (ed). *The Roman Middle Republic: Politics, Religion, and Historiography c. 400-133 B.C.* Rome, 2000.

- _____. *A Critical History of Early Rome: From Prehistory to the First Punic War*. Berkeley, 2005.

- Fraccaro, Plinio. "Lex Flaminia de agro Gallico et Piceno Viritim dividundo." *Athenaeum*. Vol. 7, (1919).

- Frank, Tenney. *Economic Survey of Ancient Rome. I: Rome and Italy of the Republic*. Baltimore, 1927.

- _____. "Rome after the Conquest of Sicily," in S.A. Cook *et al.* (eds). *Cambridge Ancient History VII*. Cambridge, 1954.

- Frayn, Joan M. *Markets and Fairs in Roman Italy: Their Social and Economic Importance from the Second Century BC to the Third Century AD*. Oxford, 1993.

- Frederiksen, Martin W. "Caesar, Cicero and the Problem of debt." *Journal of Roman Studies*. Vol. 56, (1966).

- Frier, Bruce W. *Libri Annales Pontificum Maximorum: The Origins of the Annalistic Tradition*. Ann Arbor, 1979.

- Gabba, Emilio. "Literature." In Michael H. Crawford (ed). *Sources for Ancient History*. Cambridge, 1983.

- _____. "Rome and Italy in the Second Century BC." In Alan E. Astin *et al.* (eds). *Cambridge Ancient History VIII*. Cambridge, 1989.

- _____. *Dionysius and the History of Archaic Rome*. Berkeley *et al.*, 1991.

- Garnsey, Peter. *Famine and Food Supply in Graeco-Roman Antiquity*.

Cambridge, 1998.

- Gelzer, Matthias. *Die Nobilität der römischen Republik.* Leipzig & Berlin, 1912)

- Giovannini, Adalberto. "Volkstribunat und Volksgericht." *Chiron.* Vol. 13, (1983).

- Goodyear, F.R.D. "History and biography." In Edward J. Kenney (ed), *The Cambridge History of Classical Literature II. 4.* Cambridge, 1982.

- Gouschin, Valerij and Rhodes, Peter J. (eds). *Deformations and Crises of Ancient civil Communities.* Stuttgart, 2015.

- Greenidge, Abel H.J. *The Legal Procedure in Cicero's Time.* Oxford. 1901.

- Grieve, Lucy J. "The Reform of the Comitia Centuriata." *Historia.* Vol. 34, (1985).

- Gruen, Erich S. *Roman Politics and the Criminal Courts 149-78 BC.* Cambridge Mass., 1968.

- _____. *The Last Generation of the Roman Republic.* Berkeley, 1974.

- _____. *The Hellenistic World and the Coming of Rome.* Berkeley *et al.*, 1984.

- _____. "The Exercise of Power in the Roman Republic." In Anthony Molho *et al.* (eds), *City States in Classical Antiquity and Medieval Italy.* Stuttgart, 1991.

- _____. "The Fall of the Scipios." in I. Malkin and Z.W. Rubinshon (eds), *Leaders and Masses in the Roman World: Studies in Honour of Zvi Yavetz.* Leiden, 1995.

- Hahm, D.E. "Roman Nobility and the Three Major Priesthoods, 218-167 B.C." *Transactions of the American Philological Association.* Vol. 94, (1963).

- Halkin, Léon. *Les Supplications d'actions de graces chez les Romains.* Paris, 1953.

- Hall, U. "Greeks and Romans and the Secret Ballot." In Elisabeth M.

Craik (ed). *Owls to Athens: Essays on Classical Subjects Presented to Sir Kenneth Dover.* Oxford, 1990.

· Harris, William V. *War and Imperialism in Republican Rome, 327-70 B.C.* Oxford, 1979.

· Hölkeskamp, Karl-Joachim. *Die Entstehung der Nobilität: Studien zur sozialen und politischen Geschichte der römischen Republik im 4. Jhdt. V. Chr.* Stuttgart, 1987.

· _____. "Senat und Volkstribunat im frühen 3. Jh. V. Chr." In Walter Eder (ed). *Staat und Staatlichkeit in der Frühen Römischen Republik.* Stuttgart, 1990.

· _____. "Conquest, Competition and Consensus: Roman Expansion in Italy and the Rise of the Nobilitas." *Historia.* Vol. 42, (1993).

· Holford-Strevens, Leofranc. *Aulus Gellius: An Antonine Scholar and his Achievement.* Oxford, 2003.

· Hopkins, Keith. *Conquerors and Slaves.* Cambridge, 1978.

· _____ (ed). *Death and Renewal.* Cambridge, 1983.

· _____ and Burton, Graham. "Political Succession in the Late Republic, 249-50 BC." In Keith Hopkins (ed). *Death and Renewal.* Cambridge, 1983.

· Hornblower, Simon (ed). *Greek Historiography.* Oxford, 1994.

· Horsfall, Nicholas M. "Prose and Mime." In Edward J. Kenney (ed), *The Cambridge History of Classical Literature II. 2.* Cambridge, 1982.

· Howley, Joseph A. *Aulus Gellius and Roman Reading Culture. Text, Presence, and Imperial Knowledge in the Noctes Atticae.* Cambridge, 2018.

· Jolowicz, Herbert F. *Historical Introduction to the Study of Roman Law.* Cambridge, 1954.

· Jones, Arnold H.M. *The Political Courts of the Roman Republic and Principate.* Oxford, 1972.

- Joshel, Sandra R. "The Body Female and the Body Politic: Livy's Lucretia and Verginia." in Amy Richlin (ed), *Pornography and Representation in Greece and Rome*. Oxford, 1992.

- Kay, Philip. *Rome's Economic Revolution*. Oxford, 2014.

- Kennedy, George A. "Historical Survey of Rhetoric." In Stanley E. Porter (ed). *Handbook of Classical Rhetoric in the Hellenistic Period, 330 B.C.-A.D. 400*. Leiden *et al.*, 1997.

- Kenney, Edward J. (ed), *The Cambridge History of Classical Literature II. 4*. Cambridge, 1982.

- Ker, James. "Nundinae: The Culture of the Roman Week." *Phoenix*. Vol. 64, (2010).

- Kienast, Dietmar. *Cato der Censor; seine Persöhnlichkeit und seine Zeit*. Heidelberg, 1954.

- Kim. Kyunghyun. "The Reform of the Comitia Centuriata in the Third Century BC." 『서양고대사연구』. 제8집, (2000).

- _____. "An Inquiry of the Two Laws of the Plebeian Institutions in the Early Roman Republic." 『서양고전학연구』. 제36권, (2009).

- _____. "Was the Plebeian Tribune a political instrument of the senate?-Concerning the Tribunician Jurisdiction in the Middle Roman Republic." 『서양고대사연구』. 제29집, (2011).

- _____,__. "A Reconsideration on the Character of the Canuleian Legislations." 『서양고대사연구』. 제30집, (2012).

- _____."Popular Participation in Comitia and Contiones in the Middle Roman Republic." 『서양고대사연구』. 제33집, (2012a).

- _____. "The Popular Participation and the Tribunician Activities in the Mid-Republican Rome: Concerning the Decisions for 'War and Peace' and the Military Levy." 『서양고대사연구』. 제38집, (2014).

- Kondratieff, Eric J. *Popular Power in Action: Tribunes of the Plebs in the Later*

Republic. Diss.: Philadelphia, 2003.

- Kramer, Frank R. "Massilian Diplomacy before the Second Punic War." *American Journal of Philology*. Vol. 69, (1948).

- Kunkel, Wolfgang. *Untersuchungen zur Entwicklung des römischen Kriminalverfahrens in vorsullanischer Zeit*. Munich, 1962.

- Lange, Ludwig. *Römische Alterthümer, vol. 2*. Berlin, 1879.

- Laughton, Eric. "Observations on the style of Varro." *Classical Quarterly*. Vol. 10, (1960).

- Last, Hugh. "Tiberius Gracchus." In S.A. Cook *et al.* (eds). *Cambridge Ancient History IX*. Cambridge, 1932.

- Linderski, Jerzy. "Religious Aspects of the Conflicts of the Orders: The Case of conferreatio." In Kurt Raaflaub (ed). *Social Struggles in Archaic Rome: New Perspectives on the Conflict of the Orders*. California, 1986.

- _____ (ed), *Imperium sine fine: T. Robert S. Broughton and the Roman Republic*. Stuttgart, 1996.

- Lintott, Andrew. "Provocatio from the Struggle of the Orders to the Principate." *Aufstieg und Niedergang der römischen Welt I.2*. 1972.

- _____. "Democracy in the Middle Republic." *Zeitschrift der Savigny-Stiftung für Rechtsgeschichte*. Vol. 104, (1987).

- _____. *Judicial Reform and Land Reform in the Roman Republic*. Cambridge, 1992.

- _____. *The Constitution of the Roman Republic*. Oxford, 1999.

- Lippold, Adolf. *Consules. Untersuchungen zur Geschichte des römischen Konsulates von 264 bis 201 v. Chr*. Bonn, 1963.

- Logghe, Loonis. *The tribuni plebis and the end of the Roman Republic*. Diss.; Ghent, 2016.

- Luce, Torrey J. *Livy: The Composition of His History*. Princeton, 1977.

- MacKendrick, Paul L. "Roman Colonization." *Phoenix*. Vol. 6, (1952).

- MacCormack, Geoffrey. "Nexi, iudicati, and addicti in Livy." *Zeitschrift der Savigny-Stiftung für Rechtsgeschichte*. Vol. 84, (1967).

- _____. "the Lex Poetelia." *Labeo*. Vol. 19, (1973).

- Maddox, Graham. "The Economic Causes of the lex Hortensia." *Latomus*. Vol. 42, (1983).

- Malkin, I. and Rubinshon, Z.W. (eds). *Leaders and Masses in the Roman World: Studies in Honour of Zvi Yavetz*. Leiden, 1995.

- Martin, Jochen. *Die Popularen in der Geschichte der Späten Republik*. Diss.: Berlin, 1965.

- Meier, Christian. *Res Publica Amissa: eine Studie zur Verfassung und Geschichte der späten römischen Republik*. Wiesbaden, 1966.

- Mellor, Ronald. *The Roman Historians*. London and New York, 1999.

- Meyer, Eduard. *Kleine Schriften II*. Halle, 1924.

- Meyer, Ernst. *Römischer Staat und Staatgedanke*. Zurich and Stuttgart, 1964.

- Michels, Agnes K. *The Calendar of the Roman Republic*. Princeton, 1967.

- Millar, Fergus. *A Study of Cassius Dio*. Oxford, 1964.

- _____. "The Political Character of the Classical Roman Republic, 200-151 B.C." *The Journal of Roman Studies*. Vol. 74, (1984).

- _____. "Politics, Persuasion and the People before the Social War (150-90 B.C.)." *The Journal of Roman Studies*. Vol. 76, (1986).

- _____. "Political Power in Mid-Republican Rome: Curia or Comitium?" *Journal of Roman Studies*. Vol. 79, (1989).

- _____. *The Crowd in Rome in the Late Republic*. Ann Arbor, 1998.

- Mitchell, Richard E. "The Difinition of patres and plebs: An End to the

Struggle of the Orders." In Kurt Raaflaub (ed). *Social Struggles in Archaic Rome: New Perspectives on the Conflict of the Orders*. California, 1986.

• _____. *Patricians and Plebeians: The Origin of the Roman State*. Ithaca and London, 1990.

• Molho, Anthony *et al*. (eds). *City States in Classical Antiquity and Medieval Italy*. Stuttgart, 1991.

• Momigliano, Arnaldo. "Camillus and Concord." *Classical Quarterly*. Vol. 36, (1942).

• _____. "The Rise of the plebs in the Archaic Age of Rome." In Kurt Raaflaub (ed). *Social Struggles in Archaic Rome: New Perspectives on the Conflict of the Orders*. California, 1986.

• _____. *The Classical Foundations of Modern Historiography*. Berkeley *et al*., 1990.

• Mommsen, Theodor. *Römische Staatsrecht*, 3 vols. Berlin, 1887.

• _____. *Römische Strafrecht*, Leipzig, 1899.

• Morel, Jean-Paul. "The transformation of Italy, 300-133 B.C. The evidence of archaeology." In Alan E. Astin *et al*. (eds). *Cambridge Ancient History VIII*. Cambridge, 1989.

• Mouritsen, Henrik. *Plebs and Politics in the Late Roman Republic*. Cambridge, 2001.

• Münzer, Friedrich. *Römische Adelsparteien und Adelsfamilien*, Stuttgart, 1920.

• Murphy, Trevor. *Pliny the Elder's Natural History: The Empire in the Encyclopedia*. Oxford, 2004.

• Nestle, Wilhelm. "Die Fabel des Menenius Agrippa." *Klio*. Vol. 21, (1927).

• Niccolini, Giovanni. *I Fasti dei Tribuni della Plebe*. Milano, 1934.

• Nicolet, Claude (tr. P.S. Falla). *The World of the Citizen in Republican Rome*.

London, 1980.

- Nippel, Wilfried. *Public Order in Ancient Rome.* Cambridge, 1995.

- North, John A. "Religious Toleration in Archaic Rome." *Proceedings of the Cambridge Philosophical Society.* Vol. 25, (1979).

- _____. "Democratic Politics in Republican Rome." *Past & Present.* Vol. 126, (1990).

- _____. *Roman Religion.* Oxford, 2000.

- Oakley, Stephen P. *A Commentary on Livy: Books VI–X, vol. II.* Oxford, 1998.

- Ogilvie, Robert M. *A Commentary on Livy, Books 1-5.* Oxford, 1965.

- Phillips, Jane E. "Verbs Compounded with-trans in Livy's Triumph Reports." *Classical Philology.* Vol. 69, (1974).

- Pina Polo, Francisco (tr. by E. Leiss). *Contra Arma Verbis: Der Redner vor dem Volk in de späten römischen Republik.* Stuttgart, 1996.

- Porter, Stanley E. (ed). *Handbook of Classical Rhetoric in the Hellenistic Period, 330 B.C.-A.D. 400.* Leiden *et al.,* 1997.

- Raaflaub, Kurt. "The Conflict of the Orders in Archaic Rome: A Comprehensive and Comparative Approach." In Kurt Raaflaub (ed). *Social Struggles in Archaic Rome: New Perspectives on the Conflict of the Orders.* California, 1986.

- _____. "From Protection and Defense to Offense and Participation: Stages in the Conflict of the Orders." In Kurt Raaflaub (ed). *Social Struggles in Archaic Rome: New Perspectives on the Conflict of the Orders.* California, 1986a.

- _____ (ed). *Social Struggles in Archaic Rome: New Perspectives on the Conflict of the Orders.* California, 1986.

- Rawson, Elizabeth. "Cicero the Historian and Cicero the Antiquarian." *Journal of Roman Studies.* Vol. 62, (1972).

- _____. "The First Latin Annalists." *Latomus.* Vol. 35, (1976).

- _____. *Intellectual Life in the Late Roman Republic.* London, 1985.

- Rich, John. "The supposed Roman manpower shortage of the later second century BC." *Historia.* Vol. 32, (1983).

- _____. "Fear, greed and glory: the causes of Roman war-making in the middle Republic." In John Rich and Graham Shipley (eds). *War and Society in the Roman World.* London and New York, 1993.

- _____ and Shipley, Graham (eds). *War and Society in the Roman World.* London and New York, 1993.

- Richard, Jean-Claude. "Patricians and Plebeians: the origin of a social dichotomy." In Kurt Raaflaub (ed). *Social Struggles in Archaic Rome: New Perspectives on the Conflict of the Orders.* California, 1986.

- Richardson, John S. "The Triumph, the Praetors and the Senate in the Early Second Century" *Journal of Roman Studies.* Vol. 65, (1975).

- _____. *Hispaniae, Spain and the Development of Roman Imperialism 218-82 BC.* Cambridge, 1986.

- _____. "The Purpose of the Lex Calpurnia de Repetundis." *Journal of Roman Studies.* Vol. 77, (1987).

- Richlin, Amy (ed), *Pornography and Representation in Greece and Rome.* Oxford, 1992.

- Robinson, Olivia F. *The Criminal Law of Ancient Rome.* London, 1995.

- Rögler, Günther. "Die Lex Villia Annalis." *Klio.* Vol. 40, (1962).

- Rosivach, Vincent J. "The LEX FANNIA SUMPTUARIA of 161 BC." *Classical Journal.* Vol. 102, (2006).

- Rotondi, Giovanni. *Leges Publicae Populi Romani*, Milan, 1912.

- Russell, Amy. "The Tribunate of the Plebs as a Magistracy of Crisis." In Valerij Gouschin and Peter J. Rhodes (eds). *Deformations and Crises of Ancient civil Communities.* Stuttgart, 2015.

- Russell, Donald A. "Plutarch's Life of Coriolanus." *Journal of Roman Studies.* Vol. 53, (1963).

- Sacks, Kenneth S. "Diodorus and his Sources: Conformity and Creativity." In Simon Hornblower (ed). *Greek Historiography.* Oxford, 1994.

- Salmon, Edward T. "Historical Elements in the Story of Coriolanus." *Classical Quarterly.* Vol. 24, (1930).

- _____. "The Coloniae Maritimae." *Athenaeum.* Vol. 41, (1963).

- _____. *Roman Colonization under the Republic.* London, 1969.

- Sampson, Gareth C. *A Reexamination of the office of Tribunate of the Plebs in the Roman Republic (494-23 BC).* Diss.: Manchester, 2005.

- Sandberg, Kaj. "Tribunician and Non-Tribunician Legislation in Mid-Republican Rome." In Christer Brunn (ed). *The Roman Middle Republic: Politics, Religion, and Historiography c. 400-133 B.C.* Rome, 2000.

- _____. *Magistrates and Assemblies: A Study of Legislative Practice in Republican Rome.* Rome, 2001.

- Scardigli, Barbara (ed). *Essays on Plutarch's Lives.* Oxford, 1995.

- Schur, Werner. *Scipio Africanus und die Begründung der Römischen Weltherrschaft.* Leipzig, 1927.

- Scullard, Howard H. *Roman Politics 220-150 B.C.* Oxford, 1973.

- _____. *A History of the Roman World, 753-146 BC.* London, 1980.

- _____. *Festivals and Ceremonies of the Roman Republic.* London, 1981.

- Seager, Robin (ed). *The Crisis of the Roman Republic.* Cambridge and New York, 1969.

- _____. "Populares in Livy and the Livian Tradition." *Classical Quarterly.* Vol. 27, (1977).

- Shatzman, Israel. "The Roman General's Authority over Booty." *Historia.* Vol. 21, (1972).

- Sherwin-White, Adrain N. *The Roman Citizenship.* Oxford, 1973.

- _____. "Rome the Agressor?" *Journal of Roman Studies.* Vol. 70, (1980).

- _____. *Roman Foreign Policy in the East 168 BC to AD 1.* London, 1984.

- Skidmore, Clive. *Practical Ethics for Roman Gentlemen: the Work of Valerius Maximus.* Exeter, 1996.

- Smith, Richard E. *The Failure of the Roman Republic.* Cambridge, 1955.

- _____. *Service in the Post-Marian Roman Army.* Cambridge, 1958.

- Staveley, Erbert S. "Provocatio during the Fifth and Fourth Century B.C." *Historia.* Vol. 3, (1954/55).

- _____. "Tribal Legislation before the lex Hortensia." *Athenaeum.* Vol. 33, (1954).

- _____. "Rome and Italy in the Early Third Century." In Frank W. Walbank *et al.* (eds). *Cambridge Ancient History VII. 2.* Cambridge, 1989.

- Stein, Peter. "Lex Cincia." *Athenaeum.* Vol. 73, (1985).

- Stewart, Roberta. *Public Office in Early Rome: Ritual Procedure and Political Practice.* Ann Arbor, 1998.

- Strachan-Davidson, James L. *Problems of the Roman Criminal Law, 2 vols.* Oxford, 1912.

- Sumner, G.V. "Lex Aelia, lex Fufia." *American Journal of Philology.* Vol. 84, (1963).

- _____. "The Legion and the Centuriate Assembly." *Journal of Roman Studies.* Vol. 60, (1970).

- Swain, Simon. *Hellenism and Empire: Language, Classicism, and Power in the Greek World AD 50-250.* Oxford, 1996.

- Taylor, Lily R. "The Centuriate Assembly before and after the Reform." *American Journal of Philology.* Vol. 78, (1957).

- _____. *The Voting Districts of the Roman Republic.* Rome, 1960.

- _____. "Forerunners of the Gracchi." *Journal of Roman Studies.* Vol. 52, (1962).

- _____. *Roman Voting Assemblies from the Hannibalic War to the Dictatorship of Caesar.* Ann Arbor, 1966.

- Thommen, Lukas. *Das Volkstribunat der späten römischen Republik.* Stuttgart, 1989.

- _____. "Volkstribunat und Ephorat: überlegungen zum 'Aufsteherambt' in Rom und Sparta." *Göttinger Forum für Altertumswissenschaft.* Vol. 6, (2003).

- Tibiletti, Gianfranco. "Il possesso dell'ager publicus e le norme de modo agrorum sino ai Gracchi." *Athenaeum.* Vol. 27, (1949).

- Timpe, Dieter. "Fabius Pictor und die Anfänge der Römischen Historiographie." *Aufstieg und Niedergang der römischen Welt I. 2,* 1972.

- Toynbee, Arnold J. *Hannibal's Legacy: The Hannibalic War's Effects on Roman Life, Vol. II.* Oxford, 1965.

- Treggiari, Susan. *Roman Freedmen during the Late Republic.* Oxford, 1969.

- Urban, Ralf. "Zur Entstehung des Volkstribunats." *Historia.* Vol. 22, (1973).

- Usher, Stephen. *The Historians of Greece and Rome.* Exeter, 1969.

- Vanderbroeck, Paul J.J. *Popular Leadership and Collective Behavior in the Late Roman Republic.* Amsterdam, 1987.

- Versnel, Hendrik S. *Triumphus: An Enquiry into the Origin, Development and Meaning of the Roman Triumph.* Leiden, 1970.

- Vogel, K.H. "Zur rechtlichen Behandlung der römischen Kriegsgewinne." *Zeitschrift der Savigny-Stiftung für Rechtsgeschichte.* Vol. 66, (1948).

• Von Fritz, Kurt. "The Reorganization of the Roman Government in 366 B.C. and the so-called Licinio-Sextian Laws." *Historia.* Vol. 1, (1950).

• Von Ungern-Sternberg, Jürgen. "The Formation of the Annalistic Tradition: The Example of Decemvirate." In Kurt Raaflaub (ed). *Social Struggles in Archaic Rome: New Perspectives on the Conflict of the Orders.* California, 1986.

• _____. "The End of the Conflict of the Orders." In Kurt Raaflaub (ed). *Social Struggles in Archaic Rome: New Perspectives on the Conflict of the Orders.* California, 1986a.

• Walbank, Frank W. *A Historical Commentary on Polybius, Vol. I.* Oxford, 1970.

• _____. "The Fourth and Fifth Decades." In Thomas A. Dorey (ed). *Livy.* London and Toronto, 1971.

• _____. *Polybius.* Berkeley and Los Angeles, 1972.

• _____ et al. (eds). *Cambridge Ancient History VII. 2.* Cambridge, 1989.

• Walsh, Patrick G. *Livy.* Oxford, 1974.

• _____. "Livy and the Aims of historia: An Analysis of the Third Decade." *Aufstieg und Niedergang der römischen Welt II. 30.2.* 1982.

• Wallace, R.W. and Harris, E.M. (eds). *Transitions to Empire: Essays in Greco-Roman History, 360-146 B.C., in honor of E. Badian.* Norman and London, 1996.

• Wallace-Hadrill, Andrew (ed). *Patronage in Ancient Society.* London, 1989.

• Wardle, David. *Valerius Maximus: Memorable Deeds and Sayings.* Oxford, 1998.

• Warren, Larissa B. "Roman Triumphs and Etruscan Kings: the Changing Face of the Triumph." *Journal of Roman Studies.* Vol. 60, (1970).

• Watson, Alan. *Rome of the XII Tables: Persons and Property.* Princeton, 1975.

• Welch, Tara S. "Was Valerius Maximus a Hack?" *American Journal of Philology.* Vol. 134, (2013).

• Wiseman, Timothy P. *New Men in the Roman Senate B.C. 139-A.D. 14.* Oxford, 1971.

• _____. *Clio's Cosmetics: Three Studies in Greco-Roman Literature.* Leicester, 1979.

• _____. "What do we know about early Rome?" *Journal of Roman Archaeology.* Vol. 9, (1996).

• _____. "Democracy alla romana." *Journal of Roman Archaeology.* Vol. 12, (1999).

• Woodman, Anthony J. *Rhetoric in Classical Historiography: Four Studies.* Portland, 1988.

• Yakobson, Alexander. "Secret Ballot and its Effects in the Late Roman Republic." *Hermes.* Vol. 123, (1995).

• _____. *Elections and Electioneering in Rome: A Study in the Political System of the Late Republic.* Stuttgart, 1999.

• Yavetz, Zvi. "The Policy of C. Flaminius and the Plebiscitum Claudianum." *Athenaeum.* Vol. 40, (1962).

찾아보기

가

나

마

아

자

타

파

하

총서 <u>知의회랑</u>을 기획하며

arcade of knowledge

대학은 지식 생산의 보고입니다. 세상에 바로 쓰이지 않더라도 언젠가는 반드시 인류에 필요할 지식을 생산하고 축적하며 발전시키는 일을 끊임없이 해나갑니다. 오랫동안 대학에서 생산한 지식은 책이란 매체에 담겨 세상의 지성을 이끌어왔습니다. 그 책들은 콘텐츠를 저장하고 유통시키며 활용하게 만드는 매체의 차원을 넘어, 인간의 비판적 사유 능력과 풍부한 감수성을 자극하는 촉매의 역할을 충실히 해왔습니다.

이와 같은 '책을 읽는다'는 것은 단순히 지식과 정보를 습득하는 데 멈추지 않고, 시대와 현실을 응시하고 성찰하면서 다시 그 너머를 사유하고 상상함을 의미합니다. 그러므로 '세상의 밑그림'을 그리는 책무를 지닌 대학에서 책을 펴내는 것은 결코 가벼이 여겨선 안 될 일입니다.

이제 우리는 다양한 방식으로 존재하는 지식과 정보, 그리고 사유와 전망을 담은 책을 엮어 현존하는 삶의 질서와 가치를 새롭게 디자인하고자 합니다. 과거를 풍요롭게 재구성하고 미래를 창의적으로 기획하는 작업이 다채롭게 펼쳐질 것입니다.

대학의 심장부에 해당하는 도서관이 예부터 우주의 축소판이라 여겨져 왔듯이, 그곳에 체계적으로 배치된 다양한 책들이야말로 이른바 학문의 우주를 구성하는 성좌와 다름없습니다. 우리는 그 빛이 의미 없이 사그라들지 않기를, 여전히 어둡고 빈 서가를 차곡차곡 채워가기를 기대합니다.

앎을 쉽게 소비하는 시대를 살고 있지만, 다양한 앎을 되새김함으로써 학문의 회랑에서 거듭나는 지식의 필요성에 우리는 공감합니다. 정보의 홍수와 유행 속에서도 퇴색하지 않을 참된 지식이야말로 인간이 가야 할 길에 불을 밝혀줄 수 있기 때문입니다. 앞으로 대학이란 무엇을 하는 곳이며, 왜 세상에 남아 있어야 하는 곳인지 끊임없이 되물으며, 새로운 지의 총화를 위한 백년 사업을 시작하겠습니다.

총서 '知의회랑' 기획위원

안대회 · 김성돈 · 변혁 · 윤비 · 오제연 · 원병묵

지은이 김경현

런던대학교에서 '공화정 중기의 호민관'을 주제로 논문(『Tribuni Plebis and Res Publica in the Middle Republic』)을 쓰고 박사학위를 받았다. 고려대학교 연구교수를 거쳐 현재 홍익대학교 역사교육과 교수로 재직 중이다. 고대 로마의 정치사와 여성사 그리고 문화사에 토대를 두고, 다양한 주제로 연구 영역을 넓혀가고 있다. '클레오파트라의 신화', '공화정 후기의 호민관', '고대의 공공 건축' 등이 향후 주요한 관심 주제들이다. 무엇보다 현재의 관점에서 과거와 '역사적 대화'를 시도하는 계기들을 발굴해냄으로써 고대사 연구의 지평을 확장해나가는 것이 연구자로서의 목표다.

주요 논문으로 「알렉산드리아 전쟁(Bellum Alexandrinum)의 배경에 관한 고찰: 유럽중심주의 역사관을 넘어」, 「옥타비아누스(Octavianus)의 리더십에 관한 연구: '거래적 리더십'과 '카리스마 리더십'」, 「로마 공화정 초기 호민관의 기원과 발전」, 「고대 로마 세계 노인의 지위와 역할: 조르주 미누아의 테제에 대한 비판적 검토」, 「안토니누스 역병의 역사적 배경과 영향」 등이 있으며, 주요 저서로 『도시는 기억이다』(공저), 『아우구스투스 연구』(공저), 『동서양 역사 속의 공공건설과 국가경영』(공저), 『인물로 보는 서양고대사』(공저) 등이 있다.

🏛 知의회랑
arcade of knowledge
026

로마 공화정 중기의 호민관
공화 정치의 조정자

1판 1쇄 발행 2022년 4월 30일
1판 2쇄 발행 2022년 10월 30일

지 은 이   김경현
펴 낸 이   신동렬
책임편집   현상철
편   집   신철호·구남희
마 케 팅   박정수·김지현
펴 낸 곳   성균관대학교출판부
등   록   1975년 5월 21일 제1975-9호
주   소   03063 서울특별시 종로구 성균관로 25-2
전   화   02)760-1253~4 팩스 02)762-7452
홈페이지   http://press.skku.edu

ISBN 979-11-5550-506-9 93920

ⓒ 2022, 김경현
값 29,000원

⊙ 이 저서는 2017년 정부(교육부)의 재원으로 한국연구재단의 지원을 받아 수행된 연구임(NRF-2017S1A6A4A01019718).
⊙ 잘못된 책은 구입한 곳에서 교환해 드립니다.